Brümmer & Glöckner, Buhl

UNTERWEGS
ZUM AMAZONAS

MIT FALTBOOTEN
ZU GOLDSUCHERN
UND INDIANERN

Mit einem Vorwort
von Rüdiger Nehberg

Weltsichten

Reihe Weltsichten

Titelbild: Rio Beni bei Riberalta
Rückseitenbilder: links - Auf dem Weg zum Eberhard
          rechts - Rio Beni im Gebiet der Esse Esejjas, Luftaufnahme

Die Namen von Personen und weniger Orte wurden verändert, wenn es aus Gründen der Rücksichtname oder des Schutzes notwendig erschien.
Alle Rechte vorbehalten.

Fotos: Axel Brümmer & Peter Glöckner
    Luftbild: W. Kenning / Bolivien

Kartographie: Enrico Scholz, Coswig

2. Auflage 2002

Lektorat: Ingrid Buhl, Dr. Ullrich Juschkus, Michael Lingner

Umschlaggestaltung: Susanne Brunne, EPM Werbeagentur, Meiningen
Satz und Layout: EPM Werbeagentur, Meiningen

Herausgeber: Axel Brümmer & Peter Glöckner

Druck und Bindung: Wiener Verlag, Himberg bei Wien
Gedruckt auf huminsäurefreiem, nicht quecksilbergebleichtem Papier, enthält kein Tropenholz

ISBN 3-00-004921-5

Weltsichten

www.weltsichten.de

Inhalt

Vorwort

von Rüdiger Nehberg

Bekannt wurden sie durch ihre jahrelange Fahrradtour um die Welt: die beiden Thüringer Axel Brümmer und Peter Glöckner. Sie sind eigentlich immer auf Tour. Wenn nicht in der fernen Welt, dann mit Dia-Vorträgen quer durch Deutschland. Kein Globetrotter, der sie nicht längst kennen würde. Inzwischen sind sie Berufsreisende. Nun waren sie wieder unterwegs. Mehrmals, monatelang in Amazonien. Und diesmal zu dritt. Jörg Buhl war mit von der Partie. Er hat dieses Buch geschrieben.

Ich glaube, da haben sich drei gesucht und gefunden. Brachten Axel und Peter noch ihre Berufserfahrungen ein, so bereicherte Jörg das Team nun zusätzlich mit seiner ausgeprägten, geradezu journalistischen Beobachtungsgabe, einem Blick fürs Detail, der Erfassung von Zusammenhängen und der Art des Erzählens. Sein Stil ist flott, geistreich, humorvoll, professionell. Er versteht es, den Alltagsgeschichten Atem einzuhauchen, Neugierde zu wecken, sie für die Daheimgebliebenen mitteilenswert werden zu lassen.

Klar, daß man sich nicht reisen ›ließ‹, sondern alles selbst organisiert hatte. Man wollte den Urwald nicht wie die ›stachelbeerbeinigen Touristen, die alle denselben Reiseführer gelesen haben‹, erleben, sondern neugierig und offen sein für Unerwartetes, dem Risiko eine ehrliche Chance bieten, den ›Reiz einer Reise ins Unbekannte‹ genießen.

Wer deshalb nun Sensationelles erwartet, wie Begegnungen mit Banditen aller Art, wird vergeblich suchen. Der Leser – und natürlich auch die Leserin – erfahren das sympathisch geschriebene ›nachvollziehbare Abenteuer auf eigene Faust‹.

Sei es der Globetrotter Werbung um die attraktive Urwaldschönheit Margot, die Begegnungen mit deutschen Auswanderern, mit Tieren aller Art, der Alltagszwist unter den Dreien, man hat ständig ein Schmunzeln um die Lippen.
Man lernt beispielsweise Madeleines Intimpartner kennen. Es ist ein Wurm inmitten ihrer Eingeweide. Oder Peter. Da er weder bei

Madeleine noch bei Margot landen konnte - auch Jörg Buhl-te um ihre Gunst - hat er sich gegen die Einsamkeit gar eine ganze Zucht zugelegt! Liebevoll füttert der die Tiere dreimal täglich. Ob aus Mangel an Allgemeinwissen oder anderen unerklärlichen Gründen, manchmal leider auch mit Wurmtabletten! Für einen Tierfreund kaum vorstellbar. (Deshalb mein Rat an Jörg, den Schreiber: Mach das lieber nicht publik. Nimm's raus aus dem Buch. Sonst muß der Gute mit harschen Protesten von Tierschützern rechnen.)

(Oder laß es drin, denn) andrerseits gibt es genügend Beweise tief empfundener Tierliebe. Ich denke an das Beispiel, wo man sogar aufs Klettern verzichtete. Und zwar einzig, um die Spinnen und Skorpione in den Felsritzen nicht zu beunruhigen! Das nenne ich umweltverträgliches Reisen!

Oder wenn Jörg sogar soweit ging, hungrigen Fliegen-Larven seinen eigenen Schenkel als wohlbehüteten Lebensraum anzubieten, damit sie sich unter seiner Haut in aller Ruhe entpuppen konnten! Ja, da möchte man dem Jungen doch die ›Goldene Wanderratte‹ des WWF verleihen lassen – für besondere Verdienste in Sachen Tierschutz, für märtyrerhafte Fürsorge und Aufopferung. Aber in seiner bescheidenen Art – bescheiden wie ein Thüringer Würstchen, das von einem ›nicht‹ - thüringischen Schlachter gemischt wurde – genügt ihm die Ehre, einer der wenigen Männer zu sein, die von sich sagen dürfen, daß sie schwanger waren und gesundem Nachwuchs auf die Welt verholfen haben. Emanzipation höchsten Grades.

Natürlich war man durchaus nicht immer das dauerfriedliche Freundestrio. Gerade im Dreier-Team ist das kaum möglich, wie jeder Globetrotter weiß. Nein, man wurde zu Konkurrenten, wenn es um Margot (die mit den Beinen) ging, oder man versuchte mit vielen Tricks möglichst viel der ungeliebten Arbeit auf die anderen abzuwälzen:»Man müßte mal wieder Wasser holen...« brümmer-lte da irgend jemand in seinen Bart. Was prompt beim anderen die Glöckner klingen ließ:»Mach's doch selber, du fauler Sack!« Klar eigentlich, daß man nicht unnötig viel arbeiten mochte, wenn sogar die Delphine im Wasser schwitzten!

»Wenn ich blöder Heini nicht damals in die Welt hinausgewollt hätte, dann wäre ich jetzt ein arbeitsloser Lehrer in Thüringen«, stöhnt einer von ihnen irgendwann. »Wahrscheinlich sogar sicher versorgt mit Arbeitslosengeld und erfülltem Familienleben. Ohne jeglichen Streß.« Um Himmels willen! Gut, daß es anders gekommen ist. Sonst wäre die deutsche Leselandschaft um einige Geschichten ärmer. Und um drei Vorbilder.

Das Buch erzählt glaubwürdig von ihrer Freundschaft, der schönen individuellen Reise und es ist bestens geeignet als ›Reiseführer‹ der ganz anderen Art für alle die, die auch schon immer von solchem Erleben geträumt haben und sich nur noch nicht den entscheidenden Tritt in den Hintern geben konnten.
Jetzt könnten sie es.

Das meint Euer

Rüdiger

Rüdiger Nehberg, Jahrgang 1935, gilt als Begründer der europäischen Survival-Bewegung. Darüber hinaus wurde er bekannt für seinen inzwischen zwanzigjährigen Einsatz für die Yanomami-Indianer in Brasilien. Seine Bücher ›Die Kunst zu Überleben‹, ›Survival-Lexikon‹ sowie ›Über den Atlantik und durch den Dschungel‹ und ›Das Yanomami-Massaker‹ sind seine Visitenkarten.

10

KAPITEL EINS

Verirrt – Der Urwald steht im Wasser

Steil über uns im wolkenlosen Tropenhimmel strahlt die Sonne und wirft nur noch kurze Schatten. Die dicht belaubten Urwaldbäume am Ufer schützen nicht mehr vor der Mittagshitze.

»Los, da drüben ist ein Lagerplatz, Pause!«

Axel ist für das Essen verantwortlich. An einer Stelle, an der indianische Fischer bereits das Ufer mit ihren Macheten frei geräumt hatten, gehen wir an Land.

Unser Mittagsmahl besteht aus Zuckerrohr, Bananen, Papayas mit Zitrone und Paranüsse, eine Schlemmerei wie selten. Heute ist ein Glückstag. Begeistert über unser Vorhaben, weiter bis zum Amazonas zu paddeln, schenkte uns ein Bauer soviel Früchte, wie wir in unsere drei Faltboote nur hineinbekamen.

Während wir im Schatten Nüsse knacken, teilen sich die im Wasser stehenden Büsche. Ein Einbaum kommt hervor. Drin sitzt eine Indianerfamilie, Vater, Mutter und drei Kinder. Als sie uns sehen, stoppen sie und werden unsicher.

»Bom diaz, como vai? Guten Tag, wie geht's?« ruft Axel hinüber.

»Tudo bem, obrigado. Danke, alles in Ordnung.«

Die Indianer zögern. Der Fluß ist schmal, sie müssen an unseren Booten vorbei. Peter zieht unsere Boote zur Seite und bittet sie mit Handzeichen und Gesten, anzulegen. Das tun sie nicht, kommen aber vorsichtig näher.

Die Leute haben ihre besten Sachen an. Jeder trägt Rock oder Turnhose und darüber ein T-Shirt. Sie sind auf dem Weg zum Arzt. Eines der Kinder, ein Mädchen, hat Malaria und liegt mit hohem Fieber im Boot. Sie wird von der ganzen Familie begleitet. Der Hausrat liegt in zwei Bündeln im Boot. Das ist nicht ungewöhnlich. Wer seine palmblättergedeckte Hütte für längere Zeit verläßt, nimmt die gesamte Habe mit und erspart sich das Abschließen.

Axel, der mit Abstand am besten Portugiesisch kann, spricht für uns. Er erzählt von unserer Paddeltour, die uns von den Anden durch das Wildwasser bis an diesen Fluß, mitten in den Amazonas-Urwald, führte.

»Wenn ihr weiterfahrt«, meint die Indianerin »müßt ihr bald ungeheuer aufpassen. Im Mündungsgebiet dieses Flüßchens ist noch Hochwasser. Dort ist das ganze Land ein einziger See. Ihr könnt euch sehr leicht verirren.«

11

Höflich bedanken wir uns und wünschen ihnen eine gute Reise. Die Sache mit dem See beunruhigt uns nicht im geringsten. Schließlich sind wir bereits über vier Monate mit den Booten unterwegs. Was soll denn da noch passieren? Wir steigen wieder ein und lassen uns still den Fluß hinuntertreiben. So stört man die Tiere nicht und kann sie beobachten. Die Flußschildkröten sind lustig anzusehen, wenn sie nacheinander aufgereiht auf einem flachen Baumstamm in der Sonne liegen und ihre Lieblingsstellung mit gerecktem Kopf und gespreizten Vorderbeinen einnehmen. Wenn wir zu nahe kommen, erschrecken sie, lassen sich seitlich ins Wasser fallen und sind daraufhin einfach weg.

Die braunen Riesenotter spielen gern miteinander im Wasser. Leider sind die niedlichen Pelztiere sehr scheu.

Dafür sind die großen Papageien hemmungslos in ihrem gräßlichen Gekrächze. Wenn es stimmt, daß sie immerzu eine andere Stimme nachahmen, muß kurz vorher ein Schwarm Nebelkrähen vorbeigeflogen sein. Meist fliegen sie zu zweit oder zu dritt über den Fluß und halten dabei ihren Schnabel nicht. Die Natur hat sie zwar mit einem herrlich bunten Gefieder ausgestattet, aber zugleich mit einer schrecklichen Stimme gestraft.

Peter wird gerade von einer Wolke gelber Schmetterlinge umhüllt. An mineralhaltigen Quellen am Ufer sammeln sich Insekten. Besonders auffällig sind die verschiedenen Schmetterlinge. Nur die gelben oder die roten fliegen in Schwärmen umher. Die besonders großen Morphofalter mit den leuchtend blauen Flügeln schwirren lieber allein. Sie sind allerdings viel seltener.

Häufig treffen wir auf Lagerplätze von Indianern. Heruntergedrückte Zweige, Fischgerippe und gelegentlich ein provisorisches Palmenblätterdach weisen auf friedliche Fischer hin. Der Karte nach schlängelt sich unser Fluß direkt an einem Indianerreservat entlang.

Es war Peters Idee, nach einem Landtransport die Fahrt auf diesem kleinen Fluß fortzusetzen, um wieder mehr unmittelbare Natur und Indianer zu erleben. Monate vorher hatten wir die Goldsucher auf der Wasserwüste des ewig breiten Amazonaszuflusses längst hinter uns gelassen und nur noch unser Ziel, den Treffpunkt mit dem Einsiedler Eberhard, vor uns. Auf dem weiten Strom wurde es uns irgendwann zu langweilig. Von dem Urwaldflüßchen dagegen sind wir begeistert.

Aus der Menge an Lagerplätzen zu schließen, sind wir kurz vor einem Indianerdorf vom Stamm der Coata-Laranjal. Von diesen Indianern müssen die an einigen Zweigspitzen der Uferbüsche aufgespießten leeren Vogeleier sein, kleiner als ein Hühnerei, gepunktet und nicht zu übersehen.

Lebt hier vielleicht noch ein unbekannter Rest der sagenhaften Amazonen, die alten Riten frönen und symbolisch die Frauenherrschaft über ihre Männer darstellen? Ob damit ungebetene männliche Besucher abgeschreckt werden sollen? Mit gemischten Gefühlen fahren wir auf die Hütten zu.

Am Ufer waschen die Frauen Wäsche und Kinder toben daneben im Wasser. Dahinter stehen erstaunlich zivilisiert aussehende Stelzenhütten aus Brettern. Zur Siedlung gehört eine Holzkirche und eine Sanitätsstation, sehr viel für ein brasilianisches Urwalddorf. Auch hier laufen die Indianer in T-Shirt und Turnhose herum, ohne Baströckchen oder Bemalung. Axel, der immer noch ein echtes Steinzeitvolk entdecken will, ist enttäuscht, zumal die Indianer zum großen Teil krause Locken haben. Wahrscheinlich hat der Stamm vor langer Zeit entflohene afrikanische Sklaven aufgenommen.

Das friedliche Bild ändert sich, als uns die Kinder entdecken. Sie kreischen laut auf und machen ihre Eltern auf uns aufmerksam. Die Männer stürzen daraufhin über den Dorfplatz, greifen ihre Paddel, springen in die Einbäume und paddeln in höchster Eile davon. Die Kinder verstecken sich in den Hütten. Nur einige Frauen bleiben resolut am Ufer bei ihrer Wäsche stehen und schauen abwartend zu uns herüber. Allem Anschein nach doch eine Art Amazonendorf. Nachdem sich die Szene beruhigt hat, paddeln wir langsam heran. Ganz offensichtlich sind wir nicht willkommen. Ohne zu wissen warum, haben wir ein schlechtes Gewissen, wie bei einer Polizeikontrolle.

Der Grund für die übereilte Flucht der Männer ist nur zu erahnen. Als sie aus der Ferne erkennen, daß wir im Boot bleiben und uns nur bei ihren Frauen nach dem weiteren Weg erkundigen wollen, kommen sie zurück und fragen uns mißtrauisch aus. Daß wir keine Drogenfahnder sind, glaubt uns keiner.

»Es sind noch zwei Tage bis zur Mündung dieses Flusses«, erklärt ein Mann. »Dort ist sehr viel Wasser, ein großer See. Ihr müßt euch zum Schluß nach rechts halten.«

Schon wieder dieser See. Vielleicht erleben wir noch ein großes Abenteuer?

»Jörg, kannst du mal mein Boot festhalten?« fragt mich Axel, bevor er sich den Hängemattenstrick zwischen die Zähne klemmt und vom Boot aus auf den Baum klettert.

»Und nun muß einer zum nächsten Baum paddeln und das andere Ende anbinden.«

»Aber sag nicht, das ich dran schuld bin, wenn die Hängematte ins Wasser fällt!«

Peter paddelt heran und klettert auf einen anderen Baum. Bald pendelt Axel in seiner Hängematte dicht über dem Wasser.

Rundherum stehen die Bäume im See. Im Überschwemmungswald bilden die Seen kleine Lichtungen zwischen den Urwaldriesen, deren dicke Stämme massiv wie Kirchenpfeiler in den Himmel ragen, während die Wipfel der niedrigen Bäume das Unterholz sind. Mitten darin winden sich Pfade für Indianerkanus hindurch, denen wir seit zwei Tagen versuchen zu folgen.

Unsere letzte Hoffnung, schnell einen Weg aus diesem Labyrinth zu finden, ist dahin. Die Indianerpfade haben wir verloren und Axel demonstriert, daß das gar nicht so schlimm ist. Auch ohne festen Boden unter den Füßen kann man es sich gemütlich machen. Zentimeter über dem Wasserspiegel schaukelt er jetzt lustig vor sich hin und kippt sich zum Schluß ab.

Das Baden in dem durchsichtigen goldbraunen Wasser ist die beste Methode, der Hitze zu entfliehen. Wenn man mit der Wasserflasche tief untertaucht, füllt sich die Flasche mit herrlich kühlem Trinkwasser von sicher nicht mehr als fünfundzwanzig Grad. Das Oberflächenwasser dagegen ist nicht viel kälter als die heiße Luft. Flußdelphine, die unsere Boote neugierig umrunden, müssen ganz schön schwitzen.

Für uns drei hat sich eine ungeahnte Hemmschwelle ergeben. Wie die Delphine das Wasser beim Schwimmen zu trinken, fällt uns eigenartigerweise schwer. Viel leichter ist zu baden, und gleichzeitig aus der Tasse dasselbe Wasser zu trinken, in dem man gerade schwimmt.

Zurückklettern ins Boot ist eine Aufgabe für Kunstturner. Am besten schafft es Peter. Er schwimmt seitlich an sein Boot heran, greift links und rechts an den Süllrand, nimmt Schwung und stemmt sich hoch. Wer es richtig gut kann, bringt fast kein Wasser mit ins Boot. Bei mir klappt es nicht so gut, zumal mein altes Boot ständig weniger belastbar wird. Die Stockflecken, die faulenden Nähte des Verdecks und das von Termiten zerfressene Gestänge erfordern eine äußerst vorsichtige Behandlung. Meist wälze ich mich schlangenartig ins Boot, so daß meine als Sitzpolster dienende Decke das meiste Wasser auffängt. Das nimmt sie mir übel und beginnt infolge der ununterbrochenen Feuchtigkeit, modrig zu stinken. Und damit muß ich mich jeden Abend auch noch zudecken! Den Gedanken an die gefräßigen Piranhas verdränge ich vor jedem Bad. Zwar habe ich noch keinen Indianer mit abgeknabberten Gliedmaßen gesehen, aber im Kochtopf schmorten Piranhas schon einige Male. Sie leben in demselben Wasser, in dem wir baden und auf dem wir paddeln. Wenn wir uns während der Pausen im Boot liegend treiben lassen, passe ich argwöhnisch auf, bloß nicht zufällig einen Fuß oder eine Hand länger als nötig im Wasser hängen zu lassen. Man kann ja nie wissen. Peter hält meine Befürchtungen für übertriebene Vorsicht.

»Die Piranhas knabbern Menschen nur an, wenn sie großen Hunger haben, sonst nicht!«

»Und woran erkenne ich das vorher?«

»Das hat man doch im Gefühl!«

Sollte ich mich nun ärgern, oder meint er das wirklich ernst?

Axel packt seine Hängematte wieder ein. Obwohl die Übernachtung im Wald geklärt ist, fehlt uns nicht nur der Ausweg aus diesem Baumlabyrinth, sondern auch etwas zu essen. Mit dem immer wiederkehrenden Zustand der knappen Verpflegung haben wir uns inzwischen abgefunden und sehen darin keinen Grund zur Panik. Wir bräuchten nur die Angelhaken ins Wasser zu halten und hätten ausreichend Fisch. Bloß kommen wir beim Angeln nicht vorwärts. Eberhard wird nicht lange warten. Wir müssen ihn rechtzeitig finden.

Heute früh haben wir die letzte Portion Milchreis gegessen. Axel hatte am Abend vorher eine Doppelration für das Frühstück gleich mitgekocht und den Topf im Dunkeln an den falschen Baum gehängt. Am Morgen war ein Ameisenvolk emsig damit beschäftigt, den Topf Reiskorn für Reiskorn in einer langen Ameisenstraße zu entleeren. Das konnten wir ihnen leider nicht gönnen. Der Topf wurde gewässert, bis die meisten Ameisen ausgespült waren und der Rest zum Frühstück verteilt. Als Notverpflegung haben wir für uns drei nur noch eine kleine Tüte ›Farinha‹, das einheimische Maniokmehl. Die Tüte reicht schon lange. Als geschmackloser, mit holzigen Fasern durchsetzter Brei, schützt sich das körnige Mehl selbst vor allzu hungrigen Genießern.

Der Überschwemmungswald liegt zwischen langgestreckten Höhenzügen, die sich wie riesige bewaldete Dünen bogenförmig durch den See ziehen und Inselketten bilden. Irgendwo hinter diesen Höhen wartet Eberhard.

Bis dahin ernähren wir uns von den Palmen, die auf den mühsam erreichbaren Inseln wachsen. Eine gute Palme ergibt einen halben Meter ›Palmito‹, Palmenmark, so dick und weiß wie ein Rettich, jedoch nicht scharf, sondern geschmacklos und fade. Je mehr wir uns durch den Urwald wühlen, um geeignete Palmen zu finden, desto unklarer wird uns, wieso zivilisierte Feinschmecker viel Geld für eine derart wenig nahrhafte und schale Spezialität zahlen.

Axel und ich futtern uns durch den Wald, während Peter die nervende Palmensuche bald aufgibt. Er macht gerade eine Tablettenkur gegen Würmer und will seine Mitesser zum Schluß nicht noch mit Delikatessen verwöhnen, weil die sonst vielleicht nie verschwinden.

Für die nächste Nacht finden wir zum Glück eine indianische Fischerstelle auf einer Kuppe der ertrunkenen Höhenzüge. Hier kommen wir an Land und können unsere Hängematten aufspannen. Leider können sich in dem stehenden Gewässer Moskitos gut entwickeln, die wir auf dem strömenden Schwarzwasserfluß überhaupt nicht vermißt haben. Pünktlich zum Sonnenuntergang ist das gemütliche Lagerleben vorbei und jeder legt sich unter sein Moskitonetz in die Hängematte. Die Urwaldgeräusche mit dem Moskitosummen im Vordergrund werden von Axels Radio gestört. Wie immer und sagt er uns den Wetterbericht aus Deutschland durch. Das gibt Auftrieb. Unfaßbar erscheint uns, daß bei diesem kalten Regenwetter dort überhaupt noch jemand wohnt. Wir fühlen uns hier gleich viel wohler.

Bei dem Gedanken an eine saftige Frühstückspalme versickert die Unterhaltung. Die Frösche und Zikaden haben die Nacht für sich. Ihr Pochen, Knarren, Trillern, Hämmern und Schleifen überzieht den gesamten Urwald mit ohrenbetäubendem Lärm. Denkt man. Ein normal gesprochenes Wort ist viel lauter. Es ist die Summe der vielen unterschiedlichen Laute, die den Anschein starken Lärms erzeugen. Wirklich laut sind nur die Brüllaffen, die mehrmals in der Nacht vorbeikommen, um ihr Revier zu markieren. Diese Radaubrüder hören nicht etwa auf, wenn man zurückschreit. Im Gegenteil, dadurch fühlen sie sich nur gereizt und stören erst recht.

Vor dem Einschlafen kontrolliert Peter noch einmal die Boote am Wasser. Zwei Paar gelbe Augen leuchten im Schein seiner Lampe am

Ufer auf.

»Diesmal sind nur kleine da, höchstens zwei Meter lang«, meint er bedauernd beim Zurückkommen mit Kamera und Blitzlicht in der Hand. Große Krokodile bleiben rar.

Lieber trommelnde Frösche, kreischende Zikaden und Brüllaffen als quietschende Straßenbahnen und brummende Autos. Wir mögen die Nächte im Urwald. Was stören uns Krokodile, solange sie im Wasser bleiben?

Der nächste Tag beginnt nicht besser als der vorhergehende. Wir paddeln um die Hügel herum, schlagen an markanten Bäumen mit der Machete Kerben hinein. Möglicherweise fahren wir trotz Kompaß im Kreis, wenn wir Indianerpfaden durch die überschwemmten Büsche folgen. Es geht zwar vorwärts, aber wohin?

Auf der nächsten Landzunge steht eine Fischerhütte. Niemand ist zu sehen, aber vielleicht finde ich jemanden auf dem Bananenfeld daneben, während Axel und Peter weiterfahren, um die Zeit zu nutzen.

»Ich paddle mal hin!«

»Komm hinterher, wenn keiner da ist.«

»Wenn ich jemanden treffe, warte ich dort auf euch!«

Noch eine Kerbe in den nächsten Baum und nach wenigen Paddelschlägen bin ich allein. Die Hütte ist schon lange leer, dafür hängen Pampelmusen an einem Baum. Das gefällt mir. Von seinen Ästen aus kann ich erkennen, daß es in der Richtung, die Axel und Peter eingeschlagen haben, hinter einem kleinen See im Überschwemmungswald kein Weiterkommen durch den nächsten Höhenzug gibt. Hier sind wir also auch falsch.

Mit einem Berg Pampelmusen setze ich mich neben das Boot und warte. Irgendwann müssen sie zurückkommen. Es lohnt nicht, sie in dem unübersichtlichen Wald zu suchen. Statt dessen habe ich jetzt Zeit, mir über unsere Lage ausgiebig Gedanken zu machen. Wir sitzen mitten im größten Urwald der Welt fest, das Essen ist alle und viel Zeit bleibt auch nicht mehr.

Wie bin ich bloß hierher geraten?

KAPITEL ZWEI

Wellenberge vor Gletscherkronen

»Was hältst du davon, wenn ich mitfahre?« begrüßte ich meine Frau gleich nach dem Aufwachen, während sie, noch schlaftrunken, aus dem Schlafsack krabbelte.

Axel, Peter, meine Frau mit unseren beiden Kindern und ich hatten unter einem Felsen im Thüringer Wald geschlafen. Es war Winter, und wir hatten uns in der Boofe den ganzen vorigen Abend lang mit großartigen Geschichten und Tourenplanungen über Südamerika unterhalten. Axel und Peter wollen vom Titicacasee im Hochland von Bolivien mit Faltbooten bis ins Amazonasbecken paddeln. Daß ich mitfahren will, ist zwar schon mit Axel und Peter besprochen, aber für die entscheidende Hürde fehlte mir bisher der Mut und der günstige Zeitpunkt. Ich mußte ja meine Familie fragen! Seit Monaten wartete ich auf eine Gelegenheit. Als meine Frau vor ein paar Tagen während einer Wanderung anfing, von ihrer Idee des nächsten Sommerurlaubs auf Korsika zu schwärmen, hatte ich nicht den Mut, ihr die Vorfreude zu verderben. Ich traute mich einfach nicht, und nun war es schon fast zu spät.

»Wohin willst du?«

Statt einer Antwort kam eine betont ungläubig gestellte Frage zurück. Das kann doch nicht sein! Sie muß doch gemerkt haben, daß ich immer ganz unruhig wurde, sobald das Wort Amazonas fiel. Sie ließ mich zappeln. Langsam wischte sie den Schnee vom Rucksack und zog sich um. Ich sprang los, warf den Kocher an und war übereifrig, ein guter Outdoor-Familienvater zu sein. Als ob damit noch irgend etwas zu beeinflussen gewesen wäre.

Endlich, ohne mich anzusehen, kam das erlösende »Ja, dann fahr doch!« und das Winterwochenende verlief, als ob weiter nichts zu sagen wäre. Unsere Kinder hatten zugehört und die Entscheidung der Eltern zur Kenntnis genommen. Wahrscheinlich war ihnen nicht klar, wie lange fünf Monate sind.

Zwei Monate später sieht das Wohnzimmer wie eine Gerümpelbude aus. Tisch und Stühle stehen vor dem Haus. Drinnen wird schnell, nur Stunden vor der Abfahrt, ein altes Einerfaltboot für seine große Fahrt gerüstet. Vom Schweißen der zusätzlichen Kielstreifen stinkt die ganze Wohnung. Außer meinem Gepäck liegen ein paar Häufchen mit Sachen für Axel und Peter herum, die beide schon längst voraus sind. Ein Chaos zurücklassend, mache ich mich auf die Reise mit Bahn und Flugzeug.

Erst im Flugzeug beginnen meine vollgeschwitzten Sachen langsam zu trocknen. Hoffentlich verschrecke ich meine blonde Nachbarin nicht allzusehr. Sie sieht gut aus, wie eine etwas ausgeflippte Urlaubsreisende. Der Flug könnte angenehm werden. Bald stellt sich heraus, daß sie genauso wie ich zum Amazonas will. Derart verbunden, verrät sie mir, daß sie auf lange Flüge immer eine Flasche guten Rotweins mitnimmt, den sie gern mit mir teilt. Im Verlaufe des Gesprächs werde ich immer neugieriger. Sie kennt sich aus.

»Ich fahre schon lange zu den Yanomami-Indianern. Kennst du Brasilien?«

»Nein, ich fahre zum ersten Mal nach Südamerika.«

Sich ahnungslos zu stellen fällt mir leicht, zumal, wenn ich nur die Wahrheit zu sagen brauche. Dabei setze ich das Glas ab und mustere meine Nachbarin genauer. Christina Haverkamp.

Da sitze ich Amazonas-Greenhorn ausgerechnet neben einer ausgezeichneten Kennerin des Amazonasdschungels. Ich kenne sie aus Büchern und Diavorträgen. Als Mitarbeiterin der ›Gesellschaft für bedrohte Völker‹ setzt sie sich seit Jahren für den Kampf der Yanomami-Indianer gegen Goldsucher und Siedler ein. Allein, oder zusammen mit ihrem Partner Rüdiger Nehberg, hat sie bereits viele spektakuläre Aktionen zur Aktivierung der Öffentlichkeit, darunter eine Atlantiküberquerung auf einem selbstgebauten Bambusfloß, unternommen.

Bald ergibt sich eine rege Unterhaltung. Sie weiß nicht, daß ich sie erkannt habe. Vorsichtig frage ich weiter. Eine bessere Gesprächspartnerin für den langen Atlantikflug hätte ich mir nicht wünschen können. Mein Interesse gilt den vielen Kleinigkeiten des Überlebens im Dschungel.

»Freust du dich auf den Urwald, auf die Indianer? «

»Ja, unbedingt. Die Wochen, die ich mit den Yanomami in ihren Runddörfern verbringen kann, sind meine schönsten im Jahr. Ich mag diese Menschen mit ihrem Gemeinschaftsgefühl. Es ist herrlich, abends in der Hängematte im flackernden Schein des Lagerfeuers zu liegen, wenn sich zu den Geräuschen des Dorfes die Brüllaffen und die Zikaden mischen.«

Ich habe noch nie Brüllaffen gehört und denke mir bei Zikaden Moskitos dazu. Ob mir das wirklich gefällt?

Ihre Flasche ist längst leer, da stellen wir uns erst vor.

»Ich bin die Christina.«

»Ich weiß.«

Beim Umsteigen in Brasilien verabschieden wir uns und sie wünscht mir, freundlich grinsend, noch viele Abenteuer. Kunststück, sie kann ja Portugiesisch, ich nicht!

Das Abenteuer beginnt sofort. Unversehens verlaufe ich mich im Flughafen, werde ausgecheckt und stehe mit meinem Gepäckberg mutterseelenallein in São Paulo. Eigentlich hatten wir uns in La Paz, in Bolivien, verabredet. Als Ersatz für mangelnde Sprachkenntnisse helfen mir nur Sturheit und Penetranz weiter. In der Einbildung, alles geklärt zu haben, erreiche ich die nächste Maschine und bewundere das langgewellte tiefschwarze Haar meiner brasilianischen Nachbarin. Auch andere Stellen an ihr sehen hinreißend weiblich aus. Axel hatte mich bereits gewarnt:

»Laß dich nicht von brasilianischen Mädchen um den Finger wikkeln! Die sind hier viel schärfer, als du es für möglich hältst.«

Wenn alle Brasilianerinnen so nett und attraktiv wie meine neue Bekanntschaft sind, dann bin ich hier genau richtig.

Während ich bereits auf dem besten Wege bin, Axels Warnung in den Fahrtwind zu schreiben, landet das Flugzeug, anstatt in La Paz, in Cochabamba. Hier ist erst einmal Schluß. Endstation. Bei südlicher Sonne in einer zum Flugplatz mutierten Busstation wird mir mein Wagnis wieder bewußt. Die Brasilianerin hatte sich verabschiedet, mein Gepäck fliegt angeblich mit einem anderen Flugzeug, ist damit anscheinend auch weg, und das nächste Flugzeug nach La Paz geht ›mañana‹, also irgendwann. Ein flaues Gefühl im Magen stellt sich ein.

Mit mir sitzt ein junger Geologe aus Schottland auf der Wartebank. Wir spendieren uns gegenseitig Runde um Runde eiskalte Cola. Dabei erzählt er von seinem Goldsucherleben im Auftrag großer Konzerne, von seiner Unsicherheit mit dem immer wieder verlängerten Halbjahresarbeitsvertrag, dem Goldpreisverfall, an dem er mit Schuld hat, seiner Freundin zu Hause und seinem Entschluß, bald als Taxifahrer nach London zurückzugehen. Er versucht auf spanisch dem Chef der fliegerischen Busstation klarzumachen, daß meine Freunde seit vier Stunden in La Paz warten. Ob es denn nicht möglich sei, den Flughafen in La Paz anzurufen und meine Freunde zu informieren. Es klappt nicht. Wo mein Boot ist, weiß auch keiner. Die bolivianische Luftfahrt ist eben genauso rückständig wie das ganze Land. Aber auch deshalb wollen wir ja gerade hierher.

Wider Erwarten fliegt doch noch ein Flugzeug. Im Abendlicht leuchten die Gletscherberge der Anden neben den Tragflächen so nah, als ob man aussteigen und hinüberlaufen könnte. Rieseneiszapfen, überhängende Schneewächten und Gletscherbrüche zum Anfassen, phantastisch!

Hungrig und genervt stehen meine immer noch wartenden Freunde an der Visakontrolle und brüllen mich statt Begrüßung quer durch die Abfertigungshalle an:

»Besorg dir neunzig Tage!«

Zu spät, schon hatte ich mein Dreißig-Tage-Visum im Paß.

»Ihr könnt mich alle mal!«

Übermüdet und einfach fertig, bin ich erst einmal sauer. Die angeblichen Freunde freuen sich nicht, mich zu sehen, sondern schreien mich an, die Grenzer wollen mich nicht länger als dreißig Tage in ihrem Land sehen und das Boot ist immer noch nicht da. Jetzt, bei der Ankunft, reicht es mir. Meine guten Vorsätze über Gelassenheit und Selbstbeherrschung sind dahin.

Wütend, zornig und stur herrsche ich den Grenzer an, den Stempel zu ändern. Siehe da, es klappt. So mache ich auch gleich bei der Gepäckabfertigung weiter. Mit Erfolg: mein Boot ist da! Während ich mich um meinen Gepäckberg kümmere, ist schon soviel Zorn verflogen, daß ich Axel und Peter hinter der Absperrung ruhig begrüßen kann.

Praktisch jeder, der in La Paz aus dem Flugzeug steigt, versucht tief durchzuatmen, und trotzdem bleibt die Luft knapp. Der kleine Flugplatz liegt mit 4100 Meter über dem Meer in respektabler Alpengipfelhöhe. Im Hintergrund der Stadt ragt das Wahrzeichen, der Nevado Illimani, ein markanter Sechstausender, in den Himmel. Die Stadt befindet sich auf ungefähr 3700 Meter. Deshalb erlebt jeder Fluggast zwangsläufig eine alpine Höhenakklimatisation. Die vornehmeren Stadtviertel liegen nicht auf den Höhen mit der guten Aussicht, sondern unten im Tal mit der dickeren Luft. La Paz ist Regierungssitz, was in Bolivien nicht dasselbe wie Hauptstadt bedeutet. Hier ist der wirtschaftliche Schwerpunkt des Landes. Das macht die Stadt für Touristen nicht in jedem Falle attraktiver.

In der dünnen Luft erschwert der Abgasgestank der Massen von katalysatorlosen Autos, Lkws und Mopeds dem Spaziergänger das Atmen genauso wie früher, als die Häuser noch mit Lamamist beheizt wurden. Hinzu kommt das lateinamerikanische Lebensgefühl, welches sich durch reges Betätigen der Hupe immer wieder Luft macht.

Die Polizei tut ihr Bestes, den Stau zu vergrößern. Auf jeder großen Kreuzung steht ein schwarz uniformierter Polizist mit Maschinenpistole auf dem Rücken, dunkler Mafiosi-Sonnenbrille auf der Nase und pfeift mit seiner Trillerpfeife, was das Zeug hält.

Um Kundschaft in die vielen Sammeltaxis zu holen, hängt aus jedem dieser Kleinbusse ein Junge seinen Kopf heraus. Immer wieder ruft er das Fahrtziel und schreit so laut er kann, um den allgemeinen Lärm zu übertönen.

Derartig empfangen und vom Flug geschafft, genehmigen wir uns einen Begrüßungsschluck in der Hotelbar, wo ich dummerweise vergesse, meine Regenjacke mitzunehmen. Am nächsten Morgen weiß das Hotelpersonal natürlich von nichts, meine Freunde denken sich ihren Teil über mich und ich bin Jacke, Taschenmesser und den in der Jacke befindlichen ersten Teil meines Geldes los. Wir können uns nicht einigen, ob dies als gutes oder eher als böses Omen zu werten ist.

In trüben Gedanken versunken, will ich mir den Schmutz der Anreise abspülen und gerate nach dem Öffnen der Badtür vor die nächste Herausforderung. Vorsichtig bleibe ich im Türrahmen stehen. Am Duschkopf ist eine Art elektrischer Durchlauferhitzer angebracht, der mit blanken Drähten angeschlossen ist. An der Wand der Duschkabine ist ein offener Sicherungskasten, von dem man den Erhitzer einschalten kann. Im Fußboden fehlen ein paar Fliesen. In diesem Krater soll wohl dann das Wasser in das darunterliegende Stockwerk versickern. Ich mache mir große Sorgen, wie schnell die Reise für mich vorbei sein wird, und frage vorsichtshalber Peter.

»Hast du schon die Dusche gesehen? Das ist doch eine Selbstmordanlage!«

»Mach dir keine Sorgen«, meint er. »Ich habe schon geduscht. Völlig ungefährlich!«

Beruhigt schalte ich die Sicherung ein und dusche unbekümmert und herrlich warm. Der Fußboden hält. Viel später erfahre ich, daß Peter aufgrund schlechter Erfahrungen grundsätzlich immer kalt duscht und auch hier die Heizung gar nicht ausprobierte.

Der einheimische Mate-Tee aus Cocablättern soll die Höhenanpassung fördern. Beim Frühstück fangen wir damit an und gehen danach durch die Stadt.

Unser besonderes Interesse gilt den Hochlandindianern, die auf der traditionellen Marktstraße Calle Sagárnaga verschiedene Kartoffel-sorten sowie die in kräftigem Rot gehaltenen gestreiften Tücher an-bieten. Die vielen Fischhändler werden ihre Ware nicht los. Sie haben keine Kundschaft mehr, seit eine Choleraepidemie auf den Genuß von schlechtem Fisch zurückgeführt wird. Um die Fischer und Händ-ler vor dem Ruin zu bewahren, hat sogar der bolivianische Gesund-heitsminister vor laufender Kamera im Fernsehen erklärt, er und sei-ne Familie würden weiterhin Fisch essen. Die Gerüchte über die Ur-sachen der Epidemie seien unwahr. Wenige Tage später, sagt der Volksmund, war auch er krank.

Peter gefallen die kleinen gelben Finken, die in Käfigen darauf warten, auf Befehl ihres Besitzers aus einem Karteikartenkasten das richtige Kärt-chen mit einer wichtigen Prophezeiung für den zahlenden Interessenten zu ziehen. Auf Peter wartet ein reicher Kindersegen. Für Bolivien hat er einen Hauptgewinn bekommen. Peter sieht das anders.

»Dagegen habe ich bei dieser Tour etwas dabei!«

Triumphierend holt er aus seiner Umhängetasche eine Großhandels-packung Kondome hervor. Irritiert schaue ich Axel an.

»Will der die etwa alle benutzen?«

»Ihr werdet es schon sehen!« behauptet Peter. Gerade das wollten wir eigentlich nicht.

Peter deutet in unseren Mienen nur schlüpfrige Gedanken und hüllt sein Orakel in monatelanges Schweigen.

Auf der Sagárnaga wird neben getrockneten Lamaembryos, die von den Einheimischen wegen ihrer sagenhaften Heilwirkung sehr geschätzt werden, natürlich auch jede Menge westlicher Luxus an Einheimische und Touristen verkauft. Nicht weit entfernt, befindet sich das hinter einer ungeheuer hohen Mauer versteckte Gefängnis. Jeder angehende Kokainschmuggler sollte sich vorher diese abschreck-kende Mauer wenigstens von außen ansehen. Wenn es dahinter nur halb so furchterregend und brutal vor sich geht, wie es von außen aussieht, ist die beabsichtigte Wirkung vollständig erreicht.

Die armen Leute leben neben den Industrievierteln außerhalb der Stadt auf dem Hochplateau. Dorthin fahren wir am Abend und erle-ben den Sonnenuntergang über den Lichtern der Großstadt mit den im Abendrot leuchtenden Gletschern des Nevado Illimani im Hinter-grund.

»Wollen wir nicht wenigstens einen richtigen Berg machen? Wenig-stens einen Fünftausender?« drängele ich.

»Mit unseren Wanderschuhen und den Segelleinen als Kletterseil? Ist doch lächerlich!« Peter hat Recht.

»Ich freue mich jedenfalls auf den Goldweg durch die Königscordillere. Hoffentlich bekommen wir genug Tiere für unsere Karawane. Vielleicht sogar Lamas!«

Wir bleiben so lange, bis uns die Nachtkälte vertreibt. Die Anden sind schön!

Nun wollen wir aber ans Wasser. Schon früh stehen wir an der Haltestelle der Fernbusse zum Titicacasee. Das Bootsgepäck, das uns selbst äußerst beeindruckt, ist für die Busfahrer nicht so ungewöhnlich. Hier fährt jeder mit großen Säcken. Wir haben Glück und bekommen Sitzplätze. Nun müssen wir nur an jeder Haltestelle aufpassen, daß unser Gepäck auch in den Gepäckfächern im Bus bleibt. Deshalb verteilen wir uns an den Fensterseiten. Peter sitzt allein und hat ein wenig Pech. Neben ihm drängt sich eine Bauersfrau undefinierbaren Alters auf die Doppelbank. Das ist an sich schon ungerecht genug, weil sie mit ihren vielen Röcken bedeutend mehr als die halbe Bank benötigt. Ihr Gepäckballen, traditionell im bunt gestreiften Tuch verpackt, wird ins Gepäcknetz gedrückt. Sie paßt schön auf, daß sie die weiße Decke auf dem Sitz beim Hinsetzen nicht wegschiebt. Danach sieht sie Peter entschuldigend an, dreht sich aus Toilettenpapier eine schmale Rolle, wendet sich leicht zur Seite und hebt mit der einen Hand ihre Röcke vorn an, während die andere die Rolle plaziert. Trotzdem beginnen während der Fahrt die weißen Tücher nach Urin zu riechen. Peter sitzt auf derselben Decke. Unseren Nasen ergeht es aber auch nicht viel besser.

Später erfahren wir, daß die Tücher aus hygienischen Gründen extra deshalb über alle Sitze ausgelegt werden, weil die Frauen unter ihren Röcken nichts weiter anhaben.

Die vorbeizuckelnde Landschaft hinter dem Busfenster entschädigt für alle Busgerüche. Nach Copacabana am Titicacasee fährt man einige Stunden und kann ausgiebig das Altiplano bewundern. Zwischen der Ost- und der Westcordillere gelegen, ist diese Hochebene eine sanft gewellte Grassteppe mit vielen Streusiedlungen, aus Adobehütten mit Wellblechdach. Die Wände bestehen aus selbstgemachten, luftgetrockneten Lehmziegeln. Ihre Bewohner sind Nachfahren der von den Inkas unterdrückten Aymaras.

Die Frauen sehen originell aus. Sie sind untersetzt und wirken ungeheuer ausdauernd. Ihre Tracht soll noch aus der Zeit der spanischen Kolonisatoren stammen. Im spanischen Kastilien läuft niemand mehr so herum. Diese Mode ist nur hier erhalten geblieben. Mit ihren braunen Filzhüten auf dem schwarzhaarigen Kopf mit den zwei langen geflochtenen Zöpfen und dem wettergegerbten Gesicht halten sie die Traditionen aufrecht. Um die Schultern liegt meist eine einfarbige dunkle Decke. Wer etwas auf sich hält, hat noch Fransen daran. Eine Strickjacke aus Schaf- oder Lamawolle und die schon erwähnten zahlreichen Röcke in blau oder weiß schützen gegen die Hochlandkälte und den Wind. Auf dem Rücken trägt fast jede Frau in einem gestreiften Tuch gewickelt entweder ihr Kind oder irgendwelche Waren im großen Bündel mit sich. Die Füße stecken in schwarzen Halbschuhen aus Plastik.

Die Männer sind nicht so farbenfroh gekleidet. Da sie das Geld ausgeben, haben sie sich bereits an die von der westlichen Zivilisation vorgegebene Kleiderordnung mit Hose und Jacke angepaßt. Dafür hat die Arbeitsweise der Bauern zum großen Teil die Zeiten überdauert. Das Getreide wird immer noch gedroschen, indem man es bündelweise gegen einen großen Stein schlägt. Die Hacke ersetzt den Pflug. Mit aufwendigen Bewässerungsgräben wird Quellwasser zu den Feldern geleitet. Die Leute sehen nicht bedrückt aus, sind aber ungeheuer schweigsam, teilweise schon abgestumpft von ihrem ermüdenden täglichen Kampf um ein paar Getreidekörner oder um die kleinen schrumpligen Kartoffeln.

Während der regelmäßigen Polizeikontrollen wird Castellano, die lateinamerikanische Variante des Spanischen, gesprochen. Wir sorgen uns um unsere Sachen, da die Rauschgiftfahnder üblicherweise mit bis zu zwei Meter langen nagelbohrerähnlichen Stangen in das Gepäck stoßen, um Cocapaste zu finden. Cocapaste ist ein Zwischenprodukt bei der Herstellung von Kokain aus Cocablättern. In Schafwollbündel kann man ja so pieken, aber doch nicht in unsere Boote oder die wasserdichten Säcke. Die lästige Präsenz der Militärpolizei läßt zum Glück desto mehr nach, je weiter wir uns von La Paz entfernen.

Zwischen den graugrünen Hügeln glitzert eine Wasserfläche. Der Titicacasee ist am bolivianischen Teil stark in Buchten gegliedert, so daß man erst spät einen Eindruck über seine gewaltige Größe bekommt. Er liegt 3810 Meter hoch und hat keinen Abfluß zum Meer. Bolivien teilt sich den Titicacasee mit Peru. Axel und mich reizt, den gesamten See von der Größe eines Binnenmeeres zu überqueren. Peter ist dagegen. Er sorgt sich, daß wir uns hier verzetteln und nicht genügend Zeit im Amazonasbecken haben. So beschränken wir uns auf den bolivianischen Teil. Mich beunruhigt dabei, daß wir gleich zu Beginn unserer langen Reise zurückstecken müssen. Haben wir uns verplant oder gibt es ein höheres Prinzip, nach dem man nie genug Zeit hat?

Auf der Fähre über eine Engstelle des Sees überkommt uns plötzlich ein irres Gefühl. Wie ein unwirkliches Gemälde ragt der Nevado Illimani direkt aus dem Wasser heraus. Es ist, als ob die Wellen diesen hohen Berg, einer Insel gleich, umspülen. Wir sind geradezu hingerissen.

Nachmittags kommen wir in Copacabana an. Dieses kleine Städtchen ist das Wochenendziel der begüterten La Pazer. Mit der Kathedrale als kirchlichem Mittelpunkt ist es auch einmal im Jahr Wallfahrtsort. Für uns ist hier der Ausgangspunkt zur Sonneninsel.

Mit dem Bus gelangt man zu den legendären Ausgrabungsstellen von Tiahuanacu mit dem bekannten Sonnentor nahe am Titicacasee. Da diese Kultur aus ungeklärten Gründen plötzlich verschwand, ergeben sich viele Legenden und Spekulationen. Überhaupt bemühen sich die Führer vor Ort, das Prädikat ›präinka‹ an den Touristen zu bringen, um sich vom Inkatourismus in Peru abzuheben und um die noch älteren Ausgrabungen zu präsentieren.

Copacabana soll so ein steinalter Ort sein. Auf dem Großen Kalvarienberg steht ein christliches Monument auf einer präkolumbischen Kultstätte. Auch die Basilika steht auf den Fundamenten eines alten Kulturkomplexes. Leider muß man für solche Betrachtungen schon ein ausgebildeter Archäologe sein. Dafür kann man auf dem Kleinen Kalvarienberg wirklich noch Überreste einer präinkaischen Kultstätte besichtigen. Hier stand einmal das Observatorium ›Weg der Sterne‹. Wer es gern ein wenig romantisch mag, kann hier das Kreuz des Südens mit dem nächtlich dunklen Titicacasee betrachten und an die alten Inkas denken.

Die Busse halten neben dem Markt, und wir haben wieder unser Gepäck am Hals. Zwei kleine Gepäckträger mit zweirädrigen Karren sind sofort hilfsbereit. Vorher wird der Preis ausgehandelt. Den Gepäckträgern ist nicht klar, wie wir uns unser Hotel vorstellen, wir wissen nicht, was möglich ist. Überhöhte Preise wollen wir auch nicht zahlen. Ich warte gelassen ab. Wer hat denn hier die zweijährige

Südamerikaerfahrung und kann Castellano sprechen? Ich doch nicht. Peter ist ein zurückhaltender Mensch. Er drängt sich auch nicht auf. Axel kennt diese Arbeitsteilung seit langem und verhandelt. Das dauert. Ungeduldig schnappe ich mir einen Sack und gehe Richtung See, denn wir wollen ein Hotel am Strand. Nach einigen Schritten merke ich die fehlende Akklimatisation und bin dankbar, daß hinter mir ein Gepäckkarren angerollt kommt. Axel konnte sich nicht entscheiden und heuerte einfach beide an. Jeder hat auf seinen Karren unsere Gepäckstücke gestapelt. Auf den abschüssigen Wegen zum See bekommen die Karren immer mehr Fahrt, so daß Peter und ich mit den Gepäckträgern zusammen an der Deichsel hängen, um die Gefährte zu bremsen.

Nach weiterem zähen Ringen organisiert Axel schöne Zimmer mit Seeblick und Dachterrasse zum Bootaufbauen. Die sanitären Einrichtungen sind zweckmäßig. Wir können das Duschklo unserer Vermieter, ein Raum mit Dusche in der einen Ecke und dem auch zu allem andern nutzbaren Fußbodenablauf in der anderen Ecke, mit benutzen. Dafür ist es sehr preiswert.

Wir richten uns ein. Auf der Dachterrasse beginnt bald ein wüstes Gedränge um den besten Platz zum Bootaufbauen. Ich halte mich zurück. Zum einen brauche ich mehr Zeit als die anderen, weil einige Reparaturen zu Hause nicht fertig wurden. Zum anderen imponiert mir die Begeisterung, mit der Axel und Peter ihre nagelneuen Boote zusammensetzen. Sie sind wie kleine Jungen, denen man einen Baukasten geschenkt hat. Unser Vermieter läßt sich das Schauspiel ebenfalls nicht entgehen. Nachdem die beiden Boote mit Seilen in den Innenhof des Hotels herabgelassen wurden, sind Axel und Peter nicht mehr zu halten. Am Strand wird die Segeleinrichtung angebaut. Zwischen den vielen staunenden Kindern schieben sie die Boote in das zwölf Grad kalte Wasser. Stolz leuchten die weißen Segel. Aber mehr passiert nicht. Das letzte bißchen Wind ist weg und so paddeln die beiden vor den Stegen hin und her, um sich keine Blöße zu geben. Ich kann mir ein paar treffende Bemerkungen nicht verkneifen, denn die Flaute ist mein Triumph. Ich habe nämlich kein Segel.

Irgendwann haben sich die beiden wieder beruhigt und die Boote trocknen auf der Terrasse. Für die Akklimatisation haben wir vier Tage eingeplant. Niemand treibt uns, und jeder von uns gewinnt vom Streß der letzten Tage allmählich Abstand.

Hier haben wir endlich Zeit, uns genauer darüber klar zu werden, was wir auf der Fahrt sehen und erleben wollen. Als ich Monate zuvor anfing, einen Plan aufzustellen, entrüsteten sich die beiden.

»Wir fahren doch nicht mit einem Reisebüro. Wo bleibt denn da das Abenteuer?«

Damit blieb die gemeinsame Fahrtenplanung auf Globusgenauigkeit und jede Menge Ungewißheit vor uns liegen. Dementsprechend sind die Hoffnungen sowie die Vorstellungen über zu erwartende Schwierigkeiten deutlich unterschiedlich.

In Zweiergrüppchen schlendern wir durch die Stadt oder am Strand entlang und sprechen uns aus. Auch unsere Dreiergruppe lebt von den jeweiligen Zweierbeziehungen. Es ergab sich einfach so, daß jeder die guten und auch manchmal anstrengenden Seiten des Verhältnisses der anderen beiden achtete, möglichst ohne sich einzumischen.

Wir erkunden die Gegend, essen riesige Steaks und packen allmählich unsere Sachen. Ein besonderer Spaß ist es, sich in den verschiedenen Touristenbüros, die alle auch Motorbootfahrten über den Titicacasee anbieten, Seekarten anzusehen. Das Spektrum reicht von der nüchternen Schwarzweißkopie eines Landkartenausschnitts bis zur handgemalten bunten Karte mit Inkaschilfbooten und Seeschlangen. Leider stimmt keine Darstellung mit unserer vergrößerten Kopie aus einem Reiseführer überein. Die Sonneninsel hat jeder Kartograph woanders hingezeichnet, und die Mondinsel gibt es nicht einmal auf allen Karten. Wir kommen uns vor wie zu Kolumbus' Zeiten auf großer Entdeckerfahrt.

Auf der tagsüber von den Bergen gut sichtbaren Sonneninsel soll der erste Inka Manco Capac mit seiner Schwester Mama Ocllo von der göttlichen Sonne herabgekommen sein, um den Menschen Akkerbau, Handwerk, Kunst und Wissenschaft zu bringen. Wir hoffen, die Reste der Inkatempel auf der Insel sehen zu können.

Auch ohne tiefschürfende Geschichtskenntnisse sind die Wanderungen rund um Copacabana landschaftlich sehr reizvoll. Bei beständigem Sonnenschein leuchtet der blaue See und ganz locker schafft man zwei Viertausenderberge an einem Tag. Was müßten wir uns dafür in den Alpen schinden! Hier gibt es sogar sonnenbeschienene Nordwände.

Axel und Peter sind getrennt bereits seit fast zwei Monaten in Südamerika unterwegs. Während Peter durch Paraguay fuhr, erkundete Axel im brasilianischen Teil des Amazonas unsere Route durch die

Überschwemmungsgebiete und den möglichen Endpunkt dieser Fahrt. So hat jeder eine Menge zu erzählen. Und das machen sie gern. Wenn es um ihre Arbeit als Fotojournalisten in ihrer Firma zu Hause geht, gibt es ein unerschöpfliches Thema. Ich höre immer wieder begeistert zu, wenn sich Peter und Axel wie besessen über ihre gemeinsame Telefonrechnung streiten. Axel quatscht angeblich ohne Ende. Dieser Zwist über Telefonrechnungen überfällt die beiden in jeder Lebenslage. Ob im mückengeplagten Amazonassumpf oder in der dünnen Luft der Anden, für diese Diskussion ist immer Zeit.

Axel hat von uns nicht nur Prokura zum Geldausgeben erhalten, wir zahlen auch regelmäßig in die von ihm geführte Gruppenkasse ein. Er ist der Beste im Verhandeln. Später ist es vorgekommen, daß Peter und ich an verschiedenen Enden einer Stadt mehrere Stunden in praller Hitze auf der Straße herumstanden. Axel hatte eben noch nicht den aus seiner Sicht optimalen Preis für unsere Hotelübernachtung ausgehandelt und lief deshalb verbissen bis ans letzte Ende des Ortes. So hatten Peter und ich schon manchmal die Nase voll von seinem Geschäftssinn. Einige Male erkundigten wir uns ängstlich nach dem ausgehandelten Preis einer Taxifahrt, nur um im voraus zu wissen, auf was für eine schrecklich klapprige Kiste wir denn hinaufklettern sollten. Ansonsten ist Axel schwer in Ordnung. Ich kenne ihn noch aus seiner Sturm-und-Drang-Zeit, als Leiter einer Bergsteigergruppe und Heimerzieher äußerst schwieriger Kinder. Segeln, schwimmen und paddeln kann er auch ganz gut.

Mit Peter ist das anders. Wir haben uns über Axel kennengelernt. Unsere erste Begegnung ergab sich in Australien, wo Peter gerade dabei war, sich mit dem Roden abgestorbener Bäume Geld zu verdienen. Über Axel hat jeder von den Touren des anderen gewußt, aber eine nähere Bekanntschaft hatte sich noch nicht ergeben. Ich erzähle über meine Kindheit im Faltboot der Eltern, von großen Urlaubspaddeltouren mit meiner Frau, unseren Kindern, die gelegentlich selber paddeln. Und von meinem Fernweh nach den großen Bergen, das mich neben meiner Arbeit als Elektroingenieur zum Hobbybergsteiger machte.

Beim Klettern ist mir Peter haushoch überlegen. Wenn er nicht gerade für sein Erstbegehungsprojekt trainiert, klettert er in den nordamerikanischen Nationalparks oder in Südafrika. Er weiß, daß er der Kräftigste von uns ist. Wenn mir auf dieser Tour irgend etwas zu schwer wurde, Peter konnte immer noch zulegen. Kein Kunststück, ist er doch auch der Jüngste und noch nicht einmal Vater. Auch beim Paddeln ist er immer voraus.

Außerdem ist er handwerklich ungeheuer begabt. Er hat Schlosser gelernt und repariert fast alles. Dabei entwickelt er eine fast schon an Sturheit grenzende Geduld. Die erwartet er aber auch von jedem, der so leichtsinnig ist, sich mit ihm beispielsweise über Campingkocher zu unterhalten. Was heutzutage, mit seinem Lieblingswort gesprochen, ›nicht ausgereift‹ hergestellt wird, und trotzdem unverantwortlicherweise von Herstellern und Verkäufern auf die Leute losgelassen wird, erschüttert Peter tief. Einmal auf dieses Thema gebracht, sprudeln seine Anklagen und mehr oder weniger ›ausgereifte‹ eigene Ideen zur Verbesserung der Misere aus ihm hervor. Kein sektiererischer Eiferer könnte das besser. Mit der Zeit fallen mir immer weniger Ausreden ein, um den Vortrag abzubrechen. Axel dagegen hat irgendwie den Bogen raus und schafft es, dieses heiße Thema zu umgehen.

Überhaupt haben Axel und Peter ein bemerkenswertes Verhältnis. Seit ihrer Weltumradlung sind sie seit neun Jahren fast täglich zusammen. Selbst verschiedene Freundinnen haben diese Symbiose nie gefährdet. Sie reisen zusammen, sie wohnen im selben Haus, sie arbeiten zusammen, und nur gelegentlich gönnen sie sich Urlaub voneinander. Mich reizt es schon, den Unterschied zu meinem häuslichen Familienleben zu erfahren.

Einer wird bald offensichtlich. Jeweils ohne einander zuhören zu lassen, offenbaren sie mir beide, was für ein stinkend fauler Sack der andere doch wäre! Axel könne geschlagene sechs Monate ohne Unterbrechung am Computer spielen, und Peter sei ein großer Träumer. Großes Mitleid heuchelnd, höre ich aufmerksam zu, um mir meinen Teil zu denken.

Da beide schon mehr als zwei Jahre in Südamerika gelebt haben, sprechen sie ausreichend Castellano. Ich komme gar nicht dazu, meine wenigen Vokabeln anzuwenden und muß bei jeder Unterhaltung geduldig warten, bis mir einer die Kurzfassung erklärt.

Axel und Peter haben eine neue Aufgabe entdeckt, Probepacken. Ich bin zwar der Meinung, was nicht hineingeht, ist überflüssig, aber die beiden wollen es genau wissen. Wieder werden die Boote ans Wasser geschleppt und siehe da, entweder haben beide zuviel mit oder sie sind selbst zu schwer. Schon bei geringer Geschwindigkeit läuft eine selbst verursachte Welle hinten aufs Verdeck. Nun wird umgepackt. Mit Erfolg. Die Boote pflügen vorne wie hinten U-Boot-ähnlich das Wasser. Daß ich mir nun ebenfalls Sorgen über mein schweres Gepäck mache, kann ich natürlich nicht zugeben. Wir einigen uns darauf, nur langsam genug zu fahren, dann bliebe das Verdeck trocken. So etwas beruhigt zumindest. Der See liegt immer noch verführerisch glatt und blau. Von dem beständig schönen und windstillen Wetter verwöhnt, kommt uns gar nicht der Gedanke, daß es hier auf der baumlosen, platten Hochebene auch anders sein könnte.

Nun brauchen die Boote nur noch einen Namen. Axel malt mit großen weißen Buchstaben ›Quetzal‹, den Namen eines tropischen Paradiesvogels, der nur in Freiheit leben kann, auf das blaue Verdeck. Peters Einer heißt ›Pongo‹. Das ist auf Castellano ein Begriff für Felsenschlucht oder Durchbruch eines Flusses durch einen Bergriegel. Mein Boot hat schon seit fast zwanzig Jahren die Nummer ›1‹. Kurzzeitig liebäugle ich mit einem neuen Namen ›El Rapido‹, der Schnelle. Das klingt mir dann doch zu prahlerisch und ich lasse es bei der 1, obwohl damals, als die Boote des Vereins markiert wurden, irgend jemand geschlampt hat und auf der linken Seite die 1 seitenverkehrt aufgeklebt hat. Regelmäßig bekomme ich Gelegenheit, den Einheimischen dieses seltsame Schriftzeichen zu erklären.

Derart ausgiebig vorbereitet starten wir zur Sonneninsel. Erstaunlicherweise macht sich die dünne Höhenluft beim Paddeln weniger bemerkbar als beim Wandern auf den Hügeln der Gegend. Auf fast spiegelglattem Wasser lassen wir unsere kleinen Wellen im Kielwasser ziehen. Endlich! Paddeln auf dem Titicacasee! Im Stillen bedanke ich mich noch einmal bei meiner Familie. Beim gleichmäßigen Paddeln auf die kleine Insel am Horizont zu, fange ich zu träumen an. Mir kommt der Gedanke an die vielen Geographiestunden in der Schulzeit, in denen ich wahrscheinlich wie geistesabwesend die große Weltkarte studiert und in Gedanken die Abenteuer im voraus erlebt habe. Jetzt ist mir klar, was für nachsichtige Lehrer ich hatte, wenn sie mich so träumen ließen. Bei Axel und Peter ist das anders. Seit ihrer Weltumradlung kann sie nichts mehr so leicht erschüttern. Sie suchen eine neue Herausforderung, eine neue Art, die Welt zu erleben.

Bald sind uns die kleinen Wellen auf dem Verdeck egal. Wir kommen zügig voran und können die schon vor Jahrhunderten angelegten Terrassenfelder an den Steilhängen der Sonneninsel erkennen. Früher müssen dort mehr Leute gelebt haben, denn jetzt werden nur noch wenige Terrassen genutzt.

Nach einer Pause an einem einsamen Kiesstrand, bei der ich bedenklich viel Wasser aus meinem Boot schöpfe, umfahren wir das Nordende und suchen nach den versunkenen Tempelruinen. Außer einzelnen Klippen ist nichts zu sehen, obwohl das Wasser glasklar ist. Dafür erscheint die Fels- und Eismauer der Königscordillere plötzlich hinter dem Nordkap am Horizont. Lange debattieren wir, über welchen Paß der Goldweg der Inkas, den wir in zwei Wochen überschreiten wollen, entlang führt. Wir können uns nicht einigen, und so versucht jeder seine Variante beim Weiterfahren zu bestätigen. An der sogenannten Inkatreppe, einem Touristenziel, wollen wir zelten. Zum einen, um uns die Ausgrabungen anzusehen und andererseits, weil wir wegen unseres Tiefganges nur eine Notverpflegung mithaben, die wir an einem Touristenimbiß ergänzen wollen.

Wenn man am Ufer entlangfährt, sieht man viele Reste der alten Tempel auf den Hängen. Mauern, Fundamente und Plätze sind gut zu erkennen, nur keine Treppe. Letztendlich finden wir auf einer kleinen vorgelagerten Insel zwar keinen Imbiß, aber einen Schlafplatz. Der anfangs leichte Wind frischt zum Sturm auf. Über der Cordillere braut sich ein Gewitter zusammen. Rötlich hell leuchten die Gletscher im Licht der Blitze. Neben dem zur Sicherheit bereits aufgebauten Zelt schauen wir uns aus den Schlafsäcken das Abendprogramm an. Die Wolken bleiben in den Bergen hängen und wir schlafen ohne Regen ein.

Am nächsten Morgen ist das Gewitter zwar weg, der Sturm jedoch geblieben. Wir haben zu lange in Copacabana gewartet und auf das ruhige Wetter vertraut. Zuerst versuchen wir im Windschatten der Insel weiter zu kommen. An einem Dörfchen steigen wir aus und erkundigen uns nach der Inkatreppe. Außerdem möchte ich ein paar Ausgrabungen sehen. Deshalb teilen wir uns auf. Einer muß bei den Booten bleiben und auf die Dorfkinder sowie unsere Sachen aufpassen, die anderen können los.

Nachdenklich bleibe ich auf dem Fußballplatz des Ortes stehen. Zwei Lamas weiden gemütlich vor einem Tor, und auf der anderen Seite treibt eine Frau in ihrer traditionell leuchtenden Tracht die Schweine über den Platz. Der Fußballplatz hat Normgröße. Er ist praktisch das Zentrum des Ortes. Fußball, das beginnt mir hier klar zu werden, ist nach der Kirche die zweite Religion in Südamerika. Leider habe ich nicht zusehen können, wie einer in 4000 Meter Höhe einen kräftigen Sprint von Tor zu Tor hinlegt. Ich wäre spätestens bei der Hälfte nach Luft japsend zusammengebrochen.

Oben auf den vom Sturmwind umtosten Hügeln der Insel finde ich zwar keine Ruinen, kann aber den Leuten bei der Maisernte zusehen. Solch kleine und dürre Maisfelder habe ich noch nie gesehen. Den Gedanken, sich hier von geklautem Mais zu ernähren, können wir wohl begraben. Das kann man den Leuten nicht antun.

Die Inkatreppe befindet sich sicher dort, wo sie auf keiner Karte eingezeichnet ist. Wir schreiben sie und den Imbiß ab und versuchen, nach dem nächsten Kap mit schräg achterlichem Wind die Mondinsel zu erreichen. Unsere sportlich tiefgelegten Boote, so würde sie ein Autofahrer bezeichnen, lassen uns keine andere Wahl, als jede Welle vorsichtig abzureiten.

Der Wind zerrt an meiner Fleecejacke, die Spritzer fliegen vom Paddel immer geradewegs auf die linke Schulter. Bald ist die ganze Seite gleichmäßig naß und kalt. Scheinbar kommen wir nicht voran. Wir kämpfen um jede Welle. Wenn man sich nach einigen Brechern einbildet, der Mondinsel ein Stückchen näher gekommen zu sein, braucht man sich nur umzudrehen. Die Sonneninsel ist noch genauso nah wie vorher. Alles steht still um uns, nur der Wind pfeift und die Wellen rauschen über das Verdeck.

Zu Hause habe ich die doppelte Menge der teuersten Imprägnierung auf mein Baumwollverdeck gestrichen. Es hat nichts genutzt. Wie ein Schwamm saugt es sich voll, und vor meinem geistigen Auge sehe ich bereits das Wasser um die Bootsleiter schwappen. Ungefähr jede siebente Welle ist besonders gewaltig und bricht sich gemeinerweise immer gerade dann, wenn das Boot aus einem Wellental wieder aufwärts gehoben wird. Wie ein Wasserfall schüttet die Welle ihre Fluten über das Verdeck. Da heißt es nur Luft anhalten, aufpassen, daß man auf der Spitze des Wellenberges nicht quer dreht, weil dort das Steuer in der Luft hängt, und mit der Hüfte das Boot so ankanten, daß ein bißchen weniger Wasser durch die Ritzen der geschlossenen Spritzdecke ins Boot schießt. Gegen das eiskalte Wasser in der Hose hilft nur, zur Erleichterung zu brüllen.

Wenn man oben auf der Welle sitzt, besteht die Gelegenheit, nach den anderen zu sehen. Unter blauem Himmel ist Peter nur noch ein dunkler Punkt zwischen den weißen Brechern. Er hat sich irgendwann entschlossen, allein und so schnell wie möglich zur Mondinsel zu kommen. Natürlich ist es sicherer, nicht länger als nötig auf dem

See zu sein. Aber so weit voraus, wie er jetzt ist, könnten wir ihm nach einer Kenterung kaum mehr helfen. Er müßte dann allein wieder einsteigen, falls er es schafft. Weil das Wasser hier mehr als nur erfrischend kalt ist, hatten wir das geplante Kentertraining in Copacabana ausfallen lassen. Der See war ja auch so ruhig.

Axel ist hinter mir und genießt den Seegang, die Aussicht auf die Inseln und die hohen Berge und hat gar keine Eile. Er vertraut seinem Bootsgefühl aus Seglerzeiten auf thüringischen Talsperren, und die sind bekanntlich auch ganz schön groß und hoch gelegen! Ich bin mir sicher, das Tagesziel zu erreichen, wenn nur nicht noch mehr Wasser ins Boot kommt. Aber ob bei dem Seegang eine wirksame Hilfe nach einer Kenterung möglich ist, bezweifele ich. Jeder paddelt so, wie wir die gesamte Fahrt angehen. Das heißt, möglichst unabhängig sein, den anderen nicht zur Last fallen und bei Problemen zuerst sich selber zu helfen. Bei Sturm kann das ins Auge gehen. Die schlechte Absprache ärgert mich und ist nicht gerade nachahmenswert. Auf dem Wildwasser später muß das anders werden.

Ich lasse Axel aufrücken und sehe bald sein Paddel und seinen breitkrempigen australischen Cowboyhut aus Känguruhleder, auf den er so stolz ist. Dann fehlt plötzlich jedes Stückchen von ihm. Den Seegang, den Wind und die ganze Tour verfluchend, wende ich auf der nächsten Welle und paddle nun schräg gegen den Wind zurück. Irgendwo muß Axel sein. Durch die Wendung wird mein letztes trokkenes Fleckchen auf der rechten Schulter auch noch naß. Doch das ist jetzt nicht mehr wichtig. Aber da surft Axel gerade eine Welle vor mir mustergültig ab, den Fotoapparat in der Hand und knipst! Ich bin erleichtert und gespannt, wie er den Fotoapparat wieder unter die Spritzdecke kriegen will. Denn dazu muß er das Paddel loslassen, die Spritzdecke aufreißen, den Apparat verpacken und die Spritzdecke wieder dicht verschließen. Dazu bleibt nicht viel Zeit zwischen zwei Wellen. Schadenfroh beobachte ich, daß er es nicht ganz schafft. Er hat zu lange gebraucht. Die zweite Welle plätschert in sein Boot und fährt bis zur Mondinsel mit.

Nach vier Stunden ist diese in greifbare Nähe gerückt. Wir wollen unterhalb des Tempels der Jungfrauen anlegen. Die Tempelruinen sind von weitem zu sehen. Davor türmen sich die Brandungswellen besonders abweisend auf. Zwischen tonnenschweren Steinbrocken tost das Wasser. Axel und ich paddeln am Ufer auf und ab und entschließen uns dann zu einem Versuch. Peter, schon an Land, hat verständlicherweise nicht recht Lust, in die kalte, saugende Brandung zu steigen und zu helfen. Ich ziele auf eine scheinbar weniger brodelnde Stelle in der Brandung, suche mir eine Welle aus und surfe mit ihr auf die Steine zu. Nun steht Peter doch im Wasser.

»Komm jetzt!« brüllt er und schwankt zwischen den Steinen.

»Mehr nach rechts!« rufe ich ihm zu.

»Reich mir das Paddel, ich zieh' dich ran!«

»Mist, ich schaffe es nicht!«

»Ah, ist das kalt! Verdammt, das waren meine letzten trockenen Sachen!«

Der Länge lang liegt Peter im Wasser.

Die Welle treibt mich zu weit an ihm vorbei und mit vollem Schwung auf die Steine von der Größe ausgewachsener Findlinge zu. So schnell darf die Reise nicht enden, ich brauche das Boot noch eine Weile! Also springe ich neben das Boot ins Wasser und ringe mit den Wellen um die Zukunft meiner Fahrt. Im Austausch gegen Hautabschürfungen, blaue Flecken und einem total gewässerten Boot erhalte ich mein Eigentum zurück. Peter geht tropfnaß ans Ufer und sieht mich eine Weile nicht mehr an. Axel setzt auf ähnlich dramatische Weise wie ich sein Boot auf die Steine. Bald liegt der Strand mit unseren sieben Sachen zum Trocknen voll.

Nun kommen zwei Museumswärterinnen des Tempels der Jungfrauen zu uns. Die beiden Alten haben ein Problem. Für die Übernachtung auf der Mondinsel gibt es keinen Tarif, aber ohne Eintrittskarte dürfen sie uns nicht bleiben lassen. Außerdem argwöhnen sie zu Recht, daß wir uns die alten Steine ausgiebig ansehen werden, wenn sie schon längst nach aufreibendem Kontrolleurarbeitstag zu ihren Hütten auf der anderen Seite der Insel gegangen sind. Deshalb sind sie zänkisch und überhaupt nicht so zurückhaltend, wie wir es sonst von Einheimischen gewohnt sind. Ich kann nur hoffen, daß die Inkas nettere Jungfrauen hatten. Nach dem geforderten Preis müßten wir uns mehrere Tage lang die Ruine ansehen können. Peter und ich sind der Meinung, daß sie es verdient hätten, in ihrem Tempel zu Ehren des Gottes des Geldes geopfert zu werden und schlagen dies Axel vor, der wie immer die Verhandlungen führt. Die Idee scheitert lediglich daran, daß wahrscheinlich schon viele andere vor uns diesem Ritual frönten und das ganze Feuerholz aufgebraucht ist.

Nachdem die Übernachtungsgebühr geklärt ist, wird uns mit sinkender Sonne bald klar, daß wir auch wegen unserer nassen Sachen ein Feuerchen machen sollten. Unsere letzten Essenreserven sind natürlich auch naß, und weil wir keinen Proviant bekommen haben, droht das Abendbrot zum ersten Mal recht kurz zu werden. Zum Glück wissen wir nicht, wie oft sich dieser Zustand noch wiederholen soll.

Mit einer nassen Stulle in der Hand genießen wir im Abendlicht den Anblick der an der Königscordillere aufziehenden Wolken. Durch ein gewundenes Tal gelangen hier die feuchtwarmen Luftmassen aus der Amazonasebene auf die andere Seite der Berge und bilden Wolkenbänke in verschiedenen Höhen. Das Wetterleuchten zuckt dazwischen, und wir fühlen uns als winzige Teilchen in einem grandiosen Panorama. So schön hatte ich mir das zu Hause gar nicht vorgestellt. Später, als die Sterne aufziehen und der Mond aufsteigt, ist mir klar, wie gut der Name Mondinsel hierher paßt.

Am nächsten Morgen hat der Wind gedreht, er bläst beständig von vorn. Da wird man wenigstens nicht so naß. Mit dem Ziel, irgendwo etwas Eßbares aufzutreiben, streben wir der Engstelle von Tiquinia und dem dortigen Dorf zu. Mühsam kommen wir voran. An den weit entfernten Ufern merkt man lediglich in Stundenabschnitten, daß es vorwärts geht. Als wir endlich ankommen, ist es schon spät. Der Markt ist fast leergefegt. Diesmal bin ich mit Aufpassen dran und begrabe die Hoffnung auf ein saftiges Steak. Als Axel mich ablöst, lotst mich Peter zu einer Fischhändlerin, die längst kalt gewordenen, gebratenen Fisch anbietet. Ich denke an den Gesundheitsminister.

»Los«, meint er »wir haben bereits davon gegessen. Oder was willst du allein hier machen, wenn Axel und ich im Krankenhaus sind?«

»Ach, weißt du, dann würde mich wenigstens keiner davon abhalten können, nach Machu Pichu zu fahren.«

»Quatsch, da kannst du als Rentner immer noch hinfahren. Wenn wir schon Cholera kriegen, dann am besten alle.«

Dieser Logik kann sich mein Magen nicht verschließen. Wir haben die Mahlzeit überlebt.

Hinter der Enge finden wir zufällig eine kleine Insel, auf der wir übernachten wollen. Eigentlich ist es nur eine Klippe, auf der jeder eine Fläche für seinen Schlafsack sucht. Die Klippe wird von einer Leuchtbake für die nicht vorhandene Schiffahrt gekrönt. Clever wie wir sind, legen wir uns so, daß wir im Schatten von einigen Felsen durch die Beleuchtung nicht gestört werden können. Leider kann man nie an alles denken. Die Leuchtbake wird durch einen automatischen Schalter alle drei Sekunden ein- und ausgeschaltet. Und dieser Schalter kracht jedesmal höllisch. Wahrscheinlich soll die Anlage zugleich ein Nebelhorn ersetzen. Als der Spaß in der kurzen Dämmerung losgeht, ist es zu spät für uns. Es gibt kein Entrinnen mehr.

Dafür entschädigt uns das Wetter des nächsten Tages für den schlechten Schlaf. Leuchtend blauer Himmel, Rückenwind und Fernsicht locken uns schon früh auf das Wasser. Dazu kommt wieder der strahlende Anblick des Nevado Illimani mit seiner Eiskappe in unserer Fahrtrichtung. Weil die Vorberge in der Erdkrümmung hinter der Wasserlinie des Sees verschwinden, hat man den Eindruck, daß dieser Berg mehr als zwei Kilometer hoch unmittelbar steil aus dem Wasser aufragt.

Der Abenteurer und Geschichtsforscher Thor Heyerdahl hatte zum Bau seiner Ra II, mit der er von Marokko bis in die Karibik segelte, zwei Einwohner dieser Insel nach Afrika gebracht. Die Schilftechnologie aus dem Hochlandsee in Südamerika war für Hochseeboote geeignet und Heyerdahl konnte auf die Möglichkeit verweisen, daß die antike Schilfbootbaukunst aus dem alten Ägypten nach Südamerika exportiert wurde.

Die Leute am Titicacasee sind sehr stolz auf diese Berühmtheit und versuchen dies mit Schiffsmodellen und vorbereiteten Fotopoints auf Schilfhäufchen gewinnbringend unter die Touristen zu bringen. Thor Heyerdahl ist gerade noch rechtzeitig zu den Schilfbootbauern gekommen. Wir sehen keine Schilfboote mehr.

Dafür können Peter und Axel mit günstigem Wind endlich segeln. Bald sind sie mir voraus und ich nehme kleinlaut Peters Angebot an, mich ziehen zu lassen. Als die dünne Leine reißt, denken wir uns weiter nichts dabei und nehmen eine festere. Diese reißt in einer kräftigen Bö meinen Bugbeschlag ab. Ich paddle jetzt lieber.

Mit Landkarte und Kompaß suchen wir den Endpunkt unserer Seeüberquerung. Schließlich wollen wir weiter über die Anden. Dazu suchen wir eine Straße. Wegen der Ungenauigkeit der Karte klappern wir per Boot wieder das Ufer ab und befragen die Leute.

»Dort, wo der See am sumpfigsten ist!« sagt ein Mann mit einem wunderschönen weißen Lama am Strick.

Also kämpfen wir uns durch das Schilf, das eigentlich nur eine Art von Binsen ist, so lange, bis es nicht mehr weitergeht. Auf schlammigen Pfaden erreichen wir mit beginnendem Sonnenuntergang eine sandige Kuhweide. Hier werden die Boote zusammengepackt. Da Axel Gewicht sparen wollte, hat er keinen Bootswagen mit. Er und Peter binden alles auf den einen Wagen, der prompt im Schlamm stecken bleibt. Da es bald dunkel ist, höre ich die beiden in der Ferne nur noch schnaufen, bis auch das immer leiser wird. Jetzt nehme ich mir Zeit, dunkler kann es nicht mehr werden. Die Plackerei ist nicht zu ändern. Ruhig zuckele ich hinterher. Alles bekomme auch ich nicht auf den Bootswagen und in den Rucksack, so daß ich die Strecke bis zu den Lichtern des Ortes in der Ferne zweimal gehen muß. Zuerst mit dem Rucksack und einer Reisetasche so weit, daß man den anderen Haufen gerade noch sehen kann. Danach geht es wieder zurück, um den Bootswagen zu dem voraus liegenden Gepäck zu ziehen. Anschließend beginnt dasselbe von vorn.

Ich laufe über eine weite Hochebene durch dürres Gras. Es ist völlig still. Lediglich der Nachtwind kämmt die Büschel am Weg und läßt sie leise rascheln. Darüber hängt ein sternenklarer Hochgebirgshimmel. Die Milchstraße auf der Südhalbkugel hat in der Mitte ein deutliches Loch. In der Nacht huschen neben mir dunkle Gestalten vorbei. Niemand grüßt, aber neugierig sind die Einheimischen doch. Es ist unheimlich hier, deswegen passe ich lieber auf meine Sachen auf.

Nach zwei Stunden habe ich Axel und Peter eingeholt. Sie stehen auf einem erhöhten Feldweg und sind wohl gerade wieder mit ihrer Riesenkutsche auf den zwei winzigen Rädern in den Straßengraben gefahren. An der Tonlage ist deutlich zu erkennen, daß es ihnen reicht.

»Wieso kommst du Idiot bloß ohne Bootswagen hierher? Wir sind doch nicht an der Saale!«

»Wer hat denn für dich soviel Mist hergeschleppt? Sonst hätte ich einen mit.«

Nur die sehnsüchtige Vorstellung von einem weichen Bett und einer gemütlichen Gaststätte mit Riesentellern hält uns aufrecht. Wenn sich so ein Gerücht erst einmal festgesetzt hat, glaubt man gern daran. Der Staub und das große Gewicht lassen uns mit laut quietschenden Radlagern in das Dorf Huarina Einzug halten. Die erste Herberge ist geschlossen und bei der zweiten sitzt eine alte zahnlose Indianerin mit schwarzbraun gegerbtem Gesicht. Sie hat die größte Hakennase seit den letzten Inkas. Die Nase läßt uns ein und verkauft uns noch ein paar Knoblauchzehen, ein wenig Reis und Zucker. Nachdem das

Notwendigste in den Schlafraum geschleppt wurde und der Kocher summt, brechen wir vor Erschöpfung, Schweiß und Freude darüber, endlich Ruhe zu haben, in lautes, erleichterndes Gelächter aus. Wir sehen uns an und sind glücklich.

Nun weiß ich, daß ich mit den richtigen Gefährten auf die große Reise gegangen bin.

KAPITEL DREI

Camino del Oro – Goldweg der Inkas

Kleine Staubwölkchen steigen auf, als Peter unseren letzten Gepäck-sack an den Straßenrand setzt. Wegweiser zeigen nach Peru und zur Garnisonsstadt Achacachi. In diese Richtung geht es auch nach Sorata, unserem heutigen Tagesziel. Ein Taxi wollen wir uns nicht leisten, und Busfahren will Peter nicht mehr. Da bietet es sich geradezu an, zusammen mit etlichen Einheimischen an den in jedem Ort vorhan-denen Tramperhaltestellen auf eine günstige Mitfahrgelegenheit zu warten. Neben einzelnen Hochlandindianerinnen, die mit ihrem voll-bepackten Schultertuch und der unvermeidlichen Melone auf dem Kopf viel malerischer als wir aussehen, sortieren wir uns an der Straßen-front ein. Jede Gruppe steht im Abstand von ungefähr zwanzig Me-tern. Die Lehmhütten machen zur Straße hin einen halbverfallenen Eindruck. Damit neugierige Blicke und der Straßenstaub nicht auf den Hof gelangen, hat jedes Grundstück eine Gartenmauer, deren Verfallzustand dem des jeweiligen Hauses ähnelt. Viel zuwenig Bäu-me spenden Schatten und der Verkehr tröpfelt träge.

Von den kleinen Lastwagen, den ›Camionetas‹ aus, beobachten uns die Einheimischen interessiert. Wie kann man sich nur mit so einem Gepäckberg an die Straße stellen? Lieber nehmen sie einen Bekann-ten mit und sind verschwunden. Auch für uns ist dieser Versuch et-was Besonderes. Wir wollen unseren Rekord im Gepäcktrampen auf-stellen. Mit solchen Haufen hat noch keiner von uns an der Straße gestanden.

Zuerst ist Axel dran mit Winken. Er hat seine beste hellbraune Wanderhose an, der man erst beim Näherkommen die Wasserflecken des Titicacasees und die Knitterfalten von der letzten Benutzung als Kopfkissen ansieht. Dafür ist seine leuchtend rote Weste ein guter Ausgleich, meinen wir. Für die konservativ eingestellten einheimi-schen LKW-Fahrer wirkt jedoch der lange Kerl mit dem Westernhut und den blonden Strähnen darunter nicht besonders vertrauenerwek-kend. Nach einer halben Stunde ist Wechsel. Peter ist dran. Er hat sich ähnlich herausgeputzt, nur daß er seine Zotteln offen trägt. Eine Camioneta hält sogar an. Die Insassen schütten sich aus vor Lachen über uns drei staubige Gestalten mit dem merkwürdigen Gepäck, fragen nach unserem Reiseziel und brüllen dann wieder los, als sie hören, daß wir mit dem Bootsgepäck hoch in die Anden wollen. Die

Gringos sind bekanntlich alle übergeschnappt. Heftig hupend lassen sie uns stehen. Auch auf meinen Vollbart und das verblichene karierte Hemd steht keiner, so daß die Runde wieder mit Axel von vorn beginnt. Wir stellen uns auf einen gemütlichen Tag an der Straße ein. Ungerecht ist nur, daß alle anderen längst weggekommen sind, nur wir nicht.

Wie so oft beim Trampen, kommt das Auto dann, wenn man nicht mehr daran glaubt. Ein großer Laster naht, die Ladefläche vollgepackt mit Säcken und Ballen, auf denen sich eine bunte Gesellschaft von Einheimischen und Touristen bereits festklammert. Er hüllt uns in eine Staubwolke, aber er bremst! Wo schon kein Platz ist, kommt es auch nicht mehr darauf an, noch mehr mitzunehmen, meint der Fahrer und läßt uns hinten aufsteigen.

Während der Fahrt ist jeder mit sich beschäftigt, dem Rütteln und Stoßen der Bordwand und dem hin und her schwankenden Gepäck zu entkommen. Außerdem wechseln ständig die Fahrgäste. An jeder Ecke steigt wieder jemand zu und mal ein anderer aus, der zuvor kräftig auf das Blechdach der Fahrerkabine trommeln mußte. Jedesmal wird Gepäck umgestapelt. Unsere Säcke rutschen immer weiter nach unten. Jeder stolpert darüber, tritt darauf oder benutzt sie bestenfalls als Sitz. Ich möchte mir gar nicht vorstellen, wie lange ein Faltbootgestänge eine derart lieblose Behandlung aushält.

Wiederkehrende, je nach eigener Verfassung, lästige oder interessante Unterbrechungen sind die ›Trancas‹. So heißen die Kontrollstellen mit Schlagbäumen, an denen die Bürgermeister oder auch andere Leute, die sich berechtigt fühlen, Wegezoll erheben. Zugleich kann man dort auf einem kleinen Markt etwas Verpflegung kaufen. Wenn man einen Ort gründen will, muß man wahrscheinlich nur eine Tranca bauen. Der Rest bildet sich von allein um die Schranke herum. Für uns sind die Trancas eine willkommene Gelegenheit, die einfachen Leute auf dem Land zu betrachten.

Wenn die offene Pritsche zu voll wird, fährt man auch die kurze Strecke von einer Stunde auf der Stoßstange mit. Ein altes Mütterchen mit Melone und Schultertuch warf ihr zusätzliches Bündel auf die Ladefläche und hatte eben keine Lust, elegant das Bein hinterher zu schwingen. Seelenruhig stand sie draußen hinter der Ladeklappe und ließ ihre vielen Röcke im Wind wehen.

Die karge Hochsteppenlandschaft spiegelt sich in den dunkel gegerbten, faltigen Gesichtern der Leute wider. Wer hier lebt, muß sich

41

anpassen. Vom Laster aus gesehen, scheint die Bewässerung das Hauptproblem im Altiplano zu sein. Eine ganze Garnison steht mit beiden Beinen gespreizt über den Bewässerungsgräben und schöpft mit dem Kochgeschirr das Wasser auf die Kartoffel- und Getreidefelder, von denen sie sich ernähren müssen. Auf dem Land muß sich jeder zuerst selbst versorgen.

Von den Ufern des Titicacasees aus windet sich unsere staubige, ungepflasterte Piste in langen Serpentinen den Anden entgegen. Die Punagrassteppe wird immer dürrer und die Eiskappen der höchsten Berge der Königscordillere treten immer deutlicher hervor. Durch die klare Luft erscheint alles so nah, wie zum Anfassen. Hinter einem kleinen Paß ist der erste Einfluß des Amazonasgebietes zu spüren. Mehr Niederschlag läßt eine üppige Hochgebirgsvegetation sprießen. Der Lastwagen fährt mit uns abwärts in ein überwältigend tief eingeschnittenes Tal, hinein in eine subtropische Klimainsel, an deren Rand der Ort Sorata liegt. Inmitten von Bergriesen wachsen saftige Wiesen mit leuchtenden Almblumen. Palmen und Kakteen wechseln sich ab, zwitschernde Vögel umkreisen unsere Camioneta. Das heißt, wir sehen wie sie ihre Schnäbel bewegen. Hören können wir wegen des gräßlichen Geschüttel und Geklappers um uns überhaupt nichts. Nach verhältnismäßig kurzer Zeit im Altiplano merken wir abrupt, was uns dort gefehlt hat, nämlich das lebendige frische Grün. Wir sind hellauf begeistert.

Kurz vor Sorata gibt es eine Mautstelle. Ein selbsternannter einsamer Straßenarbeiter schippt die Löcher der Piste zu und verlangt dafür ein wenig Bezahlung von jedem Auto. Trinkgeld heißt hier merkwürdigerweise Rupie, obwohl weit und breit kein Inder zu sehen ist.

Von der Plaza Soratas aus, an der wir erst einmal unser Gepäck sortieren, sind die eisig weiß leuchtenden Gletscher des Illampu zwischen Dattelpalmen und Pinien hindurch zu sehen, dreieinhalb Kilometer über der Stadt. Faszinierend.

Sorata ist ein wichtiger Ausgangspunkt für Wanderer und Bergsteiger, die in die Anden wollen. Im Hotel bekommen wir endlich eine warme Dusche. Das Städtchen hat nicht nur die imposante Bergkulisse, sondern auch ein eigenes Flair. Der Markt erstreckt sich über mehrere Gassen, und die Häuser strahlen alpenländische Geborgenheit aus. So ähnlich muß es früher in Zermatt am Matterhorn gewesen sein, bevor der große Touristenrummel begann.

Bevor wir in die Berge aufbrechen, pflegt jeder seine Blessuren.

Ich habe beim Paddeln nicht auf meine Schienbeine geachtet. Sie sind total sonnenverbrannt und haben die Farbe eines Grillhähnchens, nur innen sind sie noch nicht ganz durch. Die selbstverordnete Wundsalbe bringt die tiefrote Hautfärbung zu violettem Leuchten. Meine Freunde verbieten mir, in kurzen Hosen neben ihnen spazieren zu gehen. Daß ich nebenbei auch Schmerzen habe, interessiert keinen.

Im Restaurant treffen wir zwei Touristinnen von der Ladefläche unseres Lasters wieder. Sie sind schon eine ganze Weile unverdrossen quer durch Bolivien unterwegs und wollen sogar noch vor uns am Atlantik sein. Offensichtlich kommen die Mädchen mit den angeblich so aufdringlichen Lateinamerikanern gut klar. Kein Klischee ist ohne Ausnahme von der Regel. Ein Grund für das Macho-Verhalten der Bolivianer sind die regelmäßigen und westlich orientierten Seifenopern im Fernsehen, durch die sich jeder ein genaues Bild von den Errungenschaften westlicher Kultur zu machen glaubt.

Viel beunruhigender erscheint beiden Mädchen die Wurmerkrankung der einen. Natürlich während des Essens beginnt ein heiteres Ratespiel anhand von zwei Büchern für Tropenmedizin. Die Spielregeln ähneln stark dem Kinderspiel ›Ich sehe was, was Du nicht siehst‹. Die kranke Madeleine wird von uns mitfühlenden Laien über ihre Beschwerden ausgefragt. Mit Hilfe der Antworten versucht jeder, die mögliche Krankheit aus einem der beiden Bücher herauszudeuten. Leider sind die Bücher nicht aufeinander abgestimmt. Ehe wir uns auf eine der möglichen harmloseren Krankheiten einigen, wählen wir Medizinmänner lieber die schlimmste Möglichkeit aus. Das ist ein im Körper wandernder Wurm, der sich zuletzt im Gehirn festsetzt und sich dort dick und rund frißt. Diese Krankheit gibt es in beiden Büchern. Froh über die einstimmig festgelegte Diagnose machen wir uns und der Wurm an die nächste Flasche Rotwein. Am ganzen Abend ist Madeleines Wurm regelmäßiger Anlaß für schadenfrohe Witzeleien.

»Ist er denn schon oben angekommen?«

»Frag doch mal deinen Wurm, ob er noch eine weitere Flasche bestellen möchte, oder verläuft er sich danach in den restlichen Windungen?«

Laut Buch müßte der Wurm bald an sein Ziel gelangt sein. Jeder schaut Madeleine beim Abschied noch einmal tief in die Augen und versucht, das Grinsen zu unterdrücken. Ihre Freundin macht zur Sicherheit schnell ein paar Bilder für die Familie. Beide versprechen, uns zu Hause über den Zustand von Madeleines Intimpartner zu informieren.

Eines ist sicher, unsere Reisekasse ist zum ersten Mal leer. Jeder muß aus seinen geheimsten Winkeln die nächste Portion Geld hervorkramen und dann den Rest wieder verstecken. Das gesamte Geld für ein halbes Jahr und die Flugtickets schleppen wir mit uns herum. Glücklicherweise weiß das niemand.

Der erste Versuch, eine Maultierkarawane über die Anden zu finden, scheitert erwartungsgemäß. Zwar wird auch heute noch ein anderer Maultierpfad nach La Paz genutzt. In zwei Tagen schaffen die Leute zu Fuß ihre wenigen Waren zum Markt in die große Stadt. Das ist billiger als mit dem Lastwagen zu fahren. Aber der Goldweg der Inka ist seit Verfall der Goldpreise und dem Ende des Goldbooms für die Einheimischen nicht mehr wichtig. Dort wandern nur noch Touristen. Wegen der jedoch immer noch in geringem Maße durchgeführten Goldgräberei wird das Flußbett ständig verändert. Niemand kann uns sagen, ob man dort überhaupt paddeln kann.

Nun versuchen wir, eine eigene Karawane zu organisieren und wenden uns an Matthias.

»Grüß Gott«, begrüßt er uns mit österreichischem Dialekt in seinem Reisebüro an der Plaza.

»Wollt ihr denn nicht erst einmal auf die Berge klettern, bevor ihr in die elende Hitze hinabsteigt?«

»Ja, schon. Wir sind leider ohne Ausrüstung hier.«

»Das ist doch gar kein Problem. Für drei Leute habe ich immer genügend Material da.«

Interessiert hören wir zu. Schnell einmal einen Sechstausender machen, das wäre nach unserem Geschmack, wenn wir schon mal hier und den Bergen so nah sind.

Matthias ist Bergführer und wittert ein Geschäft. Seine Trecking-Agentur vermittelt Maultiere, Führer und Klettermaterial. Letzteres sehen wir uns an. Danach schlagen wir uns sofort jeden Bergbesteigungsversuch aus dem Kopf. Wie angekündigt, hat er Ausrüstung für drei Personen. Aber genau drei. Wenn nicht zufällig drei mit denselben Körpergrößen derjenigen vorbeikommen, die ihm das Zeug zurückgelassen haben, können nur einzelne Ausrüstungsgegenstände zusammengestückelt werden. Das Material ist in einem fragwürdigen Zustand. Der Gedanke, sein Leben an einen angerissenen Strick zu hängen, nur um eventuell oben anzukommen, entspricht nicht unseren Vorstellungen. Wie kann ein Bergführer aus den Alpen so etwas anbieten?

Am nächsten Tag treffen wir Matthias unterwegs. Anscheinend befindet er sich in der Endphase eines kräftigen Rausches und kann uns in diesem Zustand nicht weiterhelfen. Jetzt ist klar, wie man trotz fragwürdiger Ausrüstung schwierige Kletterwege machen kann. Kokain ist viel billiger als ein neues Seil und Coca-Blätter sind an jeder Ecke des Marktes sackweise zu haben.

Später gelingt es uns doch, über Matthias Maultiere und zwei Treiber zu mieten. Es ist doch so angenehm, mal ein Problem in der Muttersprache zu bereden. Trotzdem hätten wir aufmerksamer sein müssen.

Am nächsten Tag stehen wir in der Morgenkälte und warten. Wir sind da, auch Matthias, nur seine Treiber mit den Eseln nicht. Wieder gehen wir unsere Abmachung mit ihm durch, alles müßte besprochen sein. Die Mulis und ihre Treiber werden mindestens sieben Tage mit uns laufen. Jeder weitere Tag bis zum Finden einer Einsatzstelle in einen befahrbaren Fluß kostet extra, da immer noch nicht klar ist, wie weit wir wandern müssen. Die Treiber sollen ein eigenes Zelt, Kocher und Verpflegung mitnehmen. Futter für die Maultiere brauchen wir nicht, sagt Matthias, das wächst am Wegesrand.

Ungeduldig warten wir darauf, endlich zusammen mit erfahrenen Leuten in die Berge zu wandern. Die Aussicht, selber nichts schleppen zu müssen, ist verlockend. Schließlich kommen fünf Maultiere und ein Esel, getrieben von zwei Aymaraindianern. Peter hat als alter Sachse natürlich einen wesentlichen Teil seiner Kenntnisse fürs Überleben bei den Indianern den Schwarten Karl Mays entnommen. Dort seien seitenweise Abhandlungen über störrische Esel nachzulesen. Aber jetzt ist nichts mehr zu ändern. Gespannt warte ich darauf, ob Karl May auch in Südamerika recht behalten würde.

Matthias hatte einfach auf dem Maultierparkplatz vor dem Ort, auf dem jeden Morgen einige Arrieros ihre Transportdienste anbieten, für uns die Mulis bestellt. Das hätten wir auch machen können.

Ronaldo, der ältere unserer beiden Treiber und Führer, schichtet den Gepäckberg um. Dabei schätzt er das Gewicht ab und legt die Lasten für die einzelnen Tiere fest. Weil die Mulis nur Decken als Sattel haben, werden die Lasten einfach mit einem langen Strick festgezurrt, der einige Male um den Bauch und die Gepäckstücke herumgewickelt wird. Daß die Tiere noch Luft bekommen, ist erstaunlich. Damit das Gepäck beim Bergablaufen nicht über den Kopf rutscht, hält ein Riemen unter dem Schwanz alles nach hinten gespannt. Hier haben wir nichts mehr zu sagen. Die beiden packen professionell.

Wir sind zuversichtlich gestimmt. Nach einer kurzen, für uns auf Castellano unverständlichen Absprache der beiden mit Matthias, brechen wir endlich auf. Heute abend werden wir die Sterne in einem Gletschersee spiegeln sehen.

Der jüngere Treiber heißt Chico, was nur ›Junge‹ bedeutet. Er ist ungefähr fünfzehn und trägt ein Basecap, wie fast alle Jungen auf der Welt. Sogar die kultgemäß erforderliche Anzahl der Nähte stimmt. Allerdings trägt man es hier mit dem Schirm nach vorn, denn Sonnenschutz braucht man wirklich. Ronaldo trägt als Zeichen seiner indianischen Identität stolz seine Chullo auf dem Kopf, eine aus Lamawolle gestrickte Zipfelmütze mit Ohrenklappen. Ansonsten sehen beide wie übliche Landarbeiter aus.

Vorn geht das Leittier, ein braunes schönes Muli mit treuherzigen Augen. Ronaldo läuft in der Mitte, und hinten treibt Chico die langsamsten Tiere an. Er hat, wie erwartet, den undankbareren Job. So herrlich typisch verhält sich der Esel. Nicht bloß störrisch, sondern auch noch boshaft dumm ist er. Karl May wäre begeistert. Was uns während der ersten Stunden des Aufstiegs noch belustigt, wird bald eine Zumutung. So langsam kann man gar nicht wandern. Außerdem haben wir ja diesen Sieben-Tage-Vertrag und ein blöder Esel ist da nicht eingeplant. Selbst Chico ist sichtlich erleichtert, als wir seinem Chef klarmachen, daß wir den Esel nicht weiter mitnehmen wollen. Will Ronaldo nur die Tagesetappen verkürzen, um später nicht soweit zurücklaufen zu müssen? Entweder er besorgt ein Muli im Austausch, oder wir schleppen die Säcke des Esels selber. Er fühlt sich an seiner Ehre gepackt. Auf einem Umweg kommen wir an der kleinen Almsiedlung vorbei, in der er wohnt. Dort will er ein Muli auftreiben.

Die in den Hang geduckten Hütten sind beeindruckend spartanisch. Mauern aus locker übereinander geschichteten Gesteinsplatten lassen genügend Wind durch, damit der Stallgeruch aus der Hütte, die in einem Raum Herberge für Lamas, braune Langhaarschweine sowie deren Besitzer ist, verschwindet. Der Qualm des Herdfeuers aus getrocknetem Lamamist zieht durch eine Öffnung im Dach. Die Bauern pflanzen Kartoffeln auf kleinen Terrassenfeldern und züchten Lamas und Schafe. Die Lamas in der Unterart der Alpakas werden nur noch der Wolle wegen gehalten. In kleinen Herden ziehen sie selbständig und scheu durch die Berge und werden nur zur Schur eingefangen. Dann spucken sie vielleicht auch einmal. Die Mulis haben die Lamas als Lasttiere völlig verdrängt. Während ein Lama nur zwanzig Kilogramm trägt, schafft ein Muli vierzig bis fünfzig. Mit dem sechsten Muli anstatt des Esels geht es nun zügiger voran.

Kinder treiben Schafe über die Alm. Ronaldo fängt einen Bock und weist auf die Hörner. Fast alle Schafböcke haben vier Hörner. Auf jeder Seite ringeln sich zwei im Bogen um das Ohr. Die Leute sind stolz auf ihre Züchtung.

Am Abend, hoch in den Bergen, erleben wir die nächste Pleite. Unsere Führer schauen erwartungsvoll in den Topf auf unserem Kocher. Wir kapieren es bald. Sie haben nichts mit. Kein Zelt, keinen Schlafsack, keinen Kocher und kein Essen. Mit allerlei unfreundlichen Gedanken an Matthias und ärgerlich über unsere eigene Dummheit, uns einfach auf ihn zu verlassen, werden die Rationen von drei auf fünf Personen gestreckt. Jeder bekommt nur etwas mehr als die Hälfte der vorgesehenen Menge. Axel frohlockt. Er wollte sowieso abnehmen.

Mit dem Zelt machen wir uns einen Spaß. Die als Zweimannzelt gekaufte Notunterkunft reicht uns dreien sowieso nicht, um darin bequem zu schlafen. Gönnerhaft bauen wir es unseren Führern auf und rufen sie heran.

»Bitte, hier könnt ihr schlafen!« Mißtrauisch sehen sie sich die Minihütte an.

»Schlafen hier alle drin?«

»Aber nein, wir schlafen natürlich draußen«, erklärt Axel. »Das Zelt ist nur für euch. Wir haben doch Schlafsäcke, ihr nicht.«

Die Nacht sieht uns alle fünf draußen um das Zelt herum liegen und gemeinsam frieren. Die Aymaras haben alle Satteldecken von den Mulis genommen und lassen sich nichts anmerken. Sicherlich schlafen auch sie nicht die erste Nacht unter freiem Himmel.

Am nächsten Morgen schütteln wir den Rauhreif von unseren Schlafsäcken und warten sehnsüchtig auf die ersten Sonnenstrahlen, die mit aufsteigender Sonne von den Gipfeln auf unseren Hang herab immer tiefer ins Tal kriechen und die Schatten vertreiben. Zwischen den Gräsern glitzern lange Eiskristalle. Hier oben ist dicht unter der Grasdecke Dauerfrostboden. Peters Uhr zeigt minus neun Grad Celsius Tiefsttemperatur an. Reiserekord!

Mittags sitzen wir auf dem Illampupaß. Näher kommen wir nicht an diesen eindrucksvollen Berg heran. Sehnsüchtig schauen wir in seine Eisflanken, vor denen unsere kleine Karawane mit den leuchtend roten Gepäcksäcken vorbeizuckelt. Mit über sechstausend Metern Höhe gehören die fast zum Greifen nahen Gipfel des Illampu und des Anconhuma zu den höchsten der Königscordillere. Die Mulis warten nicht. Sie wittern das dürre Gras auf der anderen Paßseite und laufen von ganz allein bergab. Unsere beiden Indianer gedenken den alten Göttern mit einem flachen Stein, der aufrecht an den Felsen gelehnt wird. Das ist für eine sichere Rückkehr bedeutsam.

Wir freuen uns gemeinsam, oben angelangt zu sein. Ab hier kann es nur noch abwärts mit uns gehen. Das sehen wir positiv. Rittlings, mit einem Bein zum Stillen Ozean hin und dem anderen in Richtung Atlantik, ist der Paß ein herrlicher Ort zum Träumen. Bei Windstille und warmem Sonnenschein stört nur noch die auf fast fünftausend Metern Höhe etwas zu dünne Luft. Ganz in der Ferne ist sogar der Titicacasee zu erahnen. Auch wir ›opfern‹ Steine für den glücklichen Verlauf unserer Reise. Wer weiß, ob wir nicht irgendwann höheren Beistand brauchen können. Gelegenheiten dazu erwarten wir genug.

Ronaldo möchte mit den Tieren möglichst tief hinunter, um die saftigen Almwiesen zu erreichen. Das wollen wir auch. Hinab, in die wärmere und sauerstoffreichere Luft. Axels Erkältung hat sich in Verbindung mit der dünnen kalten Luft zu einer Höhenkrankheit verbessert. Peters Knie ist seit der Schlepperei nach Huarina lädiert und müßte geschont werden. Mich schlauchen die knappen Essenrationen. Nach nur zwei Tagen haben wir uns ganz schön fertig gemacht.

»Vielleicht sind das nur Eingewöhnungsschwierigkeiten«, hofft Axel nach einem fürchterlichen Hustenanfall.

»Genau, man gewöhnt sich an alles!« meint Peter, bandagiert sein Knie und humpelt mit schmerzverkniffenem Gesicht weiter.

In den tiefen Tälern verschwinden allmählich die weiß leuchtenden Hochgebirgsgipfel hinter geröllbedeckten Bergrücken, in die seit den Zeiten der Inka bergmännische Schachtanlagen zur Goldgewinnung getrieben wurden. Zum Erztransport mit Trägern und Lamas diente damals schon der Weg, den wir entlangwandern. In den Seiten der engen Täler sind die sehr gut erhaltenen Reste sich lang hinziehender Folgen von steinernen Treppenabschnitten zu erkennen. Auch heute noch sind sie die besten Wege zwischen den Goldminen.

In unserem Team zeigen sich scheinbare Interessengegensätze. Die beiden Aymaras wollen statt mindestens sieben und eventuell noch weiteren Tagen nur maximal fünf Tage laufen. Weiter könnten sie nicht.

Ronaldo und Axel stehen zusammen und diskutieren. Größer könnte der Gegensatz im wahrsten Sinne des Wortes nicht sein. Der kleine, ältere Aymara mit seiner Zipfelmütze auf den kurzgeschnittenen schwarzen Haaren und daneben, einen halben Meter darüber, der große, blonde, langhaarige Europäer mit einem Cowboyhut. Beide üben sich in multikultureller Verständigung. Die Diskussion endet damit, daß wir bis zu einer Siedlung gehen werden, in der Ronaldo Verwandte hat. Wo das ist, kann man auf der ungenauen Karte nicht erkennen.

»Bis dorthin ist es noch sehr weit«, verspricht Ronaldo. »Von dort ist auch schon einmal einer mit einem Boot gefahren.«

»Wer soll denn das glauben?« brummt Axel, weiß jedoch keinen besseren Rat.

Unsere gemeinsame Wanderung hat bereits viel gegenseitiges Vertrauen aufgebaut. Ronaldo wird seine Gründe haben. Wenn wir angekommen sind, werden wir ihn schon verstehen.

Jeder hat mit seinen kleinen Problemen zu tun, als wir hinter einem Bergrücken urplötzlich aus der Almregion in den Bergnebelwald eintauchen. Die Ostabbrüche der Anden, die Yungas, haben durch das starke Gefälle einen krassen Unterschied der Vegetation auf kurzen Entfernungen zur Folge. Wir haben das Glück, den Nebelwald weitestgehend ohne Nebel zu erleben. Verwachsener, dichter Urwald beginnt unmittelbar neben dem Weg. Von Tau und Morgennebel durchnäßte Bartflechten glitzern tropfnaß im Sonnenlicht. Überall dampft es. Schmarotzerpflanzen und Epiphyten wachsen in den Astansätzen der knorrigen Bäume. Urzeitlich anmutende Baumfarne stehen neben Bambusgebüschen. Blühende Bäume und weiche Moose wachsen nah dem oberhalb gelegenen trockenen Punagras. Dazu liegt ein immerwährendes leichtes Surren, Flattern und Zwitschern von Insekten und Kolibris in der Luft. Ein Märchenwald.

Der Bach seitlich des Weges ist zu ›unserem‹ Bach geworden. Auf ihm wollen wir starten. Vorerst allerdings ist noch lange nicht daran zu denken. Eine einzige Kaskade von Wasserfällen reizt zum eiskalten Duschen, aber nicht zum Paddeln. Das Wasser gräbt sich immer mehr im tiefen Tal ein. Die Treppen des Inkaweges weichen auf die Hänge aus. In den Auswaschungen der Quellbäche am Wegesrand blinkt es metallisch gelb. Ist das Gold? Unsere Aymaras haben keinen Sinn dafür. Wir bilden uns ein, es wäre so. Vergoldete Quellen gehören einfach zum Märchenwald dazu.

Neben einer hoffentlich nicht verwunschenen Hausruine eines ehemaligen und längst vom Urwald überwucherten Goldbergwerkes lagern wir unter großen alten Bäumen. Als die Kolibris schlafen gehen, starten die Fledermäuse, und die Glühwürmchen beginnen zu blinken. Eigentlich dürfte man kein Auge zumachen.

Mit knurrendem Magen stehen wir fünf morgens vom gemeinsamen Frühstück auf, um einen weiteren Tag Treppen zu steigen. Zwar meist abwärts, aber das macht das Laufen keineswegs leichter. Peter kämpft mit seinem Knie. Wenn er weiter so auf dem anderen Bein hüpft, ist es auch bald hin.

Tief im Tal unter uns sind Mineneingänge zu erkennen. Warnschilder verbieten ungebetenen Gästen den Zutritt. Unsere Führer wollen nicht warten, und wir sind zu faul, auf gut Glück einen der steilen Pfade bergab zu rutschen, um eventuell in ein altes Inkabergwerk einfahren zu können. Sicherlich sind die Stollen auch viel zu eng für uns, reden wir uns heraus. Die Standorte der Goldminen sind schon von weitem an der Hangvegetation zu erkennen. Oberhalb von Minen ist der Wald abgeholzt. Die Bäume stecken als Stempel im Berg und stützen die Stollen ab.

Mitten zwischen Bambusgebüsch verschwindet der Pfad im Felsen. Den Tunnel sollen schon die Inkas gebaut haben. Die Mulis scheuen. Nur widerwillig lassen sie sich durch das dunkle Loch treiben.

Bald danach bringt ein Nebenbach braunes lehmiges Wasser mit. Das Flüßchen wird breiter. In guten Wildwasserbooten und ohne Gepäck könnte man es vielleicht schon befahren. Unsere Faltboote bleiben auf den Mulirücken. Wir wollen uns ja nicht umbringen.

Während der Rast an einer Quelle holen uns drei Wanderer ein. Europäisch vereint haben sich Margot aus der Schweiz, der Italiener Antonio und Paul aus Holland auf den Weg gemacht. Sie haben sich zufällig in Sorata getroffen und wandern zusammen, solange es Spaß macht. Margot ist ein lustiges Mädchen. Die junge Krankenschwester aus Bern ist seit sechs Monaten in Südamerika unterwegs. Das gesparte Geld reicht noch für fünf weitere Monate. Dann muß sie wohl wieder nach Hause. Margot ist Südamerikafan. Es ist ihre zweite Reise, und genug Pläne für die nächste hat sie auch. Ihre beiden Begleiter hat sie ganz in ihren Bann gezogen. Mit ihren langen kastanienbraunen Haaren und den blitzenden dunkelbraunen Augen ist sie wie ein Magnet für alleinreisende, einsame Wandersmänner. Wir laufen ein Stück zusammen. Wenn sich einer von uns mit Margot unterhält, sind Antonio und Paul stumm. Miteinander können sie sich nämlich nicht unterhalten. Die notwendigen Dinge tauschen sie auf Basis ihres Touristenspanisch aus. Ansonsten spricht Paul Französisch und Antonio Englisch mit Margot. Sie dolmetscht zwischen den beiden. Uns ist völlig klar, was die drei zusammenhält. Deshalb sind die beiden Männer auch nicht sehr über unser Auftauchen und eine dritte Sprache begeistert. Margot hat eine eigenwillige Art, ihre Gesprächspartner zu sortieren. Sie ist die Schnellste. Noch nie habe ich ein Mädchen so flink und ausdauernd wandern sehen. Mit ihren schlanken Beinen ist sie allen voraus. Wenn sie sich unterhalten will, läuft sie langsamer, bis sie einer eingeholt hat.

Peter neckt Margot mit einer ernsten Klage über schweizer Autobahngebühren. Axel fängt tiefsinnige Gespräche über Internetbriefe an. Das Mädchen hat einen eigenartigen Reiz. In der gemeinsamen Begeisterung für Südamerika eilen die drei an der Spitze. Unsere neuen Bekannten müssen sich auch beeilen, da ihr Visum bald abläuft. Wir haben glücklicherweise viel mehr Zeit. Nach zwei angeregt verlaufenen Stunden erinnern wir uns an unsere Mulis weit hinten. Uns fällt es nicht leicht, Margot mit ihrem Gefolge ziehen zu lassen.

Das Gestein wechselt zwischen Schiefer, Granit und wieder Schiefer, bis der Weg über Geröll führt. Kleine Bergarbeiterdörfchen machen einen traurig verlassenen Eindruck. Der Goldpreis ist so stark gefallen, daß sich die Minen nicht mehr wirtschaftlich betreiben lassen. Die wenigen hiergebliebenen Leute führen ein wirklich elendes Leben in der Einsamkeit. Die steilen Hänge eignen sich nicht zum Ackerbau und das geringe handgeschürfte Gold aus den Minen reicht nicht zum Leben und ist trotzdem zuviel zum Sterben. Immer wiederkehrende Gerüchte über einen vielleicht steigenden Goldpreis oder die Hoffnung auf den großen Fund halten die Leute hier im Tal. Von dem herrlichen Bergwald kann sich keiner etwas kaufen. Im Vergleich zu den verschlossenen Bergarbeitern sind unsere beiden wortkargen Aymaras regelrecht redselig. Geradezu hinreißend überschwenglich können sie ihre Mulis mit Flüchen antreiben.

Der Bergbau in den Flußterrassen verändert das Bild des Tales und den Weg vollständig. Kleine Seitenbäche werden aufgestaut und ganze Hangseiten damit durchnäßt. Unter der Last des Wassers kann sich die Terrassenkante nicht mehr halten und wie eine Lawine rutschen hunderte Kubikmeter Kies und Geröll hinab. Mit ihnen verschwindet der alte Weg ebenfalls. Der frische instabile Hang kann nun nach neuen Goldseifen durchsucht werden. Durch diese Landschaft, die mehr einer steilgestellten Sahara als einem Flußtal gleicht, führt auf halber Höhe ein Trampelpfad. Der Untergrund ist nicht fest. Gelegentlich muß man schnell nach vorn springen, um nicht mit einem Sandhaufen nach unten zu gleiten oder durch eine Geröllawine von oben getroffen zu werden. Einen anderen Weg gibt es nicht. Die Einheimischen hüpfen wie selbstverständlich flink über die Sturzbäche und die lockeren Kieshänge. Sie führen allerdings auch keine Mulis mit, deren Lasten noch seitlich weit über den Körper hinausragen. Auch die genügsamsten Mulis werden irgendwann nervös.

Ronaldo und Chico haben alle Hände voll zu tun, jedes Tier einzeln über die Engstellen und rauschenden Wasserfälle zu bringen. Vorn läuft Ronaldo, der auf das Muli beruhigend einredet. Von hinten schiebt Chico je nach Wegebeschaffenheit die Lasten auf den Rücken der Tiere zurecht und stemmt sich auch einmal gegen einen Mulihintern, wenn es gar nicht mehr weitergeht. In tief eingeschnittenen Pfaden im Geröll kann kein Treiber mehr neben den Tieren laufen. Ussah, Mullah, Ssscht! So faucht Ronaldo seine Tiere an, denen es, je tiefer wir kommen, unangenehm warm wird. So ein Hohlweg ist eine günstige Gelegenheit für sie. Kommt der Treiber nicht mehr heran, machen die Viecher einfach Pause. Sie lassen die beiden Indianer brüllen und wüten, an Engstellen zeigen die Tiere ihre Macht. Dann warten wir eben geduldig.

Wir haben uns längst selbst als Treiber eingeteilt. Peter geht ganz vorn und prüft den Weg. Zwei Mulis weiter paßt Axel auf das Tier mit unserem Küchengepäck auf. Der Sack ist schon ganz zerrissen, so oft hat das heimtückische Tier versucht, die Lasten an Felsvorsprüngen abzustreifen. Unser neues emailliertes Kochgeschirr aus Copacabana ist verbeult und beginnt zu rosten. Dahinter läuft Ronaldo. Es hat eine Weile gedauert, bis er akzeptiert hat, daß wir ihm gerne helfen, ohne sein Mulitreiberkönnen damit infrage zu stellen. Die beiden langsamsten Tiere haben Chico und ich uns zugeteilt. So vergehen Stunden.

Die Tiere schwitzen in der Wärme der für sie ungewohnt niedrigen Höhenlagen. Die Lasten reiben auf dem Fell. Einige Tiere haben bereits blutige Scheuerstellen. Am Abend ist deutlich zu sehen, daß es mit dieser Karawane nicht mehr viel weiter geht. Unsere Indianer leiden mit ihren Mulis. Trotz allen Fluchens haben sie ein tiefes persönliches Verhältnis zu jedem einzelnen Tier. Aufmerksam wird jedes nach dem Abladen des Gepäcks untersucht und gepflegt. Am vorletzten Tag ist in einem kleinen Dorf am Berghang kein anderer Platz als der zur Zeit unbenutzte Schweinestall frei. Drinnen schlafen die Treiber und davor, im Gatter des Stalles, breiten wir unsere Matten aus. Ein herber Duft steigt auf. Am Morgen sind die Packsäcke schweinisch verklebt und beschmiert. Dies sei ein sehr gutes Dorf, erklärt Ronaldo, weil es einen Abstellplatz für die Mulis der Durchreisenden habe. Futter könne man hier auch kaufen. Die Mulis finden am Wegrand tatsächlich immer weniger vertrautes Futter. Wir sind also erfreulich weit unten.

Am letzten Tag bocken nicht nur die Tiere, auch Ronaldo und Chico streiken. Die Hochlandindianer können bestimmt wochenlang klaglos frieren, ständige Hitze sind sie jedoch nicht gewöhnt. Dazu kommt, daß offensichtlich keiner mehr die Wegstrecke kennt. So tief wie wir geht kein anständiger Andenbewohner hinunter. Hier muß man sich ja seinen dicken Pullover ausziehen. Ronaldo bleibt konservativ. Schön, wenn es sein muß, zieht er sich seinen Lamawollpullover aus, Hemd und wollene Weste bleiben aber an. Schlimm genug, daß er schon lange die Zipfelmütze absetzen mußte. Er paßt nicht hier hin. Ganz gegen ihre sonstige Gewohnheit setzen sich die beiden Aymaras zu einem ausgiebigen zweiten Frühstück auf einen Stein und schauen sehnsüchtig zu ihren hohen Bergen zurück. Dort gibt es sogar vereinzelte Wolken. Wir können sie verstehen, trotzdem müssen wir weiter. Der Fluß im Tal schäumt und rauscht immer noch faltbootunfreundlich.

Zwischen Ärger, eigener Trägheit und der Hoffnung, vielleicht heute eine Stelle am Fluß zu erreichen, von der aus wir paddeln können, pendeln wir unentschlossen hin und her. Tagelang haben wir uns freiwillig als Aushilfstreiber angestellt, jetzt werden wir es mal allen zeigen! Entschieden fauchen wir die Mulis an und los geht's. Sie reagieren auf uns wie gewohnt. Das braune geht wie immer voran und das helle versucht wieder, unsere Töpfe loszuwerden. Ich habe jetzt zwei lahme Tiere vor mir.

Der Weg wird breiter, je mehr das Tal sich öffnet. Bald sind wir hinter der nächsten Biegung verschwunden. Mal sehen, wie lange unsere Treiber brauchen, um uns einzuholen. Unser Entschluß hat sie überrumpelt. Wir haben nichts abgesprochen, uns nicht verabschiedet.

Auch uns ist unerträglich warm. Von den beiden Treibern unterscheidet uns nur noch das unterschiedliche Ziel. Wir wollen möglichst weit bergab. Sie dagegen wissen, daß sie ja alles wieder hinauflaufen müssen.

Beim Wasserholen an einem Bach bekomme ich einen Hitzschlag, falle kopfüber hinein und schlage mir das Knie auf. Mir reicht es. Peter hat sein schmerzendes Knie längst vom Rest seines Körpers gedanklich abgenabelt und kann mit dieser Methode erstaunliche Strekken zurücklegen. Axel lebt dagegen richtig auf. Sein markiger Husten ist weg.

Während der Mittagspause holen uns Ronaldo und Chico wieder ein. Ohne ein Wort kümmern sie sich wieder um ihre Tiere. Gemeinsam trinken wir das letzte Zitronenwasser mit Zucker, quellwasserkalt.

Am Abend sind wir immer noch auf einem staubigen Weg, etliche hundert Meter über dem Fluß. Man kann nicht einmal hinunter, um nachzusehen, ob er befahrbar wäre. So trotten alle wortlos weiter. Auch die Mulis haben sich ihrem Schicksal ergeben. Tief in der Nacht erreichen wir die nächste Goldgräbersiedlung, in der es nicht einmal Futter für die Mulis gibt. Ronaldo und Chico laden ohne zu fragen die Lasten ab. Die Mulis werfen sich in den Sand und wälzen sich darin. Hier ist Schluß. Hoffentlich empfinden die beiden auch, daß sie uns auf der Tour ans Herz gewachsen sind. Uns fällt die Trennung unerwartet schwer. Zum Dank erhalten sie unsere warme Bergausrüstung, Pullover, Überschlafsäcke, warme Jacken und Socken. Alles Dinge, die wir in den folgenden Monaten nicht mehr benötigen, sie aber um so mehr. Mit dem kläglichen Rest unserer Verpflegung marschieren sie sofort in der Nacht zurück, aufwärts. Morgen abend wird sich Ronaldo wieder seine Zipfelmütze aufsetzen. Wir legen uns auf den Weg, vor einer Tienda, einer Universaleinrichtung aus Laden und Kneipe. Morgen wird uns schon irgend jemand aufwecken.

Margot weckt uns. Sie sitzt schon zeitig vor dem Laden und knabbert Weißbrot und ein Stück Käse. Wir kriegen auch etwas ab. Es ist angenehm, von einem netten Mädchen früh im Schlafsack versorgt zu werden. Paul kommt bald darauf angeschlendert. Er geht heute mit Margot weiter. Antonio hat sich nach einem Vergleich zwischen den Blasen an seinen Füßen und den Erfolgsaussichten bei Margot für ein geringeres Tempo entschieden. Wenn wir ein Zweierfaltboot mithätten, wie Axel es ursprünglich einmal plante, dann wüßte ich, wer auf dem zusätzlichen Platz sitzen würde. So verabschieden wir uns schon wieder. Möglicherweise treffen wir sie noch einmal, denn nach Visumerneuerung durch einen kurzen Aufenthalt in Peru will Margot auch zum Amazonas. Ich kann mir gut vorstellen, an wen Axel und Peter in den nächsten Nächten im Schlafsack denken werden.

Kaum ist Margot außer Sicht, so werden wir ein zweites Mal geweckt. Diesmal aber weniger angenehm. Lautsprecherdurchsagen dringen von den Laternenmasten in jeden Winkel des Ortes. Es ist sieben Uhr und die verschlafene Goldgräbersiedlung erwacht zu einer straff organisierten Genossenschaft.

Der Vorsitzende hat ein großes Büro, in dem er, von den Bildern der Staatsgründer Sucre und Bolivar eingerahmt, residiert. Eine Staatsflagge in der Ecke gehört mehr zu seinem Büro als die wenigen windschief im Regal stehenden Ordner. Immerhin, trotz fallendem Goldpreis lebt das Dorf in geordneten Bahnen. Abends, zwischen sechs und neun Uhr, gibt es elektrisches Licht. Das Dorf hat eine Waschstelle mit Duschkabinen und zwei Toiletten für alle, einen Fußballplatz und eine Madonnenfigur als Kirchenersatz.

Leider zeigt die Umgebung deutlich, wodurch dieser bescheidene Wohlstand erreicht wurde. Das Tal gleicht einer Mondlandschaft. Jeder Kieshaufen wird umgewühlt und durchgesiebt. Da nicht genug Platz für den Abraum vorhanden ist, muß das taube Gestein hin und her transportiert werden. Der Camino del Oro ist längst seinem Namen zum Opfer gefallen. Die Nachkommen der Inkas arbeiten gründlich.

Der Morgenwind trägt feinen Staub durch die Straßen im Flußtal. Die Schlafsäcke sind dicht bepudert. Zwischen den Lautsprecherdurchsagen ist es ruhig. Das bisher vertraute Geräusch tosender Wasserfälle fehlt. Haben wir es geschafft? Kann man hier paddeln?

KAPITEL VIER

Hände voll Gold

Die Besichtigung des Flusses setzt uns in verhaltene Vorfreude. Hier auf der ebenen Strecke der Flußterrasse des Ortes könnte man sogar in einer Badewanne paddeln. Weiter unterhalb kommen die Felsen wieder viel näher an den Fluß heran. Außerdem ist zu erwarten, daß durch den Goldabbau zusätzliche Verengungen und künstliche Hindernisse errichtet wurden. Zweifel über die Befahrungsmöglichkeit steigt auf. In der Genossenschaft kann man uns nicht helfen. Ob hier jemals einer gepaddelt sei, wisse man nicht und flußabwärts ist der Flußcharakter je nach Wasserstand völlig unterschiedlich. Niemand kennt den Fluß genau. Maultiere für einen Weitertransport haben sie aber auch nicht. Wir sollen warten, bis irgendwann eine Karawane von unten heraufkommt, die uns beim Rückweg mitnehmen könnte. Das ist ein Wink des Schicksals. Kurz entschlossen entscheiden wir uns, die Boote aufzubauen und von hier loszufahren.

Um zu einer günstigen Einsatzstelle zu gelangen und um nicht vor allen Einwohnern der Ortschaft all unsere Schätze auszubreiten, wollen wir zur anderen Uferseite. Dort stehen wesentlich weniger Hütten. Wegen des stark schwankenden Wasserstandes gibt es keine Brükke oder Fähre, aber eine Seilbahn. Hoch über dem jetzigen Wasserpegel ist ein Stahlseil gespannt, das die Gondel trägt. Darunter hängt ein Tau, an dem der Seilbahnführer die kleine Gondel für maximal drei Passagiere herüberzieht. Wir verhandeln über den Fahrpreis. Für mein Paar Wanderschuhe bekommen wir eine günstige Gruppentageskarte. Ich brauche sie jetzt nicht mehr und mein Boot wird sowieso zu voll. Meine Schuhe sind bestimmt jedem im Ort mehrere Nummern zu groß. Der Seilbahnführer muß schon ein findiger Händler sein, wenn er sie verkaufen will.

In der beginnenden Mittagshitze schleppen wir das Gepäck mit dem festen Vorsatz, es diesmal wirklich zum letzten Mal zu tun. Im Wasser schwimmen die Boote nämlich von allein. Zum Glück wissen wir nicht, daß Bootschleppen zur unbeliebtesten, aber häufiger Unterbrechung der nächsten Wochen werden sollte, sonst würden wir vielleicht lieber auf die Maultiere warten. So buckeln wir in verblendeter Hoffnung alles zur Seilbahn, krachen die Gondel mehrmals randvoll, daß der Führer alle Mühe hat, an dem zur Mitte hin durchhängenden Seil das überladene Gefährt auf der anderen Uferseite wieder hochzuziehen.

Auch am anderen Ufer des Ortes sind wir nicht vor Zuschauern sicher. Der Andrang hält sich jedoch in Grenzen. Viele Kinder und etliche junge Frauen schauen freundlich zu. Wir lassen uns Zeit, schwatzen mit ihnen. Auch die Frauen kennen den Fluß nicht viel weiter als bis zur nächsten Biegung.

Die Hitze verbietet jede Eile. Bald ist klar, daß wir erst am andern Morgen abfahren werden. Axel schäkert mit den Frauen, und bald bekommen wir eine Flasche kaltes Zitronenwasser. Das ist aber nett! Axel erhält zu allem Überfluß noch eine Rose, die er als Glücksbringer am Boot befestigen soll. Wenn da bei Peter und mir kein Neid aufkommt!

Mein Bootsgestänge hat durch den rüden Transport auf der Camioneta und dem Mulirücken gelitten. Nun muß es schon vor Beginn der eigentlichen Fahrt repariert und geschient werden. Ich bin mir sicher, am Ende der Wildwasserstrecke, wenn überhaupt, dann mit einem nicht mehr zusammenlegbaren Boot anzukommen. Vier geschiente Senten mehr machen jetzt auch nichts aus. Wir haben fünfzig Meter wasserfesten Klebestreifen mit. Das müßte reichen. Ich verklebe alle Verbindungsstellen des Gestänges, während Axel und Peter mit ihren neuen Booten keinen einzigen Transportschaden haben.

Genauso schlimm wie erwartet, wird das Packen. Als ob wir nichts an die Aymaras verschenkt hätten! Dabei haben wir noch nicht einmal Lebensmittel für die nächsten Tage eingekauft. Wenigstens dieses Problem klärt sich. Es gibt keine. Das nächste Geschäft ist in Tipuany. Das wäre angeblich gar nicht so weit. So etwas ist aber relativ.

Axel fragt eine junge Frau, die ihre glänzend schwarzen Haare bei einem vergeblichen Versuch des Blondierens mit einem rötlichen Schimmer versehen hat, ob wir bei ihr eine Suppe kaufen könnten. Dann verschwinden beide in Richtung der Hütten am Ufer. Freudestrahlend taucht er Minuten später wieder auf und erklärt, daß unser Überleben gesichert sei. Wir können soviel bekommen, wie wir wollen. Nur muß er selber kochen. Den Beutel mit den angeschlagenen Töpfen auf dem Rücken, verschwindet er. Dabei summt er sich ein Liedchen. Essenkochen macht ihm Spaß.

Die Boote sind jetzt zusammengebaut. Peter und ich genießen die ersehnte erste Pause am Uferstrand. Die Anspannung fällt von uns ab. Wir sind an unserem ersten großen Ziel. Egal wie schwierig der Fluß werden mag, irgendwie kommen wir schon weiter. Ab heute sind wir Paddler und wollen das während der nächsten Monate auch bleiben.

Zum Essen gehen wir abwechselnd. Einer paßt auf die Boote auf und der andere bekommt Abendbrot. Axel hat seine gesamten Kochkünste in der Küche einer reinen Weiberwirtschaft ausprobiert. Umringt von Frauen verschiedener Generationen gibt es ein Menü, das sich vor allem dadurch auszeichnet, daß sich die besonders scharfen Gewürze untereinander abwechseln. Das hält man nur mit viel Weißbrot und Wasser aus.

Offensichtlich wohnen hier diejenigen, die sich in das ordentliche Dorf auf der anderen Seite nicht einordnen lassen oder wollen. Wie die Frauen freimütig erzählen, sind fast alle ihrer Kinder von verschiedenen Vätern, alles Goldgräber natürlich. Womit die Frauen ihre Kinder ernähren, ist nicht schwer zu erraten.

Zu jedem größeren Goldgräberdorf gehören solche Frauen, die manchmal mehr als Mätresse, statt als Prostituierte leben. Daran stößt sich niemand und wenn wir es nicht wüßten, hätten wir es gar nicht bemerkt.

Wie in allen anderen Hütten des Ortes auch, läuft der Fernseher, um den Kindern in einer schnulzigen Amiserie das harte Leben der oberen Zehntausend Nordamerikas nahe zu bringen. Unbeabsichtigt wird durch die spanischen Untertitel zum englischen Ton nebenbei sogar echte Bildung vermittelt. Nicht nur in diesem Ort hängen an den Hütten überall dieselben Plakate. Offensichtlich kam vor längerer Zeit ein Händler mit vier Sorten großformatiger Poster von Bruce Lee, Sylvester Stallone und zwei vollbusigen blonden Mädchen, die ebenfalls nur mit Patronengurten behängt sind, in den Ort. Der Zusammenhang zwischen dem Haarfärbeversuch und dem Idealbild an der Wand ist ziemlich eindeutig. Dabei paßt die eigene, dunkle Haarfarbe viel besser zu den einheimischen Frauen.

Das rotblondschwarze Mädchen übt mit uns ihr Englisch, da sie auf eine Arbeitserlaubnis für drei Jahre in Japan hofft. Japan hat als Ersatz für fehlende eigene Ackerflächen ein Aussiedlungsprogramm für landarme japanische Bauern aufgestellt. Japaner, die sich in Bolivien niederlassen, erhalten eine Unterstützung ihrer Regierung. Diese läßt sogar im Rahmen der Siedlungsprojekte Schulen und Krankenhäuser bauen, in denen auch die einheimische Bevölkerung betreut wird. Im Gegenzug können junge Bolivianer in Japan befristet arbeiten.

Die Nacht verbringen wir am Strand zwischen den Booten. Hier gäbe es keine Überfälle. Wir sollen beruhigt schlafen, wünschen uns die Frauen zum Abschied. Tatsächlich überfällt uns nur starker Tau. Ordentlich durchnäßt krabbeln wir am nächsten Morgen vor Feuchtigkeit dampfend aus den Schlafsäcken. Egal, heute geht es los!

Die Absprache über Handzeichen, Rettungsmaßnahmen und Bootsreihenfolge ist diesmal ausführlicher. Noch einmal, wie auf dem Titicacasee, wollen wir unser Glück nicht von vornherein herausfordern. Daß wir es trotzdem brauchen werden, ist sicher. Ein letzter selbstbewußter Gruß an die Zuschauer, die glücklicherweise nicht sehen können, mit welcher inneren Anspannung und Aufregung wir ablegen und los, der Fluß hat uns. Nicht wir befahren ihn, nein, er spült uns mit seinen lehmigen Massen hinab. Er macht mit den kleinen Booten, was er will. Nach der zweiten, mir über dem Kopf zusammenschlagenden Welle, schwenke ich als Vorausfahrender ins nächste Kehrwasser und warte. Walrössern gleich, die nur zum Atmen ein wenig den Kopf aus dem Wasser heben, schieben sich die Einer meiner Freunde mehr durch als über das Wasser. Wenn dann noch Wellen und Strudeln hinzu kommen, ist die nächste Dusche fällig. Das Wasser ist warm, wenigstens frieren wir nicht. Froh, immerhin außer Sichtweite des Dorfes gelangt zu sein, einigen wir uns, ein gemäßigteres Tempo zu fahren. Wir haben doch Zeit, und einen Rekord wollen wir auch nicht brechen.

Der erste europäische Paddler im Amazonasbecken war ein spanischer Eroberer. 1542 fuhr Francisco de Orellana mit einigen Soldaten den gesamten Rio Napo und den Unterlauf des Amazonas mit einem provisorischen Boot hinunter. Diese Fahrt erfolgte längst nicht so freiwillig wie unsere. Feindliche Indianerstämme und die starke Strömung hatten den nach Verpflegung suchenden Spaniern den Rückzug abgeschnitten. Orellana entdeckte immerhin die Amazonen, nach denen der Fluß seinen Namen erhielt.
Eine frühe wissenschaftlich motivierte Amazonasbefahrung erfolgte durch Eduard Poeppig, ein Zeitgenosse und Konkurrent Humboldts im neunzehnten Jahrhundert. Die erste sportlich ambitionierte Paddeltour unternahm Herbert Rittlinger mit seinem Einerfaltboot. Schon 1936 paddelte er ganz allein den Oberlauf des Amazonas hinunter. Den letzten verbliebenen Rekord, die Gesamtbefahrung des Amazonas von der Quelle bis zur Mündung, errang ein großes internationales Team, großzügig finanziert und auf der gesamten Strecke beglei-

tet von Film- und Kamerateams, Jeeps und später von Schiffen. Von dreizehn äußerst unterschiedlich vorbereiteten Teilnehmern schafften 1986 Joe Kane und der polnische Profipaddler Chmielinski die Gesamtstrecke mit Schlauchbooten, Wildwasser- und Tourenpaddelbooten. Was bleibt denn da für uns noch übrig? Man könnte versuchen, die erste Befahrung nur bei Nacht zu machen, denn Steigerungen wie ›in der Winterzeit‹ gibt es hier nicht. Würde uns eine solche Fahrt, nur wegen des guinnessbuchfähigen Rekordes, überhaupt gefallen?

Dürfen wir zugeben, daß wir zum Spaß hier sind? Natürlich wollen wir keine ausgetretenen Wege gehen, deshalb sind wir ja hierher gekommen. Gegen ein kleines Abenteuer im Rahmen des Erträglichen hat auch keiner etwas einzuwenden. Aussteigen aus der Zivilisation wollen wir dagegen nicht.

Um möglichst viel von Land und Leuten kennenzulernen, muß man einfach reisen und sich auf dem landestypischen Standard bewegen. Wir haben kein Funkgerät, keinen Satellitennavigator und kein Satellitenhandy mit. Der einzige technische Luxus besteht in Axels Kurzwellenradio, mit dem er uns aktuell über den deutschen Wahlkampf und die Fußballweltmeisterschaft informiert.

Für unsere Paddelsicherheit hat jeder seinen Wurfsack. Für Rettungseinsätze habe ich einen alten Helm und eine Schwimmweste mit. Die sollen nicht beim Paddeln benutzt werden. Wildwasserstellen, die so schwierig sind, daß man eine Schutzausrüstung braucht, müssen eben umtragen werden. Das nicht einschätzbare Restrisiko besteht leider darin, daß man nicht sicher sein kann, vor jeder schwierigen Stelle anlegen zu können.

Vorsichtig, jede schäumende Stelle vorher ansehend, tasten wir uns in kurzen Tagesabschnitten mehr voran, als daß man es paddeln nennen könnte. Die Ortschaft Tipuany kommt in Sicht. Damit sind wir sicher, jetzt auf dem Fluß gleichen Namens, dem Rio Tipuany zu sein, wo wir auch hinwollen. Das Städtchen ist ein altes Goldgräbernest. Stolz und den guten alten Zeiten nachtrauernd, erzählt uns der Kellner im Restaurant, was sich hier Anfang der achtziger Jahre für ein Goldrausch abgespielt hat.

»Überall standen die provisorischen Hütten der Goldsucher. Die Kneipen waren immer voll. Und jeder zahlte nur an der Goldwaage!«

Die Beschreibung gipfelt im Inbegriff allen Wohlstandes:

»Wir hatten sogar europäische Nutten hier!«

Die Goldförderung ist immer noch der Haupterwerb der Stadt. Zu Zeiten des Goldrausches wurde vorwiegend das unmittelbare Flußtal nach abgelagerten Goldkörnern durchsucht. Heutzutage gilt die groß-technische Goldsuche mehr den übriggebliebenen ehemaligen Fluß-läufen und Geröllhalden. Massive Goldadern hat man in Tipuany nie gefunden. Ein Klumpen Gold von der Größe einer Kinderfaust ist bereits eine große Sensation. Direkt am Fluß schürfen kleine Goldsuchertrupps mit Hacke, Schippe und Pfanne. Dort sind wir nicht mehr allein, meint der Kellner.

Wir machen uns darauf gefaßt, durch einen aufgegebenen Tage-bau zu paddeln. Ein schlimmer Gedanke. Wenn der Goldrausch nur nicht zu Ende wäre!

Der Fluß hat sich tief in die Felsen eingeschnitten. Über fünfzig Meter hoch ragen sie aus dem Wasser. In den Engstellen ist der Him-mel nur noch ein blaues Band über uns. Ständig wechselt der Fluß-lauf seinen Charakter. Mal fließt das Wasser so breit, daß man die flachen Durchfahrten suchen muß, dann schießt es bald wieder von engstehenden Felsen zusammengedrückt auf die nächste Kurve zu. Da die Windungen sehr eng sind, verlieren wir schnell die Orientie-rung. Die Sonne scheint aus allen Richtungen. Ständig ist das Gefälle so stark, daß man mit bloßem Auge den schräg abschüssigen Wasser-spiegel erkennen kann. Zunehmend werden die Wuchtwasserstellen häufiger und größer. Kleine Bäche und Wasserfälle, die seitlich über die Uferfelsen plätschern, bringen unaufhörlich weitere Wassermas-sen in den Fluß. Glattgewaschene Prallhänge glänzen wie poliert in der Sonne. In kurzen Abständen lauern Schwälle, Walzen, Strudel und Siphons auf uns. Der Fluß will uns prüfen. Wir fühlen uns aber noch nicht dazu bereit. Axel und Peter machen schnell Fortschritte in ihrer Wildwassertechnik. Manchmal muß ich sie schon zurückhalten, wenn sie allzu locker auf die nächsten Schwälle zuhalten. Erbarmungs-los zeigt der Fluß jedem von uns seine Grenzen. Bei jedem bedrohli-chen Rauschen versuchen wir, zur Besichtigung vorher anzuhalten, wenigstens dort, wo uns der Fluß eine Chance zum Aussteigen gibt.

Das führt dazu, daß wir täglich wesentlich mehr laufen als pad-deln.

Meist fahre ich voraus, suche einen Anlegeplatz und steige aus. Danach winke ich meinen Nachfahrern und helfe beim Anlegen, da-mit keiner durch die Strömung vorbeigetrieben wird. Nach anfängli-cher Neugier und Vorfreude steigen bald nicht mehr alle aus, um sich die Stelle vom Ufer aus zu besichtigen. Nur um einige hundert Meter voranzukommen, gehört hier weniger Laufen als vielmehr Klettern und Springen zwischen häusergroßen Geröllblöcken zur normalen Fortbewegungsart. Entpuppt sich das Rauschen als gefährlich, müssen alle aussteigen und gemeinsam die Fahrtroute besprechen. Da wir uns meist nicht mehr sehen können, krabbelt der Vorausgehende ein gutes Stück zurück, gibt Handzeichen und nach einiger Zeit sind die anderen beiden auch am Beobachtungspunkt. Haben wir uns geeinigt und jeder hat sich die Fahrrinne anhand markanter Felsen und Wellen gemerkt, geht es zum dritten Mal zurück, um ein einziges Mal mit dem Boot hinunterzupaddeln. Für einen halben Kilometer vergehen schnell drei, vier Stunden. In Tipuany sagte man uns, daß es zu Fuß auf der Schotterpiste durch die Goldbergwerke bis zur nächsten Stadt ungefähr einen Tag dauern würde.

»Ihr seid bestimmt viel schneller, denn die Strömung fließt doch so schnell wie eine Camioneta fährt!« erklärte ein Mann, als wir Verpflegung für die nächste Strecke einkauften.

Diese Ahnungslosen! Wir richten uns auf eine Woche ein und verlängern die Zeit mit jeder Unterbrechung.

Am Ufer stehen die Goldwäscher in fast allen Innenkurven und anderen Stellen, wo der Fluß Treibmaterial ablagern könnte. Männer und Frauen durchwühlen das Kiesbett, um das zu finden, was der Goldrausch und die jetzige, mit großen Maschinen betriebene Goldförderung übrig gelassen haben. Jeden Tag stehen sie stundenlang mit den Beinen im Wasser und wälzen große Brocken herum, um an die Stellen zu gelangen, wo das Wasser die schwereren Goldplättchen eher ablagert als den leichteren Kies. Meist hausen die Goldsucher unter blauen Plastikplanen gleich neben ihrem Claim.

Wir kommen mit ihnen schlecht ins Gespräch. In ihren Augen können wir nur Geologen sein, die ihnen den ohnehin so unergiebigen Claim streitig machen könnten. Wir würden gern einmal beim Goldwaschen mitmachen, aber leider ergibt es sich nicht.

Besonders beim Besichtigen der Wildwasserschwierigkeiten muß man vorsichtig sein. Die Goldgräbercamps sind verteilt. Selten stehen hier mehr als zwei Behausungen nebeneinander. Desto weniger fallen sie auf, wenn man durch die Uferfelsen kriecht. Nicht nur der Schlangen wegen mache ich mit einem Knüppel jedesmal gehörig Krach, auch die Goldgräber sollen sich nicht überrascht fühlen und zu ihren rostigen Schießeisen greifen. Wenn die Kugeln genauso verrostet sind wie die Gewehre, dann eitern sie sicher besonders schlecht wieder heraus. Das möchte ich meiner Krankenversicherung nicht zumuten.

Ich beneide Peter um seinen aufmerksamen Blick. Er kann nicht nur erstaunlich gut sehen, er erkennt auch die kleinen Details viel schneller als ich. Axel dagegen ist Brillenträger. Er kann dafür besser riechen.

Peter ist ein Glückspilz. Er findet bei einer Mittagsrast zuerst die Goldplättchen, die einfach so zwischen unseren Füßen obenauf im Ufersand herumliegen. Jetzt erlebt er seinen persönlichen Goldrausch. Jack London hätte es nicht stärker erwischen können. Zwischen Peter und Axel entbrennt der erste Streit. Axel soll unsere Bratpfanne herausrücken, damit Peter die vielen anderen Nuggets aus dem Ufersand waschen kann, die er dort selbstverständlich vermutet. Axel beschäftigen aber ganz andere Probleme. Er arbeitet eifrig daran, seine Position als Kenterkönig auszubauen und hat gerade sein Boot geleert, Wasser ausgeschöpft und alles wieder eingepackt. Nur seine Rolle Toilettenpapier tropft noch auf einem Stein in der Sonne.

»Ich bin gerade fertig mit Einpacken. Da hol' ich doch nicht die Pfanne aus dem letzten Winkel wieder hervor!«

»Mensch, hier brauchst du dich praktisch nur zu bücken, um das Gold aufzulesen! Mehr Glück kann man doch gar nicht haben.«

»Weißt du, es dauert bestimmt nicht lange, spätestens nach der übernächsten Stromschnelle liege ich wieder im Bach. Wenn du mir hilfst, das Boot auszukippen, kriegst du deine Pfanne. Dort kannst du dein Gold einsammeln. Jetzt nicht!«

»Ich will doch nicht irgendwo das Geröll umstapeln. Hier liegen die Nuggets!«

Die Stelle ist wirklich günstig. Spuren anderer Goldsucher sind nicht zu sehen. Zwar finden wir keine weiteren Goldplättchen, aber wenn man ein wenig schürft …? Axel bleibt hart und liefert Peter die beste Erklärung dafür, wer daran schuld ist, daß er seine Chance zum Millionär nicht nutzen konnte. Mit diesem Vorwurf muß Axel nun den Rest seines Lebens fristen.

Das stört ihn nicht, weil er zur Zeit gar nicht weiß, wie lange das noch ist. Eindrucksvolle Strudel haben ihn bisher schon zweimal so tief unter Wasser gezogen, daß ihm materieller Wohlstand nichts mehr bedeutet. Sein Kenterkonto wächst.

Wo der Fluß mit Geröllbänken breiter wird, beginnt die Zeit des Treidelns und des Rutschenbauens, dicht an unbefahrbaren, brüllenden Wasserwänden vorbei. Beim Treideln hält je einer das Boot an der Bug- und Heckleine, während sich der Dritte bei Bedarf um das Boot kümmert. Alle drei stolpern wir durch das undurchsichtige, reißende Wasser zwischen großen Steinen dahin. Wenn das Boot aufsitzt, wird gnadenlos gezerrt und geruckelt, bis es wieder frei schwimmt. Unterhalb des Schwalls binden wir das Boot an, um das nächste zu holen. Hier gehen wir die Strecke sogar bis zu sechsmal. Der Begriff Wasserwandern muß eben nicht unbedingt mit Bootfahren verbunden sein.

Beim Treideln läßt es sich nicht vermeiden, daß die Wellen über dem Boot zusammenschlagen und es vollläuft oder gar umschlägt. Für unsere Statistik zählt dies nicht als regelgerechte Kenterung und läßt den Stand der zukünftigen Bierlagen leider unverändert.

Ist die Strömung am Ufer entlang der Wildwasserstellen zu stark, die Steine zu grob oder von Sprengarbeiten zu scharfkantig, beginnt meist das Rutschenbauen. Das bedeutet Steine umwälzen und Wasser anstauen. Uns macht es Riesenspaß. Wir sitzen nicht mehr im Boot und suchen genervt nach der nächsten Durchfahrt zwischen beeindruckenden Wellenbergen, während wir der Sonne und den beißwütigen Sandfliegen schutzlos ausgeliefert sind. Sondern wir stehen oder hocken im kühlenden Wasser und buddeln wie kleine Jungen im Uferstrand. Nur daß hier die Kiesel etwas größer sind. Wenn wir es zu zweit nicht schaffen, einen jungen Felsen zur Seite zu schieben, dann muß eben unsere Rutsche einen Bogen machen. Selten schaffen wir einen Kanal, auf dem die Boote ohne zu schieben bergab rutschen können. Wenn es aber doch glückt, sind wir auf diese Arbeit stolzer als auf die gelungene Befahrung eines Schwalls.

Die wirklich letzte aller Möglichkeiten ist, die Boote zu umtragen. Vollgepackt sind sie höllisch schwer und unhandlich dazu. Ich muß meinen altersschwachen Kahn auspacken, weil er sonst durchbrechen würde. Deshalb wandere ich bei dieser Fortbewegungsart die Strecke mehrmals.

Axel und Peter habe ich beim Umtragen längst als völlig unzurechnungsfähig und verrückt erklärt. Nachdem ich mir beim Schleppen ihrer Boote fast den Rücken gebrochen habe, weigere ich mich, ihre Umtragevariante mitzumachen. Sie lassen alles im Boot, fassen vorn und hinten an und schleppen die über hundert Kilo zu zweit durch die Gegend, über Felsbrocken, Kletterstellen und weite flache Geröllbänke mit zementsackgroßen Steinen. Nur wenn es wirklich weit ist, werden die mitgebrachten Trageriemen benutzt. Man will sich ja nicht verpimpeln. Dazu laufen die beiden barfuß über die Steine. Ich habe bis zum Ende der Fahrt nicht herausbekommen, wie man das nur ein kleines Stück aushalten kann. Vielleicht ist es ein besonderer Trick, eine Art Akupunktur. Wenn der eine Fuß weh tut, muß man nur warten, bis der andere auch schmerzt, dann vergißt man den ersten und umgekehrt. Bei mir hat es allerdings nie geklappt.

Von meinem Aussichtspunkt auf einem hohen Felsen kann ich die Ursache des heftigen Rauschens nach einer Kurve deutlich sehen. Der schmale Fluß strömt mit steigender Geschwindigkeit geradewegs durch eine Felsengasse auf eine scharfe Rechtskurve zu. In der Kurve stehen einige Unterwasserfelsen, die am glattgewaschenen Prallhang schäumende Wellen und Walzen erzeugen. Keine sehr freundliche Stelle.

»Kommt her, es lohnt sich!«

»Ich möchte nur einmal wieder zehn Meter geradeaus paddeln können!« schimpft Peter.

»Mach' nur, aber warte damit, bis ich oben bin und dir zusehen kann!« Axel ist vorsichtiger.

Es ist eindeutig zu sehen. Wir haben mit unseren Booten an der falschen Seite angelegt. Dafür liegt der Beobachtungsfelsen sehr günstig. Man kann genau sehen, in welche Welle und auf welchen Felsen derjenige krachen wird, der vor der Flußbiegung nicht die Kurve zum rettenden Kehrwasser und zur steinigen, aber treidelbaren Innenseite schafft. Diese Kurve erzeugt Unbehagen. Je länger wir zuschauen, desto gruseliger wird uns. Da Umtragen von vornherein wegen der steilen Felsen ausfällt, müssen wir uns irgendwie zu dem einzigen Kehrwasser auf der anderen Seite vorantasten. Weil unsere Boote bereits sehr weit in diesem Cañon und dicht vor der Kurve liegen, bleibt nur eine Möglichkeit: Rückwärts auf die Kurve zu und zum Kehrwasser paddeln. Das hört sich verrückt an.

Ich fahre voraus und teste die Methode. Der Pulsschlag steigt und die Beine klemmen verkrampft am Süllrand. Selbst beim stärksten Stromaufpaddeln treibt das Boot abwärts. Das Rauschen hinter dem Rücken wird immer stärker. Leider ist das anvisierte Kehrwasser viel kleiner als von weitem erkennbar war. Vielleicht hat uns die Hoffnung nur etwas vorgegaukelt. Gerade ein Boot paßt hinein, aber ich bin sicher angekommen. Die Anspannung fällt ab und wie schon so oft auf diesem Fluß mischt sich Stolz in die Euphorie.

Zum Aussteigen an der fast glatten Felswand muß das Paddel wie ein Telefonhörer an die Schulter gedrückt werden, um die Hände für einen Klimmzug frei zu haben. Zwischen den Zähnen klemmt die Bootsleine. Für die Füße gibt es eine rutschige, unterbrochene Felsleiste. Nach bangen Minuten habe ich mein Boot auf den nächsten Steinen abgelegt und kann auf Axel warten. Wie ich, paddelt er aus Leibeskräften zu meinem Ufer herüber. Das Rückwärtstreiben zwischen den Steinen sieht so leicht aus, wenn man nur zuschaut und diesen nervenden Teil schon hinter sich hat. Sein Gesicht ist kalkweiß. Ich stehe mit meinem Wurfsack zur Stelle. Damit hätte ich zwar einen Versuch, Axel zu retten, jedoch wohl ist mir dabei nicht. Als Axel neben mir steht, geht ein breites Grinsen von einem Ohr zum anderen. Das Leben hat ihn wieder.

Peter braucht eigentlich alles nur nachzumachen. Als er fast bei uns steht, rutscht er auf dem schmalen Felsensims an der Anlegestelle ab. Axel und ich haben die wenigen Tritte beim Treideln naßgespritzt. Während Peter behend aus dem Wasser auf den Felsen zurückklettert, treibt sein Boot ab. Wenn Axel es nicht ergriffen hätte, müßte Peter ganz schön weit laufen.

Das Treideln in der Innenkurve ist vergleichsweise einfach, wenn man die, durch die Uferfelsen verursachten unvermeidlichen Hautabschürfungen an Beinen und Füßen nicht zählt.

Zwischen den immer wiederkehrenden Unterbrechungen durch Wildwasserhindernisse genießen wir die traumhaft unberührten Felsschluchten. Das Wasser wird auf wenige Meter zusammengedrängt und gurgelt zwischen den Wänden. Plötzlich auftretende Strudel drehen das Boot im Kreis herum und das Wasser, das gerade noch hinabgesaugt wurde, blubbert aus einem Siphon, einem Wasserpilz daneben, empor. ›Mörderstrudel‹ nennen wir diese mit der Strömung flußabwärts wandernden unvorhersehbar auftretenden Wasserspiele respektvoll. Jedesmal, wenn sich so ein Strudel plötzlich neben oder vor dem Boot bildet, kriegt man einen gehörigen Schreck.

Außer dem Strömungsgeräusch des Flusses ist es still und dämmrig. Kleine klare Wasserfälle tropfen von der Felskante auf die Boote. Alles ist feucht. Ananasgewächse und andere Pflanzen, die man zu Hause nur im Tropenhaus oder im Blumentopf sieht, wachsen an den Felswänden. Von den vorangegangenen Hochwassern sind riesige Auswaschungen in allen Formen geblieben. Bei der Einfahrt in diese Cañons ist nicht zu erkennen, wie so eine Schlucht für uns endet. Wir haben einfach Glück. Nach dem zweiten Cañon verläßt uns die Anspannung und weicht staunender Begeisterung.

Mit etwas mehr Wasser würde hier die Hölle los sein. Wir könnten nur noch herausklettern und tagelang umtragen. Als Test beginne ich einen Kletterversuch an den Felswänden. Maikäfergroße Schaben, Skorpione und behaarte Spinnen, nicht kleiner als meine Hand, huschen aus den feuchten Ritzen, an denen ich mich eigentlich festhalten wollte. Nur aus Tierliebe breche ich die Kletterei schnell ab.

Diese Cañons sind ein Traum. Wieder erfüllt sich mir eine Sehnsucht aus langgehegtem Fernweh.

Kurz darauf ist Peter weg. Unterhalb eines Schwalls schwimmen bald ein paar bekannte Sachen und Peters Boot. Er selbst ist nicht zu sehen.

Unsere Bootsabstände waren zu gering. Ich kam noch ans Ufer, aber Peter hinter mir, konnte nicht mehr rechtzeitig reagieren. Er schoß auf einen schön ebenmäßig aussehenden Wasserberg zu, hinter dem ein nasser Block emporragte.

Hinter dem Wasserberg ist ein Loch. Die tief unten lauernde Walze kann man deutlich rauschen hören. Als Axel angelegt hat, versuche ich in einer Kurzschlußreaktion, den Wasserberg links zu umfahren, um Peter zu helfen. Wie ein Staubsauger zieht mich das unheimliche Rauschen diesen Wasserberg hinauf - runter geht es dann von selber in die gewaltige Waschtrommel der Längswalze. Wenigstens konnte ich von oben Peter neben seinem Boot schwimmen sehen, dann schließt sich über mir ebenfalls das Wasser. Unversehrt und lehmiges Goldwasser spuckend, beschließen Peter und ich, daß Axel es ruhig versuchen sollte. Immerhin müßten wir ihm ja sonst beim Treideln oder gar beim Umtragen helfen! In solchen Situationen merkt man eben am besten, welche Sorte Freunde man erwischt hat.

Wir packen unsere Sachen zum Trocknen auf die Steine. Axel wartet noch. Peter stellt sich zum Fotografieren dicht neben die gefährliche Stelle. Eine kleine Chance hat Axel ja auf der anderen Flußseite. Er muß nur ein bißchen stromauf fahren, eine kleine Seilfähre hinüber paddeln, um sich dann mit viel Schwung, einer hohen Paddelstütze und ein wenig Glück an der linken Seite vorbei zu schummeln. Das brüllen wir ihm zu. Vom Tosen des Wassers schon stark beeindruckt, traut er keinen Widerspruch und fährt mit zitterndem Paddel los. Bereits beim Einschwingen passiert es. Axel kentert sofort. Während Peter tobt, daß Axel an der falschen Stelle hineingefallen ist, treibt er stromab. Mein Wurfsack fliegt daneben. Im Fluß schwimmend, kann Axel die hervorragende Aussicht vom Wasserberg gar nicht genießen, auf den er, noch viel besser als wir zuvor, hinaufgetrieben wird. Er und sein Boot verschwinden erwartungsgemäß. In einer letzten Rettungsaktion gelingt es noch einmal, Fahrer und Boot zu bergen. Aber was schwimmt denn da? Zwiebeln, Kaffee und unsere aufgesparte Extraverpflegung sind weg. Alles ist angebunden, nur das Essen nicht. Ab jetzt gibt es nur noch Haferflocken mit Zucker oder Reis mit fragwürdigen bolivianischen Fleischkonserven.

Für diesen Tag ist Schluß. An der nächstbesten Stelle flattern alle Sachen zum Trocknen im Wind, inzwischen eine liebgewonnene, unnütze Gewohnheit. Beim nächsten Schwall werden ja doch alle, nicht völlig wasserdicht verpackten Dinge, wieder naß. Aus Langeweile schaut Peter nach unseren Filmen und bekommt einen Schreck. Aus den Filmdosen tropft das Wasser! Die Filme sind nicht nur in den üblichen Dosen verpackt, deren Deckel außerdem durch Klebeband gegen unbeabsichtigtes Öffnen gesichert ist. Zusätzlich liegen mehrere Beutel Entfeuchtungsgel in dem wasserdichten Filmsack, der in einem zweiten Sack steckt. Axel und Peter sind entsetzt. Daß schon Rittlinger ein ähnliches Schicksal erlitt, hilft leider nicht weiter. Bei genauerem Untersuchen stellt sich heraus, daß nur die Dosen, die mit der Sicherheitsverklebung nicht vollständig abgedichtet waren, Wasser enthalten. Bald liegen auch noch die Filmdosen im Halbschatten zum Trocknen. Vielleicht bringt das goldhaltige Lehmwasser ungeahnte Effekte. So etwas versucht sonst keiner.

Unser Lagerplatz an der nächstbesten Stelle ist nicht so günstig wie erhofft. Was wie eine saftige grüne Wiese aussah, ist eine staubige Sandbank mit jungen einzelnen Gräsern. Zwischen den Gräsern ist nicht nur Sand, sondern jede Menge unternehmungslustige Ameisen. Kleine schwarze, größere rote und andere Insekten, die jedoch nicht beißen, krabbeln durcheinander. Die roten sind besonders neugierig und wehren sich penetrant mit stark juckenden Bissen. Bald haben die gesamten zum Trocknen aufgehängten Sachen einen quicklebendigen rötlichen Schimmer.

»Vielleicht gehen sie wieder«, meint Peter in betont stoischer Ruhe.

»Wenn es Wanderameisen sind«, sinniert Axel, »müssen sie ja sogar weiter. Wir brauchen doch nur auf unsere Lebensmittel aufzupassen. Den Rest können sie eh nicht fressen.«

Sie können doch. Vielleicht funktioniert Axels Regel bei anderen Leuten. Wir jedenfalls hätten unsere Sachen vor dem Ameisenüberfall in eine Waschmaschine stecken sollen. Am besten schmecken ihnen Peters Socken. Die waren wahrscheinlich am gehaltvollsten, schließlich steckte dort noch der Schweiß von der Muliwanderung drin. Zu den vorhandenen Löchern gesellen sich weitere. Peter bringt den Ameisen das gewünschte Opfer. Er läßt die Sockenreste hängen.

Die übrigen Sachen schütteln wir so gut es geht aus und packen sie ein. Noch Tage später krabbeln die blinden Passagiere beim Entladen aus den Booten.

In der Hoffnung, daß tagaktive Ameisen nachts schlafen und der Tau besonders reichlich fallen möge, legen wir uns zur Nachtruhe.

Ein gräßlich gellender Schrei weckt Axel und mich aus dem Schlaf.

»Aaah, sie sind in meiner Unterhose!« brüllt Peter.

»Zieh doch die Unterhose aus, dann können sie nicht mehr hinein.«

»Du weißt ja gar nicht, wie die beißen können!«

»Laß dir was einfallen und sei endlich ruhig!«

Peter flucht sein ganzes Repertoire rauf und runter, während er sich selbst und den Schlafsack absammelt. Im knappen Licht der Stirnlampe ist der Erfolg nicht übermäßig. Das Einzige, was die Ameisen nicht mögen, sind nasse Steine. Am nächsten Morgen überraschen wir Peter, als er auf einer überschwemmten Geröllbank mitten im Fluß auf der Schlafmatte liegt und schläft. In seinem Schlafsack plätschert das Wasser.

Axel und ich haben den Ameisen eine Orgie geliefert. Ameisenbisse sollen gut gegen Rheuma sein. Davor sind wir ab jetzt für den Rest unseres Lebens gefeit.

Liebevoll betrachten wir am nächsten Tag einen Ameisenbären, der mit uns ein Stückchen stromabwärts schwimmt. Wir sollten ihn sicherheitshalber mitnehmen.

Der Fluß wird streckenweise so breit, daß uns von den vereinzelten Goldgräberorten aus motorgetriebene Kanus mit hohen Seitenwänden gelegentlich überholen oder an Engstellen behindern, vor allem im Gegenverkehr. Jeder versucht, die kleinsten Wellen zu treffen. Die Motorbootfahrer sind jedesmal verblüfft, wenn hinter einer Welle ein Paddelboot auftaucht. Damit rechnet keiner. Mit einfachen Kanus und Stechpaddel fährt niemand, da es stromauf nicht zu schaffen wäre. Selbst die Motorboote haben aus Sicherheitsgründen zwei Außenborder mit möglichst je fünfundfünfzig Pferdestärken am Heck.

Damit kommt man aus jedem Strudel heraus.

Eines Abends, es ist bereits stark dämmrig, suchen wir dringend einen Schlafplatz. Da überholt uns ein Motorboot mit Fahrer und einem jungen, blondschöpfigen Mann darin. Er lädt uns zu seinem Camp ein, nur zwei Kilometer weiter stromab. Für uns ist es zu spät und nicht mehr zu schaffen, da sich wieder einige hohe Wellen vor uns aufbauen, die vor ihrer Befahrung besichtigt werden sollten. Außerdem halten wir es für ein zu hohes Risiko, abends bei Unbekannten anzukommen und dann in der Dunkelheit bei eventuellen Schwierigkeiten nicht mehr weiterfahren zu können. Wir lagern lieber neben den tosenden Wellen.

Am nächsten Tag treffen wir den Blonden auf dem Wasser wieder. Er besteht hartnäckig darauf, uns kennenzulernen. Gern lassen wir uns im strömenden Regen in ein Goldgräberdorf zu einem Bier einladen. Die Spelunke ist genauso provisorisch, wie alles, was mit dem nur kurzfristig planbaren Goldschürfen zusammenhängt. Der Schwede ist der Prototyp eines jungen Europäers, der sein Glück in der weiten Welt machen will. Mit seinem sprühenden Elan, seiner unnachahmlichen Art, uns seinen Glauben an den großen Goldfund überzeugend zu vermitteln, wird er uns ungeheuer sympathisch. Während draußen der Regen rinnt, machen wir uns an die Biervorräte. Der Schwede erzählt von seiner Zeit als Restaurantmusiker in Brasilien, wo er als Sänger und Gitarrist zusammen mit anderen Europäern auftrat. Als die Band sich trennte, eröffnete er ein Transportunternehmen in Bolivien. Dabei traf er seine Frau und gründete eine Familie. Als das Lastwagenfahren nicht mehr abwechslungsreich genug war, weil er mittlerweile ganz Südamerika kennengelernt hatte, entschied er sich für das Goldschürfen.

Bolivianische Goldschürfergenossenschaften, die ihre Claims angemeldet haben und auf einen Investor warten, sind sehr häufig. Ausländer dürfen keinen eigenen Claim anmelden, deshalb sind sie auf die Genossenschaften angewiesen. Den Investoren wird der Claim vorgeführt und bei Probewaschungen findet man unter Garantie ausreichend Gold. Ob dieses jedoch vorher dem Sand untergemischt wurde oder nicht, muß der Investor selber herausfinden. Beginnt die Arbeit, erhält die Genossenschaft in der Regel einen Anteil von dreißig Prozent des Gewinns als Erfolgsprämie. Außerdem werden die Genossenschaftsmitglieder für die Zeit des Goldabbaus als Mitarbeiter angestellt. Damit ist das regelmäßige Einkommen für die nächste Zeit gesichert und die Prämie längst nicht mehr so wichtig.

Mit solch hoch motivierten Mitarbeitern muß der Schwede jeden Monat fünf Kilogramm Gold an die Banken zur Kredittilgung zurückzahlen. Mit schweren Bulldozern, Planierraupen und Baggern läßt er keinen Kiesel auf dem anderen. Sein gesamtes Flußufer wird durch das Rüttelsieb geschickt, wobei erst die unterste Schicht, fünfzehn Meter unter der Oberfläche, den Aufwand lohnt. Hier findet man pro Kubikmeter Kies je ein Gramm Gold. Das ist im Durchschnitt nicht viel. Dort aber, wo der Fluß über den Felsuntergrund geflossen ist, bildeten sich in Strudeltöpfen die begehrten Goldlager. Schon ein einziger, großer, randvoll gefüllter Strudeltopf kann den Schweden reich machen. Bisher sind die Strudeltöpfe leer gewesen.

Nach seinen Berechnungen müßte er nach weiteren erfolgreichen sieben Monaten seine Bankschulden getilgt haben und dann für sich arbeiten können. Ob nach dieser Zeit überhaupt noch etwas zum Schürfen vorhanden ist, weiß er nicht. »Goldsuchen ist Glückssache.« meint er strahlend. Wir wünschen es ihm. Der Schwede ist einer der vielen Menschen, die uns freundlich gesinnt aufnehmen und ehrlich an unseren Geschichten interessiert sind. Er hebt sich durch seine markante Persönlichkeit weit heraus. Wir erinnern uns gern an ihn zurück.

Je näher wir dem nächsten großen Ort kommen, desto mehr Schwimmer überholen uns zum Feierabend. Mit Luftsäcken aus Tierhäuten oder Plastiksäcken vor dem Bauch, gefüllt mit ihrer Habe, und der Spitzhacke in der Hand, geht es nach Hause. Dabei müssen sie aufpassen, daß ihnen die Hacke kein Loch in den Luftsack sticht. Jeden Morgen sehen wir sie in kleinen Gruppen am Ufer stromauf wandern. Sie sind schnell, da sie die Flußwindungen zu Fuß über die Felsen abkürzen können. In die engen Schluchten kommen auch sie nur am oberen Eingang hinein. Sie lassen sich zu den ausgekolkten Stellen am Ufer treiben und schürfen so lange, bis sie genug Gold beisammen haben. Ist nach mehreren Tagen das Essen alle, wird einer von ihnen flußabwärts geschickt, Lebensmittel holen. Damit läuft er über die Berge zum oberen Eingang zurück, schwimmt zu seinen Kollegen hinab und versorgt alle. Erst wenn genügend Gold im Gürtel ist, geht es nach Hause.

Die meisten Goldsucher haben große Angst vor dem Wasser, was man ihnen aber nicht anmerkt. Bei ihrer Flußkenntnis wissen sie meist genau, wo die günstigste Durchfahrt ist und wo man unbedingt außen herum über die Felsen klettern muß oder abkürzen kann.

Als wir sie fragen, wie weit es noch bis Guanay ist, meint einer:
»Nicht mehr weit, nur noch zwanzig Minuten!«
Danach schwingt er sich wieder in die Fluten. Das gibt uns Auftrieb. Konkrete Vorstellungen von reichlichem Essen und ameisen-
freien Nachtlagern stellen sich ein. Bis zur Dunkelheit sind es noch
vier Stunden. Heute abend möchten wir im Restaurant sitzen und ein
großes Milanesa, ein Schnitzel, essen. Dann hätten wir Glück gehabt.
Das Essen ist nämlich gerade alle.

Am Abend sitzen wir immer noch im Boot. Wir paddeln und treideln
in die Nacht hinein. Noch immer sind keine Lichter der Stadt zu sehen. Nachdem ich beim Vorausfahren zwischen dunkelgrauen Wasserwänden und hellgrauen Brechern auf einen riesigen Stein gefahren
bin, den man im Hellen unmöglich übersehen hätte, brechen wir ab.
Ohne Abendbrot, mit Resten aufgeweichter Haferflocken und
flußwasserbraunem Zucker wird uns unsere Langsamkeit so richtig
bewußt. Nur noch zwanzig Minuten? Von wegen! Am Morgen gibt es
nur noch Tee, dann ist das Trinkwasser auch alle. Irgendwie sind wir
am Ende. Die Stimmung will nicht besser werden. Wovon auch?

Die Luftsackschwimmer sind mit ihren Abkürzungen viel schneller
als wir. Wir bewundern ihren Mut, können die meisten doch ohne
den Luftsack gar nicht schwimmen. Daß nicht alle zu Hause ankommen, gehört dazu.

Dies ist hier nicht die einzige Möglichkeit, zu Tode zu kommen.
Eine Wasserleiche schwimmt an Axel vorbei. Vom Boot aus kann er
zusehen, wie die Truthahngeier auf dem leblosen Körper sitzen und
ihre Schnäbel in dem Rücken des Mannes vergraben. Bevor Axel
diesen Anblick verkraftet hat, fährt er in den kommenden Schwall
und kentert prompt. Es sieht auch nicht gut für ihn aus, da die Stromschnelle noch längst nicht zu Ende ist und wir beiden anderen mit
uns selber genug zu tun haben. Axel schwimmt mit dem Gedanken,
jeden Augenblick mit der Leiche unter Wasser zusammenzustoßen.
Eine Walze greift ihn und läßt ihn nicht wieder frei. Mehrmals dreht
sie Boot und Fahrer herum. Axel wird die Luft knapp, bis er unter
dem Sog heraustauchen kann. Dazu hat er vorher alles Behindernde
von sich gerissen. Sein geliebter australischer Känguruhlederhut und
die Spritzdecke sind weg. Er ist außer sich. Das ging ihm zu weit.

»Noch einmal schlucke ich kein Leichenwasser! Hier fahre ich kein
Stück weiter!« erklärt er beim Auskippen des Bootes. Kein Zureden
hilft. Die nächsten hohen Wellen sind ja auch schon wieder in Sicht-

weite. Er verabschiedet sich von uns, läßt sein Boot am Ufer zurück und verschwindet hinter den nächsten Felsen. Essen ist sowieso nicht mehr aufzuteilen.

»Hätten wir den Toten fotografieren sollen? Das glaubt uns doch sonst keiner!« grübelt Peter. Ein wenig später, sinniert er erleichtert: »Wir kommen ja noch zu den Kokainschmugglern, zu den Flußpiraten und nach Araras, der Stadt der Gesetzlosen. Da wird sich schon noch etwas machen lassen. Heute ist sowieso kein gutes Licht zum Fotografieren.«

»Auf wieviel Leichen hoffst du denn noch?«

Peter zuckt mit den Schultern.

Ich brauche noch einen Augenblick, um die weiterhin günstigen Aussichten auf die Reste blutrünstiger Fehden zu verkraften. Sicher, wir hatten vorher ungefähr gewußt, was alles geschehen könnte. Wenn es dann wirklich passiert, ist es eine andere Sache.

Froh über die immer noch günstigen Chancen, zu authentischen Bildern von hoffentlich besser belichteten Leichen zu gelangen, wendet sich Peter praktischeren Problemen zu.

»Willst du jetzt etwa auf Axel warten?« wechselt er das Thema. »In Guanay werden wir ihn ganz sicher treffen und wenn nicht, können wir ihn immer noch suchen.«

Wir sind sicher, Axel gut genug zu kennen, so wie er uns auch. Er wird schon nicht verhungern, und zu Fuß oder auf dem Fluß, bergab geht es nur durch die nächste Stadt.

Am folgenden Tag treffen wir ihn auf der ersten und zugleich letzten Straßenbrücke der Reise, von der aus er uns in Guanay begrüßt. Kurz zuvor hatte er uns im Boot des Schweden überholt. Zur Begrüßung muß er gleich die Fortsetzung der Goldgräbergeschichte unseres Freundes erzählen.

»Ich habe im Gold gewühlt, mit beiden Händen im Gold! Könnt ihr euch das vorstellen?« Axel überschlägt sich fast. Er macht ein Gesicht wie Dagobert Duck beim Zählen seiner Taler. Die Goldwäscherei des Schweden hat es ihm angetan. Bei soviel Überschwang der Gefühle verwundert uns, daß Axel nicht gleich dort geblieben ist. War es Anhänglichkeit zu uns oder die Angst, seßhaft werden zu müssen?

»Hättest du mir vor ein paar Tagen die Pfanne gegeben, könnte ich den Claim vom Schweden kaufen. Dann würde ich dir sogar ein Nugget abgeben!« lästert Peter.

»Das hätte ich beim Schweden auch kriegen können.«

Die Siebanlage beim Schweden trennt in vier Stufen das taube Gestein von den mit Gold versetzten Brocken und den Goldplättchen. Wenn die Siebe voll sind, glänzen Schätze wie im Märchenbuch, schwärmt Axel. Die Siebe sind mit schweren Vorhängeschlössern gesichert. Außerdem wacht ein Bewaffneter rund um die Uhr auf der Anlage. Der Schwede war so gut drauf, daß er Axel sogar anbot, er könne sich ruhig aus der letzten Fraktur, dem mit Goldplättchen vermischten Kies, ein paar Pfannen herauswaschen. Axel lehnte ab. Das ist kein ehrlich gewaschenes Gold, wenn man es am Ende der Siebanlage heraussucht.

Als Axel uns am Fluß verließ, entschied er sich zurückzugehen, und den Schweden um Hilfe zu bitten. Der ließ bereitwillig Axels Paddelboot durch seine Leute abholen und wunderte sich über die Geschichte von dem Toten überhaupt nicht.

»Hier am Tipuany wird jeden Tag einer erschossen. Einmal pro Woche treibt ein Toter bei mir am Camp vorbei. Von den anderen hört man nur. Der Grund sind meist Streitereien unter besoffenen Goldsuchern um den Anteil. Der Tote, den du gesehen hast, hat auf einem fremden Claim geschürft.«

Für den Schweden ist das ein Normalzustand. Wenn er seine Goldladung zur Bank nach La Paz fährt, hat er auch eine schwerbewaffnete Truppe im Auto mit. Sicher ist sicher.

KAPITEL FÜNF

Von Rochen und Moskitos gestochen

Der Fluß hat sich allmählich von den hohen Bergen verabschiedet. In Guanay sind wir keine sechshundert Meter mehr über dem Meeresspiegel. In dem weiten Tal, wo die Flüsse Rio Tipuany, Rio Mapiri und Rio Coroico zusammenfließen, ist für das Wachstum der als Goldgräberstadt gegründeten Siedlung Platz genug. Goldhandel und die Versorgung der Goldgräber sind in den Vordergrund gerückt und haben für einen Aufschwung gesorgt. Eine Straße und regelmäßig verkehrende Motorboote stellen die Verbindung zum Amazonastiefland her. Wir sind in eine zivilisierte Gegend gekommen. Guanay hat einen bedeutenden Markt und massenhaft Geschäfte. Neben der Werbung für ihre Angebote als Schreibwarenladen, Telefonzentrale oder Friseur prangt an allen das viel größere Schild des Haupterwerbs ›COMPRO ORO, Goldankauf‹. Unter fast allen Schildern findet man den Zusatz ›PAGO MAS, Ich bezahle mehr‹. Der Goldpreis diktiert das Leben in Guanay. Die Leute sind freundlich und drängen sich uns nicht auf.

Über die Straße kommen Autos in die Stadt. Für uns ehemalige Tramper erscheint es wie im Paradies. Die Autos fahren mit Schildern ihres Fahrtzieles so lange durch die Stadt, bis genügend Mitfahrer beisammen sind. Selbstverständlich muß man als Tramper dann auch einen geringen Preis bezahlen.

Die Stadtverwaltung wechselt sich mit den unterschiedlichen, aber in jedem Fall sehr emsigen Sekten der Evangelicos in der Organisation von Tanzabenden und Kirchenfesten gegenseitig ab. Ohne dies zu beachten, haben wir zufällig eine Unterkunft gefunden, die dem nächtlichen Lärm, der drei- bis viermal pro Woche auf die Stadt eindröhnt, halbwegs abgewandt ist. Wenn gefeiert wird, dann richtig. Erst kurz vor der Morgendämmerung, gegen halb fünf, ist Schluß.

Die Boote parken wir im kleinen Innenhof der Unterkunft, der von einem großen bunten Papagei beherrscht wird. Hier können wir unsere Sachen trocknen sowie Schlamm und Goldstaub aus den Haaren waschen. Nach der grenzenlosen Freiheit am Fluß verlangt uns die Enge eines Drei-Bett-Zimmers einiges ab. Peter kann sich am schwersten anpassen. Der große, hoteleigene Papagei macht ihm die Eingewöhnung nicht leichter. Mit Vorliebe ahmt er das Jammern des kleinen blonden Jungen der Herbergsmutter nach. Wenn der Kleine mal nicht flennt, fehlt dem Papagei etwas und er eifert seinen kleinen Freund mit großer Anhänglichkeit und penetranter Ausdauer täuschend ähnlich nach. Peter könnte bei diesem krächzenden Jammern jedesmal auf die nächste Palme steigen.

Bei einer späteren Begegnung mit einem anderen zivilisierten Papagei hätte Peter das arme Tier vor Wut fast gebraten. Dieser Papagei lebte im Kinderzimmer unserer Gastfamilie, in dem wir schlafen sollten. Der Vogel hatte sich so stark mit einem an einer Leine fliegenden Spielzeughubschrauber angefreundet, daß er ab fünf Uhr früh dessen Motorengeschnarre und Maschinengewehrrattern nachahmte.

Für mich sind Papageien neu und deshalb interessant, für Peter aber Grund genug, nicht länger als nötig in deren Nähe zu bleiben.

Wir verbringen viel Zeit damit, die Boote auseinanderzunehmen, zu reparieren und unsere Ausrüstung zu minimieren. Das vereinfacht sich dadurch, daß alles, was durch das Wasser aufgeweicht und unbrauchbar wurde, entbehrlich ist. Damit haben wir ein klares Kriterium. Auf diese Weise wird auch die Medizintasche um vieles kleiner. Lediglich Axels gewässerten Fotoapparat werfen wir nicht gleich weg. Nach zwei Tagen auf einem Blechdach in der prallen Sonne ist die Elektronik wieder funktionsbereit. Ob sie jedoch richtig funktioniert, ist natürlich hier nicht zu überprüfen. Das wird man erst an den Bildern zu Hause sehen.

Für die kommenden Strecken im Dschungel ergänzen wir unsere Ausrüstung, auch wenn dadurch das Bootsgewicht wieder zunimmt. Jeder hat nun eine Hängematte, ein Moskitonetz und eine Machete. Die Machete ist meine größte Sorge. Wie transportiert man dieses große scharfe Messer im Boot, ohne sich selbst oder in das Boot ein Loch zu schneiden? Man kann Macheten mit Köcher kaufen, aber nur kleine. Ohne eine gute Idee schiebe ich sie erst einmal unters Bett.

Viel kritischer erscheint uns das Problem, daß wir keine Regenplanen bekommen. Alle benutzen diese blauen Plastikplanen, aber ausgerechnet jetzt gibt es keine zu kaufen. Wir machen uns richtig Sorgen. Mitten im Urwald könnten die Bäume so eng stehen, daß für unser Zelt kein Platz ist. Wir würden in den Hängematten liegen und dem wie aus Kübeln schüttenden Tropenregen schutzlos ausgeliefert sein. In Guanay kommen wir noch nicht auf den Gedanken, uns zu fragen, warum wir die einzigen sind, die Regenplanen kaufen wollen.

Auf dem Markt versucht uns wieder einer auszuhorchen.

»Für welche Firma arbeitet ihr denn?«

»Wir suchen kein Gold. Wir paddeln aus Spaß hierlang.«

»?«

»Ja! Wir kommen vom Titicacasee und wollen zum Amazonas, vielleicht bis zum Atlantik.«

»Der See liegt doch ganz oben, hinter den Bergen. Davon habe ich schon einmal gehört. Und jetzt wollt ihr auf dem Fluß weiter?«

Er ist der letzte, der vom Titicacasee schon etwas gehört hat. Später haben wir keinen mehr getroffen, der den Ausgangspunkt unserer Fahrt kannte.

»Nehmt euch vor den großen Stromschnellen in acht. In der mit dem Namen Retama zerschellen regelmäßig große Motorboote an dem markanten Felsen mitten in der Stromzunge. Dabei sind schon viele ertrunken. Bei den anderen, Nube, Carnaval und Cusali könnt ihr vielleicht Glück haben und überleben. Aber eine von den vieren kriegt euch bestimmt.«.

»So schlimm wird es nicht sein. Der Rio Tipuany war bis hierher ja auch nicht ganz ohne. Wir haben es trotzdem geschafft!«

»Ja, aber ab Guanay ist viel mehr Wasser im Fluß. Ihr könnt nicht mehr so schnell anhalten. Es ist besser, ich fahre euch mit meinem Motorboot wenigstens über die vier Stromschnellen.«

Ob er uns das aus Nächstenliebe oder nur aus Geschäftssinn anbietet, ist nicht sicher.

Das Packen und Einsteigen am Flußhafen von Guanay entpuppt sich als Härtetest für die Nase. Hier schwimmen der gesamte Müll und die Abwässer des Ortes am Ufer entlang. Wir müssen von den angelegten Kanus und Motorbooten aus einsteigen. Sofort kommt die ganze neugierige Kinderschar vom Land ebenfalls auf die Kanus. Bei soviel Gewicht gehen diese fast unter. Jedenfalls packen wir um die Wette, um nicht in der Jauche stehen zu müssen. Unseren Zuschauern scheint das egal zu sein.

Meine Machete klemmt im Bootswagen hinten auf dem Verdeck. So ein gutes Provisorium wird nicht mehr geändert.

Hinter dem Ort haben wir unsere Ruhe. In langgezogenen, hohen Wellen fließt das braungraue Wasser in dem deutlich breiter gewordenen Flußbett. Solange sie sich nicht brechen, ist uns ihre Höhe fast egal. Wir können oft ohne Spritzdecke fahren. Bei den hohen Temperaturen ist das sehr angenehm.

Am nächsten Rastplatz schon bemerken wir einen unangenehmen Unterschied zur vorherigen Strecke. Mit Zurücktreten der Felsen fehlen die kleinen Bäche und Wasserfälle. Die breiteren Zuflüsse bringen meist kein klares Wasser mit, so daß wir nun ständig auf Trinkwassersuche sind.

Ein neues, für uns völlig unbekanntes Phänomen ist das laute Fließgeräusch des Flusses, besonders über Sandbänken. Axel fährt voraus. Der Fluß ist breit, kein Hindernis zu sehen. Plötzlich hört er auf zu paddeln, stutzt und reißt die Arme überkreuz hoch. Höchste Gefahr! Das ist das Zeichen für Peter und mich, sofort ans Ufer zu fahren. So schnell sind wir natürlich nicht drüben, dazu ist das Ufer zu weit entfernt. Unversehens treiben wir ebenfalls über die Stelle, an der Axel sein Zeichen gegeben hat. Er ist uns immer noch voraus, nichts ist passiert. Plötzlich zischt es in meinem Boot. Wenn ich nicht genau wüßte, daß die letzte Colaflasche längst leer ist, würde ich denken, daß gerade eine geplatzt ist und nun die Flüssigkeit durch einen schmalen Spalt herausspritzt. Ich sehe es schon fast vor mir. Oder ist da gar ein Riß in der Bootshaut? Auch Peter senkt den Kopf und lauscht gebannt in sein Boot. Kein Zweifel, das Geräusch kommt aus den Booten. Das Zischen und Rauschen vergeht so plötzlich, wie gekommen ist. Bei nächster Gelegenheit untersuchen wir die Ursache. Dort, wo der Fluß mit hoher Geschwindigkeit die Steine bergab transportiert, sie rollt und unaufhörlich umwälzt, ist das Geräusch am stärksten. Wer dort im Wasser steht, kommt mit blutigen Schienbeinen wieder heraus. Wie Fußbälle schlägt das Geröll an die Beine.

An vielen Stellen stemmen sich mächtige Felsen dem Fluß entgegen. Zwischen ihnen wird das Wasser zu beeindruckenden Schwällen zusammengepreßt. So erkennt man auch die berüchtigte Stromschnelle Retama von weitem an dem starken Rauschen, das durch die verwirbelten Wassermassen entsteht. Der Felsen in ihrer Mitte scheint jedes Boot wie ein Magnet anzuziehen. Wer es schafft, dicht an dessen Seite vorbeizukommen, findet sich dahinter in einem fürchterlichen Strudel wieder.

Leider ergeben sich dort und bei den meisten anderen Stromschnellen keine Gelegenheiten zum Rutschenbauen. Sie sind zu lang, deshalb müssen wir oft treideln. Axel hat nach sechs Kenterungen die Nase gestrichen voll vom Wildwasser. Er treidelt bei jeder Gelegenheit. Da hilft auch nicht, daß Peter und ich mit offener Spritzdecke vorausfahren und ihm zeigen, wie sicher die ausgewählte Fahrroute ist. Axel müßte sich erst einmal vom Wildwasser entspannen, nur gibt es dazu keine Gelegenheit.

Als Peter und ich wieder einmal unterhalb einer Stromschnelle auf Axel warten, dauert es ewig. Wir kennen das schon. Jeder paddelt ein bißchen im Kehrwasser herum oder erholt sich im Schatten eines großen Steines. Davon gibt es hier genug. Die Steine im Uferwasser sind so groß, daß man sich problemlos mit seinem Boot dahinter verstecken kann. Damit man von den anderen gefunden wird, stellt man sein Paddel senkrecht. Das obere Ende ragt meist über die Steine hinaus und ist von fern erkennbar. So warten wir auf unseren dritten Mann. Er kommt nicht.

Die Hitze wirkt sich aus. Seit einer Weile sind wir aufeinander sauer. Axel auf uns, daß wir ihm beim Treideln nicht helfen und wir, weil er sich nicht zusammenreißen kann und fährt. Er kommt noch immer nicht. Ungeduldig und verärgert klettere ich über die Felsen ans Ufer und suche Axel. Oberhalb der eigentlichen Stromschnelle hockt er am Ufer und schaut mich verstört und etwas hilflos an.

»Wieso kommt denn keiner?« faucht er. »Ich habe doch um Hilfe gebrüllt!«

»Was ist denn los, warum sitzt du hier 'rum?« entgegne ich ziemlich ungerührt. »Deinen Hilferuf habe ich nicht gehört.«

»Sieh dir mal das an. Das war ein Stachelrochen!«

Mit sorgenvoller Stimme hält er seine rechte Ferse hoch. Ein tiefer Schnitt klafft auf.

»Ich bin gleich betäubt umgefallen. Danach habe ich den größten Teil des Stachels schon herausgezogen! Jetzt sind nur noch einige kleine Reste des zersplitterten Stachels im Fuß.«

Axel ist barfuß beim Treideln im trüben Wasser auf einen Rochen getreten, der sich mit seinem stachelbewehrten Schwanz verteidigt hat. Dummerweise ist der Stachel abgebrochen. Die Wunde entzündet sich sofort und erzeugt eine kurzzeitige Lähmung. Axel hat Glück, daß die Rochen hier in den schnell strömenden Flüssen nicht groß werden.

Die restlichen Splitter will er noch schnell entfernen. Wie ein Schlächter polkt er hemmungslos mit seinem vom Wurstschneiden her nicht gerade sterilen Fahrtenmesser in der offenen Wunde herum. Das Blut fließt.

Nach einiger Zeit meint er, nun sei fast alles erledigt. Der Rest müsse eben herauseitern. Das macht er sonst auch so. Leider war es das erste Mal mit einem Stückchen Rochenstachel. Der Stachel hat

Widerhaken, die ein Herausrutschen verhindern. Im Gegenteil, die Schmerzen nehmen zu. Jeder Schritt drückt die verbliebenen Bruchstücke tiefer in die Ferse hinein. Zwei Monate später kündigte Axel eine ›Fersenamputation‹ an, verschwand für mehrere Stunden mit Messer und Pinzette und kam stachelfrei zurück.

Wir hätten nicht gedacht, schon in den Stromschnellen der Andenausläufer auf diese urzeitlichen Tiere zu treffen. Beim weiteren Suchen findet Peter, natürlich er - wer sonst, die Säge eines Sägefischs. Eine kleine Art lebt auch hier. Diese Tiere waren schon da, als der Amazonas noch in die andere Richtung in den Pazifik floß und Südamerika ein Teil Afrikas war.

Mit der offenen Wunde am Fuß benutzt Axel nun seine Latschen im Wasser. Während ich grundsätzlich nur mit Schuhen fahre, verläßt sich Peter weiter auf sein Glück und behält es.

Je tiefer wir kommen, desto breiter wird der Fluß. Die Geröllbänke zu beiden Seiten sind längst so breit, daß wir abends die Boote und das Gepäck nicht mehr zum Lagerplatz an das eigentliche hohe Ufer tragen wollen. Auf dem Geröll schläft es sich schlecht. Man kann die Steine wenden wie man will, sie bleiben rund und hart. Noch nie bin ich mit derart kräftig blauen Flecken an Schultern und Becken aufgewacht. Sehnsuchtsvoll stelle ich mir einen friedlichen Urwaldfluß vor, an dessen Ufern die Bäume zum Aufspannen der Hängematten einladen. Muß ein weiches Bett schön sein! Der Landkarte nach kommen wir bald aus dem Geröll heraus. Aber jeden Morgen sehe ich wieder und wieder mit schmerzendem Körper auf dieselbe längst bekannte Karte und hoffe auf den folgenden Tag.

Außerdem kann das Lagern auf den Geröllbänken gefährlich werden. In Guanay nämlich hatte man uns vor den plötzlichen Hochwassern gewarnt. In der Stadt kann der Pegel um zehn Meter steigen. Die ganze Stadt steht dann unter Wasser. Wir nehmen immer noch an, daß es täglich stark regnen könne, schließlich sind wir bald im tropischen Regenwald. So liegt es sich nicht besonders ruhig und sicher neben dem Fluß. Noch beim Einschlafen grübelt jeder, ob eine Wolke im Quellgebiet der Flüsse den Wasserstand so deutlich anheben kann, daß wir mit unseren Siebensachen einfach vom Schlafplatz gespült werden könnten. Die Anstrengungen des Tages machen dagegen so apathisch, daß uns die Sorge um das Hochwasser nicht den Schlaf vertreibt.

An manchen Stellen sehen die Goldsucher ganz anders aus, als die vom oberen Rio Tipuany. Wir kommen mit ihnen ins Gespräch und stellen fest, daß es Russen sind. Die meisten haben einen Vierjahresvertrag und kommen direkt von den Goldfeldern Sibiriens.

»Hier ist es immer schön warm«, preisen sie ihr Schicksal.

Wo die Russen ihren Abraum lagern, sind meist richtige Zeltplätze aus den einheitlich blauen Plastikplanen der bolivianischen Goldsucher.

»Die Russen waschen nicht ordentlich.« erklärt einer. »Die nehmen bloß das grobe Gold, das schnell zu gewinnen ist. Wir brauchen nur deren Schlamm durchzusieben, dann haben wir mehr Gold als vom Flußufer.«

Russen sind keine normalen Gringos. Sie sind Konkurrenz unter gleich armen Proleten.

Trotz Landkarte überrascht uns die Mündung in den Rio Beni. Unser Fluß verzweigt in mehrere Arme, wird immer flacher und breiter. Plötzlich ändert sich die Wasserfarbe in ein helleres Grau. Wir sind auf dem Rio Beni! Im Vorausfahren werfe ich jubelnd mein Paddel weg, was die anderen als besonders schlimmes Warnzeichen interpretieren und hastig umdrehen wollen. Es steht nicht zum besten mit unseren Nerven.

Ein wichtiges Stück ist geschafft, das Wildwasser ist zu Ende. Am Abend wird uns klar, wogegen wir es eingetauscht haben. Die Moskitos kommen. Eigentlich sind sie ja nur Mücken. Jedenfalls sind sie nicht größer und nicht blutrünstiger als zu Hause auch. Aber hier heißen sie eben Moskitos, was auch viel eindrucksvoller klingt. Deshalb reden wir weiter unter uns von Mücken, aber in der Unterhaltung mit Fremden, also mit nicht eingeweihten Personen, nennen wir sie Ehrfurcht einfordernd Moskitos. Zusätzlich bekommt die Stimme dabei einen drohenden Unterton.

Nur in einem Punkt unterscheiden sich die Moskitos wesentlich von den Mücken zu Hause. Hier übertragen sie Malaria, die tödlich verlaufen kann. Zu allem Überfluß wird unser Reisegebiet von den Tropenmedizinern in die schlimmste Kategorie eingestuft. Alle vier Arten von Malaria kommen hier vor. Hinzu kommt, daß die Erreger gegen die bekannten Mittel zur Prophylaxe immun geworden sind. Deshalb haben wir sehr starke Medikamente mit, die eigentlich zur Therapie entwickelt wurden. Entsprechend kräftige Nebenwirkungen sind mit Sicherheit zu erwarten. Nach Impfplan hätten wir schon längst mit der Einnahme der Medikamente beginnen sollen, wenn wir es wegen der Nebenwirkungen nicht immer wieder verschoben hätten. Beim Wildwasserfahren muß man fit sein. Da setzt man sich nicht freiwillig Kopfschmerzen und Schwindelgefühlen aus. Axel und Peter sehen noch einen weiteren Grund. Die Resistenzen der Malariaerreger gehen zum Teil auf den ungehemmten Gebrauch der Prophylaxemittel durch Touristen zurück. Die Einheimischen sind in der Regel viel zu arm, um ständig Medikamente für den Alltag zu kaufen. Nur den reichen Touristen verschreibt der Arzt zu Hause in wohlgemeinter Absicht ein möglichst sicher wirkendes Mittel. Der Tourist trainiert damit die Erreger und macht sie unempfindlich gegen das Medikament. Die Einheimischen haben den Schaden, denn die preiswerten Mittel helfen nun nicht mehr. Wir beschließen, keine Prophylaxemittel einzunehmen und unsere Moskitonetze zu benutzen. Der sicherste Malariaschutz bleibt, sich nicht stechen zu lassen. Sollte es doch einen von uns treffen, dann haben wir genug Medizin für zwei Kuren dabei. Das müßte reichen. Wir werden ja nicht gleich alle drei krank werden.

An einer Bananenpflanzung beschließen wir, den Tag zu beenden. Wir fragen in einer Hütte, ob es daneben eine Schlafstelle für uns gibt. Heute haben wir ganz großes Glück. Obwohl die Frau mit ihren Kindern allein ist, der Mann sei auf der Jagd, dürfen wir bleiben. Bei dem hier vorherrschenden strengen Patriarchat läßt uns soviel weibliche Selbständigkeit erstaunen. Neben der Hütte befindet sich ein offener Unterstand, in den wir unsere Hängematten und die Moskitonetze hineinhängen können, um den vorletzten Regen der nächsten Monate trocken zu überstehen. Bloß das wußten wir dort noch nicht.

Axel und Peter haben ihre Matten längst akkurat gespannt, als ich mit dem Fitz von Leinen und Abspannungen aufgebe. Für mich ist heute Hängemattenpremiere. Wozu bin ich denn mit weitgereisten und erfahrenen Freunden unterwegs? Gönnerhaft überbieten sich die beiden prompt im Aufspannen meines Schlafplatzes. Sie knüpfen einen speziellen Hängemattenknoten und spannen die Matte im richtigen Bogen, damit ich gut schlafe. Bald ist mir klar, wie oft ich das noch üben muß. Trotzdem ist eine gut gespannte Hängematte noch keine Garantie für eine gemütliche Nachtruhe. Schlafen in Hängematten muß man trainieren, zum Beispiel, um sich beim Umdrehen nicht selbst hinauszuwerfen.

Wir bekommen eine Ananas und ein Bündel Bananen geschenkt.

Wenn sich das noch steigert, sind wir bald im Paradies. Die Hochstimmung erhält einen Dämpfer, gleich nach dem ersten Biß in die Bananen. Die heißen hier Platanos und sehen nur wie Bananen aus. Sie dienen als Kartoffelersatz, nur daß sie eben krumm sind und sich viel leichter schälen lassen.

Bei der Verabschiedung unterhalten wir uns über Moskitos und Malaria. Malaria gäbe es hier nicht, meint die Frau stolz. Und die Moskitos seien nicht der Rede wert.

»Aber weiter unten, da wird es erst schlimm!«

Bedauernd schaut sie uns nach.

Dieser Meinung schlossen sich später so viele Bewohner der Flußufer an, daß wir schon aus Spaß fragten. Immer die gleiche Antwort, ›Weiter unten wird es noch viel schlimmer‹. Erst im Mündungsdelta am Atlantik hört die Moskitoplage auf. Moskitos mögen den ständigen Seewind nicht.

Der Rio Beni fließt durch eine offene Flußlandschaft, die in der Ferne von den Ausläufern der Anden begrenzt wird. Schäfchenwolken am Himmel begleiten uns durch das schöne Tal. Wenn nur die ewigen Mäander nicht wären, dazu kommen die vielen Sandbänke, die das Wasser aufteilen und scheinbar versickern lassen. Es dauert eine Weile, bis wir ein Gespür dafür bekommen, wohin die Hauptströmung fließt. Meist läuft sie mit einem kleinen Schwall über eine Sandbank. Danach sitzt man einen halben Meter tiefer in einem Flußbett, das sich bei der nächstbesten Gelegenheit wieder aufteilt. Regelrecht gemein sind Flußarme, die unter einem Gewirr von Treibholz verschwinden. Da kommen wir nicht durch und müssen umkehren. So vergehen Tage. Ohne Eile genießen wir die Gleichmäßigkeit des Ungewissen. Gelegentlich paddeln wir an imposanten roten Sandsteinufern vorbei. Vögel haben sich in kleinen Höhlen eingenistet. Rosafarbene Reiher stehen am Ufer. Wir sehen keinen Menschen.

Vor Rurrenabaque durchschneidet der Rio Beni den letzten Gebirgsriegel. Danach erstreckt sich das Tiefland. Beim Näherkommen erkennt man die schroffen Felsen des Durchbruchs. Wer noch eine hat, spannt die Spritzdecke. Verbissen rutscht Axel tief in sein Boot hinein. Der Fluß fließt direkt auf ein Felsentor zu. Während wir diskutieren, ob wir uns vielleicht zuviel vorgenommen haben, treibt uns die Strömung weiter heran. So schlimm, wie von fern betrachtet, ist es nicht. Die Einfahrt besteht aus über hundert Meter hohen, zu beiden Seiten senkrecht aus dem Wasser aufragenden Felsen, hinter denen sich ein gewundener Cañon anschließt. Die Berge beiderseits sind so hoch, daß sich die tiefhängenden Wolken in ihnen verfangen. Eine düstere, beeindruckende Stimmung ergreift uns. Der Fluß strömt ruhig. Gelegentliche Wellen und vagabundierende ›Mörderstrudel‹ schocken uns nicht mehr. Wir fahren ein und erleben den gewaltigsten Durchbruch der gesamten Reise. In den grauen Felswänden sind die Auswaschungen so groß, daß man sie von nahem gar nicht als solche erkennt. Bei Hochwasser muß hier eine Gewalt herrschen! Felsnasen, Löcher und Höhlen sind bis zur Wolkengrenze zu sehen. Lianen und Farne bewachsen die Risse in den senkrechten und überhängenden Wänden. Langsam lassen wir uns treiben, um nichts zu verpassen. Hinter dem ersten Durchbruch öffnet sich das Tal. Fischerhütten und Platanosplantagen stehen am Ufer. Sollte die unberührte Natur schon vorbei sein?

Einmal noch verengen sich die Berge. Die letzte Schlucht vor der Amazonasebene beeindruckt uns wie die vorherige. Der breite Cañon strahlt eine ewige Ruhe aus. Kristallklare Wasserfälle ziehen sich an entfernt blinkenden Felsen kaum vernehmbar rauschend hinab. Ein Schwarm kleiner Papageien fliegt in den senkrechten Wänden umher. Wie Edelsteine blinkt ihr Gefieder in der durch die Wolken brechenden Sonne. Ein großer blauer Schmetterling setzt sich auf mein Boot.

An einem kleinen Naturstrand halten wir Mittagsrast. Die unerwarteten Eindrücke sind die stärksten.

KAPITEL SECHS

Kleine Stadt am Rande des Dschungels

Bereits das zweite Touristenboot tuckert den Fluß herauf! Der Gedanke, daß man ganz einfach mit Hilfe schnöden Geldes in diese einsame Urwaldlandschaft eindringen kann, stört uns mächtig. Was haben wir uns abgeschunden, den unberührten Urwald zu finden. Man hat eben seine Vorstellungen vom Dschungel. Motorenlärm und Touristenboote gehören jedenfalls nicht dazu. Kurz vor Rurrenabaque ist es leider mit der Einsamkeit vorbei.

Das Boot ist mit etlichen bleichgesichtigen jungen Leuten besetzt. Zwischen ihnen türmen sich bunte Säcke mit Verpflegung, Zelten und Bekleidung. Mit derartiger Ausrüstung würden wir Monate auskommen. Hätten wir nicht ständig vor Augen, daß es auch für uns bald Schnitzel und Bier geben wird, könnte glatt Neid aufkommen. Statt dessen winken wir, weltmännisch und über die Niederungen des gemeinen Touristenlebens erhaben, lässig zurück. Überraschend macht das Boot eine Kurve und fährt zu uns heran. Ein junger Kerl steht auf und legt die Hände zum Trichter an den Mund.

»Beeilt euch, Günter wartet schon!«

Im Nu sind die zweimal fünfundfünfzig Pferdestärken vorbei und lassen uns verdutzt zurück. Ich wundere mich.

»Nanu, der konnte ja deutsch! Woher wußte er denn von uns?«

»So ein Mist«, brummt Axel, »haben wir uns im Datum geirrt?«

Peter zuckt nur mit den Schultern. Er benutzt an seinem streßverbreitenden Zeitmesser längst nur noch die Thermometerfunktion. Axel kramt in seinem Boot und sucht die Uhr.

»Sch …, heute ist der erste Juni, da wollten wir uns mit Günter zum Mittagessen treffen!«

»Was denn, dieser Günter ist gemeint?« frage ich ungläubig zurück.

»Na klar, wer sonst. Kein anderer würde sich sonst mit uns hier treffen!«

Erst jetzt begreife ich, daß der gelegentlich erwähnte Günter auf eine genaue Verabredung hin nach Rurrenabaque gekommen ist. Vor acht Monaten haben sich Axel, Peter und Günter aus Jux am ersten Juni zum Mittagessen im Dschungel verabredet. Günter kommt sogar in eine der entlegensten Ecken Südamerikas, bloß weil er mit der nächsten Runde Bier dran ist. Was muß der Mann für ein Optimist sein!

Nun gilt es, die Ehre von Weltenbummlern zu verteidigen. Wir müssen unbedingt heute noch ankommen. Günter soll keinen Grund haben, überall unsere Verspätung zu verbreiten. Deutsche sind in ganz Südamerika der Inbegriff für Pünktlichkeit. Axel erzählt, daß sogar die US-Botschaft in La Paz bei offiziellen Partys auf die Einladungskärtchen die Uhrzeitangabe mit dem Zusatz ›hora de allemania, deutsche Zeit‹ versieht, um die lieben Gäste zu bitten, so pünktlich zu sein, wie man glaubt, daß es bei Deutschen üblich ist.

Axel und Peter sehen schon die mitleidig grinsenden Urwaldindios vor sich, die in den folgenden Jahren nichts Besseres zu erzählen haben, als die Geschichte von Günter, der aus dem fernen Europa pünktlich erscheint, aber die Paddler die läppische Strecke von La Paz nach Rurrenabaque nicht rechtzeitig schaffen. Haben wir uns etwa beim Paddeln ein wenig der hiesigen Mañana-Mentalität angepaßt?

Wer will sich denn so etwas nachsagen lassen. Aus ist es mit beschaulicher Flußpaddelei. In der nächsten Zeit schinden sich meine beiden Reisepartner an den malerischsten Ufern achtlos und besessen vorbei. Mir bleibt nichts weiter übrig, als den Abstand nicht zu groß werden zu lassen.

Mit energischen Schlägen erreichen wir die Häuser der Stadt. Auf einem wackligen Steg wartet ein kräftiger Kerl, grinsend, scharfe Hakennase im sonnenverbrannten Gesicht, das von dunklen, schulterlangen gewellten Haaren umrahmt wird. Neben ihm stehen drei Bierbüchsen bereit. Hier sitzt Günter J. Wamser.

Von Beruf Flugzeugmechaniker und Fotojournalist, zieht er seit Jahren mit drei Pferden und einem Hund von Feuerland durch ganz Amerika nach Alaska. Seine letzte Etappe verlief durch das ehemalige Kampfgebiet des Berufsrevolutionärs Ché Guevara, der beim Kampf gegen die damalige bolivianische Diktatur umkam. Wie Günter so auf seinem Steg hockt, fehlt ihm nur noch das bekannte Käppi mit dem Stern, um ihn für die Reinkarnation des heutigen Idols der bolivianischen Landbevölkerung zu halten.

Mit seiner auf viele Jahre geplanten Reise verwirklicht Günter seine Lebenseinstellung. Meist läuft er zu Fuß nebenher, denn die Tiere sind für ihn die Reisepartner. Sie sollen sich nicht mehr abmühen als er. Geplant war, mit denselben Tieren in Alaska anzukommen, mit denen Günter in Feuerland gestartet ist. Leider ist ein Pferd in Patagonien abgestürzt und seinen Hund Falko mußte er krank nach Deutschland zurückschicken.

Vor dem gemütlichen Teil des Tages müssen unsere Boote in einem Hotel untergebracht werden. Axel kann nach Wochen kaufmännischer Enthaltsamkeit seine Instinkte voll ausleben. Endlich ein Ort mit vielen, weit verstreuten Hotels, dazu mit hervorragend unterschiedlichen Preisen! Peter bleibt gleich nach dem Aussteigen sitzen. Er hat einen Haufen Gepäck vor sich und soll ›nur mal kurz‹ aufpassen. Mir wird nach einigen hundert Metern Bootswagenschieben in der Mittagssonne einfach schlecht. Ich hocke mich in den kurzen Schatten eines Bretterzauns und überlasse Axel sich selbst. Der nutzt die Chance. Da viele Hotels keinen Platz für unsere Boote anbieten können, ergibt sich erst im letzten Winkel der Stadt, so richtig weit weg vom Fluß, eine äußerst preiswerte Übernachtung für uns. Der besondere Vorteil ist der dazugehörige Familienanschluß. Manchmal wird der Anspruch, volksnah und einfach zu reisen, sehr anstrengend.

Axel sammelt, stolz auf seine Verhandlungskünste und seine erfolgreiche Spürnase, die übriggebliebenen und eingetrockneten Häufchen von Peter und mir wieder ein. Erst Stunden nach dem ersten Zusammentreffen mit Günter sitzen wir endlich zusammen.

In dem kleinen Restaurant des Deutschbrasilianers Heinz klönen wir über das entbehrungsreiche Abenteurerleben. Geschichten über gemeinsame Bekannte werden zum besten gegeben. Wir drei freuen uns, vom Dschungelleben einmal abzuschalten und uns über die Probleme der fernen Zivilisation amüsieren zu können. Erstaunlich, in welch kurzer Zeit man seine Beziehungen zum ›Abendland‹ mit Abstand betrachten und verulken kann.

Mitten in der angeregten Unterhaltung fragt Günter, ob er nicht ein Stück mitkommen kann. Darauf sind wir nicht vorbereitet. Zwar ist es bereits zu dritt schwierig, Kontakt zu den zurückhaltenden Leuten am Ufer zu bekommen, andererseits würden uns ein bißchen Abwechslung und andere Geschichten auch mal guttun. Ohne lange zu überlegen, sind wir einverstanden. Wenn er es wirklich schaffen würde, innerhalb von drei, vier Tagen ein Paddelboot zu organisieren, hätte er seinen selbstgestellten Aufnahmetest bestanden. Wie befürchtet, klappt es nicht. Weit und breit ist kein Paddelboot aufzutreiben, das er kriegen könnte. Nein, nicht mal eines, das er nicht hätte kriegen können.

Woher sollten wir denn wissen, daß für die nächsten Wochen ein Einbaum oder ein Floß sogar geeigneter als ein enges Faltboot gewesen wäre? Die Einheimischen haben doch auch keines.

Eigentlich wollte Günter uns mit seinen Pferden besuchen. Medizinische Bedenken und Verpflegungsprobleme ließen ihn diesen Plan verwerfen. Schließlich findet man im Urwald keine Weide. Selbst ein Tropeninstitut aus Brasilien, das auf Pferde spezialisiert ist, konnte ihm nicht helfen. Nun will er das Amazonasbecken über den bolivianisch-peruanischen Altiplano umgehen. Er erspart sich dabei, extra für Brasilien Portugiesisch lernen zu müssen. Den Regenwald bekommt er in Mittelamerika doch noch zu sehen.

Von Rurre, wie das Städtchen Rurrenabaque von Einheimischen verkürzt gesprochen wird, will Günter schnell zu seinen Tieren, die er vor sechs Monaten bei argentinischen Bauern zur Pflege zurückließ, um seine Vortragsreise aufzunehmen. Ganze anderthalb Jahre dauert die nächste Etappe, bevor er wieder eine Europapause einlegen will.

Zuletzt rückt Günter mit einem Problem heraus. Vielleicht will er deshalb von Rurre lieber mit dem Boot weg. Er braucht lange, um auszusprechen, was ihn bedrückt. Auch Abenteurer haben ihren Stolz.

»Ich fahre nicht noch einmal mit dem Bus durch die Yungas nach La Paz zurück!«

»Wieso denn, diese Fahrt ist doch sehr aufregend!«

»Na eben! Wart ihr schon mal dort? Die Straße windet sich in unendlichen Serpentinen diesen gigantischen Steilhang von den Anden zum Tiefland hinab. Die Kurven sind ja noch das Geringste. Die gesamte Strecke ist in einem gräßlichen Zustand, ohne Leitplanken am Abgrund und oft nicht breiter als der Radstand der Busse. Ab und zu hängt der äußere hintere Zwillingsreifen über dem Abgrund, während die Karosse auf der anderen Seite am Felsen schabt. Und dann noch der Gegenverkehr! Anstatt langsam und vorsichtig zu fahren, rasen diese Kutscher mit südamerikanischem Temperament und Gottvertrauen hinunter, um die Strecke möglichst schnell hinter sich zu bringen.«

»Na und, du hast es doch überlebt. Warum sollte es denn bei der Rückfahrt nicht klappen?«

»Ich bin doch kein Selbstmörder! Wißt ihr, wie viele abgestürzte, zerschellte und ausgebrannte Lastwagen und Busse unten an den Hängen herumliegen? Da ist mir die traumhafte Landschaft völlig egal!«

»Na schön, zurück mußt du doch trotzdem. Wenn du die Abgründe nicht mehr sehen kannst und die Natur dir Wurst ist, dann fahr doch bei Nacht!«

Günter sucht unbedingt irgendeine andere Möglichkeit, wieder sicher und lebendig von hier wegzukommen. Dabei ist er längst nicht der einzige. Zusammen mit etlichen anderen Yungastraßen-Geschädigten findet er nach langen Suchen eine teure Kombination von Flugzeug und Bustransport. Allerdings werden die Straßen durchs Tiefland bei Regen unpassierbar und er bliebe mitten im Busch hängen. Diesen Alptraum trägt er bis zur Abreise mit sich herum.

Der Restaurantbesitzer Heinz ist sicherlich der größte Lebenskünstler in seinem eigenen Lokal. Als Axel und Peter bei ihrer Weltumradlung in Rurre eintrafen, konnten sie in einer alten Hütte bei ihm übernachten. Jeder hoffte, vom anderen zu profitieren. Als die drei feststellten, wie knapp sie auch zu dritt bei Kasse waren und Heinz den Schock überwunden hatte, die ärmsten Touristen der letzten Jahre aufgelesen zu haben, ergriff er die Initiative. In den Suppentopf kam ein geklautes Huhn. Axel und Peter revanchierten sich mit einem Stabparkett aus Tropenholzabfällen des Sägewerks, in dem Heinz arbeitete, um den pfützenübersäten Fußboden in der Hütte von Heinz zu pflastern. Nun konnten sie, trotz Regenzeit, löchrigem Dach und Pfützen zwischen den Parkettstäben, tagelang ungestört auf dem Boden Skat spielen. Das Stabparkett ist bis heute einmalig in Rurre und seit Jahren immer noch Ortsgespräch.

Heinz ist jetzt Anfang Fünfzig, groß, schlank, graublond und sieht immer noch aus wie der Seemann, der er jahrelang war. Sein weiterer Weg führte ihn für fast zwanzig Jahre in die Goldfelder Südamerikas. Aus dieser Zeit rühren seine Einschußnarben her. Bis zu hundertfünfzig Kilometer waren die Goldfunde entfernt, die er zu Fuß durch den Dschungel verfolgte. Dabei blieben Krankheiten und Hunger nicht aus. Um die langen Schichten an den Pumpen und beim Tauchen durchzustehen, ist es üblich, Coca zu kauen oder Pasta zu rauchen. Das zehrt den Körper aus. Achtundzwanzig Mal Malaria, Cholera, Wurmbefall und dazu der regelmäßige Hunger ist die nüchterne Bilanz eines einfachen Goldsucherlebens. Nach dem Goldrausch blieb er als Schiffskapitän auf dem Amazonas, bis ihn das Schicksal ausgiebig beutelte. Nach fehlgeschlagenen Versuchen als Diamantensucher war er wieder einmal dabei, eine neue Existenz aufzubauen, als Axel und Peter kamen.

Heinz ist ein Staatenloser. Da sich seine Eltern in Brasilien nicht um die Formalitäten kümmern konnten, kann er nun weder den deutschen Vater noch seine brasilianische Mutter nachweisen. Regelmäßig muß er sich seine Aufenthaltsgenehmigung neu erkaufen. Er wird nie die Chance haben, eine Rente oder Sozialhilfe von irgendeinem Staat zu erhalten.

Das trübt seine Lebensfreude zum Glück überhaupt nicht. Die bemerkenswerteste Eigenschaft von Heinz ist seine Hilfsbereitschaft. Als wir ihn trafen, verband er gerade einem verunglückten Touristen eine stark eiternde Schürfwunde am Bein, und als wir uns verabschiedeten, reparierte er einem anderen die Zehen.

Kurz vor der Ankunft ergingen sich Axel und Peter in makaberen und teils sehr ernsten und mitfühlenden Befürchtungen über das Schicksal von Heinz, den sie vor sechs Jahren verlassen hatten. Sie waren sich ziemlich sicher, daß er ohne ein Wunder wahrscheinlich verhungert sein müßte, denn allein von der Arbeit im Sägewerk konnte er nicht leben.

Und nun hat er sogar ein eigenes Restaurant. Das Wunder heißt Antje und kommt aus Österreich. Mit für europäische Verhältnisse geringen Geldmitteln, aber mit genauen Kenntnissen des Landes, insbesondere der Schmiergeldgepflogenheiten, haben sich die beiden eine bescheidene Existenz aufgebaut.

Rurrenabaque ist ein Magnet für Europäer und Nordamerikaner, die sich der Versuchung des Auswanderns aussetzen, und im schlimmsten Fall nach ein paar Jahren als weiße Indianer auf einer Sandbank sitzen und Fische angeln. Wer soweit ist, kehrt enttäuscht nach Hause zurück.

Ein Zeitzeuge aus den vierziger Jahren, Hans Helfritz, warnte seine daheimgebliebenen Leser vor Rurrenabaque: ›Das ewig gleichbleibende warme Klima läßt die Europäer sehr leicht in ihrer Energie erschlaffen. Und wenn einer nicht von Anfang an sehr große Willenskraft aufbringt, geht er leicht im gleichmäßigen Einerlei des Tages unter. Er läßt sich gehen, teilnahmslos verliert er jeglichen Drang zum Vorwärtskommen, er bleibt für die andere Welt verloren.‹

Nicht jeder Europäer erschlafft hier. Bei Heinz treffen wir Albert. Er erzählt von seinem Hotel am Berghang und lädt uns ein. Mit mehreren Mopedtaxis jagen wir über eine Urwaldpiste die Berge hoch, unmittelbar hinter Rurre.

Der Ausblick ist phantastisch. Die kleine Stadt ist zweckmäßig in rechtwinklige Straßenkarrees eingeteilt. Aus manchen Hütten zieht der Rauch des Backfeuers. Bäume und Palmen lockern die Gärten und Höfe auf. Unmittelbar hinter Rurre beginnt das Waldmeer. Nur eine schnurgerade Straße deutet die Verbindung mit der übrigen Welt an. Kleine Flüsse blinken in der Abendsonne. Rosa und weiß blühende Bäume, eingebettet in den grünen Teppich des Urwaldes, wechseln sich ab, und darüber treiben die Schäfchenwolken des Passatwindes. Zu beiden Seiten ziehen sich die seichten Wälle der Andenausläufer als deutliche Begrenzung des Urwaldes hin. Soweit, bis sie im Horizont zerfließen. Herrlich, wir bleiben bis zum Sonnenuntergang dort oben sitzen. Die Farben des Waldes verändern sich im Wechselspiel des anstrahlenden Lichts von hellem Gelb zu einem tiefen Orange, bis das Grau der Dämmerung den Dschungel zu einer kompakten, undurchdringlichen Masse werden läßt.

Albert führt das Haus in eigenwilligem Stil. Es ist nämlich offiziell geschlossen und praktisch nur sein Wochenendhaus. Regelmäßig kommt er aus Deutschland, wo er sonst lebt, für einige Monate im Jahr zu sich selbst zu Besuch. Als er das erste Mal vor vielen Jahren in den Ort kam, war er von dieser Fernsicht einfach hingerissen.

Damals hat er viel investiert und das Haus nach historischen Vorbildern aus der Kautschukzeit bauen lassen. Als die angekündigte Tourismusförderung für den Ort auf dem Amtsweg versickerte, wurde Albert zeitweilig zum einzigen Investor im Ort. Alle Begehrlichkeiten richteten sich auf ihn. Das konnte nicht gut gehen. Jetzt ist er jedenfalls mit so ziemlich jedem im Ort verstritten und lebt völlig zurückgezogen. Das Hotelschild ist längst abgeschraubt. Sein offizieller Grund ist Trinkwassermangel.

Für uns Außenstehende klingen seine kleinen Anekdoten aus dem Mikrokosmos des Ortes erheiternd. Für Albert sind das Lebensjahre mit dem bitteren Nachgeschmack verlorener Hoffnungen.

Vor Jahren ließ der Staat einen Brunnen für die hochgelegenen Häuser über Rurre bauen. Mit einhundert Meter Tiefe war er solide geplant. Allerdings machte der felsige Untergrund schnelle Hoffnungen zunichte. Im Verlaufe der weiteren Klärung geeigneten Bohrgerätes verschwanden die Gelder stückchenweise in dunklen Kanälen, so daß der Brunnen zum Schluß nur noch zehn Meter tief wurde. Der Bürgermeister setzte noch einmal alle Hoffnungen auf das Hotel, eine tiefere Bohrung zu finanzieren. Albert hatte jedoch keine Lust, sein Geld dem staatlichen hinterher zu werfen. Deshalb gibt es in der

Trockenzeit kein Trinkwasser aus der Leitung. Die Küche und die sanitären Anlagen des Hotels sind damit nicht benutzbar. In der Regenzeit kommen sowieso keine Gäste, weil die Straßen unpassierbar sind, außerdem kann dann jeder das Regenwasser in Zisternen auffangen. Eine Trinkwasserversorgung nur für die Regenzeit braucht keiner.

Bei einer Epidemie von Kopfläusen wollte er den Kindern helfen und den Eltern zeigen, was man dagegen unternimmt. Nebenbei hoffte er, dem Händler im Ort vorzuführen, wie man die Wirtschaft mit Werbung ankurbelt. Der Händler kaufte Haarwäsche ein, und Albert kaufte ihm einige Flaschen ab, um es kostenlos zu verteilen. Bereitwillig wurde die Hilfe angenommen. Wenn das Waschmittel zu Hause alle war, kamen die Kinder wieder zu ihm. Leider kaufte außer ihm niemand das Haarwaschmittel im Laden. Als das Ergebnis offensichtlich war, stellte Albert seine Verteilung vergnatzt ein. Der Händler mußte die übrigen Flaschen mit Verlust wieder zurückgeben. Die Mütter schoren den Kindern die Haare und die Läuse gingen irgendwann von allein. So, wie sie gekommen waren.

Ähnlich erging es Albert mit seiner Spende für den örtlichen Fußballplatz. Als alle Bälle kaputt und verloren waren, standen beide Mannschaften vor dem Hotel und fragten nach neuen.

»Wenn die heutigen Nachkommen der Tieflandindianer genauso fleißig wären«, damit meint Albert seine Nachbarn, »wie zum Beispiel die Hochlandindianer, dann hätten wir hier längst ein riesiges Umweltschutzproblem. Der Wald wäre genauso abgeholzt wie oben am Titicacasee! Und so haben wir einen romantischen Urwald und sonst nichts.«

Sein Verhältnis zu anderen Einwanderern aus Deutschland ist ebenfalls stark getrübt. Zu oft ist seine Hilfsbereitschaft von denen, die sich der tropischen Lethargie ergeben hatten, schamlos ausgenutzt worden. Verbittert rät er uns:

»Wenn du hier einem einheimischen Deutschen die Hand gibst, zähle danach deine Finger!«

In Rurre hat der zivilisatorische Fortschritt durch das boomende Tourismusgeschäft und die Erdölfunde in der Umgebung eingesetzt. Abends leuchtet elektrisches Licht in den meist aus Stein errichteten Häusern. Das Ortszentrum hat Bürgersteige, und die meisten Häuser sind an ein fortschrittliches Abwassernetz angeschlossen. Leider besteht dieses nur aus offenen Gräben, die wirklich zum Himmel stinken. Die Brühe ergießt sich ungeklärt in den Fluß.

Verwirrend sind viele Straßennamen, die zu Ehren längst vergessener Heldentaten vergangener Putsche und Gegenrevolten. Man benötigt schon eine geraume Zeit, um herauszubekommen, daß die Straße des 25. Mai nach dem Unabhängigkeitstag benannt ist. Aber die Allee des 17. November?

Bei allem Fortschritt ist überall zu merken, daß Demokratie hier viel mehr mit kommerziellen Beziehungen und Emotionen verbunden ist, als man es sich bei uns vorstellt. Bei jedem Regierungswechsel wird der gesamte öffentliche Dienst mit neuen, unerfahrenen Leuten komplett ausgewechselt. Das zieht sich bis zum Briefträger und zur Reinemachefrau durch. Der derzeitige frei gewählte Präsident Hugo Banzer hatte dieses Amt bereits einmal in den siebziger Jahren nach einer typisch lateinamerikanischen Palastrevolution erobert. Zusammen mit dem berüchtigten Nazi Barbie regierte er mit Hilfe einer brutalen Geheimpolizei. Als Auftakt seiner Regierungszeit ließ er gleich alle überflüssigen Politiker des Vorgängerregimes in einen Bus setzen, dessen Bremsen demontiert waren und die Yungas herunterfahren. Die Absturzstelle ist heute mit einem Gedenkstein markiert. Banzers Nachfolger müssen noch schlimmer gewesen sein, so daß er mit seinem Wahlslogan ›Brot - Technik - Arbeit‹ verklärte Erinnerungen weckte und wiedergewählt werden konnte.

Ein alter Einwohner hatte Rurre zum richtigen Zeitpunkt berühmt gemacht. Kurz nach Errichtung der Straßenverbindung, Ende der achziger Jahre, kam es zu einer dramatischen Rettungsaktion von unerfahrenen Touristen aus dem von Hochwasser überfluteten Regenwald am Rio Tuichi durch einen beherzten Motorbootfahrer aus Rurre. Die Geretteten wußten von schaurigen Geschichten über Krokodile und Piranhas zu berichten. Ein überlebender israelischer Tourist schrieb einen Bestseller und ließ das Buch verfilmen. Der Motorbootfahrer gründete die erste ortsansässige Touristenagentur.

Für uns ist es immer wieder ein Vergnügen, von der Terrasse aus Antjes und Heinz' Restaurant den Touristenschwärmen zuzusehen, die mit ihrer Hochgebirgsausrüstung aus dem Bus von La Paz kommen. Die weißen Stachelbeerbeine schlurfen in großen schweren Bergstiefeln über die ausgetrockneten Straßen. Die Neuen kommen mit einheitlich schwarzen Regenschutzplanen über dem Riesenrucksack an. Offensichtlich haben alle denselben Reiseführer gelesen.

Als wir wieder einmal auf der Restaurantterrasse zusammensitzen und die einfachen Touristen mit ihrem bedauerlich kurzen Urlaubsbudget von nur vier Wochen beobachten, ahne ich kommende Verwicklungen. Vom Hafen her entwickelt sich eine Szene, die ich genauso schon einmal in den Bergen gesehen habe. Mit stolzen, weit ausgreifenden Schritten laufen zwei knackig braune Mädchenbeine in Shorts durch das Gewimmel der Straße. Man sieht zuerst die Beine, weil niemand sonst so aufreizend und dabei ungeheuer eilig durch die Stadt marschiert. Ich brauche gar nicht lange zu warten, dann erscheint dahinter ein junger Mann, abgehetzt, mit verschwitztem Gesicht und versucht, den Anschluß an Margot zu halten. Natürlich sieht sie uns, und mit großem Hallo verläuft die Begrüßung. Ihren Amerikaner läßt sie derweil in der Ecke stehen. Er kann sowieso kein Deutsch. Axel und Peter sind erneut hingerissen. Als ob beide Kreide gefuttert hätten, verwandelt sich ihr Urwaldslang in freundliches Hochdeutsch unter Auslassung aller sonst so beliebten Flüche. Mir gegenüber gab es nie einen Grund, derart zuvorkommend zu sein. Ich könnte fast eifersüchtig werden.

Der Ablauf der weiteren Tage wird nun fast nur von den Affären Margots bestimmt. Axel und Peter sind in einer Weise abhängig, die ich als abgeklärter, weil schon lange verheirateter Beobachter, nur besorgt als süchtig bezeichnen kann. Glücklicherweise bleibt Margot bei aller Umwerberei, die sie gern mag, ein unternehmungslustiges und zu allen freundliches Mädchen, das unwahrscheinlich gut Geschichten erzählen und lachen kann. Dann hängen Axel und Peter an ihren Lippen.

Der Amerikaner fährt für drei Tage auf Dschungeltrip. Das ist für meine beiden Freunde die Gelegenheit, den Zweikampf untereinander zu entscheiden. Jeder versucht, das Mädchen für sich zu gewinnen. Aus dem lockeren Necken ist längst feste Absicht geworden. Nur Margot scheint das nicht akzeptieren zu wollen, auch wenn der Amerikaner nicht mehr wichtig ist. Sie will sich nicht festlegen. Mir wäre das alles zu anstrengend. Um solche Frauen habe ich immer schon einen Bogen gemacht.

Bald kann ich mir die immer weiter aufgebauschten Geschichten aus den Radlerzeiten der beiden nicht mehr mit anhören. Da Axel und Peter fast elf Monate im Jahr ununterbrochen zusammen sind, ist es für jeden schwer, sich besonders aufzuplustern, weil der andere ihn sofort mit der meist viel einfacheren Wahrheit konfrontiert. Axels Erzählung über den Busch-König im Kamerun kommt gut an. Angeblich ließ der sich gnädig eine Büchse Cola schenken, um sie im Angesicht seiner acht neidischen Frauen allein auszutrinken. Peter dagegen kann einen hervorragend schmachtenden Blick auflegen und versucht, aus den unausgereiften Taten seiner Mitmenschen Kapital zu schlagen, indem er natürlich immer eine bessere Lösung parat hat. Wenn er nur nicht immer in der Welt umherpaddeln, radfahren, klettern oder Dias zeigen müßte. Die Rolle des verkannten Genies.

Axel wird jedesmal unruhig, wenn er sieht, daß sich die Augen von Peter und Margot zu lange kreuzen. Er kennt das schon. Wenn Peter beim Werben um ein Mädchen so richtig zum Zublicken kommt, kann Axel einpacken. Und auf europäische Mädchen wirken seine langen blonden Haare längst nicht so wie auf Südamerikanerinnen.

Ich muß ja nicht ständig dabei sein und erforsche die Stadt. Hier gibt es sogar Telefone, mit denen man zu Hause in Deutschland anrufen kann. Zuerst gibt man dem Telefonbesitzer einen Zettel mit der Nummer und dem Namen des Anzurufenden. Das unterhaltsame Spiel für alle Seiten beginnt nach dem Feilschen um den Minutenpreis. Die große Küchenuhr mit dem Sekundenzeiger wird von der Wand genommen und die letzte Ziffer der Nummer wird zu Beginn der nächsten Minute gewählt. Andächtig lauscht der Telefonist in seinen Apparat. Meist klappt die Verbindung nach mehreren Versuchen, und der Telefonist freut sich diebisch darauf, mit meiner völlig überraschten Frau auf meine Kosten zu sprechen. Er spricht natürlich meinen Namen maßlos undeutlich aus und übergeht die verständnislos staunende Nachfrage auf Deutsch. Mit einer sicherlich sehr höflichen Anrede auf Castellano und der Ankündigung, daß nun bald der Gatte dran wäre, versucht er ein Gespräch anzufangen. Mir reißt die Geduld, schnell entwinde ich ihm den Hörer, um dem Spuk ein Ende zu machen. Zu spät, sie hat aufgelegt. Der Telefonist ist enttäuscht, daß meine Frau nicht so drollig Castellano radebrechen kann, wie ich. Inzwischen wird die Bude immer voller. Die Einheimischen freuen sich über die Abwechslung.

Beim zweiten Versuch darf ich gleich sprechen. Aber ein vertrautes Gespräch nach mehreren Wochen Trennung hatte ich mir anders vorgestellt. Um mich herum stehen und sitzen viele kleine braune Bolivianer und lauschen mit gespannten Gesichtern. Als ob es hier nicht wirklich genug Touristen gäbe! Aufmerksam zählen alle das Geld beim Bezahlen mit. Mir bleibt nur noch, mich bei allen für die erwiesene rege Anteilnahme zu bedanken.

Bei der Post nimmt man mir gerne das Geld für die Briefmarken ab. Als ich zur Sicherheit zusehen möchte, daß die Marken aufgeklebt und abgestempelt werden, handle ich mir sogleich großen Ärger ein. Beim Verlassen der Bretterbude bleibt in mir ein Gefühl berechtigten Mißtrauens.

Während meine beiden Hähne mit gespreizten Flügeln durch die Gegend gackern, organisiere ich mir ein Segel. Dauernd hatten Axel und Peter von ihren bevorstehenden Segeltagen geschwärmt, denn von hier an, wo der Fluß im Tiefland immer breiter wird, sollte das faule Entdeckerleben so richtig beginnen. Ich will nicht mit hängender Zunge hinterherschuften. Mindestens ebenso faul veranlagt wie meine beiden Freunde, brauche ich dringend eine Segeleinrichtung. Heinz schenkt mir seinen großen Straßenbesen. Der Schaft ist aus Mahagoni, und ich habe keine Hemmungen, das vielleicht erste Faltboot der Welt mit begehrtem Tropenholz auszustatten. Eine Einbaumbootsbauerei poliert mir den Besenstiel zu einem blinkenden Mast. Unser Familienanschluß im Hotel läßt sich gut zum Anfertigen von diversen Packsäcken und zwei Segeln aus rotem Fahnentuch nutzen. Peter findet zwar einige unausgereifte Stellen, genehmigt meine Erfindung dann aber großzügig.

Gegen den zu erwartenden tropischen Regen hatte sich Axel ein Cape gekauft und läßt es nun zur Spritzdecke umarbeiten. Die Moskitonetze werden verbessert und zusätzliche Planen als Dächer über den Moskitonetzen beschafft. Ein kleiner Expeditionsrausch setzt ein, als wir uns gegenseitig mit leuchtenden Augen und vollem Ernst erklären, was für tolle Abenteuer wir mit diesen vielen voluminösen und schweren Sachen bestehen können. Die Vorfreude ist oft mindestens ebenso intensiv wie die eigentliche Tour.

Die Abfahrt wird auf ganze zwei Tage ausgedehnt. Bei aller Abenteuerlust, wer kann sich schon so einfach von mückenfreien Restaurants mit vorzüglichem Essen und gekühltem Bier trennen? Zum Glück fährt Margot auch ab. Obwohl Axel die Hoffnungen noch nicht ganz begraben hatte, erschien es mir so, als habe sich Peter letzte Nacht in der Karaoke-Disco mit ihr an der brasilianisch-bolivianischen Grenze verabredet. Der Heinz erzählt am nächsten Morgen, Peter hätte sogar getanzt, was er doch sonst nie macht. Der streitet das heute noch ab.

Wie erwartet, verabschiedet sich Margot plötzlich von uns, strebt in gewohnter Eile einer Camioneta zu und zwängt sich noch schnell auf die überfüllte Pritsche. Der blonde Niederländer, der ihr heute schon den ganzen Tag mit hechelnder Zunge an den Fersen klebte, hatte anscheinend nur darauf gewartet, sich auf dem Blechdach des Fahrerhäuschens in Margots Blickrichtung festzukrallen. Auf der folgenden Urwaldpiste kann er ganz sicher seine Qualitäten als Stuntman beweisen.

Unser Dreierverhältnis wird in keiner Weise von der Weibergeschichte getrübt. Was so ein richtiger Macho ist, der läßt sich nichts anmerken. Ich hatte sowieso vor, die Abenteuer auf dem Fluß und nicht bei den Mädchen zu suchen. Solange Axel und Peter das eine mit dem anderen verbinden können, soll es mir egal sein.

KAPITEL SIEBEN

Grüne Ewigkeit

Die selbsternannten Experten in Heinzens Restaurant wiegen nachdenklich ihre Köpfe, als wir über die nächste große Strecke bis Riberalta Erkundigungen einholen wollen.

Seitdem vor einigen Jahren eine Urwaldpiste angelegt wurde, brach der Transportweg über den Fluß schlagartig zusammen. Nur noch kleine Händler fahren mit ihren Booten die Dörfer unterhalb Rurre an, bis nach Riberalta fährt keiner mehr durch. Es sollen ungefähr tausend Flußkilometer sein. Das hängt jedoch sehr davon ab, ob wir in dem sich stark verzweigenden Strom die richtige Durchfahrt finden und wie groß die Mäander nach der letzten Regenzeit sind. Vielleicht werden es auch dreihundert Kilometer mehr, wer weiß!

Der Rio Beni fließt ab Rurre durch ein weites Sumpfgebiet, das sich auf der Fläche eines prähistorischen Binnenmeeres erstreckt. In den nächsten Wochen wird es keinen Berg, nicht einmal einen ernst zu nehmenden Hügel geben. In der Hochwasserzeit wird das Flußgebiet zu einem großen Teil überschwemmt, so daß sich an den Ufern eine dichte Überschwemmungsvegetation ausgebildet hat. Dies ist ein niedriger, meist nur zehn Meter hoher Urwald mit Bäumen, gleich hohen Palmen und dichtem Unterholz. An den Uferböschungen bildet sich ein dichter Galeriewald, zusätzlich bestehend aus Lianen und vereinzelten imposant aufragenden Bäumen mit Brettwurzeln. Die riesigen Paranußbäume und der typische tropische Urwald mit seinen Lebensräumen in mehreren Etagen sind selten, denn sie mögen das Hochwasser nicht. Auf unseren Karten ist die kommende Strecke eine ununterbrochene Folge von Mäandern, Verzweigungen und toten Flußarmen. Bereits bei der Vorbereitung der Fahrt war klar, daß dieser Abschnitt die größten Unwägbarkeiten bietet. Wir können auf keine Straßenverbindung, auf keine Brücke hoffen. Deshalb gehen wir davon aus, keine Ortschaft mit einem Markt, einem Restaurant oder nur einem Lebensmittelgeschäft anzutreffen. An der Mündung des einzigen Zuflusses soll es einen Armeeposten geben.

Das Verpflegungsproblem könnte uns erheblich bremsen. Wer täglich fischen muß und im Urwald nach Nahrung sucht, der schafft keine großen Strecken. Deshalb haben wir Tauschwaren mit. Gegen Angelhaken und Angelsehne, Kaffee, Zucker, Streichhölzer und Messer hoffen wir bei den zweifellos anzutreffenden Indianern und Urwaldbauern Nahrungsmittel eintauschen zu können. Unsere Waren nehmen nicht so viel Platz weg wie Lebensmittel und verderben nicht so schnell.

Insgesamt stimmen uns diese unsicheren und geringen Angaben der Einheimischen sehr zuversichtlich. Endlich kommen wir in den einsamen Urwald, in quasi unbekanntes Gebiet. Bis zu sechs Wochen Fahrzeit sollen wir schon einplanen, Optimisten sprechen dagegen von nur drei Wochen. Wir melden uns zu Hause telefonisch für zwei Monate ab, schieben die Boote ins Wasser und winken unseren Freunden in Rurre ein letztes Mal zu.

Voller Vorfreude auf kommende Abenteuer wählen wir tatendurstig von dem sich unmittelbar hinter Rurre verzweigenden Fluß die engere und strömungsreichere Durchfahrt. Die Kiesel unter dem Boot rumpeln wieder über das Flußbett und ›Mörderstrudel‹ greifen nach uns. Wir sind erholt und in ausgelassener Stimmung. Unser Ballast hat sich zugunsten der Tauschwaren verändert. Helm und Schwimmweste besitzt jetzt Heinz, einschließlich weiterer warmer Sachen. Dafür sind Segel und Angelhaken parat. Urwald, wir kommen!

Letzte Stromschnellen würzen die Fahrt, aber sie sind nur wichtigtuerische kleine Verwandte der großen aus den Bergen. Das Ufer ist flach. Hinter den Sand- und Lehmbänken steht als grüne Mauer ein dichter Wald aus gleichförmig aussehenden Bäumen. Das Hochwasser reißt regelmäßig ganze Uferabschnitte mit sich. Die verbleibenden Baumleichen versperren den Fluß und sorgen für regelmäßige Abwechslung. Während der ersten beiden Tage begleiten uns die Andenausläufer im Nordwesten. Grüne Hügel ziehen sich am Horizont entlang. Danach erkennen wir die Berge nur noch an den Wolkenbändern, die an ihren Spitzen hängenbleiben. Als auch diese Wolken verschwinden, haben wir das Gefühl, uns endgültig von den Aymaras, den Lamas und den Gletschern getrennt zu haben. Wie bei einem Abschied unter Freunden. Jeder geht seiner Wege, weil es so sein muß. Die Trennung von einer Landschaft ist mir hier schmerzlich bewußt. Das ist ein wichtiger Lerneffekt dieser langen Reise. Ein normaler Urlaub wäre längst zu Ende.

Axel und Peter beschäftigen sich ausgiebig mit ihren Booten. Hauptaugenmerk ist nach wie vor die Heckwelle, die bei einigermaßen kräftigem Paddeln das Verdeck überspült. Erstens befürchten sie, daß zuviel Wasser durch den Stoff und die Nähte sickert und zweitens liegt das Boot damit nicht optimal im Wasser. Man könnte schneller sein. In Anbetracht der weiten Strecke vor uns, kann eine kleine Änderung viel Kraft sparen. Auch ich paddle bedächtig, denn meine Heckwelle kennt den Weg ins Boot hinein bestens. Allmählich setzt sich die Erkenntnis durch, daß wir wieder zuviel Gepäck haben. Peter kommt auf eine neue Variante:

»Eigentlich könntest du den Kaffee nehmen«, meint er zu Axel.

»Wieso, ich habe doch genug Kram!«

»Ja, aber du hast den losen Proviant von uns übernommen, dazu gehört auch der Kaffee. Das sind immerhin zwei Kilogramm. Dafür habe ich den gesamten Brennstoff für den Kocher und etliche Konserven.«

»Gib her! Wetten, daß du doch nicht schneller bist!«

Es wird umverteilt. Zwei Tage später ergreift Axel eine günstige Gelegenheit:

»Du bist für den Fotokram zuständig!«

Peter erhält die gesamte Ladung Filmbüchsen. Zwei Säcke voll. Damit hat er den schlechteren Tausch gemacht.

Letztendlich ist die Hin- und Hertauscherei eine zeitvertreibende Nebenbeschäftigung, ohne Effekt, solange unser Essenvorrat nicht deutlich abnimmt. Bis dahin allerdings wird sich unser Tauschhandel etabliert und die geplante Angelei bewährt haben müssen. Wir sind zuversichtlich und verfuttern unsere Vorräte, damit die Boote leichter werden.

Mit Nachlassen der Strömung klingen die Schwälle aus. Der Fluß wird ruhig. Außer gelegentlichen ›Mörderstrudeln‹, zu denen wir extra hinpaddeln, um zur Abwechslung Karussell zu fahren, zieht er gemächlich dahin. Man muß paddeln, um vorwärts zu kommen. Zu unserem Ärger scheint der Schwede recht zu behalten. Er meinte, daß im Unterlauf des Rio Beni täglich ab elf Uhr ein beständiger Wind wehen würde. Tatsächlich. Einen gleichmäßigen Nord-Ost-Passat wie diesen würde sich jeder Segler auf dem Meer wünschen. Wir erleben ihn im Waldmeer, aber leider als Gegenwind.

Der Bootsfahrer des Schweden warnte außerdem vor Sandstürmen am Beni. Da haben wir nur gegrinst. Sandstürme im Urwald. Wer glaubt denn solche Geschichten.

Wenn der Passat nun einmal da ist, muß man versuchen, ihm eine gute Seite abzugewinnen. Seine Wolkenbänder sind sehenswert. Der Passat treibt kleine Schäfchenwolken in geordneter Reihe über die Himmelskuppel. Sie bestehen aus einem derart dünnen Schleier, daß die Sonne von ihnen nicht merklich verdunkelt wird. Markant ist ihre Anordnung. Vier, fünf Wolkenbänder ziehen wie Schafherden gleichmäßig über den Himmel. Der Wind treibt sie nach Südwest. Die Wolkenreihen trennt ein schmaler, langer Streifen blaßblauen Himmels voneinander. So beständig, wie unten der Fluß strömt, ziehen darüber die Wolkenbänder ihren Weg. Wir drei sind in eine Landschaft geraten, in der Zeit mindestens in Jahrhunderten gemessen wird. Ob wir hier sind oder nicht, weder Fluß noch Wolken scheren sich darum. Niemand braucht uns. Eine Welt, in der wir nur Gast sein können.

Wenn alles friedlich erscheint, wird man leichtsinnig. Auf einer großen Sandbank ziehe ich mein Boot auf den Strand und gehe los, Vögel fotografieren. Gerade, als ich mich an eine Gruppe rosa leuchtender Löffelreiher anschleichen will, kommt Peter angepaddelt.
»Paß auf dein Boot auf!«
Die Löffelreiher schrecken hoch und sind im Nu weg.
»Schön, daß du so mitdenkst!« bedanke ich mich. »Was ist denn los?«
»Paß bloß auf, wenn du zu deinem Boot zurück gehst. Dort ist ein Krokodil, mindestens drei Meter lang! Und neugierig ist es auch.«
Hervorragend, endlich ein Krokodil. Die Vorstellung, daß es gerade dabei ist, mein Boot auseinander zu nehmen, gefällt mir zwar nicht besonders. Für ein gutes Krokodilfoto würde ich jedoch ein Opfer bringen. Woher soll es denn wissen, wie man sich Fremden gegenüber benimmt? Peter pirscht sich vom Wasser aus im Boot an und ich auf dem Strand von der anderen Seite. Wir nehmen das Krokodil genau zwischen uns. Es dürfte nicht entkommen.
Ich habe es noch nicht einmal deutlich gesehen, da platscht es schon ins Wasser und taucht auf den Grund. Es ist einfach viel aufmerksamer und schneller als wir. Weder hier noch an anderen Stellen später haben wir genügend Geduld aufgebracht, solange zu warten, bis es irgendwo wieder auftaucht. Ein Krokodil bleibt weg, wenn es erst einmal untergetaucht ist.
Außer Schleifspuren des Schwanzes um das Boot herum ist nichts passiert. Ohne Fotos von Vögeln und Krokodilen fahren wir weiter.

Die Krokodile in Südamerika sind genau genommen Kaimane. Die größte Art, der Mohrenkaiman, kann bis zu fünf Meter lang werden. Peter hat sich einen Sport daraus gemacht, die Krokodile zu überraschen. Sie liegen häufig einzeln am unteren Ende einer Sandbank in einer kleinen Bucht und dösen. Wenn man lautlos und schnell zu dieser Bucht gelangt, hat man die einzig sichere Gelegenheit, sie kurz zu sehen, bevor sie sich ins Wasser stürzen. Mit der Zeit verlieren wir den Respekt vor diesen Raubtieren, da es selten gelingt, ein mehr als zwei Meter langes nur von Ferne zu erschrecken. Sie flüchten sofort.

Ebenso furchtsam sind die dunkel gefärbten Flußschildkröten. Ab Rurrenabaque sitzen sie wie aufgereiht auf den dicken Ästen jedes im Fluß angetriebenen toten Baumes und sonnen sich. An die Schildkröten kann man sich mit der Strömung näher herantreiben lassen, bis sie gleichzeitig blitzschnell im Wasser verschwinden. Dafür sind sie viel kleiner als die Krokodile.

Viel farbenfroher als die Reptilien sind die Vögel. Sie sind unsere täglichen Begleiter. Die schwarzweißen Schwalben mit den roten Schnäbeln begrüßen uns täglich unfreundlich nach dem Aufstehen auf der Sandbank, weil sie uns vertreiben wollen. Ihre offenen Sandnester, mit den zwei gepunkteten Eiern darin, sind hier verteilt. Sie fliegen ernstgemeinte Angriffe von oben gegen unsere Köpfe. Pfeilschnell stürzen sie herab. Dagegen hilft nur ein Hut oder ein erhobenes Paddel. Die Schwalben greifen mit hellen Angriffslauten im Sturzflug immer die oberste Spitze an. Wenn sie kurz vor ihrem Ziel die Kurve kratzen, klingt einem ein beängstigend nahes Zischen in den Ohren, das den Eindruck ihrer enormen Geschwindigkeit vermittelt.

Ab dem frühen Morgen flattern die Papageien zu zweit oder zu dritt über den Fluß. Sie können weder elegant fliegen noch haben sie eine melodische Stimme, dafür sind sie herrlich bunt.

Die schwarzen Truthahngeier mit den blaß-grauen Köpfen, die Urubus, sind überall dort, wo es Aas gibt. Ihr Futter suchen sie anscheinend mit der Nase. Sie riechen es über weite Strecken.

Ein interessanter Vogel ist der Hoatzin. Er hat nicht nur einen lustig blauen Federkamm auf dem Kopf, sondern ist außerdem ein Wiederkäuer. Gern hätte ich zugeschaut, wie das bei Vögeln aussieht. Leider ist der braune Vogel so gut getarnt, daß ich ihn nur beim Wegflattern erkenne.

Zu dem trägen Fluß gehören die Reiherkolonien. Wie die Flamingos stehen sie mit langen Beinen in großen Gruppen im flachen Wasser, auf Sandbänken und machen den ganzen Tag nichts, als mit den Schnäbeln zu klappern. Ihr blaß-rosa Gefieder leuchtet weithin. Wenn wir uns bis auf Fluchtdistanz herantreiben lassen, erheben sich zuerst die ängstlichen Vögel. Unentschlossen zögern die übrigen, bis sich der gesamte Schwarm mit einem Mal erhebt. Obwohl wir die Vögel nicht absichtlich verschrecken wollen, gefällt uns der Anblick dieser aufsteigenden rosafarbenen Wolke am besten.

Am oberen Ende der Sandbänke lagern große Mengen wirr durcheinanderliegender Baumstämme. Öfter ist die ganze Insel eine einzige Treibholzbank. Jedes Hochwasser bringt neues Holz dazu. In diesem Labyrinth leben die Anacondas. So sagt man jedenfalls in Rurre. Aufmerksam beobachte ich vom Boot aus und in gebührendem Abstand diese Holzhaufen. Wie in einem Suchbild verschwimmen Äste und Schlangenleiber ineinander. Ich kann nicht sagen, ob ich eine Schlange erkannt habe. Zum Aussteigen ist es mir trotz aller Ruhe nicht geheuer. Alles hat seine Grenzen. Auch die hartnäckige Suche von Axel und Peter bleibt erfolglos.

Beim Suchen der Anacondas entdecken wir ein Gürteltier. Ängstlich schnaufend versucht dieses Mittelding zwischen einer übergroßen Kellerassel und einem schuppigen Igel schwimmend zu entkommen. Nicht jedes Säugetier sieht sofort niedlich aus. Bei Gürteltieren dauert die Gewöhnung besonders lange. Sie werden von den Indianern und den Bauern gejagt und gegessen.

Mit vollen Bäuchen und unseren Tauschwaren in den Booten bringt es keiner von uns fertig, in den meisten Tieren um uns lediglich Nahrungsmittel zu sehen.

Den meisten Krach machen gerade die Tiere, die man fast nie zu Gesicht bekommt. Die Frösche und Zikaden. Eine Froschart sitzt besonders gern in hohlen Baumstämmen und knattert wie ein Maschinengewehr. Manche Zikaden imitieren Kreissägengeräusche täuschend echt. Man kommt sich vor wie im Sägewerk. Wenn merkwürdige Geräusche aus dem Urwald an unser nächtliches Lager auf der Sandbank dringen, könnte man mitunter an einen Industriebetrieb denken.

Die auseinander genommenen Paddelhälften stecken im Abstand von drei Metern im Sand des Schlafplatzes. Dazwischen hat jeder sein längliches Moskitonetz gespannt. Hineingebundene Stöcke an jedem Ende spannen das Netz kastenförmig auf. Der auf dem Boden aufliegende untere Rand wird nur noch unter die als Schlafunterlage benötigte Decke geschoben, und die moskitodichte Schlafstatt ist komplett. Peters Schlafstelle ist immer akkurat rechtwinklig und abstoßend ordentlich gespannt. Bei Axel und mir überwiegt der schöpferische Anteil.

»Eh, Axel, hörst du das auch? Dort arbeitet jemand!« raune ich Axel vorsichtig aus dem Schlafsack zu. Axel hebt den Kopf.

»Wo denn?«

»Na da drüben, im Bambusgebüsch!«

»Laß mich schlafen. Das ist bloß ein übergeschnappter, einsamer Frosch!«

Verärgert dreht er sich wieder um.

Hinter dem nächsten, lange gesuchten Lagerplatz liegt ein toter Flußarm. Nur bei Hochwasser ist er mit dem Beni verbunden. Im Verlauf der Trockenzeit verkleinern sich diese Lagunen, wie derartige Seen hier genannt werden, um ein Vielfaches. Für die Fische wird der Lebensraum knapp. Glück für die Raubtiere, wie zum Beispiel die Krokodile.

Nach Sonnenuntergang wollen wir sehen, wer hinter unserem Lager lebt. Mit unseren Taschenlampen bewaffnet, zählen wir mindestens vierzehn Krokodile unterschiedlicher Größe. Sicherlich sind es noch mehr. Geblendet vom Strahl der Lampe starren sie uns mit ihren gelben Pupillen an. Vor Taschenlampen reißen sie nicht aus. An dem Abstand der beiden gelben Punkte kann man die Größe der Tiere abschätzen. Weil kein Augenabstand furchteinflößend groß ist, legen wir uns beruhigt hin. Peter schläft sofort ein. Axel hört Radio mit Kopfhörer. Irgendwo läuft wieder ein Fußballspiel. Ich überdenke den Tag, erinnere mich an die Krokodile in der Nachbarschaft und versuche, es mir auf dem harten Sandboden gemütlich zu machen.

Das Plätschern im Wasser neben den Booten schreckt mich auf. Wer planscht denn da? Das Planschen wird stärker. Sind es große Fische im Wasser oder das Rudel Krokodile bei einer Nachtwanderung? Ehe die Krokodile zu mir kommen, gehe ich lieber zu ihnen.

Bevor ich mich wieder blamiere, störe ich Axel nicht. Peter schläft schon friedlich. Hier ist die Gelegenheit, eigene Erfahrungen zu sammeln. Schließlich muß es einmal aufhören, nur der urwaldunerfahrene Dritte zu sein. Das Anziehen im Dunkeln dauert eine Weile. Zum kompletten Moskitovollschutzanzug gehört ein dicker Rollkragenpullover, dicke Hose, Neoprenstiefel. Das Plätschern hört erst auf, als ich mit meinem kleinen Taschenmesser in der Hosentasche zur eigenen Beruhigung und schnappschußbereiter Kamera in der Hand neben den Booten stehe. Nichts, nicht einmal Spuren, nur viele Moskitos. Wer hat denn dieses Geräusch gemacht? Alles ist still.

Beim Zurückkriechen unter das Moskitonetz ergreifen etliche Blut-
sauger die Gelegenheit und kommen gleich mit hinein.

»Brasilien hat gewonnen« jubelt Axel unter seinen Kopfhörern. Peter schnarcht. Ich erschlage Moskitos. Das unheimliche Planschen
beginnt von vorn. Schade, so schnell wird man eben kein Ur-Wald-
läufer. Vielleicht habe ich ein anderes Mal mehr Glück.

Nach Tagen gleichmäßigen Paddelns glauben Axel und Peter eine
Gelegenheit zum Segeln zu erkennen. Nach unserer Karte müßte der
Fluß jetzt eine über fünfzig Kilometer große Biegung zurück machen.
Wenigstens theoretisch könnte dort Rückenwind sein. Während ich
dem Wind und dem Fluß mißtraue und weiterpaddle, legen Axel und
Peter an einer Sandbank an und setzen mit akribischem Eifer die
Segel. Weit voraus entdecke ich einen der seltenen Urwaldbauern
und fange eine Verhandlung über drei Papayas an. Stolz auf mein
Organisationstalent und mir der Seltenheit des Zusammentreffens mit
Einheimischen bewußt, warte ich darauf, daß die anderen auch hier
anlegen. Zuerst kommt Peter. Verbissen wie bei einer Regatta ver-
schwendet er keine Zeit mit Warten, hat er mich doch nach über
einer Stunde Kampf mit Segel und wechselnden Winden endlich eingeholt. Auf Axel warte ich gar nicht mehr. Er kreuzt emsig gegen den
Wind über den rund hundert Meter breiten Fluß hin und her und
überholt mich wenig später. Nach der nächsten scharfen Kurve ist
Schluß mit Segeln. Konstant weht der Gegenwind, egal wohin sich
der Fluß windet. Das einzig Sichere, auf das man sich verlassen kann,
sind stets die in ihrer Himmelsrichtung angeordneten Wolkenbänder
des Passats. Vom Boot aus glaubt man das allerdings nicht, weil sich
der Wind auf dem Fluß mit jeder Kurve gleichfalls ändert. Dieser
Segelversuch war der letzte. Ich habe mein Segel mit dem Mahagoni-
mast nie benutzt.

Wenn wir nicht segeln, dann lassen wir uns treiben, heißt endgültig das Motto. Wir entwickeln eine rege Phantasie, um möglichst große Strecken ohne paddeln zu überwinden. Das fängt damit an, daß
wir sehr früh aufstehen, nur das Nötigste an Land verrichten, um
schnell ins Boot und in die Strömung zu kommen. Bei Rückenwind
ist Pausenzeit. Leider können wir uns wegen der zahlreichen Baumleichen, die wie übergroße Streichhölzer im Wasser liegen, im Boot
kein Nickerchen leisten. Die hinterhältige Strömung treibt das Boot
immer geradewegs auf einen stromauf zeigenden spitzen Ast zu und

zwar meist rückwärts.

»Paß auf, links ein Baum!«

Axel erhebt sich aus der flachen Lage auf seinem Sitz, greift nach dem Paddel, macht zwei Schläge und drängt seinen Kahn wieder in die Hauptströmung, um das Tempo zu halten. Für die nächsten zehn Minuten ist nichts mehr zu erwarten. Ist er bis dahin eingedöst, muß ich ihn wieder aufwecken. Das ständige Aufpassen stört.

Die Mittagsrast erfolgt im Boot, und gepaddelt wird nur bei Gegenwind. Eigentlich führen wir ein faules Leben, wenn nicht der ständige Wettbewerb wäre, möglichst weit vorn zu sein. Denn Hinterherpaddeln ist merkwürdigerweise viel anstrengender. Auf Bummelanten nimmt keiner Rücksicht. Hat einer mal die falsche Strömung gewählt und ist fünfhundert Meter hinter den anderen, muß er sehen, wie er wieder aufholt. Gewartet wird nicht, nach Riberalta ist es noch weit.

Für eine tägliche Beanspruchung von über zehn Stunden sind unsere Sitzpolster nicht gemacht. Es wird unbequem. Wenn man die ganze Sitzluke mit diversem Kram ausfüllt, kann man sich zwar auf dem Rücken oder auf dem Bauch ausgestreckt über das ganze Boot obenauflegen. Es dauert leider nicht lange, und der Süllrand beginnt zu drücken. Obendrein kann man in dieser Stellung nicht paddeln. Die normale Paddelhaltung wiederum ist in der Pause ungemütlich. Die Beine kann man nur außerhalb des Bootes ausstrecken, weil drinnen kein Platz dafür ist. Wenn die Beine draußen liegen, hängen die Füße als Bremse im Wasser. Bei Rückenwind ein unverzeihlicher Fehler.

Außerdem ist im lehmigen Wasser nicht zu erkennen, welche Art von Fischen um das Boot schwimmt und deutlich Wellen und Strudel verursacht. Da hänge ich doch meine Füße nicht als Köder hinein. Axel und Peter sind da wesentlich lockerer.

Unser Tagesablauf wird mehr von den Insekten als von der Sonne bestimmt. Quarzuhrengenau wissen die Moskitos und die Sandfliegen, wann sie dran sind. Sie sind die Stärkeren, wir richten uns nach ihnen. Sobald die Sonne über dem Horizont sichtbar wird, verabschieden sich die Moskitos. Die folgende Stunde ist insektenfrei. Hat die Sonne den taunassen Ufersand durchgetrocknet, sind die Sandfliegen da, auch mitten auf dem Fluß. Abends merken die Sandfliegen rechtzeitig, wann sie sich in der Abenddämmerung verkriechen müssen. Dann ist es nicht mehr lange hin, bis die Moskitos die Nacht für sich beanspruchen.

Schon in der Morgendämmerung klappert Axel in voller Absicht mit den Töpfen. Essen zubereiten ist seine Aufgabe, den Kocher bedienen, nicht. Je nachdem teilen Peter und ich uns mit unseren verschiedenen Kochern diese Aufgabe. Wenn ich dran bin, drehe ich mich nach dem provokativen Topfklappern erst recht noch einmal um, Peter mindestens zweimal.

»Sind denn die Mücken schon weg?« frage ich unter meinem Moskitonetz scheinheilig.

»Nein, das weißt du doch! Ich bin aber trotzdem schon auf. Los, mach endlich deinen Kocher an!«

So geht es ohne Morgengruß los.

Wenn es nach ihm ginge, könnte er schon im Morgengrauen lospaddeln. Mit den Moskitos scheint er sich arrangiert zu haben. Axel liebt die Morgenstimmung. Deshalb hat sein Topfklappern einen zusätzlichen theatralischen Aspekt. Ihm würde es gar nicht gefallen, wenn wir beide ihm durch Morgenhektik den Genuß verderben würden.

Da mag ich noch nicht aufstehen. Meist fällt mir ein gutes Thema ein, Axel ein wenig zu ärgern.

»Axel, was ist denn heute das Abenteuer des Tages?«

Daraufhin ernte ich immer denselben mißmutigen Blick. Zuviel friedliche Natur wirkt nicht auf jeden beruhigend. Er möchte gern etwas erleben, eben ein bißchen abenteuern. Auf die Karte zu schauen, lohnt schon eine Weile nicht mehr. Dort schlängelt sich ein blauer Fluß durch eine gleichförmig grüne Ebene. Unser Vertrauen zu diesem verunglückten Versuch, einen Urwaldfluß darzustellen, der seinen Verlauf jedes Jahr fast vollständig verändert, haben wir fast verloren. Trotzdem schauen wir gelegentlich darauf, eine andere Karte haben wir doch nicht. Auch die Einheimischen wissen nur, wie lange das Boot mit dem schwimmenden Händler zurück nach Rurre braucht.

Einzige Abwechslung wäre ein Urwaldbauer, bei dem man nicht wieder nur ein paar matschige Papayas oder wäßrige Limonen, wie in den Tagen vorher, eintauschen könnte. Axel rafft sich zu einer großartigen Energieleistung auf.

»Heute lautet das Abenteuer des Tages: Bananen!«

»Von wegen, das hast du uns schon vorgestern versprochen, und dann bekamen wir bloß wieder grüne Platanos, die nur nach Kartoffel schmecken!«

Die Verbindung von Abenteuer mit Bananen reizt sogar Peter, daß er sich zu Wort meldet. Axels Versprechungen werden täglich unglaubwürdiger. Trotzdem ist die Frage nach dem Abenteuer des Tages ein liebgewordenes Ritual, das wir bis zum Schluß mit Hingabe pflegen.

»Hast du denn den Topf ordentlich sauber gemacht?« kommt meine nächste Attacke.

»Reg mich nicht auf!«

Meine innere Stimme sagt mir, daß wieder etwas nicht stimmt. Wahrscheinlich kleben am Topfrand die mit Sand verkrusteten Essenreste des Abends. Das Leben auf der Sandbank hat Wüstenflair. Überall knirscht Sand. Darin erkenne ich meine Chance.

»Wenn der Topf so dreckig ist, wie gestern, mache ich den Kocher gar nicht erst an. Dann kannst du deine Haferflocken kalt essen!«

Axel kennt mich und bei kalten Haferflocken hat er mit Peter den ganzen Tag lang Ärger. Das riskiert er nicht. Ich habe meine Vorstellungen, wieviel Sand maximal in der Suppe sein darf, was Axel wiederum völlig egal ist. Sicherlich hält er mich insgeheim für einen verwöhnten Eheknochen und versucht mich auszutricksen, indem er das Essen schnell in den Topf schüttet, bevor ich ihn kontrollieren kann.

Heute stapft Axel durch den Sand noch einmal zum Fluß und spült die rostigen Töpfe. Währenddessen krieche ich unter dem Moskitonetz hervor, breite meine taunassen Sachen in der Sonne zum Trocknen aus und kontrolliere das Boot. Als Axel zurück ist, summt der Benzinkocher. Peter hat heute die Wahl, für uns zu entscheiden, ob es Milchreis oder Haferflocken mit Milch gibt. Das Wichtigste dabei ist viel Zucker. Der muß die Paddelenergie bringen. Axel drängelt.

»Peter, wo ist dein Schälchen? Komm endlich raus!«

Liebevoll geht es zu. Mit geknautschten Gesichtern, sandigen Haaren und unterschiedlich stattlichen Sammlungen an Moskitostichen hockt sich jeder auf irgendein Ausrüstungsstück und schlabbert den Brei in sich hinein. Eine kurze Absprache über die Tagesverpflegung oder Verpackungsprobleme, mehr ist nicht zu sagen.

Die oberflächlich getrockneten Sachen kommen zur Verstärkung des Muffigkeitsprozesses in einen wasserdichten Sack und können dort über den Tag reifen. Abends, nach dem Auspacken, ist der Effekt gut zu riechen. Ich habe zwei Duftbeutel. In dem einen sind Hängematte, Moskitonetz und Bekleidung, in dem anderen der Daunenschlafsack und darüber eine Wolldecke. Ich kann sie auf dem Sitz immer so hinschieben, daß es eine Weile nicht drückt.

Immer bin ich der letzte beim Ablegen, da kann ich machen, was ich will. Axel und Peter sind bereits bei der Körperpflege, wenn ich mein Boot in die Strömung treibe. Zähneputzen, Kämmen und dergleichen machen wir vom Boot aus. Die Tageshitze kommt schnell auf die schattenlose Sandbank. Wer zu lange bleibt, braucht in der Sonne noch länger. Außerdem bringt jede Minute auf dem Wasser wertvolle Meter, auch wenn keiner weiß, wie weit es noch ist. Ist das Morgenprogramm absolviert, richtet jeder sein Boot ein oder schreibt ein wenig Tagebuch.

»Auf geht's!«

Einem von uns reicht es immer. Schuldbewußt packen die anderen beiden zusammen und bis gegen elf Uhr wird durchgepaddelt. Mit beginnender Mittagshitze frischt der Gegenwind auf und der Wechsel von Treibenlassen und Gegenwindpaddeln beginnt. Gelegentliche Schwätzchen erzeugen zusätzliche Vorwände, ohne schlechtes Gewissen nicht paddeln zu brauchen.

Das versprochene Abenteuer des Tages, die Bananen, bekommen wir zu Peters Verblüffung tatsächlich. Eine alte Frau ist gerührt über unseren Besuch.

»Woher kommt ihr, aus Deutschland vom Titicacasee? Ich dachte, der Titicacasee liegt in Argentinien!«

Sie ist das letzte Mal vor fünfzehn Jahren in Rurre gewesen. Ihr Leben spielt sich zwischen ihrer Hütte, der zur Zeit irgendwo fischenden Familie und dem Fluß ab. Sie ist zufrieden, wenn es genug zu essen gibt. Mehr braucht kein Mensch.

Wenn wir jemanden treffen, was selten genug vorkommt, wollen wir immer dasselbe wissen:

»Wann kommt das nächste Dorf? Wie heißt es denn? Wo gibt es Trinkwasser? Gibt es eine Tienda? Wie weit ist es bis Riberalta?«

Die Antworten sind jedesmal unterschiedlich. Bald stört uns das nicht mehr. Fragen und Antworten werden zum Spiel. Alle Zeitangaben über zwei Stunden sind völlig unglaubwürdige Schätzungen. Die Einheimischen kennen entweder ihren Fluß nicht oder können sich nicht vorstellen, daß wir ohne Motor auch nicht schneller sind, als sie im Einbaum. Viele vermuten in unseren Steuerblättern am Heck einen versteckten Motor. Welcher Gringo paddelt denn selber?

Mit Bananen und Papayas versorgt und einer kleinen Packung Kaffe weniger, lassen wir uns weiter hinabtreiben. Axel spielt in der Mittagspause Patience. Peter und ich wechseln uns mit dem Spanisch-

und Portugiesischlehrbuch ab. Wenn Peter nicht studiert, läßt er sich am Ufer vorbeitreiben, um die Schildkröten zu erschrecken oder Krokodile zu jagen.

Gelegentlich schreibt Axel Briefe. Abends unter dem Moskitonetz hätte er zwar mehr Zeit, doch ist das Schreiben dort unbequemer und vor allem verbraucht er dazu die letzten der übriggebliebenen Batterien, deren Großteil beim Kentern bis zur Unbrauchbarkeit gewässert wurde. Axel hat es bis jetzt durchgehalten, sich nicht telefonisch zu Hause zu melden. Das schont die Nerven. Eine mehrfach erprobte Devise!

Ab drei Uhr nachmittags ist der Höhepunkt der Tageshitze überschritten, und wir können wieder ohne Pause paddeln. Gegen fünf läßt der Wind nach, und jetzt könnten wir richtig loslegen. Täglich ist es uns eine Diskussion wert, wie lange gepaddelt wird. Je länger wir paddeln, um so angenehmer ist es in der Abendkühle, aber desto hektischer wird das Abendessen auf der Sandbank. Pünktlich um halb sieben muß alles erledigt sein, denn der Rest des Abends gehört den Moskitos. Um sieben ist es dunkel.

Meist legen wir eine Stunde vorher an, breiten die würzig duftenden Sachen aus den Beuteln zum Lüften aus und kochen im Galopp. Dabei steigt der Sandanteil jedesmal.

Trotz Sandwürze schafft es Axel fast immer, aus Gemüse, Platanos oder Bananen, Papayas, Kartoffeln, Zwiebeln und gelegentlichem Konservenfleisch ein sehr schmackhaftes Pfannengericht zusammenzubrutzeln. Meist fehlt etwas von den angeführten Zutaten. Da wir aber wissen, wie es schmecken könnte, versucht sich jeder, den Rest einfach dazu zu denken. Peters Phantasie in Bezug aufs Essen hat die engsten Grenzen. Je mehr in der Pfanne der Anteil von Platanos und Reis ein endgültiges Übergewicht erreicht, verlieren die ideellen Zutaten ihren Geschmack.

Bald kommt der Zeitpunkt, ab dem unsere Vorräte zu Ende gehen. Nicht nur die Zutaten fehlen. Unser Tauschhandel muß jetzt funktionieren. Dieser Teil des Abenteuers könnte beginnen.

Mit der Ruhe und Gelassenheit, die sich aus der Stimmung des scheinbar unveränderlichen Urwaldes ergibt, geht jeder zu seinem Schlafplatz. Auch morgen wird es etwas zu essen geben, da ist sich jeder sicher.

Axel und ich schlafen wenigstens halbwegs trocken unter unseren besonders feinmaschigen Netzen. Peters hilft zwar auch gegen die Insekten, jedoch nicht gegen den regelmäßigen Tau. Bei ihm regnet es praktisch durch. Jeden Morgen nach einer taureichen, sternenklaren Nacht kann er seinen Schlafsack auswringen.

Tagelang lauern wir auf das Abenteuer und merken gar nicht, daß wir regelmäßig an ihm vorüberfahren. Es hat die Form kleiner, mit Palmenblättern gedeckter provisorischer Unterkünfte auf den Sandbänken. Was wir anfangs nur für Fischerlager der Urwaldbauern gehalten hatten, sind Sandbankhütten der Flußindianer. Sie besitzen als persönliches Eigentum nicht viel mehr als ihren Einbaum, ein paar Angelhaken und eine Machete. Der Strand unter dem Palmendach ist mit Palmenblättern mehr schlecht als recht abgedeckt. Dort sitzen im Schatten die Kinder und spielen mit der Mutter. Davor qualmt ein kleines Lagerfeuer. Der Vater nimmt die geangelten Fische aus und hängt die gepökelten Filets über ein Holzgestell in die Sonne zum Trocknen. Zu dieser Idylle gehören außerdem die Urubus, die sich um die Fischreste streiten. Schon von weitem ist zu erkennen, ob ein Indianerlager besetzt ist oder nicht. Keine Urubus - keine Indianer.

Unser Problem ist, die Indianer als solche zu erkennen. Wir sind einfach nicht darauf vorbereitet, daß es zwischen der althergebrachten Lebensweise mit Pfeil und Bogen und der total angepaßten in der Stadt eine unendliche Anzahl von Übergangszuständen gibt. Unsere Flußindianer am Rio Beni sind dabei, sich anzupassen. Alle laufen in Turnhose oder Rock herum, und wenn wir kommen, werfen sich die Frauen schnell ein Hemd über. Da durch die Entwicklungshilfe offenbar ausreichender Nachschub an unpraktischer, aber gewünschter Gebrauchtwarenbekleidung aus Europa oder Nordamerika geliefert wird, können sogar die Kinder dem Geschmack der westlichen Welt entsprechend herumhüpfen. Das sollen Indianer sein?

Auf einer Sandbank sieht Axel zwei betagt aussehende Einheimische. Die beiden, sicherlich nicht älter als vierzig Jahre, hocken unter ihrem Sonnendach und beobachten ihn neugierig. Axel legt an und läuft die Sandbank hinauf, um wie üblich, das Gespräch nach Trinkwasser und Bananen anzufangen. Die beiden bleiben im Schatten hocken, Axel steht davor und stützt sich auf sein Paddel. Die Unterhaltung ist holprig. Auch die Indianer sprechen schlecht castellano, so daß es schwierig ist, einen gemeinsamen Wortschatz zu finden. Bananen haben sie nicht. Sie sind schließlich zum Fischen hier. Trinkwasser gibt es in Hülle und Fülle. Der ganze Fluß ist voll davon.

An den großen festliegenden Baumstämmen im Fluß vor ihrem Lagerplatz hängen an einer bestimmt fünf Millimeter dicken

Nylonschnur Seehaken Größe sechs in der Strömung. Diese Fleischerhaken werden mit einem Stück Fisch von doppelter Faustgröße bestückt und im Fluß versenkt. Alle paar Stunden paddelt der Fischer vorbei und zieht meist einen Wels, nicht kürzer als einen Meter, heraus. Diese Fische haben Köpfe so groß wie Wassermelonen. Wenn man die Tiere von nahem sieht, staunt man, was unter uns im Wasser alles lebt. Diese Riesen springen genauso aus dem Wasser wie ihre kleineren Verwandten. Der Fluß ist die reinste Fischsuppe.

Etwas weiter flußaufwärts haben die Indianer einige Maniokfelder, die gelegentlich geerntet werden. Sie lassen sich von ihren Feldern aus stückchenweise von Sandbank zu Sandbank den Fluß hinabtreiben und ernähren sich in dieser Zeit nur von Fisch. Wenn sie genügend gesalzenen Trockenfisch beisammen haben, wird dieser an den Flußhändler gegen andere Naturalien eingetauscht. Damit paddeln sie wieder stromauf, um die Runde von vorn zu beginnen. Nur während der Hochwasserzeit leben sie bei ihrer Sippe in einem flußabwärts gelegenen Dorf. Wie weit es bis dahin ist, läßt sich nicht klären. Unsere Zeitvorstellungen sind zu unterschiedlich. Wenn die Indianer einmal im Boot sitzen, dann paddeln sie. Tag und Nacht. Bei der Ankunft wird sich schon etwas zu essen finden. Zwischendurch brauchen sie nichts.

Zum Abschied erhält Axel ein Stück echten indianischen Trockenfisch und bedankt sich mit einem Angelhaken.

Unser elementares Interesse an den Flußbewohnern orientiert sich an den Tauschmöglichkeiten. Dabei schneiden die Flußindianer schlecht ab. Als wir das erste eingetauschte Stück Trockenfisch aus Unkenntnis ohne zu wässern in den Reistopf warfen, verwandelte er sich in ein Salzbergwerk. Der Reis wurde völlig ungenießbar. Trockenfisch muß man vor dem Essen wässern oder sogar auskochen, was den Geschmack leider nicht verbessert. Oberflächlich betrachtet sieht das Leben der Flußindianer uninteressant aus, und sie ähneln in ihrem zerlumpten Aufzug eher üblen Slumbewohnern als selbstbewußten Angehörigen einer alten Urwaldkultur. Eigene Vorurteile bemerkt man erst spät.

Viel größere Erfolgschancen auf der Suche nach Informationen und Eßbarem bieten die Bretterhütten der Urwaldbauern. Die dort lebenden Menschen empfinden sich erst seit der zweiten oder dritten Generation nicht mehr als Indianer und sind im Unterschied zu ihren Vorfahren seßhaft. Oft gehen die Kinder sogar mehrmals im Monat zur Schule.

Eine Steigerung der Zivilisationsstufe ist ein Dorf. Ein richtiges Dorf erkennt man an seinem Schild, das ist das Wichtigste. ›Colectivo Nuevo Esperanza, Genossenschaft Neue Hoffnung, gegründet vor sechs Jahren‹, steht auf einem Schild am Strand. Dahinter verschwindet ein Trampelpfad im Ufergestrüpp. Axel und Peter verpflichten sich, das Dorf zu suchen, während ich Trinkwasser bereiten soll. Heute bin ich dran.

Unser Wasserfilter soll Schwebstoffe und Bakterien vom Flußwasser trennen. So hatten wir uns das gedacht. Wenn dem so wäre, dann gibt es in diesem Fluß kein Trinkwasser. Der Filter läßt einfach nichts durch. Mit der Filterpumpe sechs Liter Wasser herauszupressen, ist Schwerstarbeit. Der Lehm setzt sich sofort außen an der Filterkerze ab und bildet eine fast undurchlässige Schicht. Nach einer Pumpstunde braucht man selber einen ganzen Liter.

Während ich, mit meinem Boot wie eine Boje an einem Stück angeschwemmten Treibholz angebunden, auf dem Fluß treibe und pumpe, packen Axel und Peter ihre Boote auf den Bootswagen und verschwinden damit hinter den Büschen. Sobald ich fertig bin, laufe ich hinterher.

Das Dorf, bestehend aus vier Hütten, die ohne Stelzen auf dem lehmigen Boden stehen, hat neben dem obligaten Fußballplatz eine Schule mit Appellplatz und Fahnenstange. Wir bekommen das ›Schulhotel‹ zur Übernachtung. Die Schulbänke werden zur Seite geschoben und unsere Hängematten ins Gebälk gebunden. Die Boote parken davor.

Der Dorfvorsteher persönlich hilft uns beim Einrichten und lädt uns danach zu seiner Hütte ein. Einige Stämme liegen als Bänke im Geviert vor dem Hütteneingang. Weitgereiste Gäste wie wir erhalten zur Begrüßung Chicha, ein gäriges Bier aus Maniok. Der Krug macht die Runde, bis er leer ist.

»Schmeckt gut, was! Weißt du, wie das Zeug hergestellt wird?« fragt mich Axel grinsend.

»Na klar, bisher wollte ich bloß nicht daran denken.«

Nun tue ich es doch. Welche von den zahnlosen Frauen hat wohl das körnige Maniokmehl, das Farinha, gekaut und zum Gären wieder ausgespuckt?

Erschreckend ist, daß bei fast allen Frauen die oberen Schneidezähne fehlen. Anfangs argwöhnte ich ernsthaft, ein mir unbekanntes Schönheitsideal entdeckt zu haben, bis mir eine Frau erklärte, daß die Zähne vom Cocakauen ausfallen. Einige Familienväter leisten sich

113

für ihre Frau eine in Großserie hergestellte, künstliche Kauleiste aus Plastik, die zu Hause mit der Machete angepaßt wird.

Die Familie der Urwaldbauern wird vollständig vom Vater beherrscht. Ist er einmal nicht zu Hause, vertritt ihn der älteste Sohn. Die Mutter ist lediglich für die Küche und die Kinder zuständig. Vielleicht ändert sich dieser Zustand durch die Schulbildung irgendwann einmal. Für uns ist wichtig, daß der Vater anwesend ist. Er entscheidet, ob wir bleiben dürfen oder nicht, seine Frau würde uns sicherheitshalber wegschicken. Dabei unterhalten wir uns lieber mit den Frauen, weil sie sich durch das Sprechenlehren ihrer Kinder viel schneller auf unseren eingeschränkten Wortschatz einstellen können. Meist treffen wir die Frauen am Waschplatz. Auf einem dicken Stamm am Ufer oder auf ein paar Brettern schlagen sie mit einem Knüppel auf die nasse Wäsche ein. Daß man damit schweißverschmutzte Sachen ohne Waschmittel reinigen kann, ist erstaunlich. Wegen der hohen Luftfeuchtigkeit ist Wäschetrocknen ebenfalls eine ernst zu nehmende Beschäftigung. Wir mit unseren muffeligen Sachen können das bestätigen. Nur in praller Sonne wird die Wäsche richtig trocken, sonst kann man ewig warten.

Der Dorfvorsteher humpelt umher. An seiner geschwollenen rechten Ferse hat er zwei mehrere Millimeter große Einstichlöcher. Bei einer Tapirjagd vor zwei Wochen, erzählt er, schlich er tagelang einem ausgewachsenen großen Tier hinterher und bemerkte dabei eine Schlange nicht, die ausgerechnet ihn als Leckerbissen ausgewählt hatte. Ihm gelang es gerade noch, die Schlange mit seiner Machete zu erschlagen, danach fiel er in tiefe Bewußtlosigkeit. Statt Tapir landete die Schlange im Kochtopf. Dem weiten Abstand der Bißlöcher nach zu urteilen, war die Schlange ausreichend groß. Sicherlich sind alle satt geworden.

Das Dorf wurde vor zehn Jahren von einer einzigen Familie gegründet. Vor sechs Jahren erhielt die Ansiedlung Dorfrecht, und in diesem Jahr hat die Schulbehörde sogar eine Lehrerin geschickt. Die Leute sind stolz darauf. Sie haben das Dorf und die Schule gebaut, und der Staat revanchiert sich dafür.

Weil Lehrer in Südamerika zwar gebraucht, aber nicht besonders anerkannt werden, erwähnt Axel nie, daß er auch einmal einer war. Die Lehrerin dieses Dorfes hat nach einer kurzen Ausbildung ihren ersten Lehrauftrag. Sie ist ein junges Mädchen vom Hochland aus El Alto, dem Armenviertel von La Paz. Als Älteste von vierzehn Geschwistern muß sie für ihre Familie Geld verdienen. Vor ihrer Reise hierher wußte sie nicht einmal, daß es den Rio Beni und das Amazonastiefland in Bolivien gibt. Für ein Jahr soll sie im für sie völlig unbekannten Urwald unterrichten. Ihre Schüler sind nicht viel jünger als sie. Damit hat sie einen schweren Stand im Dorf, vor allem bei den Männern, die mit ihren Wünschen ziemlich direkt sind.

Nach Chicha gibt es Casa Real, einen Klaren. Das Händlerboot ist gekommen und bringt unglaubliche Schätze mit. Schnaps und Coca in Mengen. Mein Nachbar wickelt aus Cocablättern und Holzasche eine Rolle und schiebt sie mir ungefragt in den Mund. Gut erzogen, bedanke ich mich und kaue wie alle anderen darauf herum. Wenn man es kann, bildet sich eine kompakte Kugel, die je nach Laune von der linken Wangentasche in die rechte geschoben wird und umgekehrt. Jeder hat so eine Beule im Gesicht. Nur meine löst sich auf. Wahrscheinlich habe ich zu stark und zu früh zugebissen, jedenfalls zerfällt die Beule in meinem Mund zu einem faserigen Belag aus klebrigen Blattresten.

»Spuck's aus, spül mit Casa Real nach und versuch es noch einmal!« fordert mich mein immer undeutlicher sprechender Nachbar auf.

Auf der Holzbank neben mir erläutert der Händler Axel die Vorteile bolivianischer Frauen. Peter versucht, die in immer kürzeren Abständen kreisende Schnapsflasche unbemerkt an sich vorbeizuleiten. Vergebens. Wachsame Augen entdecken den Spielverderber. Die junge Lehrerin kreischt laut auf. Die Fiesta schlägt in ein Besäufnis um.

Nebenbei erhält der Händler zwei große weiße Kunststoffsäcke. Was sie enthalten, sagt uns keiner. Wir denken es uns. Vom Maniok allein kann keiner leben. Die Kokainsucht des Westens ermöglicht den Leuten ihre Existenz.

Am nächsten Morgen müssen wir schnell fertig sein. Pünktlich um sechs Uhr bimmelt die Lehrerin den Schulgong zum ersten Mal. Eine Autoradkappe hängt neben der Schultür. Sie ist der Ersatz für eine Schulglocke. Um sieben, zum letzten Gong, stehen acht kleine Schüler auf dem Appellplatz. Die Schüler aus den Hütten der gesamten Gegend marschieren in Zweierreihe um den Fahnenmast. Die Lehrerin zieht die Staatsflagge hoch, der Unterricht beginnt. Zum Anfang muß ein kleiner Junge vortreten und sich entschuldigen. Er ist während der letzten beiden Tage mit seinem Vater zur Jagd gewesen. Die Lehrerin akzeptiert das. Es gibt lebenswichtige Dinge, die sie nicht vermitteln kann.

Bei der nächsten Pause auf dem Fluß verordnen wir unseren Mägen eine harte Kur. Wir können einfach nicht soviel Trinkwasser filtern, wie wir brauchen. Die Zeit und die Energie dafür fehlen. Gestern haben wir bei den Dörflern abgestandenes Flußwasser zu trinken bekommen, das wir schon aus Höflichkeit nicht ablehnen können. Das wird sich auch in Zukunft nicht vermeiden lassen. Wenn unsere Mägen das Flußwasser weiter so gut verkraften, dann bleibt nur noch die Gefahr von Würmern und Amöben. Damit müssen wir eben auskommen. Ab jetzt wird Kochwasser nicht mehr gefiltert, und als Trinkwasser nehmen wir das Wasser von den Hütten am Ufer. Die Einheimischen leben ja auch noch.

Der Urwald am Ufer enthält wenig Nahrhaftes. Daran ist schon Orellana verzweifelt. Der hat daraufhin mit Waffengewalt den Indianern das Essen geklaut. Das ist nicht unsere Art.

Die einzige Möglichkeit, die außer Tauschhandel bleibt, ist Angeln. Das dazu benötigte Köderfleisch müssen wir uns bei einem Indianer besorgen. Es stinkt in Peters Boot vor sich hin. Nachdem das meiste Köderfleisch ergebnislos von hinterhältigen Fischen abgeknabbert wurde, bemerke ich am letzten Köderstück ein Zappeln an der Leine. Ein forellengroßes Fischchen hängt an dem für ihn viel zu großen Haken. Wenigstens als Ersatz für das verbrauchte Köderfleisch könnte es reichen. Beim Betrachten meines Fanges fällt auf, daß dieser Fisch keine Kiemen hat. Vorwurfsvoll schauen mich Axel und Peter an.

»Am Amazonas gibt es Delphine. Ist das etwa ein kleiner?«

»Wollen wir nun angeln oder nicht? Was wollt ihr denn sonst essen?«

»Ja, aber …, das kannst du doch nicht machen!«

»Ich habe ganz einfach den Haken ausgeworfen. Dieser Fisch hat doch von allein angebissen! Muß ich mich jetzt dafür entschuldigen?«

Als ob ich einen nahen Verwandten an die Kannibalen ausliefern wollte, schieben mir beide die gesamte moralische Schuld zu. Selbst als klar wird, daß der Minidelphin ein Lungenfisch ist, setzt keiner die Angelei fort.

Axel erinnert sich, schon immer keinen Fisch zu mögen.

Peter möchte nicht ständig stinkendes Köderfleisch transportieren.

Ich erkenne deutlich, daß man die Geduld und die unendliche Zeit der Flußindianer zum Angeln braucht. Der erste Fisch ist gleichzeitig unser letzter.

Es gibt Platanos und Papayas zum Abendbrot. Hauptsächlich, weil

Angeln zeitaufwendig ist und wir nach Trinkwasser und Früchten sowieso bei den Bauern fragen wollen, bleibt die Versorgungsfrage ein Zufallsspiel und von den Möglichkeiten der verstreuten Bauern abhängig. Da kommt wenigstens ein bißchen Spannung auf.

Wenn wir unseren regelmäßigen Tauschhandel durchführen, bekommen wir Fleisch gegen Angelhaken. Dagegen erhalten wir rohen Fisch oft als Zugabe geschenkt. Fleisch liegt meist als Jagdbeute im Stück auf dem Rost über dem Feuer und wird dabei solange geräuchert, bis es alle ist. An den danebenliegenden Resten ist genau zu erkennen, was für ein Tier erlegt wurde. Manchmal ist es ein Stück Tapir oder Fleisch von einem Hotschy, einem großen Nagetier. Als seltene Delikatesse stellen sich Affenarme heraus. Nur die gehäuteten Affenkörper auf dem Rost sind gewöhnungsbedürftig. Sie wirken kannibalisch.

Die Lehmufer werden um so höher, je weiter wir uns von Rurre entfernen. An dem Zustand der Treppen, die mit Macheten aus dem Steilufer geschnitten werden, sind schon vom Wasser aus die Möglichkeiten des Tauschhandels gut abzuschätzen. Je gepflegter die Treppe, desto besser das Geschäft. Leider läßt das einheimische Bedürfnis nach Obst immer mehr nach. Zitrusfrüchte werden zur Seltenheit. Selbst Platanos gibt es nicht mehr. Man ißt nur noch Maniok.

Wir versuchen nun immer öfter wegen der Verpflegung und dem Kontakt zu den Einheimischen, neben den Hütten oder in den Dörfern zu übernachten.

Bereits zehn Tage nach Rurrenabaque beenden wir ganz unüblich schon vier Uhr nachmittags den Tag auf einer Sandbank. Mit viel Mühe holen wir per Boot von den umliegenden Treibholzbänken Lagerfeuerholz zusammen und feiern Halbzeit bei zünftigem Skat und sandigem Tee, bis die Moskitos kommen. Auf der Karte haben wir die Hälfte der Strecke bis Riberalta geschafft. Es läuft besser als gedacht. Wir sind guter Dinge und sicher, zügig weiter voranzukommen.

KAPITEL ACHT

Echte Indianer

Seit gestern paddeln wir in einer Flußwüste. Links und rechts des Stromes erstreckt sich bis zu hundert Metern die trockene, wellige Sandfläche des Flußbetts, in dem das Wasser während der Regenzeit bis über die Ufer anschwillt. Wie ein Priel bei Ebbe windet sich das wenige restliche Wasser zwischen den Sandbänken dahin. Dort, wo die Strömung den Rand einer hohen Sandbank abträgt, entsteht eine lange, senkrechte Abbruchkante. An manchen Stellen ist sie bis zu vier Meter hoch. Wo das Wasser am stärksten gräbt, ist die Strömung am kräftigsten. Trotzdem lassen wir uns nicht verführen, dicht an diesen Wänden vorbeizufahren. Wie von einem kalbenden Gletscher bricht von Zeit zu Zeit ein unterspülter lastwagengroßer Brocken ab und klatscht ins Wasser. Gletschereis bricht mit einem lauten Knall als letzte Warnung, die Sandbankstücken rutschen still, bis sie mit lautem Klatschen auf die Wasseroberfläche aufschlagen. Oft genug werfen uns die entstehenden Wellen fast aus dem Boot, regelmäßig überkleckert uns der aus dem Wasser hoch aufspritzende Schlamm.

Axel gewinnt eine Mutprobe, als er mit viel Glück dicht an einer zweihundert Meter langen Wand vorbeipaddelt. So etwas macht er erst, seitdem uns die Sonne täglich unbarmherzig auf den Kopf knallt. Wir freuen uns, als aus Süden dicke Wolken auftauchen und endlich die Sonne verdecken. Bald übertreibt es das Wetter. Es wird so kühl, daß wir uns Jacken überziehen müssen. Lediglich Axel mißt dem Wetterumschwung größere Bedeutung bei. Mit sorgenvollem Gesicht spricht er ein folgenschweres Orakel:

»Es gibt hier nicht nur ein bißchen Sonne oder ein bißchen Regen. Im Amazonastiefland ist alles gewaltig.«

Der Wind frischt auf und bildet an den Leeseiten der Sandbänke kleine Windhosen. Zwischen den Zähnen knirscht der Sand. Was hatte der Motorbootfahrer des Schweden prophezeit?

»Unten am Beni gibt es Sandstürme.«

Eine halbe Stunde später ist der Sturm da.

»El Sur«, brüllt Axel zu mir herüber, »das kann Tage dauern!«

Aus den kleinen interessanten Windhosen haben sich drohende Säulen aus wahnsinnig schnell kreisenden Sandkörnern entwickelt, die bis in die tief hängenden Wolken reichen. Links und rechts von uns tanzen mehrere Sandstrahlgebläse dieser Art von einer Sandbank zur anderen, als spielten sie miteinander. Sie umkreisen sich, stoßen aufeinander, verschmelzen und manchmal teilt sich auch eine Sandsäule. Wenn sich einmal so ein Staubsauger auf den Fluß verirrt, reißt er das Wasser nach oben, bis er unter seinem eigenen Gewicht zusammenbricht. Die Regenwolken bringen einzelne schlammige Tropfen mit sich. Der Wind treibt kurze Wellen mit Schaumkämmen über den Fluß. Nichts Schlimmes ahnend, sind wir mit offener Spritzdecke in dieses Inferno geraten und haben nun wegen der Wellen keine Gelegenheit, sie rechtzeitig zu schließen.

Der aufkommende Sturm zerstört die Riesenwindhosen auf den hohen Ufern. Der feine Kies verteilt sich. Im Nu verringert sich die Sicht auf wenige Meter. Der nasse Sand klebt in den Haaren, reibt in den Augen und verkrustet die Lippen. Der Fluß sieht kaffeebraun aus. Er scheint mehr Sandkörner als Wassertropfen zu enthalten. Wir fahren nach Gefühl, und versuchen, in der Strömung zu bleiben, ohne zu wissen, was vor uns liegt.

»Wozu müssen wir denn weiter? Wenn der Sturm hinter der nächsten Biegung direkt von vorn kommt, ist sowieso Schluß!« brüllt Peter, bis er vom Sandschlucken einen Hustenanfall bekommt.

»Und wenn an Land wieder eine Windhose kommt, was dann?«

Würden wir etwas sehen, wären wir längst an Land. Aber ohne sicher zu sein, daß die Riesenwindhosen weg sind, traut sich keiner ans Ufer. Verbissen paddeln wir weiter, ohne zu erkennen, ob wir vorwärts kommen oder zurücktreiben. Der Fluß verwandelt sich in eine kochende Sandsuppe.

Endlich drücken die ersten kräftigen Regenschauer den lockeren Sand nieder, versiegeln die Sandbänke, so daß der Wind keine neue Fracht aufnehmen kann. Mit dem Regen verbessert sich die Sicht. Die Windhosen sind weg.

»Drüben, ein Boot am Ufer. Daneben kann man zelten!«

Peter hat den Platz als erster erspäht. Axel und ich eilen ihm nach. ›El Dorado‹ steht auf dem Ortsschild am Ufer. Das ist uns völlig egal. Und wenn sie Gold verschenken würden, wir wollen nur ins Zelt und uns aufwärmen. Innerhalb einer halben Stunde ist die Temperatur um zwanzig Grad gefallen. Mit blaugefrorenen Lippen, vor Kälte schlotternd und sandverklebt kriechen wir ins Zelt, das bald innen genauso schmierig und sandig aussieht wie wir selber. Es knirscht bis in die Schlafsäcke hinein. Egal, bloß wieder warm werden.

»Was ist El Sur?« will ich von Axel wissen.

»El Sur ist der Südwind. So nennen ihn die Leute vom Amazonas.

Wenn die kalte Luft aus Patagonien an den Anden nach Norden gelangt, unterbricht sie den warmen Passatwind und es wird kalt. Nach ein paar Tagen scheint aber wieder die Sonne.«

Die Ortschaft El Dorado liegt zwei Wegstunden von ihrem Anlegeplatz entfernt im Dschungel. Die Rinderzüchter haben nur einen interessanten Namen gesucht. Gold gibt es hier nicht.

In trübem Wetter paddeln wir weiter. An einer Flußbiegung zeigt sich ein Hügel. Ein richtiger Hügel. Er ist sogar so hoch, daß er die umliegenden Bäume überragt. Mitten in einer total platten Landschaft hat sich ein kleiner Berg hierher verirrt.

»Mensch, das ist Puerto Cavinas! Heute gibt es Bier und ein Lomo!« ruft Axel.

»Mach dir nicht zu große Hoffnungen«, wiegelt Peter ab.

»Wieso denn nicht? Heinz hat von einem großen Militärstützpunkt erzählt.«

»Ja, vor zwanzig Jahren vielleicht. Jetzt herrscht keine Diktatur mehr. Da geht es den Soldaten nicht besser als den Bauern.«

»Die Armeeküche ist bestimmt mindestens so eintönig wie unser Haferbrei. Aber auf jeden Fall anders!«

Schnell steigen Sehnsüchte in uns auf. Besonders lange sind wir eigentlich noch gar nicht auf dem Fluß. Sind es die Entzugserscheinungen in der Anpassungsphase an unser Sandbankleben oder schon Folgen der einseitigen Ernährung aus Haferflocken und Reis? Die Leute am Fluß reden schon seit Tagen von dem Laden in Cavinas. Das muß der reinste Supermarkt sein. Heute wollen wir uns was leisten. Nach unserer Zeitrechnung ist wahrscheinlich sogar Sonntag, sicher sind wir uns aber nicht.

Cavinas entpuppt sich als großzügig ausgestatteter Stützpunkt des bolivianischen Marinecorps. Am Ufer liegt ein Motorboot, das nicht nur wie sonst aus einem großen Einbaum besteht. Oben an der Ufertreppe hält uns ein schwer bewaffneter Soldat an. Obwohl wir freiwillig angelegt haben, werden wir von ihm abgeführt und müssen uns vor der Kommandantur aufstellen. Nach einigen Minuten, die der Hafenkapitän sicherlich der Form halber in seiner Bretterbude abgewartet hatte, um uns nervös zu machen, sollen wir unsere Genehmigung von der Hafenbehörde aus Rurre zeigen.

»Buenos Diaz, el certificado por favor, Guten Tag, die Papiere bitte!«

»Buenos Diaz, no hay certificado, Guten Tag, wir haben keine.«

Axel geht sofort auf Konfrontation. Die Vorstellung, daß hier um

die Ecke eine gemütliche Tienda ist, und wir uns mit diesem aufgeblasenen Matrosen unterhalten müssen, läßt ihn alle Toleranz vergessen. Soviel verstehen Peter und ich auch von den folgenden gegen-
seitigen Unterstellungen, daß wir Axel unterbrechen und auf eine
neue Linie bringen müssen. Sonst dauert das Verhör noch ewig.

Mit veränderter Stimmlage überreicht Axel unsere Pässe zur Kontrolle und wedelt mit bunten Fotos von der Weltumradelung, die sich
der Kapitän ansehen dürfe, wenn er unsere Pässe wohlwollend ge-
prüft hätte. Sofort ändert sich unsere Situation. Der Soldat nimmt sein
Gewehr und verschwindet. Wir dürfen in den Ort und sollen uns
später noch einmal melden.

Der Supermarkt entpuppt sich als zweigeschossiges Gebäude, in
dem ein alter Italiener ein schlecht gehendes Geschäft betreibt. Der
feingliedrige Mann mit wilhelminischem Schnauzbart ist von ganz
altem Schlage. Begeistert über seine allerersten deutschen Kunden in
Bolivien begrüßt er uns mit Heil H... und beginnt, uns die Gründe
der Niederlage Deutschlands im zweiten Weltkrieg eingehend zu erklären. Seiner Meinung nach hätte man nur auf den Falschen vertraut, alles andere wäre absolut in Ordnung gewesen. Und wegen
der Fehler sei er schon seit 1946 hier. Seine Eltern und Geschwister
haben sich diesen völlig entlegenen Ort ausgesucht und aus alter
Tradition dieses Haus zweigeschossig errichtet. Nur sein Bruder wäre
weggezogen. Die Eltern haben den Urwald nie wieder verlassen. Nun
ist er der letzte lebende Sproß seiner Familie. Niemand im Ort kann
sich vorstellen, wo er herkommt und warum. Er ist nicht allein in
Puerto Cavinas, aber sehr einsam. Und jetzt kommen Deutsche zu
ihm. Die Welt hat sich verändert.

Wir seien so schön groß, so hat er die deutschen Soldaten in Erinnerung. Immer wieder müssen wir uns in die Türfüllung stellen, damit er sich daran ergötzen kann, wie wir den Kopf senken, um hindurch zu kommen. Die Bolivianer sind alle viel kleiner. Während der
Körpergrößenbetrachtung läßt er einen unaufhörlichen Redeschwall
über deutsche Vorzüge auf uns niederprasseln, dem wir bald nicht
mehr standhalten können. Seine Kindheitserinnerungen beginnen, uns
zu erdrücken.

Allerdings ist seine Tienda eine einzige Pleite. Kein Bier, keine
Konserven, nur überlagerter Kaffee und mit Mäusekot versetzter Reis.
Wir kaufen, was wir kriegen können. Man gewöhnt sich an alles.

Das Gerücht einer warmen Mahlzeit in irgendeiner Kneipe bestätigt sich nicht. Ohne Mittagessen und ohne Bier ist in diesem Nest

nichts anzufangen. Mißmutig sitzen wir vor dem Haus des Hafenkapitäns auf einer Holzbank und schauen auf den Fluß. Möglicherweise hat das Militär noch Reserven, aber wie kriegen wir das heraus?
Plötzlich kommt der Hafenkapitän zu uns und bringt jedem ein
Stück Kuchen, übergibt die Pässe und wünscht uns gute Weiterfahrt.
Höflicher hätte er uns nicht rausschmeißen können. Offensichtlich
mißtraut er uns und weiß nicht, ob sich der Ärger einer Festnahme
lohnen würde. Sind wir gerissene Kokainschmuggler oder wirklich
so bescheuert, diese Reise aus Spaß zu machen? Wenn wir weg wären, wäre er auch sein Problem los. Dafür lohnt es sich, von dem
Sonntagskuchen seiner Frau etwas zu spendieren. Wir wollen ihn
nicht überfordern und steigen freundlich winkend in unsere Boote.

Cavinas ist eine Kulturschwelle. Unmerklich verändert sich die Ufer-
vegetation, auch die Schiffe sind größer als alle vorherigen. Auf der
nächsten Sandbank werden wir nachts vom gleißenden Licht eines
Suchscheinwerfers geweckt. Ein Rindertransporter versucht, über eine
Untiefe stromauf zu kommen. Mehrere Stunden lang probiert er es
immer wieder und jedesmal stehen wir vor Schreck im Schlafsack.
Ein neuer Gesichtspunkt bei der Schlafplatzsuche.
Der nächste Tag beginnt mit einem Käppi auf dem Kopf eines
mittelasiatisch aussehenden Bauern am Ufer. »Inshala«, begrüßen wir
ihn mit seiner traditionellen eckigen Kopfbedeckung. Der Pakistani
ist begeistert, daß wir seine Nationalität schnell erraten und freut sich
um so mehr, als Axel und Peter ihm Reisegeschichten aus Indien und
Bangladesch erzählen. Als er vor dreißig Jahren Pakistan verließ, hieß
es noch Ostpakistan. Er rühmt sich, die höchstgelegene Rinderzucht
am Beni zu betreiben. Die hier üblichen Schweine kommen bei einem Muselman eben nicht auf den Tisch. Wenn man über die kleine,
in mühseliger Arbeit gerodete und mit Seboyagras bepflanzte Weide-
fläche läuft, scheint der Erfolg unbedeutend. Klapprige, hungrige Rinder durchkauen die unergiebige Nahrung immer wieder. Wenn eine
Pampelmuse vom Baum fällt, gibt es für sie Nachtisch. Die Pampelmuse verschwindet komplett im Maul, Augenblicke später spuckt die
Kuh die ausgepreßte Schale wieder aus.
Seinen Nachbarn, einige Kilometer entfernt, überraschen wir beim
Trocknen frisch geernteter Marihuana-Pflanzen. Während alle ande-
ren zu ihrer Sicherheit unbestimmt behaupten, sie lebten von
›Agricultura‹, von Landwirtschaft, gibt endlich einer offen zu:
»Ohne Drogenanbau kann keiner leben.«

Seine Hühner sind dressiert. Üblicherweise legen freilaufende Hühner ihre Eier in Verstecke im Urwald ab, wo sie niemand finden würde. Deshalb hat der Mann mit Stroh gefüllte Blumenkästen am Haus, in die die Hühner brav ihre Eier legen. Er muß sich nicht einmal bücken, um die Eier aufzulesen.

Im Hintergrund hängt ein frisch gegerbtes Jaguarfell zum Trocknen. Der Mann weiß, daß mit den verbotenen Dingen am meisten zu verdienen ist. Das Fell würde er gern verkaufen, ob wir ihm wohl vierhundert Dollar dafür geben könnten?

Schade, dieser Mann schien interessant zu sein. Sein Eintrittspreis ist für uns jedoch inakzeptabel.

Jetzt paddeln wir in regelmäßigen Abständen an niedrigem Sekundärwald vorbei. Ist der ursprüngliche Urwald abgeholzt und der Boden nach nur dreijähriger Bewirtschaftung ausgelaugt und als Feld unbrauchbar, kann er noch als Weideland genutzt werden oder wird sich selbst überlassen. Dort wächst aus den Samen des umliegenden Dschungels ein neuer Wald empor, in dem sich zuerst die schnell wachsenden Baumsorten durchsetzen. Nach mehreren hundert Jahren könnte eine fußballfeldgroße Fläche wieder ihre ursprüngliche Artenvielfalt an Tieren und Pflanzen erreicht haben, vorausgesetzt, der umliegende Urwald bleibt erhalten. Obwohl wir uns besorgt die niedrigen grünen Baummauern des Sekundärwaldes mit dem charakteristischen Lianenbewuchs anschauen, ist mir klar, daß zum Beispiel die in Norddeutschland üblichen in Furchen gepflanzten Kiefernwälder eine höhere Stufe in der Gleichförmigkeit darstellen. In dieser Steigerung sind sie vielleicht nur noch mit den sterilen Pappelfeldern Südeuropas vergleichbar.

Vor tausend Jahren wuchs auch in Mitteleuropa noch Urwald. Der Amazonasdschungel hält nicht mehr so lange.

Am Ufer brüllen Kühe. Ein Motorschiff und ein offener breiter Kahn liegen am Ufer und warten auf die Ladung. Vierzig Kühe sollen nach Riberalta verkauft werden. Als Locktiere stehen auf der Kuhfähre zwei angebundene Kälbchen in der prallen Sonne. Die älteren Tiere lassen sich nicht täuschen. Sie wollen nicht zum Schlachten gefahren werden. Auf dem Steilufer läuft ein Kampf ab. Mit Lassos fangen die Treiber die Kühe an den Hörnern und zerren sie zu dem eng abgezäunten Gatter, das zum Kahn am Ufer hinabführt. Die Kühe treten mit den Hufen um sich und stechen mit den Hörnern nach ihren

Treibern. Eine gefährliche Arbeit. Ist eine Kuh in das schmale Gatter gezerrt, hat sie keine Chance mehr. Der Rückweg wird mit Stämmen verbarrikadiert, zwei Männer ziehen an den Hörnern und zwei andere pieken mit Stöcken in die Seiten, um das Tier weiter zum Kahn zu treiben. In panischer Angst verklemmen sich die Tiere meist mit den Hörnern im Gatter. Dann hilft nur noch ein besonders übler Trick. Ein mutiger Cowboy nimmt das Lassoende und stellt sich in das Gatter vor die Kuh. Solange das Tier bockt, kann er mit dem Lasso an den Hörnern ziehen und nichts passiert. Wenn auf sein Zeichen ein anderer Treiber plötzlich den Kuhschwanz hochreißt, ihn mit ganzer Kraft knickt und in den Bogen hineinbeißt, macht die Kuh einen gewaltigen Satz. Schmerzerfüllt springt sie nach vorn und rast auf den einzigen für sie noch sichtbaren Peiniger zu. Der springt in letzter Sekunde aus dem Gatter und die Kuh stolpert auf den Transportkahn. Der Beißtrick funktioniert fast immer. Manchmal knackt es derartig heftig beim Umbiegen des Kuhschwanzes, daß die Wirbelsäule sicherlich durchgebrochen ist. Das Schauspiel ist brutal. Sollte man beim Steakessen daran denken?

Die nächste Unterbrechung ist die Paranußfarm Fortaleza. Paranußbäume gehören zu den höchsten im Wald. Da sie nicht in Plantagen angebaut werden können, braucht man ein riesiges Gebiet. Dieses haben unsere Gastgeber gepachtet. Das Privatgelände gehört einer Familie aus Riberalta. Der Verwalter begrüßt uns gastfreundlich und lädt uns an Land ein. Die Katen der Tagelöhner sind leer. Die Paranußernte erfolgt zum Ende der Regenzeit und ist längst vorbei. Mehrere hundert Männer suchen dann im Wald nach den Nüssen, die in einer doppelten Schale sitzen. Aus einer Höhe von manchmal über vierzig Metern fallen die großen Nüsse wie Kanonenkugeln von den Baumwipfeln auf die Erde. Die Kugeln werden in der Manufaktur geknackt, und erst hier kommen die bei uns bekannten Paranüsse in ihrer separaten Nußschale zum Vorschein. Das Auflesen der großen Nüsse ist eine lebensgefährliche Arbeit. Immer wieder hören wir von Waldarbeitern, die durch Nüsse erschlagen wurden.

Die Tienda hat Monopolpreise. Auch in diesem Laden wird keine Cola und kein Bier verkauft. Reis mit Sardinen sind das Standardgericht derjenigen, die auf diese Verpflegungsquelle angewiesen sind. Hier werden sie ihr sauer verdientes Geld gleich wieder los. B. Traven läßt grüßen.

Wir sind derart auf ein richtiges Essen fixiert, daß uns die Umstände egal sind. Axel darf wieder verhandeln. Wir entscheiden uns für Hühnerfleisch. Als komplette Bestellung ist dies aber nicht eindeutig genug. Zu oft haben wir uns gewundert, was auf dem Teller alles fehlte. So, als müßte man der Köchin erst das Rezept erklären, ist es Aufgabe des Gastes, die Zutaten und die Zubereitungsart abzufragen. Reis oder Maniok, Bohnen oder Erbsen, Salz und Gewürzsoße. Das hätte seinen Sinn, wenn alle Zutaten vorhanden wären, und der Gast eine echte Auswahl hätte. Meist erfahren wir nur, was nicht vorhanden ist. Gäbe es in der Küche eine Selbstbedienung, würden wir lieber selbst kochen. In den Anden haben wir uns an diese ausführliche Art der Essenbestellung gewöhnt. Mit der Zeit erreichen wir immer öfter, das zu bekommen, was wir uns vorgestellt haben. Die Köchin tritt wenig später mit zwei flatternden Federviechern an unseren Tisch. Die übrigen Gäste schauen interessiert zu. Weiße und braune Federn fliegen durch die Luft.

»Welches möchten sie denn? Wir haben nur diese beiden.«

Wie sollen wir denn das entscheiden? Beide flattern, es ist nicht zu erkennen, ob eines kräftiger ist als das andere. Regelrecht fette Hühner sind auch kaum zu erwarten. Weisen braune und weiße Hühner einen unterschiedlichen Geschmack auf? Das braune scheint eher aufzugeben. Wir nehmen es. Uns überkommt ein unangenehmes Gefühl, so über Leben und Tod entscheiden zu müssen. Auch wenn es sich ›nur‹ um ein Huhn handelt.

Die mit uns an dem langen Tisch sitzenden Waldarbeiter haben ihre Reisschüssel längst erhalten und fangen ohne »Guten Appetit« sofort zu essen an. Andere Länder, andere Tischsitten. Wer fertig ist, sagt zu den anderen Gästen am Tisch »Gracias«, um sich zu bedanken, daß die übrigen mit ihm gespeist haben und steht auf. Die anderen bedanken sich mit »Buen provecho, Guten Appetit!«. Nach dem Essen länger sitzen zu bleiben, gehört nicht zum guten Ton.

Das Fleisch ist so zäh, daß es nur im Stück heruntergeschlungen werden kann. Ein Hühnerbein fehlt. Der folgende Streit eskaliert, weil alle anderen sardinenfutternden Reisstopfer mit großer Anteilnahme die Hühnerverspeisung verfolgen. Wer weiß, wann sich hier mal wieder jemand ein Huhn leistet. Axel ist aufgebracht. Gegen das zähe Fleisch kann man nichts mehr machen, aber für teures Geld offensichtlich beschummelt zu werden, geht zu weit. Die Serviererin und die Köchin streiten alles ab. Nur die Küchenhilfe faßt sich ein Herz und sagt die Wahrheit:

»Das Hühnerbein habe ich für meine kleine Tochter genommen.«

Damit ist für uns der Fall geklärt und erledigt.

Das Huhn ist verspeist, die Sardinen sind alle und nur noch die als Würze hier üblichen, in Öl eingelegten, scharfen kleinen grünen und roten Paprikaschoten stehen auf dem Tisch. Der Halbblutindianer greift sich eine Schote und kaut sie genüßlich. Herausfordernd sieht er uns dabei an.

›Seht her, ihr hühnerfutternden Weicheier aus Europa‹ sprechen seine Augen. Axel und ich sehen gelangweilt Peter an. Für Zweikämpfe ist er zuständig. Der greift in das Glas und futtert auch eine grüne Schote. Wortlos. Das reizt unseren Tischnachbarn. Mit sichtlicher Mühe schlingt er schnell die zweite Schote hinunter. Das macht Peter nichts aus. Die Lage gleicht einem Duell. Auch Peter ißt sich durch die zweite Runde. Jetzt schaut er den Arbeiter auffordernd an und greift wieder nach dem Glas.

»Por favor, bitte!« hält er dem anderen die scharf riechende Flüssigkeit vor die Nase.

Der greift zu und wiegt die Schote in der Hand. Er kämpft mit sich, reißt den Kopf nach hinten, sperrt den Mund auf und läßt die Schote im Stück verschwinden. In seinem Magen rumort es. Man kann es ihm ansehen.

Peter ist dran. Ich merke es in seiner Anspannung, daß auch ihm die dritte Schote nicht leicht fällt. Aber er kaut sie sauber durch. Kein Husten dabei, kein hektischer Griff zur Wasserflasche. Um den Kampf zu entscheiden, geht Peter zum Angriff über. Ohne lange zu warten, kaut er die vierte Paprika. Der andere schiebt das Gewürzglas beiseite und gratuliert ihm.

Auf dem Rückweg laufen wir an zwei quietschfidelen Hühnern vorbei. Ein weißes Huhn und ein braunes. Wir wissen bis heute nicht, was wir auf den Teller bekommen haben.

Die Nacht verbringen wir in unseren Hängematten unter der Überdachung eines Paranußtransporters. Zur Abfahrt können wir soviel Nüsse mitnehmen, wie wir wollen. Noch Tage später treiben wir nüsseknackend den Fluß hinunter.

Krokodile und Schildkröten sind mit zunehmendem Schiffsverkehr und engerer Besiedlung immer seltener. Ich bin unzufrieden über die wenigen Urwaldtiere, denen wir begegnen. Wir paddeln seit Wochen mitten durch den Urwald und sehen hauptsächlich nur Flußvögel. Affen, Frösche und Zikaden sind wenigstens zu hören. Mehr aber auch nicht.

»Mir reicht das hier nicht«, versuche ich Axel und Peter meine schlechte Laune zu erklären, »Ich möchte mehr sehen. Wir sollten mehrere Tage rasten und in den Wald gehen.«

»Wohin willst du denn in den Wald, ohne Führer, ohne einen Indianer? Auf dem Fluß kennst du dich gut aus,« meint Axel, »aber im Wald fangen wir alle von vorn an. Der Einsiedler Eberhard, den wir besuchen wollen, hat in den ganzen zwanzig Jahren seines Urwaldlebens nur zwei Jaguare gesehen. Wenn du nicht weißt, was und wo du suchen mußt, siehst du gar nichts. Wir sind hier schließlich nicht in Afrika.«

Einsicht ist das eine, trotzdem fehlt mir etwas. Abends lagern wir wieder auf einer Sandbank. Wenn ich nach der Abendhektik und dem Wettlauf mit der Zeit und den Moskitos unter dem Moskitonetz auf meiner Decke liege, kommt ein Gefühl des Gefangenseins hoch. Aus dem Urwald dringen Geräusche der Nachttiere an meine Schlafstelle. Affen brüllen, eine Wildkatze faucht. Im Wasser planscht es und etwas blubbert. Die Milchstraße erstreckt sich über dem Fluß. Das dunkle sternenlose Loch neben dem Kreuz des Südens stört mich. Nirgendwo ist es vollkommen. Nicht einmal im Himmel. Dazu kommt, daß hier der Große Wagen auf den Kopf gestellt ist. Seine Ladung Sterne hat sich längst unter dem Horizont verteilt. Dort muß auch der Polarstern sein. Peilen könnte man ihn noch, sehen kann man ihn vom Beni aus nicht mehr.

Allein das konstante Summen der Moskitos und die Sorge um eine Malariaerkrankung halten mich ab, auf eigene Faust loszuziehen. Vielleicht treffen wir endlich einmal einen Jäger oder einen echten Indianer, der uns mitnimmt.

Ein Vogel schreckt aus dem Schlaf und gackert. Glühwürmchen huschen blinkend durch den Uferwald. Ich erinnere mich an die viel stärker leuchtenden Glühwürmchen im Bergnebelwald und schlafe mit den Erinnerungen an die Anden ein.

Der El Sur ist weg! Schon der klare Nachthimmel hätte uns auffallen müssen. Ein schwerer Morgennebel liegt über dem stillen Fluß. Gespenstisch treten die Schattenrisse der knorrigen Bäume am gegenüberliegenden Ufer hervor. Hinter ihnen erhellt die aufgehende Sonne den Nebel wie eine Leinwand. Über den Fluß ziehende Nebelschwaden verdunkeln erneut die Szene, verhüllen die Bäume und verändern ihr Abbild zu himmelwärts zeigenden gekrümmten Fingern. Als die Sonne höher steigt, bringt sie im Gegenlicht über dem dunklen und nebelgrau verhangenen Unterholz die Wipfel der rot und gelb blühenden Tajibo-Bäume zum Leuchten. Eine Sondervorstellung für uns drei Paddler.

Das Abenteuer des Tages ist Mittagessen eintauschen. Mittlerweile überwiegt bei Abenteuern dieser Art die anstrengende Seite. Der Unterhaltungswert liegt mehr bei denjenigen, die sich von fern ansehen, wie sich der Abenteurer des Tages anstellt. Heute bin ich dran. Hilfsbereite Holzfäller schicken mich zu ihrer Hütte. Nach einigen Kilometern flußabwärts rechts würde mir ihre Mutter einige Papayas und Pampelmusen geben. Die Hütte liegt oben auf dem Steilufer. Davor erstreckt sich eine über hundert Meter breite Schlammfläche. Der Wasserstand ist sehr niedrig. Wir legen zusammen am Schlammstrand an. Aufmunternd und fordernd schauen meine beiden Freunde zu mir.

»Na los, doch!« Hämisch grinsend lehnen sich die beiden zurück.

»Und mach nicht so lange! «

Eine Reihe tief in den Schlamm getretener Fußtapsen zieht sich von der Hütte zum Fluß. Kein Zweifel, es gibt keinen anderen Weg. Schon neben dem Boot versinke ich bis über die Knie. Zu allem Überfluß besucht man hier nie jemanden ohne Hemd. Trotz sengender Hitze ziehe ich mich also auch noch an. In der Hütte bewegt sich nichts. Mit dem Paddel in der Hand beginnt eine Schlammschlacht, die ich eigentlich nur verlieren kann. Schon nach wenigen Metern sieht mein Hemd nicht mehr besuchsfähig aus. Hoffentlich finde ich vor der Hütte etwas Wasser, wo ich das Hemd noch einmal durchspülen kann. Während ich mit gesenktem Kopf in unendlicher Langsamkeit auf die Behausung zustrebe, ruft mir Axel etwas zu. Ich drehe mich um und sehe, wie beide ablegen und weiterfahren. ›Feine Freunde‹, denke ich mir und wate weiter. Als ich wieder einmal nach vorn sehe, erkenne ich den Grund für Axels und Peters Aufgeben. Neben der Hütte steht eine Frau und ihr kleines Mädchen. Das Kind hat seine Arme ängstlich um den Schenkel der Mutter gepreßt. Die Frau hält ihre Arme vor dem Körper verschränkt, wie verkrampft. Eigentlich brauche ich gar nicht zu fragen. Diese Frau ist ohne ihre Männer hilflos und abweisend. Über fünfzig Meter Entfernung brülle ich einen einzigen Versuch hinüber.

»Buenos tardes! Por favor, hay Bananas, Papayas? Guten Tag! Haben Sie Bananen oder Papayas?« Die kurze Rede legt die erwartete Antwort nahe.

»No hay, wir haben nichts!«

Vor Wut schmeiße ich das Paddel in den Schlamm. Das aufspritzende Wasser bekleckert nun auch noch das verschwitzte Gesicht. Es reicht. Rund eine Stunde nach Verlassen des Bootes bin ich wieder zurück. Ein Bad im Fluß löst den Schlamm und erzeugt die gewohnte dünne Lehmkruste auf der Haut. Der Normalzustand ist wieder hergestellt. Mal sehen, was weiter vorn passiert ist. Als nächster ist nämlich Axel an der Reihe.

Als ich die beiden erreiche, liegt mein Anteil von vier grasgrünen Platanos und zwei matschigen Papayas bereits parat. Es war wie immer, erzählt Axel.

An einer gut erreichbaren Hütte am Ufer lief das Spiel »Wer hat Angst vorm Weißen Mann?« Akteure: Axel, einige Frauen und Kinder. Die Frauen, nur mit einem Rock bekleidet, hockten am Ufer und klopften ihre Wäsche. Die nackten Kinder spielten und badeten. Als sie Axel erspähten, rafften sie ihr Zeug zusammen und rannten in die weit auf dem Ufer gelegene Bretterhütte. Dort angelangt, zogen sich alle erst einmal an und lugten aus Tür und Fenster des einzigen Raumes heraus. Nun konnte Axel vom Boot aus seine Begrüßungssprüche heraufbrüllen, bis sich die Frauen trauten, zu ihm ans Ufer zu kommen. Hier, wie an den meisten anderen Hütten ist die erste Antwort auf die Frage nach Lebensmitteln »No hay, wir haben nichts«, was im Grunde genommen auch stimmt. Die Hütten sind so einfach ausgestattet und der Essenvorrat auf das Nötigste der Bewohner bestimmt. Hier wird kein Überfluß produziert. Wozu auch? Wohin oder an wen sollte etwas verkauft werden? Daß Axel fünfzehn Platanos im Tausch gegen zehn Meter Angelsehne erhielt, war Glückssache.

Von den vorherigen Tagen kennen wir diesen Ablauf bereits bis zum Überdruß. Für uns ist es sicher, irgendwo erhalten wir schon wieder etwas zu essen. Wir fahren aber auch wieder weiter und leben von unseren Tauschwaren, die beständig weniger werden. Diese Menschen haben ihr Leben darauf eingestellt, als Selbstversorger ständig am Rande des Hungers zu leben. Dabei sind sie unbekümmert und lebenslustig. Nur wenn Neues, Unbekanntes auf sie zukommt, werden sie sich ihrer Armut bewußt. Zur Vorsicht gesellt sich jedesmal die Sorge um das wenige, was sie zum Überleben brauchen. Für uns ergibt sich daraus, daß die Leute fast jedesmal vor uns flüchten. Von diesen ängstlichen Menschen ist auch keine befriedigende Auskunft über den weiteren Verlauf des Flusses zu erhalten.

Für diese Bauern, im Amazonasgebiet meist Caboclos genannt, kommt ihre Diskriminierung hinzu. Sie sind Mischlinge aller Rassen, keine Weißen. Der Begriff Caboclo zeigt lediglich auf, wie sich offizielle Stellen um eine politisch korrekte Bezeichnung bemühen. Das Problem, daß jeder eine andere Wertung in dieses Wort hineinlegen kann, ist damit nicht zu lösen.

Axel stellt seinen Fang zwar als großen Erfolg dar, aber die Menge der ungebratenen, grünen ›Kartoffelbananen‹ erzeugen auch bei ihm ein schauderhaftes Gefühl im Magen. Da die Bananen grün geerntet und an der Hütte aufgehangen werden, um sich später die allmählich reifenden Früchte aussuchen zu können, bekommen wir selten ausgereifte, gelbe Exemplare. Wir können leider die nötigen Mengen nicht in unseren Booten lagern und müssen daher die Bananen unreif essen.

Die Abenteuerqualität bessert sich am Nachmittag. Wir haben ausreichend dreckiges Trinkwasser und einen ganzen Sack voll Pampelmusen. Mal sehen, was wir unseren Mägen noch zumuten können! Manchmal gibt schon einer zu, immer mal wieder an ein gutes Essen in Riberalta zu denken.

»Wollt ihr Fleisch?« schallt es über den Fluß. Fernando, ein Jäger, ruft uns zu seinem Lager. Aufgeschlossen und auf Unterhaltung erpicht, lädt er uns zum Essen ein. Er hat offensichtlich das Jagdglück gepachtet. Vor einem mit Palmenblättern provisorisch abgedeckten Unterstand mit einem löchrigen Moskitonetz brutzelt ein knuspriges Stück Hotschy auf dem Feuer. Am Ufer liegen einige große Welsköpfe, an denen die Urubus picken. Unter einem zum Trocknen zwischen die Bäume gespannten Fell liegt eine frisch gehäutete Wildkatze. Die Wildkatze sieht ohne Fell nackt aus. Ein ungewohnter und zugleich faszinierender Anblick. Katzenfleisch wird nicht gegessen, sondern gewöhnlich weggeworfen. Zwischen Fernandos Beinen läuft ein junges Hündchen. Die Luft hat einen extremen Sättigungsgrad an schwarzen Stechfliegen erreicht, die sicher durch das Fleisch angelockt werden. Selbst Fernando schlägt gelegentlich hektisch um sich. Er erzählt, daß ihn seine Bauerngenossenschaft an diesem Platz für eine Woche abgesetzt hat, damit er für alle Fleisch schießt. Ein ansehnlicher Berg gesalzenen Fleisches hängt in Palmblätter eingepackt an einem Ast. Auch er will uns das Fell verkaufen. Unseren Einwand, die Verbote und den Tierschutz zu beachten, kennt er. Es stört ihn nicht. Er bietet uns an, ihn auf der Tapirjagd zu begleiten. Er wüßte, wo eines lebt. In drei Tagen wären wir wieder zurück, sagt er und erschlägt mit sicherer Handbewegung zwei Stechfliegen auf einmal.

Beklommen stelle ich fest, daß meine Vorstellungen von einer Dschungeltour stärker einem Waldspaziergang ähneln, als mir recht ist. Vor die konkrete Wahl gestellt, kneife ich. Ohne Vorbereitungszeit wäre diese Jagd nur eine selbstquälerische Durchhalteaktion. Ob sich Fernando vorstellen kann, was es heißt mit drei Nichtjägern ein Tapir zu jagen, ist auch nicht klar. Das kann ich mir und den anderen nicht zumuten. Der Gedanke an drei Tage ununterbrochenem Stechfliegen- und Moskitoterror treibt mich wieder auf den so friedlichen Fluß. In seiner Mitte, im sicheren Abstand vom Ufer, ist der Urwald gut zu ertragen.

Den Abschluß der Woche bildet eine kleine Papaya-Plantage, wo wir eine Kaffeetüte gegen Papayas zum Selbstpflücken tauschen können. Diese Früchte wachsen an einem Mittelding zwischen Palme und dünnem Baum, meist über vier Meter hoch. Zum Ernten sucht man sich eine Stange und stochert an den Früchten so lange herum, bis eine herunterfällt. Die Schweine der Bauern kennen das Spiel und sind schneller. Sie lassen sich von einem unerfahrenen Paddler nicht so schnell austricksen. Nun muß Peter die Schweine verjagen, während ich mit der Stange im Himmel herumpieke. Wenn man unverhofft von einer überreifen Papaya auf den Kopf getroffen wird, bleibt ein schleimiges Gefühl. Axel macht unterdessen Konversation. Diese Arbeitsteilung ist ungerecht. Peter und ich fühlen uns ausgenutzt.

Abends erreichen wir eine Pontonplattform unterhalb einer einsamen Hütte. Wir dürfen unser Zelt auf dem Ponton aufstellen. Das ist bequem. Die Boote können daneben im Wasser bleiben. Das lästige Gepäckschleppen fällt heute aus. Axel vereinfacht das Essenkochen, indem er der Hausfrau das von dem Jäger erhaltene Fleisch gibt, und sie bittet, uns dazu etwas Reis zu kochen. Ein Teil des Fleisches ist zugleich Bezahlung fürs Kochen. Die Frau nimmt zwei Schüsseln, stellt sich auf eine freie Fläche vors Haus und schüttet die geschälten Reiskörner in hohem Bogen von der einen Schüssel nach unten in die andere. Der Wind soll dabei die Spreu und den Mäusedreck vom Reis trennen. Leider ist der Wind heute schwach.

Während wir in der kurzen Abenddämmerung auf dem Steilufer oben vor der Hütte sitzen, essen und auf die Moskitozeit warten, erzählt der Bauer von seiner Familie. Ein Dauerthema sind die bereits an Malaria gestorbenen Verwandten. Seine Hütte liegt günstig, meint er.

»Hier oben weht der Wind die Moskitos wenigstens ein bißchen weg, aber da unten, da ist die Hölle« und zeigt auf den Ponton. Dort steht unser Zelt. Der Eingang flattert einladend offen ...

Am nächsten Morgen verfolgen wir die Schulvorbereitungen der drei Kinder. Die beiden Mädchen sind wie überall auf der Welt eifrig und pünktlich abmarschbereit. Nur der kleine Bruder ist noch nicht fertig, er frühstückt noch.

»Geht schon mal vor, ich komme gleich nach«, wimmelt er seine Schwestern ab.

Diese wandern den malerisch hohen und engen Gang eines Bambushains hindurch zu ihrem Einbaum an einem Flüßchen, auf dem sie zu ihrer Schule stromauf paddeln müssen. In sicherem Abstand schlendert der Bruder hinterher und ist bald wieder zurück.

»Die beiden haben nicht gewartet«, beschwert er sich bei seiner Mutter. Die kann nun auch nichts mehr ändern. Sie haben nur das eine Boot. Der Bruder hat schulfrei und die großen Schwestern brauchen sich nicht um den kleinen Jungen zu kümmern.

Die nächsten Tage vergehen ohne bedeutende Ereignisse, abgesehen davon, daß an einigen Stellen am Ufer brüchiges Gestein hervortritt. Bereits kleine Veränderungen verdienen Aufmerksamkeit. Plötzlich ertönt Musik über den Fluß. Irgendwo, noch weit entfernt vor uns, macht jemand richtig Krach. Das ist neu. Ein Fischer erzählt von einer Fiesta, gleich im nächsten Dorf. Ein Fest? Da wollen wir hin! Der Gedanke an tanzende Mädchen, Essen und Trinken beflügelt sofort unsere Phantasie. An der letzten Flußbiegung vor dem Dorf halten wir an. Jetzt haben wir einen triftigen Grund, uns zu waschen. Seit Rurre reicht uns das gelegentliche Bad in der Lehmbrühe. Heute wird sogar Seife benutzt. Axel hält auch Parfüm für erforderlich. Ich nicht. Jeder arbeitet auf seine Weise am eigenen Image.

An der Anlegestelle des Dorfes liegen zwei Schiffe, ein Motorboot und massenhaft Einbäume. Aus einem der Schiffe werden gerade die Lautsprecher ausgeladen und auf den Dorfplatz verfrachtet. Heute fallen wir einmal nicht so stark auf. Die Dörfler schauen begeistert auf die Technik. Wo schon ein einfaches batteriebetriebenes Radio etwas Besonderes ist, kann man mit Stadionlautsprechern enorm Eindruck machen.

Die vermeintliche Fiesta entpuppt sich als eine Missionierungsaktion einer brasilianischen Sekte. Die Dörfler, die ihre Kinder schnappen, wenn sie uns nur von weitem paddeln sehen, werden mit Kas-

setten- und Videorecordern, Fernseher, Mischpult und Keyboard von
sechzehn Sektenmitgliedern regelrecht überfallen. Axel überlegt ernsthaft, ob wir die Bauern vor den Sektierern schützen sollten. Peter ist
sich allerdings sicher, daß spätestens im nächsten Jahr der Auftritt
wiederholt wird. Ein Streit lohnt sich nicht. Außerdem kennen wir die
Leute hier ja gar nicht. Wer weiß, welche Mißverständnisse in einer
philosophischen Diskussion vor Fischern und Bauern erst erzeugt
werden, die wir überhaupt nicht mehr steuern könnten. Für mich ist
die Entscheidung einfach. Ich möchte gerne einmal erleben, wie heutzutage missioniert wird.

Den Evangelicos ist es nicht recht, daß wir ihren Auftritt miterle-
ben. Sie fürchten, wir würden ihnen die Show vermasseln. Offensichtlich kennen sie ihre Wirkung auf Europäer. Nach gegenseitigem
Ausfragen arrangieren wir uns. Wir akzeptieren ihre Show und sie
lassen uns dafür von ihrem Buffet für das Dorf mitessen. So leicht ist
ein Paddler erpreßbar.

Mit den Sektenmissionaren fährt ein Motorboot der Organisation
Medicos sin fronteras, Ärzte ohne Grenzen. Ein Arzt und zwei ange-
lernte Gehilfen betreuen die Dörfer an über anderthalbtausend Kilometer Flußlauf. Die Helfer bekämpfen durch Nebelgeneratoren mit
Insektenvernichtungsmitteln deutscher Produktion die stechenden
Insekten. Die Gehilfen heißen Moskiteros, das klingt wie Musketier,
eine klangvolle Berufsbezeichnung. Bei uns heißen solche Leute bloß
Kammerjäger. Aber Moskitero – wie stolz das klingt. Die Ärzte ohne
Grenzen sind eine Symbiose mit der Sekte eingegangen. Die Sekte
erhält mehr Zulauf für ihre Show, weil auch die Kranken kommen
und die Medicos bekommen einige Patienten mehr als ohne Sekte
und werden außerdem noch beköstigt. Obendrein haben es alle
moskitofrei.

Auch wir freuen uns auf einen Abend ohne Juckreiz. Für die Kinder läuft schon bald ein Zeichentrickfilm im Vorprogramm. Kinder
und Eltern schauen gebannt in die Röhre. Die meisten haben noch
nie einen Fernseher gesehen, erklärt uns die Lehrerin des Dorfes,
eine dralle Frau im mittleren Alter. Sie ist katholisch aufgewachsen,
erzählt sie. Über den Missionierungserfolg macht sie sich keine Gedanken.

»Die Leute begreifen das gar nicht. Sie sind alle nur wegen Musik
und Fernsehen hier.«

Die Show beginnt bei Dunkelheit. Mit einem Chorgesang, verstärkt
durch die von einem Notstromaggregat betriebenen Lautsprecher,

werden alle Teilnehmer akustisch beeindruckt. Die ›Kirche der Barmherzigen Auferstehung‹ stellt sich vor. In dem folgenden Video erläutert ein weißhaariger älterer Mann, natürlich mit weißer Hautfarbe und Nadelstreifenanzug, daß das Zentrum der Religion Nordamerika sei. Es folgt eine Aufzählung der falschen Propheten, vor denen man sich hüten soll. Steckbriefartig werden sie vorgestellt. Marx, Mao und Martin Luther gehören dazu. In diesem Stil wird dem Zuschauer erklärt, wie die Welt wirklich funktioniert und wovor sich ein angeblich guter Mensch zu hüten hat. Das Wichtigste ist der Glaube an die Sekte und jede Menge Geduld und Opferbereitschaft.

»Wer seine Leiden geduldig erträgt, erhält seine Erlösung nach dem Tod.«

Es ist die ideale Lehre für eine Bananenrepublik. Jetzt kann ich Axels Vorbehalte verstehen.

Die Sektierer merken im Verlaufe des Abends, daß die Lehrerin recht behält. Noch in der Nacht fahren sie weiter. Peter ist beruhigt, daß wir uns nicht eingemischt haben.

Den Morgen verbringen wir zusammen mit den Medicos und der Lehrerin. Die Mückenjäger sind eine fidele Truppe und behaupten, auf ihrer Fahrtroute jedes noch freie Mädchen zu kennen. Das nächste wohnt zwanzig Orte flußaufwärts. Hier im Ort ist es die Lehrerin.

»Wir sind wie die Moskitos, schnell 'rein und dann nichts wie weg!«

Die Lehrerin kann das Kichern nicht mehr unterdrücken.

Die Malariabekämpfung wurde nach mehrjähriger Unterbrechung wieder aufgenommen, weil in diesem Jahr die Epidemie bereits über dreitausend Tote in ihrem Bezirk gefordert hat. Seit die Malaria grassiert, helfen in dieser Gegend die preiswerten Apothekenmittel nicht mehr.

»Lariam hilft noch«, meint der Arzt. Wie lange, weiß auch er nicht. Die Erreger bauen ihre Resistenzen immer schneller auf. Unser Malariakonzept gefällt ihm.

»Hauptsache, ihr habt genügend Lariam mit, wenn ihr es braucht. Um Riberalta herum ist die schlimmste Epidemie seit Jahren!«

Mir scheint, daß er ganz selbstverständlich davon ausgeht, daß es uns erwischt. Ich denke mit Besorgnis an unsere zwei Kuren für drei Personen.

»Wie weit ist der Aktionsradius eines Moskitos mit dem Erreger?« will Axel wissen. Seit Wochen entwickelt er seine Theorie, daß man geschützt sein müßte, wenn man nur außerhalb des Aktionskreises der infizierten Moskitos sei. Und der Mittelpunkt ist, ganz klar, die letzte Ansiedlung mit Malariakranken.

»So einfach ist das leider nicht«, erläutert der Arzt. »Auch Affen haben Malaria. Ein Moskito kann die Erreger überall aufnehmen.«

Axels Lieblingsidee zerplatzt wie eine Seifenblase. Insgeheim haben wir, jeder für sich an diese Theorie glaubend, immer einen Radius von fünf Kilometern vorausgesetzt und uns auf fast jeder Sandbank sicher gefühlt. Also nicht. Wenn wir die Tour überleben sollten, sind wir eben um so größere Helden.

Die Malaria ist nicht das einzige Problem der Ärzte.

»Hier kommt fast keiner von allein zu mir«, klagt einer.

»Wenn ich nicht zu den Eltern gehe, stirbt das Kind. Und dieser Schmutz überall! Die Leute verrichten nachts hinter ihrem Haus das Geschäft und schon früh ist davon nichts mehr zu sehen, weil es die Haustiere aufgefressen haben. Irgendwann werden die Tiere geschlachtet, und der Kreislauf beginnt von vorn. Kein Wunder, daß die Kinder meist Wurmbäuche haben und die Babys chronische Bindehautentzündung!«

So habe ich noch keinen Bolivianer über seine Landsleute schimpfen hören.

»Wenn die Sektierer wenigstens ein Wort über Gesundheitsvorsorge sprechen würden. Aber sie halten die Leute geradezu ab, selbst etwas zu verändern.«

Dem Arzt ist anzumerken, wie schwer er seine Reisegesellschaft erträgt.

Bald hätte der Arzt ernsthafte Kundschaft bekommen. Meine Jacke ist schon wieder weg. Nachdem ich die erste in La Paz liegen ließ, kaufte ich mir in Sorata die nächste. Längst nicht so gut wie die erste, aber zu gebrauchen und äußerst preiswert. Genaugenommen ist sie ein besserer Folienbeutel. Diese Jacke hatte ich bei der Sektenshow an einen Baum gehangen und natürlich wieder vergessen. Axel ist nicht gerade begeistert, den Dolmetscher beim Dorfvorsteher spielen zu dürfen.

»Die Jacke haben bestimmt die Evangelicos mitgenommen«, sagen die Dorfbewohner voller Überzeugung.

»Nein, als die abfuhren, war sie ja noch da«, schwindelt Axel. »Die Jacke muß noch hier sein. Hier im Dorf ist ein Dieb.«

Das sitzt. Für den Fall, daß wir schnell weg müssen, machen wir die Boote startklar. Währenddessen läuft der Dorfvorsteher herum und befragt die Kinder. Dann verschwindet er in einer Bretterhütte.

Wir stehen auf dem staubigen Dorfplatz, als die Schlußszene aus einem Edelwestern abläuft.

Die Sonne steht hoch am Himmel, als die quietschende Tür der Hütte aufgeht. Ein kräftiger, untersetzter Mann mit einer deutlichen Narbe auf dem bloßen Oberkörper tritt heraus. Lässig über die Schulter geworfen trägt er meine Jacke. Über der anderen Schulter baumeln zwei Gewehre. Im sicheren Abstand neben ihm baut sich der Dorfchef auf. Meine Sekundanten verteilen sich ebenfalls. Kinder spritzen zur Seite. Die Lehrerin ist leider nicht blond. Trotzdem verspannt sie die Hände. Der Kerl kommt gleichmäßig und ruhig auf mich zu.

»Nimm!«

Ich habe die Jacke als Andenken bis nach Hause mitgenommen.

Die Moskiteros haben von einem Dorf der Flußindianer erzählt. Dort wollen wir unbedingt hin. Auf der Fahrt treffen wir am frühen Nachmittag eine Indianerfamilie, die unter einem Palmendach auf einer Sandbank sitzt. Vier Bambuspfähle tragen einen Fächer aus einzelnen schattenspendenden Wedeln. Das ist die Unterkunft. Der Vater trägt Turnhose und T-Shirt, auch die Frauen sind komplett bekleidet, sogar die Kinder haben zumindest eine Hose an. Vom Spielen sehen sie etwas schmuddelig aus. Der Einzige, von dem man glauben könnte, daß er ein Wilder wäre, ist Axel. Er muß sein Sonnenbad abbrechen und sich schnell komplett anziehen. Peter und ich ziehen uns ein Hemd über. Woher sollen wir denn wissen, daß die Indianer so vornehm sind?

Jetzt wollen wir mit Absicht das Sandbankleben der Flußindianer kennenlernen. Die Moskiteros haben uns neugierig gemacht. Mittlerweile ist unsere Selbstsicherheit zur Verpflegungsbeschaffung so groß, daß wir es auch nicht mehr nötig haben, jeden Uferbewohner nach seinen Tauschmöglichkeiten zu taxieren.

Behutsam knüpft Axel erste Kontakte, bis das Vertrauen gewonnen ist. Dies hängt in großem Maße davon ab, inwieweit eine Verständigung auf Castellano möglich ist, das die Indianer genauso unvollkommen sprechen wie Axel. Leider mit einem auf den Urwald ausgerichteten Wortschatz, während Axel Zahlungsverhandlungen am besten führen kann. Vielleicht vereinen gemeinsame Sprachprobleme sogar mehr als die verstandenen Worte, wir dürfen aussteigen. Die vier Kinder sind begeistert.

Als Gastgeschenk überreichen wir jedem eine Pampelmuse, die in meinem Boot herumkullern. Unter dem Sonnendach liegen vier kleine Platanos für die sechsköpfige Familie. In vier Tagen wollen sie ja schon wieder zurück zu ihrem Dorf. Bis dahin reicht das. Sie sind doch wegen der Fische hier. Stolz zeigt Hiati seine drei Einbäume. Alle selbstgemacht.

Am Sonnendach hängt ein löchriges Gemeinschaftsmoskitonetz. Darunter liegt Flechtmaterial, mit dem die noch sehr jung aussehende Mutter und die größere Tochter Körbchen und Matten knüpfen. Vor dem Feuer liegen ein Topf und Löffel im Sand. Mehr ist nicht nötig.

Das Spielzeug der Kinder ist ein großer Eisvogel. Mit komplett gestutzten Schwanzfedern und verkürzten Schwingen ist er ein Opfer der übermütigen Kinder. Er hackt und kratzt erstaunlicherweise nicht. Wie eine Puppe läßt er sich alles gefallen. So ein Eisvogel möchte ich nicht sein.

Hiati hat auf dem Fluß vier Angelschnüre und ein Netz ausgelegt. Der Fang scheint sich zu lohnen, wie man an den Resten neben dem Lagerfeuer sehen kann. Zum Abend bekommen wir Fisch geschenkt. Ein Wels, größer als eines seiner Kinder, hängt an einer Angelschnur. Nach einem Schlag auf den Kopf des Tieres filetiert er den Wels, ohne ihn vorher auszunehmen. Das heißt, er schneidet einfach einige große Scheiben Fleisch von der Seite des Fisches ab. Wozu sich soviel Arbeit machen, wenn mehr als genug vorhanden ist. Überfluß macht verschwenderisch.

Seine Frau bereitet das Fleisch für den Kochtopf vor. Fisch ist genug da. Man braucht nicht einmal Maniok dazu.

Als wir unsere Nachtlager aufschlagen, ist die Reihe an uns, bestaunt zu werden. Besonders die Moskitonetze verleiten zum Fachsimpeln. Immer wieder werden die Stoffe nebeneinander gehalten und die Maschenweiten verglichen. Die Boote sind längst nicht so wichtig wie die Moskitonetze, was auf den Schwerpunkt des Sandbanklebens hinweist. Pünktlich fünf Minuten vor halb sieben ziehen wir uns unsere Rollkragenpullover und langen Hosen über. Gesicht und Füße bekommen den üblichen Schutzanstrich gegen Moskitos. Aufmerksam beobachten uns die Kinder dabei. Wir sind gespannt, was in fünf Minuten passiert. Unsere Nachbarn haben nichts weiter zum Überziehen. Sind Indianer gegen Moskitostiche immun?

Mit den kommenden Moskitos erkennen wir verblüfft, daß selbst Jahrtausende dauernde Anpassung nichts nützt. Im Stile eines bayrischen Schuhplattlers hüpfen die Indianer auf dem Sand herum, um die besonders an den Füßen angreifenden Moskitos zu erschlagen. Damit wir uns noch ein wenig unterhalten können, spendieren wir eine Flasche Insektenmittel. Möglicherweise sind dies die kleinen Dinge, die Eingeborene von der Zivilisation schleichend abhängig machen. Es wirkt jedenfalls. Hiati ist von der kleinen gelben Flasche begeistert.

»Es gibt nicht zuviel Moskitos, nur viel zu wenig Autan!« ruft er uns von seinem Einbaum zu, als er seine Angeln kontrollieren fährt.

Auf den nächsten Morgen sind wir drei sehr gespannt. Wir bleiben absichtlich in den Netzen liegen, um unsere Nachbarn am Lagerfeuer zu beobachten. Mal sehen, wie die ihr Lagerfeuer anmachen.

Wer kennt die Zeichnungen von Steinzeitmenschen nicht, die mit Feuersteinen oder trickreich geriebenen Hölzern Feuer anmachen. Mancher hat es sicher auch schon einmal versucht, um bald festzustellen, daß irgendein entscheidendes Stück in den Büchern bisher gefehlt hat. Ich habe jedenfalls auch mit Blasen an den Händen aufgegeben, als das Holz noch nicht einmal warm war. Werden die Stökke der Flußindianer gerieben oder gedreht, bis es Glut gibt? Wo nehmen sie den Zunder her?

Nichts geschieht. Sie beobachten uns auch. Als offensichtlich ist, daß jeder auf den anderen wartet, beginnen wir mit unserem Morgenritual. Der Kocher summt. Da kommt die junge Frau mit trockenen Ästen zu uns und bittet, diese an unserem High-Tech-Benzinkocher anzünden zu dürfen. Natürlich kann sie, aber wir sind maßlos enttäuscht.

Mit dem Verschwinden des Morgennebels verabschieden wir uns. Den kleinen Kindern winken wir zu, Frauen grüßt man nicht. Hiati ist wieder auf dem Fluß und wünscht uns immer viel Fisch. Wir ihm auch.

Auf dem menschenleeren Fluß schwimmt mir beim Aussteigen am Ufer das Boot weg. Das Ufer ist so schlammig, daß ich nicht schnell genug hinterher komme. Eigentlich ist dies nicht tragisch. Ich laufe auf der Böschung flußabwärts mit, bis Peter mich entdeckt und mir mein Boot wieder zurückbringt. Erledigt. Keiner denkt mehr daran.

Nach einigen Flußbiegungen erreichen wir Puerto Chuelo, das Dorf der Flußindianer. Am Ufer stehen viele Leute, Frauen, Kinder und einige Weiße, als ob man uns erwartet hätte. Man hat. Tom und Mary, ein US-amerikanisches Missionarspaar begrüßt uns mit ihren Kindern. Die Indianer sind besonders an unseren Paddeln interessiert. Tom erzählt, daß seit gestern ein heftiger Streit im Dorf besteht. Der Überbringer der Nachricht, daß bald drei Paddler vorbeikommen, hat außerdem erzählt, wir benutzten Paddel, die an beiden Enden des Schaftes ein Blatt haben und zudem noch gedreht sind. So einen Unsinn wollte ihm fast niemand glauben, so daß dieser Mann von etlichen als Lügner hingestellt wurde. Ein gedrehtes Doppelpaddel traut man nicht einmal den Weißen zu. Und nun gibt es das wirklich. Einige probieren unsere Paddel im Einbaum aus. Sicherheitshalber nehmen sie ihr Stechpaddel mit und kommen auch mit diesem wieder zurückgepaddelt. Der Fortschritt setzt sich nicht leicht durch.

Merkwürdigerweise wissen alle von uns und besonders, daß ich der Trottel bin, dem das Boot abgetrieben ist. An den Gesten ist eindeutig zu erkennen, wie sich die Indianer darüber amüsieren. Dummerweise kann ich mich ohne Sprachkenntnisse nicht gegen den Spott wehren. Überholt hat uns niemand. Wir wurden beobachtet, ohne auch nur etwas davon zu bemerken. Das sollte zu denken geben.

Hier leben zwei Missionarsfamilien und sechshundert Indianer vom Stamm der Esse Esejja, von denen jedoch etliche als Halbnomaden auf dem Fluß leben und nur zur Regenzeit seßhaft sind. Das Dorf besteht genaugenommen aus drei Dörfern mit eigenen Dorfplätzen, Schulen und Gemeinschaftshaus. Das Alte Dorf wird vollständig indianisch geführt. Im Neuen Dorf spricht man Indianisch und Castellano. Hier versuchen die Leute, ein normales bolivianisches Leben zu führen. Das dritte Dorf ist das Missionsdorf. Wir können keine Unterschiede feststellen. Die einfachen Bretterhütten mit Lehmfußboden gleichen einander. Interessant ist, daß einzelne Hütten leer stehen. Die Bewohner sind auf dem Fluß und haben ihre Sachen komplett mitgenommen. Das erspart Ärger beim Zurückkommen.

Die Missionare laden uns ein. Gelegentlich hörten wir schon von den angeblichen Palästen, die hier im Urwald stehen sollen. Wir sind gespannt. Im Stile eines einfachen amerikanischen Landhauses stehen zwei hölzerne Flachbauten auf einem Hügel mit Rosenbüschen davor. Eher der Gegensatz zu den bloßen Regenunterständen der Einheimischen erhält die Geschichten von den Schlössern der Missionare aufrecht. Innen ist es zweckmäßig und technisch gut ausgestattet. Eine Solaranlage liefert ausreichend Strom. Der Kühlschrank wird mit Kerosin betrieben und eine ununterbrochen vor sich hinrauschende Kurzwellenfunkstation ermöglicht ständigen Kontakt zu Eltern und Kindern in den Staaten sowie den Schulunterricht. Die Missionare der evangelischen New Tribes Mission leben seit Jahren nur für die Indianer. Sie sind glücklich mit dieser Aufgabe und auch ihre Kinder fühlen sich gegenüber anderen Altersgenossen in den Staaten nicht benachteiligt. Die ihre indianischen Freundinnen um mehr als einen Kopf überragende fünfzehnjährige Jane meint zu mir:

»Was soll ich denn in den Staaten, ich habe doch meine Freunde hier. Es ist für mich belastend genug, einmal im Jahr ins Schulinternat zu müssen.«

Alle vier Jahre gehen die Missionsfamilien für ein ganzes Jahr zurück, um ihre Spendergemeinden aufzusuchen, zu informieren und neue Spenden zu organisieren. Ihr Lebensunterhalt und die Missionsarbeit wird nicht von Kirchensteuern finanziert. Sie können nur die Spenden ausgeben, um die sie sich selbst kümmern. Das funktioniert.

Die New Tribes Mission soll gewährleisten, daß die Spenden zweckgebunden verwendet werden. Axel ist sehr skeptisch, da über diese Organisation sehr zwiespältige Geschichten im Umlauf sind. Erst in den achtziger Jahren wurde eine gesamte nordamerikanische Sprachforschunggesellschaft wegen umstrittener Missionierungspraktiken des Landes verwiesen. Die mit vergleichsweise mehr Kapital als bolivianische Hilfsorganisationen arbeitenden Missionen sind in der Lage, die Indianer von ihren Spenden abhängig zu machen. Auch Tom und Martin, die beiden ehemaligen Armee- und Polizeioffiziere und heutigen Missionare können mit einem Flugzeug der Mission über die ortseigene Landepiste versorgt werden. Ihre indianische Fußballmannschaft hat leuchtende Trikots und jeder trägt die passenden Fußballtöppen. Diese Möglichkeiten übertreffen die anderer Dörfer bei weitem.

Wir haben in Brasilien später regelrecht indianerverachtende Missionare getroffen, die nur an ihrer Sprachforschung und nicht an den Menschen interessiert waren. Der Berufsegoismus dieser ›forschenden Missionare‹ schädigt das Ansehen der aufopferungsvollen Arbeit anderer. Verschärfend kommt hinzu, daß unter den Sprachforschern Endzeitstimmung aufkommt. Von den rund zweihundertdreißig Indianerstämmen im Amazonasgebiet sind nur noch siebzig Sprachen nicht komplett erforscht. Um die Letzten ist ein regelrechter Wettlauf entbrannt, bei dem die Indianer im günstigsten Fall nur ihre Kultur verlieren.

Unseren Gastgebern brauchen wir nichts zu unterstellen. Sie gehören hierher. Während wir uns in den Zimmern der flachen Häuser unterhalten, pressen die Indianer ihre Nasen an den Gazefenstern platt.

»Gewöhnt euch daran, hier ist man nirgendwo allein«, meint Mary.

Die Indianerkinder haben ein neues Spiel entdeckt. Mit unseren vor der Tür abgestellten Latschen machen sie ein Riesenpantoffelrennen. Wir kriegen die Schuhe erst am nächsten Tag wieder.

Unser letztes Bad vor zwei Tagen fällt der prüfenden Nase der Hausfrau überhaupt nicht auf. Wahrscheinlich sollten wir auch einmal die Sachen reinigen, die wir täglich ununterbrochen auf dem Leib tragen. Entsprechend stark duften wir. Unsere Gastgeber halten in der Zimmerdiagonale den größtmöglichen Abstand zwischen uns. Man muß ein bißchen lauter reden, um sich zu verstehen.

Tom erzählt von den Problemen im Indianerdorf. Die eigentliche Ursache für die Dorfgründung ist die fortschreitende Verdrängung der Flußindianer durch die bolivianischen Siedler. Von sich aus besteht bei den Flußnomaden kein Bedürfnis nach einer engen Stammesgemeinschaft. Dementsprechend schwierig gestaltet sich das Zusammenleben. Früher war es üblich, einen Streit zweier Familien durch eine ausreichend große Entfernung ihrer Sandbänke zu entschärfen. Im Dorf geht dies nicht mehr. Wird bei einer Feier der Schnaps ausgepackt, besaufen sich die Männer innerhalb einer Viertelstunde. In dieser Zeit greifen die Frauen alle Gewehre, Macheten, Messer und ihre Kinder und flüchten in den Wald. Wenn der mit Sicherheit zu einer Schlägerei eskalierende Streit beendet ist und alle ihren Rausch friedlich ausschlafen, trauen sich die Frauen wieder zurück. Weil das immer so ist, empfinden alle diese Art Fiesta als normal.

Nur das Alte Dorf besitzt einen Ältestenrat. Alle anderen Entscheidungen und Problemlösungen liegen bei den Missionaren. Sie sind nicht nur Lehrer und Priester, sondern auch Friedensrichter, Polizist und Arzt in einem. Tom ist sich dessen bewußt, daß, je besser er alle Funktionen in den Griff bekommt, desto weniger Antrieb bei seinen Schützlingen besteht, mal selber etwas in die Hand zu nehmen. Die Traditionen der Flußnomaden haben für das Leben im Dorf keine Regeln. Als Lösung hofft er auf die in seiner Schule heranwachsenden Kinder.

Auf dem Fluß gibt es zur Zeit laufend Streit mit bolivianischen Fischern um die besten Fanggründe. Hier draußen im Wald ist es zu verstehen, wenn die Caboclos auf die von der Entwicklungshilfe umsorgten Indianer neidisch sind. Der Unterschied in der Lebensart führt zu latentem Rassismus. Indianer sind die ›Nichtse‹ und ›Indio‹ ist ein Schimpfwort. Politisch korrekt heißen Indianer ›Indigenas‹. Zwischen Bolivianern und Indigenas wird ein Unterschied gemacht. Indigenas sind Menschen zweiter Klasse

Auch in Finanzfragen ist die Dorfgemeinschaft überfordert. Da der Wald allen gehört, kann ihn auch jeder Dorfbewohner verkaufen. Im letzten Jahr hat ein Indianer allein fünfzig Bäume verkauft. Die anderen weniger geschäftstüchtigen hatten das Nachsehen, besonders diejenigen, die einen Einbaum brauchten. Gerade die gut transportablen Bäume am Ufer sind nun weg. Während anderswo ein junger Mann sein Selbstwertgefühl über sein eigenes Auto definiert, was für ihn sehr wichtig erscheinen mag, ist es für einen jungen Indianer absolut notwendig, einen eigenen Einbaum zu haben, um eine Familie gründen zu können. Wie sollte er sie sonst mit Fisch versorgen?

Einbäume sind mittlerweile knapp.

Für unsere Weiterfahrt empfiehlt uns Tom eine Abkürzung. Der Fluß mäandert in fast kreisrunden Bahnen, so daß man nach über zwanzig Paddelkilometern an einer Landenge von nur wenigen Metern ankommt, hinter der man bereits vor Stunden gewesen war. Die Indianer schleppen ihre Boote über die Engstelle und kürzen den ganzen Bogen ab. Auf diese Weise hat uns gestern derjenige überholt, der von unseren Doppelpaddeln berichtete, ohne daß wir ihn sehen konnten. Wenn bei Hochwasser so eine Engstelle durchbricht, wird der alte Flußlauf zu einem toten Arm, zu einer Lagune.

Das Dorf bereitet sich schon auf den Umzug vor, da abzusehen ist, daß die Flußbiegung hier bei den nächsten Hochwassern abgeschnitten wird und verlandet. Dieses Problem haben die Indianer erst, seitdem sie seßhaft wurden und im Dorf leben.

Am nächsten Morgen steht Mary wie schlafwandelnd in der Küche.

»Entschuldigung, ich habe während der ganzen Nacht als Hebamme gearbeitet.«

Sie ist nicht nur die Mutter ihrer fünf Kinder.

Zusammen mit einer Indianerfamilie starten wir nach Riberalta. Sie nehmen sich mehr Zeit als wir und lassen sich treiben. Mit dem einen Paddel kann der Steuernde gerade so lenken. In dem großen Einbaum ist der Hausrat der gesamten Familie und jener der Mitfahrer. Nicht viel. Der Bootsbesitzer fährt mit seiner Frau und drei Kindern. Ihre drei Hunde fahren natürlich auch mit. Die beiden indianischen Tramper ohne Paddel haben ebenfalls zwei Hunde dabei. Außen ist ein riesiger Wels angebunden. Regelmäßig muß ein Mädchen an dem Seil ziehen, um nachzusehen, ob der für den Fischmarkt von Riberalta bestimmte Fang noch dran ist. Das Seil ist von unten durch ein Loch des Unterkiefers gezogen und führt durch das Maul wieder heraus.

Der Fisch lebt noch. Wie sollte man ihn sonst drei Tage lang frisch halten?

Die Mutter wird den Fisch verkaufen und die Familie freut sich später darüber, daß sich der Vater in einem richtigen Restaurant betrinken kann. Während er ausnüchtert, werden die Kinder die Stadt nach ungeahnten Dingen durchstreifen und wenn das Geld gänzlich alle ist, fahren sie über den Fluß nach Hause. Das ist Alltag in Riberalta.

Vor der Stadt bildet der Fluß eine riesige Wasserfläche. Der Rio Madre de Dios, genauso breit wie der Beni, fließt bei seiner Mündung in den Beni diesem direkt entgegen. Die Wassermassen treffen aufeinander und bilden einen weiten See. So eine freie Sicht hatten wir schon lange nicht mehr. Am Abfluß dieses Sees liegt Riberalta auf einem kleinen Hügel. Wir können das gute Essen trotz der Entfernung förmlich riechen.

KAPITEL NEUN

Eine Kirche für die Yaminahua

Riberalta empfängt seine Gäste vom Wasser her sehr stiefmütterlich. Das hohe Ufer, das der Stadt ihren Namen gab, ist zugeparkt mit Booten in allen Größen und Zerfallsstadien. Natürlich werden alle benutzt, wenigstens zum Wohnen. Einige unterscheiden sich nicht wesentlich von dem Müll, der ebenfalls am Ufer entsorgt wird. Die Leute haben sich an diesen Zustand gewöhnt, und auch wir sind lange genug unterwegs, um uns schnell anpassen zu können. Zwischen einem Fischerboot und einem Handelskahn finden wir eine Anlegestelle. Aber was für eine! Das Ufer ist viel zu schlammig und zu schmutzig, aussteigen kann man dort nicht. Darum knüpft Peter erste Kontakte mit den Fischern. Wir dürfen unsere Boote an ihrem Kahn anbinden und über ihr Boot an Land gehen.

Die übliche Qual des Hotelsuchens beginnt. Diesmal gehen Axel und Peter. Ich passe auf die Boote auf. Die beiden sind den lang ersehnten Zwei-Liter-Colaflaschen gewaltig näher als ich. Dafür müssen sie aber auch durch die Stadt trotten und sich mit den Hotelbesitzern herumärgern. Mein Vorteil ist, mir ein Stückchen Schatten suchen und es mir im besten Fall sogar gemütlich machen zu können. Daraus wird nichts. Unsere Boote sind zu interessant. Viele Hände befühlen das Verdeck und zerren an den Leinen. Wenn ich nicht aufpasse, würden die Gepäckstücke glatt auseinandergenommen.

Nach einiger Zeit hat sich ein harter Kern von Interessenten, Fischer, Händler, Bootsbauer und ein Polizist, herausgebildet. Vor allem wollen sie wissen, wie die Konstruktion des Hecksteuers funktioniert. Immer wieder muß ich vormachen, wie man mit den Füßen in den Fußschlaufen das Steuerblatt betätigen kann. Voller Begeisterung schauen alle zu.

Über die Leichtbaukonstruktion des Faltbootes sind die Meinungen geteilt. Daß es überhaupt möglich ist, ein Boot aus Gewebe und Kunststoff zu bauen, finden sie beachtlich. Den Gringos ist eben alles zuzutrauen, darüber brauche man sich nicht zu wundern. Aber ganz ohne Holz sind die auch nicht ausgekommen. Man sieht es an dem Gestänge, selbst wenn sie versucht haben, es im Bootsinnern zu verstecken. Bald entscheidet der Zuschauerrat, daß die Konstruktion der übliche neumodische Mist ist, den sich die Weißen in ihrem Überfluß so ausdenken. Ein richtiges Kanu gehört aus festem Holz gebaut.

Man muß ja mal eine Machete fallenlassen können, ohne daß sie gleich durch das Boot bis auf den Grund durchschlägt. Außerdem hat die Familie keinen Platz darin und ein Außenbordmotor geht wohl auch nicht ran.

Meine Zuschauer haben Oberwasser. Mit meinen paar Brocken Castellano kann ich kein Paroli bieten. So bequem es ist, wenn Axel dolmetscht, selber sprechen zu können ist schon besser. Unbekümmert bedrängen mich die Zuschauer immer mehr. Kleine Kinder fangen an, an den Verschlüssen der wasserdichten Fotokisten zu spielen. Die Kameras möchte ich nun wirklich nicht jedem erklären und behaupte, drin sei Medizin in Kühlboxen, die nicht geöffnet werden dürfen. Es klappt. Medizin ist ein wichtiges Wort. Die Erwachsenen ermahnen ihre Kinder.

Nun will einer wissen, wie teuer denn so ein Paddelboot ist. Jetzt wird mir heiß. Wenn ich den Katalogpreis angebe, halten sie uns für schwerreich, und wir können uns nicht mehr auf die Straße trauen. Setze ich den Preis zu niedrig an, achten die Leute vielleicht unsere Sachen auf der Straße und im Hotel nicht sonderlich, weil die Gringos - und welcher ist denn nicht unheimlich reich, das weiß man doch – sich jederzeit neue Boote kaufen können. Ein unangenehmer Eiertanz beginnt, der damit endet, daß ich den Preis nicht wüßte, mein Boot ist schließlich schon ungeheuer alt. Zwanzig Jahre. Solange hält nämlich kein Einbaum. Das beeindruckt und lenkt ein wenig ab.

Während dieser ganzen Diskussion ist die Hafenkommandantur auf uns aufmerksam geworden. Gerade das wollten wir eigentlich vermeiden, da wir immer noch ohne offizielle Genehmigung hier sind und ins Grenzgebiet weiter wollen. Der Hafenkapitän sieht von fern auf unsere Boote und beordert einen Soldaten zum Aufpassen. Der Soldat trägt sein Gewehr verbissen vor sich her, aber verkrümelt sich bald in den Schatten einer Palme.

Axel und Peter trotten den Abhang zu den Booten herunter. Sie haben drei eiskalte Colaflaschen mitgebracht. Das ist mir momentan am wichtigsten. Herrlich, an den außen beschlagenen Flaschen bildet sich Eis. So kalte Cola gibt es zu Hause nie. Nach einigen gemeinsamen Rülpsern erklären sie mir das Programm der nächsten Stunden.

»Weißt du schon, wo wir entladen werden?«, fragt mich Axel grinsend.

»Na, ich hoffe ihr habt einen sauberen Hotelstrand gefunden!«

»Das kannst du vergessen. Wir bleiben hier. Fang mal schon an, dein Boot auszupacken.«

»Wohin soll ich denn den Kram legen? Etwa in den Müll oder den Zuschauern vor die Füße?«

Hervorragend, jetzt brauchen wir nur die Boote zwischen den Leuten auf das Fischerboot entladen, das Gepäck den Steilhang hochschleppen und die Boote danach hinterher. Oben wird alles wieder eingeladen und zum Schluß mit den Bootswagen quer durch die Stadt gekarrt. Wenigstens Hotelzimmer haben wir schon. So stellt man sich Urlaub vor. Meine Colaflasche ist fast leer. Heute wird sie wohl nicht die letzte sein.

Natürlich sind die Zuschauer neugierig darauf, was in den Tiefen eines Faltbootes versteckt ist. So müssen wir bei der Schlepperei auch noch ein Auge auf die Gepäckberge haben.

Als wir endlich losrollen wollen, holt der Soldat seinen Chef. Der Hafenkapitän bringt seinen Unterchef mit, der mit uns sprechen soll, während er und der Soldat im Schatten der Palme zuschauen. Eine bemerkenswerte Arbeitsteilung. Auch wir drei gehen mit dem Unterchef in den Schatten. In einen anderen natürlich. Jetzt ist es wieder sehr angenehm, daß Axel für uns redet. Von der Schlepperei gestreßt und ausgetrocknet, hätte ich keinen Nerv, mich freundlich und langsam mit einem aufdringlichen und ungeheuer wichtigtuerischen Matrosen, tausende Kilometer vom nächsten Meer entfernt, zu unterhalten. Mir ist das einfach zu dumm. Peter steht andächtig dabei und reibt seine Sandfliegenstiche gelangweilt mit Spucke ein.

Der Unterchef redet und redet. Mal leiser, dann tut Axel so, als ob er gespannt zuhöre, mal lauter, dann macht Axel ein entrüstetes Gesicht. Wenn Axel redet, schielt der Matrose zu seinem Hafenkapitän herüber. Solange der noch zuschaut, versucht der Unterchef seiner Rolle gerecht zu werden und verwegen kämpferisch auszusehen. Dazu stemmt er die Arme mit voller Kraft in die Hüften. Zwei ebenbürtige Laiendarsteller stehen sich gegenüber. Der Matrose begeht den ersten Fehler. An seinem Hemd kann man das Anwachsen der Schweißflecken um die Achselhöhlen deutlich erkennen. Lange macht der nicht mehr so weiter. Als sein Chef auch das Interesse verliert, sind plötzlich alle Visaprobleme, Strafandrohungen und Erpressungsversuche beendet. Der Ordnung halber verewigen wir uns noch mit klangvollen Phantasienamen im Poesiealbum des Hafenkapitäns und ziehen unserer Wege.

Ich habe derweil die nächste große Flasche Cola ausgetrunken, und Peters Fliegenbisse sind hervorragend zurückgegangen. Axel blickt griesgrämig zu uns Drückebergern.

Mit unseren Booten ziehen wir über die Plaza, das Herz des Ortes. In zweigeschossigen Häusern befinden sich Restaurants, Apotheken, eine Post und sogar ein Kino. In der Parkanlage auf der Mitte des Platzes stehen einladend Bänke an gepflasterten Wegen zwischen Palmen und Mangobäumen.

Das Wichtigste dieser Plaza ist jedoch der Kreisverkehr. Schon tagsüber preschen einige Mopeds ihre Runden.

»Wie vor fünf Jahren bei der Radtour!« jubeln meine beiden Freunde. Ihnen reicht das schon, um schleunigst die Boote im Hotel abzulegen und zur Plaza zurückzukommen. In einem Straßenrestaurant suchen wir einen günstigen Tisch, direkt an der Mopedpiste, und beobachten den zum Abend hin zunehmenden Verkehr. Axel und Peter sind begeistert. Anstatt zu spazieren oder in Gruppen zusammenzustehen, trifft sich die Jugend auf der Plaza im Kreisverkehr.

Ursprünglich soll es auch in Riberalta wie in den anderen Städten Boliviens üblich gewesen sein, daß Jungen und Mädchen in entgegengesetzten Richtungen um die Plaza flanierten und sich gegenseitig kleine Zettel zusteckten. Später wurden stolz die ersten Fahrräder vorgeführt und danach die Mopeds. Als der Verkehr rund um die Plaza überhand nahm und sich die ersten Unfälle infolge des Gegenverkehrs ereigneten, legten die Stadtväter eine Einbahnstraße fest. Ohne es zu wollen, hatten sie damit wesentlich zum Verfall der guten Sitten beigetragen.

Auch jetzt noch braucht ein Pärchen eine gesamte Parkbank, nur um sich zu unterhalten. Ein züchtiger Abstand zwischen den beiden gehört sich. Auf dem Moped dagegen kann man so dicht nebeneinander herfahren wie nur möglich. Denn dafür gibt es keine alte Regel. Mancher läßt sich von seinem Freund auf dem Sozius fahren, um seitlich sitzend für seine Angebetete Gitarre zu spielen. Etwas plumper wirkt, eine Kiste Colabüchsen deutlich sichtbar auf den Rücksitz zu schnallen, um diese dann gezielt zu verschenken. Dem Einfallsreichtum sind keine Grenzen gesetzt. Das eigentlich Schwierige ist eher, das erste Gespräch anzufangen. Nach unseren Zählungen dauert es mindestens sechzehn Runden, um ein Mädchen ansprechen zu können und neben ihr herfahren zu dürfen.

Abends im Schummerlicht der Hausbeleuchtungen kann man sogar händchenhaltend nebeneinander fahren. Das ist bloß für denjenigen schwierig, der den Gasgriff loslassen muß.

Einige Reiche der Stadt fahren auch mal im Auto eine Runde, wohl um sich an ihre Draufgängerzeit zu erinnern. Aber ein geschlossenes

Auto paßt einfach nicht her. Besser ist schon ein Pick-Up, auf dessen offener Ladefläche ein paar Gartenstühle und ein Tisch für die gesamte Familie stehen. Von dort aus kann man sich ebenfalls mit den Mopedfahrern unterhalten.

Das Moped ist nicht nur zum Spaß da. Familien mit drei Kindern benutzen es zu fünft genauso, wie der Umzugstransport für komplette Bettgestelle. Mädchen in Miniröckchen fahren auf dem Sozius seitlich, mit den Knien ganz schicklich zur bürgersteigabgewandten Seite. Die andere Straßenseite aber ist nicht gerade sehr weit weg. Der gesamten Stadt ist ihr Mopedtick bewußt. Die Stadtväter stehen dazu und haben sich selbst ein Mopeddenkmal errichtet. Ein bunt bemaltes Motorrad steht auf einem Betonsockel mitten auf einer Kreuzung. Der Fahrer ist aus Mopedteilen zusammengesetzt. Auspüffe sind die Arme und der Kopf besteht aus einem Getriebekasten.

Natürlich wollen wir auch Moped fahren. Axel und ich mieten uns eines. Peter soll unsere amourösen Bemühungen vom Bürgersteig aus fotografieren. Solchen Heißspornen wie uns werden direkt an der Plaza Mopeds verliehen, ohne Pfand, ohne Führerschein. Sofort brausen wir los. Ich sitze vorn, um zu lenken und Axel will von hinten die Konversation führen. Ein Problem stellt sich schon beim Besteigen des Feuerstuhls heraus. Für unsere Größe ist er einfach nicht gemacht. Axel packt einfach seine Quadratlatschen zugleich auf die vordere und hintere Fußraste und für mich ist kein Platz mehr. Wohlwollend zeigt er mir einen Platz auf dem Motorblock. Ich soll nur aufpassen, daß ich mich nicht an den heißen Teilen verbrenne.

Das Schalten erfolgt auf Kommando. Axel bewegt von hinten den Fußhebel und ich gebe Gas. Die zweite Runde geht bereits halbwegs sicher. Unter Verletzung aller Spielregeln überzeugt Axel zwei Mädchen, mit ihrem Moped wenigstens für Peters Foto einmal dicht neben uns zu fahren. Schließlich wollen wir ihn beeindrucken, wie schnell wir das geschafft haben. Doch Peter hat nicht nur uns fotografiert. Eitel und leicht beeinflußbar, wie Frauen in aller Welt erscheinen, hat er alle Mädchen mit freiem Sozius geknipst, bis ihn eine hintendrauf mitnimmt. Voller Stolz überholt er uns.

Von dem Körperumfang unserer Hotelbesitzerin ausgehend, läßt es sich von den Übernachtungen gut leben. Sie ist eine ordnungsliebende Frau. Im Eingangsbereich steht ihr massiver Schreibtisch, von dem aus sie Gäste und Angestellte regiert. Um unsere Hängematten zu trocknen und zu reparieren, spannen wir diese im Hotelgarten zwischen den Wäscheleinen auf. Sofort bekommen wir mächtigen Ärger mit der Chefin. Wir fallen in Ungnade. In ihrem ordentlichen Hotel gibt es keine Hängematten, jeder Gast bekommt sein eigenes Bett!

Schlechter dran sind die beiden Angestellten, zwei junge Männer. Wenn die Chefin, alles belauernd und hinter ihrem Schreibtisch verschanzt, die beiden antreibt, dann klingen ihre Kommandos wie von einem Papageien gerufen. Bald kann Axel ihre Stimme gut nachahmen, so daß er, wenn die Alte nicht da ist, zum Spaß die beiden damit aufzieht. Für soviel ironisch gemeintes Mitgefühl sind sie wirklich dankbar.

Leider heißt der eine Jorge, die spanische Variante meines Vornamens. In Papageiensprache heißt das »Chorrgäh«. Axel und Peter greifen diesen Dialekt sofort auf. Für den Rest der Reise habe ich einen ungeliebten Spitznamen.

Die Besitzerin hat eine Tochter, die ein Restaurant betreibt. Leider liegt es nicht in der Nähe, so daß uns die Frau lange belabern muß, bis wir endlich zum Essen hingehen.

Die Tochter kommt ganz nach der Mutter, äußerlich und hinsichtlich ihrer Auffassung von Geschäft. Im Gastraum, gleich neben der Theke hat sie genau so einen Schreibtisch, wie ihre Mutter aufgebaut. Leider läuft das Geschäft nicht so gut. Sie kann nur einen Chico kommandieren. Deshalb hat sie genug Zeit für ein Dauerschwätzchen mit ihrer Freundin, die auf dem Besucherstuhl vor dem Schreibtisch sitzt. Hinter der Wirtin prangen Hochglanzfotos an den Wänden, die sie deutlich jünger und in wesentlich hübscheren Abmessungen zeigen. Die Bilder sind von ihrer Fünfzehnjahrfeier, ›cince años‹.

Ab fünfzehn ist ein Mädchen offiziell heiratsfähig. Das ist in Südamerika nicht einmal besonders früh, wo zum Beispiel die paraguayische Regierung, sicherlich aus älteren, wohlbeleibten Herrn bestehend, die Heiratsgrenze für Mädchen willkürlich auf vierunddreißig Kilogramm festgelegt hat!

Wie in wohlhabenden Familien üblich, werden die Mädchen zu ihrem fünfzehnten Geburtstag wie Prinzessinnen herausgeputzt. Mit ihrem weißen Kleid, dem Schmuck im dunklen Haar sowie den glitzernden Ohrringen und den zumindest golden aussehenden Kettchen sehen alle diese Mädchen auf den Bildern hinreißend aus. Diese Fotos werden von den Frauen später ganz ohne Hemmungen jedem gezeigt, auch wenn schon längst der Zahn der Zeit an den früheren Mädchen mächtig geknabbert hat. Dieser Geburtstag wird von der Familie ganz groß gefeiert. In Riberalta gibt es eine weitere Besonderheit. Die Mädchen können sich aussuchen, ob sie sich eine Feier oder ein Moped wünschen.

Unsere Wirtin hat sich sicherlich ihren Schreibtisch gewünscht.

Gemächlich schlendert der Kellner heran. Daß er überhaupt kommt, ist schon ein Anzeichen eines guten Lokals. Oft genug sind wir in Riberalta wieder vom Tisch aufgestanden, weil keine Bedienung kam. Manchmal wagte sich zwar jemand hervor, aber dann war der Koch nicht da oder die Mutti gerade weggegangen. Manche Kneipen vertrösteten darauf, daß mit Beginn der elektrischen Stromversorgung erst gegen sechs Uhr abends gekocht werden könne. Allerdings ging öfter lediglich das Licht an.

In dem sonst leeren Restaurant will man uns offensichtlich die geballte bolivianische Gastlichkeit bieten. Nicht nur, daß es verschiedene Biere gibt, extra für uns wird die Lautsprecheranlage eingeschaltet, und wir werden mit aktueller Musik beschallt. Das ist zwar nett gemeint, aber man kann sich nicht mehr unterhalten. Auf unsere wiederholte Bitte hin, regelt der Kellner mit einem ängstlichen Blick in Richtung Schreibtisch die Musik auf Zimmerlautstärke herab. Das gellende Krächzen einer wohlbekannt klingenden Papageienstimme ruft ihn sofort zum Rapport. Die Chefin entscheidet, daß leise Musik für solch wichtige Gäste wie uns nicht ausreiche. Der Kellner soll den Fernseher einschalten. Damit wir auch den spanischen Ton gut verstehen können, muß der Apparat natürlich lauter sein, als die gleichzeitig laufende Musik. Bei der nächsten Cola erklären wir dem Kellner, daß uns der Krach nervt. Völlig verständnislos schaut er zwischen uns und seiner Chefin hin und her. In heftiger Diskussion einigen wir uns darauf, daß das Gerät zwar anbleibt, aber ohne Ton. Nun setzen wir uns mit dem Rücken zu ihm.

Auf der Suche nach einer gemütlicheren Schenke verlassen wir bald das Lokal und sinnieren darüber, daß mit zunehmender Nähe der brasilianischen Grenze die unaufhörliche und überlaute Dudelei lateinamerikanischer Schlagermusik sich nur noch steigern wird.

Riberalta hätte die schönsten Sonnenuntergänge Boliviens, hörten wir in La Paz. Mit Kamera und Stativ versehen, wollen wir uns dieses Naturschauspiel nicht entgehen lassen. Der breite Strom vor der hohen Uferböschung und die vielen kleinen Boote, die das im Gegenlicht vergoldet schimmernde Wasser zerteilen, locken tatsächlich Touristen und Liebespaare auf die Uferpromenade. Für ein Foto muß man allerdings einen Schritt weiter gehen, steht mitten im Abfall und teilt den Anblick mit Hunderten von beißwütigen Ameisen und Sandfliegen. Völlig unromantisch. Deshalb sind gute Fotos vom allerschönsten Sonnenuntergang ganz Boliviens so selten.

Das Problem der Müllkippen ist eine Zeitbombe. Jedes Hochwasser schwemmt den Dreck fort, trägt ihn flußabwärts zum Meer und vom Verursacher weg. Danach ist wieder genug Platz für neuen Müll. Wir haben bisher auch keinen angeschwemmten Unrat gesehen. Der Fluß muß ein riesiges Fassungsvermögen haben. Mit dem Müll werden allerdings auch jede Menge giftige Stoffe mitgeschwemmt und im Wasser gelöst. In ganz Südamerika werden, Angaben brasilianischer Fernsehsender zufolge, zum Beispiel keine quecksilberfreien Batterien hergestellt. Obwohl sie zu Millionen in den Radios und Taschenlampen benutzt werden. Die hiesigen Fabriken arbeiten mit Anlagen und Methoden, die bei uns längst abgeschrieben und technisch veraltet, in Lateinamerika wieder aufgebaut werden. Die Flußbewohner wissen das nicht. Selbst wenn, es bleibt ihnen ohnehin keine Wahl, als weiterhin Flußwasser zu trinken und Fische zu fangen.

Bei der Sonnenuntergangsknipserei haben wir das Büro der Grenzpolizei entdeckt. Bereitwillig lassen sie Peter auf ihre Karten schauen. Nur verkaufen sie uns die Karte mit den Markierungen der Transportwege und Grenzposten nicht. Sogar die illegalen Pfade der Drogenschmuggler sind eingedruckt, aber das ist Militärgeheimnis. Zwischen den Grenzern und den Schmugglern scheint friedliche Koexistenz zu herrschen. Das beruhigt uns.

Die Grenzer sind die ersten, für die die Gegend nach Riberalta kein weißer Fleck auf der Landkarte ist. Bisher kannte niemand den Fluß unterhalb der Stadt. Wir sollten nur ruhig weiterfahren und uns immer brav bei den örtlichen Behörden melden. Schlimm würde es erst in Brasilien werden. Dort sind wir unseres Lebens nicht mehr sicher. Zumindest Ausrauben wird man uns bestimmt. Die Bolivianer haben es ihren Nachbarn immer noch nicht vergessen, daß sie vor hundert Jahren ein großes Stück Urwald an Brasilien verloren. Die als Entschädigung versprochene Eisenbahnverbindung nach Riberalta ist nie fertiggestellt worden. Teilnahmsvoll wünschen die Grenzer Peter viel Glück und geben ihm eine Landkarte in der Ausgabe für den Normalverbraucher mit.

Danach ist Kinozeit. Passend zur Umgebung läuft der Hollywood-Schinken ›Anaconda‹, ein Abenteuerfilm im Amazonasdschungel. Axel und ich sind gespannt, wie sich die Einheimischen bei einem so offensichtlichen Stuß amüsieren. Auf harten Holzstühlen sitzend, verfolgen wir die Vorstellung, die angenehmerweise sofort mit dem Hauptfilm beginnt. Helden und Bösewichter kämpfen auf der Leinwand gegen einen ewiglangen grünen Gartenschlauch. In dem schwach besetzten Zuschauerraum rutschen die Kinder verschüchtert auf ihren Stühlen in sich zusammen. Die Mütter starren gebannt auf das Gemetzel. Als der Gartenschlauch die hilflose und natürlich völlig unschuldige Hauptdarstellerin einwickelt, wimmert ein Mädchen neben uns laut auf. Statt Popcorn gibt es einen Bonbon von der Mutti. Wir können es nicht fassen, die Zuschauer lassen sich von der übertriebenen Darstellung völlig mitreißen. Dabei brauchen sie doch nur vor ihre Stadt zu fahren, um den echten Dschungel zu erleben. Dann wüßten sie auch, daß der Film nur ein Märchen ist.

Die Bewohner von Riberalta sind Städter. Ihr Leben findet nicht mehr im Urwald statt. Dabei ist die Stadt erst durch die Straßenverbindung Richtung La Paz seit sechs Jahren an das übrige Land angeschlossen. Vorher kamen die meisten Güter zu horrenden Preisen aus dem nahegelegenen Brasilien. Sogar Obst und Gemüse wurden eingeflogen. Mit der Straße hat sich die Einwohnerzahl schnell vervierfacht. Dementsprechend provisorisch sind die Randgebiete. Die aus dem Hochland zugewanderten Collas, Nachfahren der Hochlandindianer, haben auch hier mit ihrem traditionellen Fleiß den Unmut und Neid der älteren Einwohner auf sich gezogen. Im Hochland muß man hart arbeiten, um zu überleben. Jedes Hälmchen muß gedüngt und bewässert werden. Die Tieflandbewohner haben sich in ihrer Mentalität an die naturgegebenen Wachstumsphasen der wiederkehrenden Regenzeit angepaßt und ihren Arbeitswillen längst der heißen Sonne geopfert.
Mitten durch die Stadt zieht sich eine breite Schneise, die ehemals geplante Linie der Eisenbahn, deren wirtschaftliche Funktion erst hundert Jahre später von der Straße übernommen wurde. Die in den Zeiten des Kautschukbooms errichteten prunkvollen Häuser strahlen nur noch einen längst verblichenen Glanz früherer Größe aus. An der Eisenbahnschneise, die trotz des knappen Baulandes immer noch nicht bebaut wird, liegt der Markt. Früh am Morgen verkaufen die Fischer den nächtlich gefangenen Fisch. Schuhputzjungen bedrängen die Leute, und aus allen Richtungen hört man die kleinen Eisverkäufer »Picolé, Picolé!« rufen. Kinderarbeit auf der Straße ist vor allem

Jungensache. Auch die Kinder, die frisches Brot in saubere weiße Tücher gewickelt aus den Bastkörben auf dem Rücken verkaufen, sind nur Jungen. In kleinen Grüppchen ziehen sie um den Markt herum. Öfter gibt es Streit um die besten Reviere. Wir suchen nur ein größeres Moskitonetz und eine Öllampe, um abends zusammensitzen zu können. Pech, Dreimannmoskitonetze gibt es nicht.

Wenn abends der Markt geschlossen wird, ist er nicht völlig still. In jedem Stand schläft eine Wache, und die vielen kleinen transportablen Stände auf den Straßen rings um den Markt sind mit blauen Plastikplanen abgedeckt, auf denen oben ihr Verkäufer schläft.

Eigentlich wollen wir noch nicht weiter. Axel kämpft mit starkem Zahnfleischbluten, Peter hat gerade erst eine Wurmkur hinter sich gebracht und ich wiege elf Kilo weniger als zu Beginn der Reise. Deshalb schleppe ich auch meine kleine Decke als Sitzkissen mit mir herum. Die gewöhnlich ungepolsterten Sitze in Restaurants und im Hotel sind für meine abgemagerten Sitzknochen einfach zu hart. Ich muß mehr essen.

Da trifft es sich gut, daß wir Friedhardt, einen der hier tätigen deutschen Missionare kennenlernen. Wir sollen ihn doch einmal besuchen. Auf zwei Mopeds fahren wir hin. Friedhardt wohnt mit seiner jungen Familie dort, leitet die Mission und möchte uns gern von seiner Arbeit überzeugen.

»Wir kümmern uns um mehrere Indianerstämme draußen im Urwald. Hierher zur Mission kommen nur die Indianer, die an speziellen Kursen teilnehmen wollen. In mehreren Wochen bilden wir die Männer in Tischlerei- und Blechklempnerarbeiten aus. Frauen erlernen Weben und Nähen. Wir führen einen richtigen Schulunterricht durch, in dem neben religiösen Veranstaltungen hauptsächlich Fachausbildung vermittelt wird. Diese Kurse sind selbstverständlich freiwillig, die Indianerdörfer suchen ihre Teilnehmer allein aus. Deshalb ist leider die diesjährige Sanitätsausbildung wegen Teilnehmermangel bereits ausgefallen. Offensichtlich ist ihnen dieses Thema nicht wichtig gewesen. Entweder man ist gesund oder eben nicht.

Der größte Teil unserer Arbeit erfolgt in den Dörfern als soziale Hilfe für die allmähliche Integration der Indianer in die bolivianische Gesellschaft.«

Friedhardt ist auf die Anfangserfolge in der Landwirtschaft stolz. Um von den einseitigen Maniokpflanzungen wegzukommen, die den Boden schnell erschöpfen, setzt die Mission den Schwerpunkt auf den Anbau von Mischkulturen, die die natürliche Artengemeinschaft des Urwaldes wenigstens teilweise ersetzen. Guter Ackerboden ist trotz der Riesenfläche des Amzonasgebietes ungeheuer knapp und muß gehütet werden.

Die heutige Generation der Riberaltaer steht der Arbeit der Missionare aufgeschlossen gegenüber. Die Leute haben den zeitlichen Abstand gewonnen, sich dazu zu bekennen, daß ihre Vorfahren in der Mehrzahl Indianer waren. Für Leute aus Riberalta sind Indianer kein großes Problem mehr, wenn diese auch immer noch auf der untersten sozialen Stufe stehen. Erstaunlicherweise ist der Neid der Nichtindianer gegenüber den durch die fremde Hilfe immer wieder unterstützten echten Indianer nicht besonders groß. Trotz der Hilfe sind die Indianer noch längst nicht so selbständig und mit den Hürden des zivilisierten Lebens vertraut, wie die anderen Bolivianer.

Der legendäre britische Amazonasforscher Fawcett erlebte Riberalta um 1907 während des Kautschukbooms. Brutale Sklavenhändler- und Mörderbanden rotteten die Indianer aus, um Gummi zapfen zu können. Die Indianer, die nicht gleich starben, wurden als Sklaven an die Gummifirmen verkauft, und gingen bei der Arbeit in den Wäldern jämmerlich zugrunde. Als Fawcett sich über den Sklavenhandel aufregte, stieß er auf Unverständnis. »Nur Urwaldindianer werden öffentlich verkauft!« Er war einer der wenigen Europäer, die sich damals öffentlich gegen die Ausrottung der Indianer wandten. Trotzdem hat er auf seinen Reisen etliche als Helfer angestellte Indianer regelrecht verschlissen. Sie starben während seiner Fahrten an Hunger und unbekannten Krankheiten. Das hinderte ihn nicht, jedesmal neue Indianer zu verpflichten. Von seiner letzten Reise im brasilianischen Mato Grosso kam niemand mehr zurück.

Seit der 500-Jahr-Feier der Entdeckung Amerikas durch Kolumbus sind wesentlich mehr Hilfsorganisationen für die verbliebenen Indianer tätig als vorher. Die christlichen Missionen mußten sich sogar aus einigen Gebieten zurückziehen, weil andere Organisationen mit größeren finanziellen Möglichkeiten die Indianer köderten. Mit dem Geld von den neuen Helfern entstanden jedoch auch größere Abhängigkeiten, wenn man den Indianern nicht gleichzeitig bei der Verwaltung des Geldes half. Ein aktuelles Beispiel zeigt, wie ein ganzes Dorf in die Abhängigkeit ›seiner‹ Hilfsorganisation geriet. Die Helfer boten einen großen Kredit als Vorschuß auf die nächste Paranußernte an. Ein übliches Verfahren, fast jeder arbeitet auf Kredit. Die offizielle Begründung ist, daß die Familien im Dorf irgendwie leben müssen,

Aymara-Indianer in der Königscordillere

Auf dem Paß vor dem Illampu (6368 m)

Paddeln auf dem Titicacasee

Gepäcktrampen über den Altiplano

Aymara-Kinder in Ronaldos Dorf

In den Yungas ist den Mulis zu heiß.

Traumhafter Cañon am Rio Beni

Goldenes Wildwasser am Rio Tipuany

Lagerleben am Rio Madiera

Jörg entdeckt geheimnisvolle Felszeichen

Axel bei einer seiner sechs Kenterungen

Ein Bad - letzte Rettung vor Hitze und Sandfliegen

Lebendfisch für den Markt

»Ihr werdet euch verirren«

Im Überschwemmungswald

Hütten der Flußnomaden am Rio Beni

Yaminahua-Kinder zu Hause

Esse-Esejja-Familie auf ihrer Sandbank

Axel und Peter wohnen beim Schamanen der Yanomami

Flußhafen in Brasilien

Zwanzig Gramm Gold

Vanderlei jagt Fische

Zauberhafte Natur auf dem kleinen Rio Negro

Auf dem Weg zum Eberhard

Regelmäßig kontrolliert Eberhard die Netze

Lourdes mit ihrem Papagei Laura

wenn die Arbeiter wochenlang in den Wald ziehen, um die Nüsse zu sammeln. Tatsächlich wurde der Kredit ungeplant so schnell verbraucht, wie er kam. Weil die Ernte nicht so gut ausfiel, wie erwartet, zumal man mehr mit dem Ausgeben des Kredites als mit Nüssesammeln beschäftigt war, hat das Dorf bei seinen jetzigen Helfern Schulden. So sehen sich die Missionare um die Früchte ihrer langjährigen Arbeit betrogen.

»Überall auf unserer Fahrt hatten die Indianer mindestens eine Turnhose an. Besteht denn noch eine Chance, irgendwo im letzten Winkel des Dschungels auf Indianer zu treffen, die von den Weißen noch nichts gehört haben?« beginnt Axel sein Lieblingsthema.

Ich kenne seine geheimsten Hoffnungen, irgendwo einen völlig unbekannten Indianerstamm mit typischen Bemalungen und besonderen Schnitzereien zu entdecken. Auch deshalb fährt Axel seit Jahren zum Amazonas.

»Ja glaubst du denn, daß hier irgendwo eine Sippe lebt, die noch nichts von den Weißen gehört hat? Die Kautschuksammler vor fast hundert Jahren sind überall gewesen, überall!«

»Na und, gerade deshalb haben sich vielleicht einige Stämme erst recht in den Urwald zurückgezogen.« Axel gibt nicht auf.

»Kennst du die Geschichten von den Zuruaha-Indianern? Die haben nicht nur einige Missionare umgebracht, sondern töten sich auch selbst, wenn sie den Kontakt mit den Weißen nicht verhindern können. Einige Leute hoffen noch immer, weitere solche merkwürdigen Gruppen zu finden. Seit Jahren werden deshalb mit Luftaufnahmen und Satellitenbildern Indianer gesucht. Die möglicherweise noch nicht entdeckten Indianer können nur kleine, nicht mehr autark überlebensfähige Gruppen sein. Die Zeit der großen Indianerentdeckungen ist vorbei.«

»Sind denn überhaupt noch weitere gefunden worden?«

»Das ist doch gar nicht die Frage. Diese Menschen wollen überhaupt nicht gefunden werden. Das muß man doch respektieren! Zum Beispiel kann ein wichtiger Grund die Ansteckungsgefahr durch Krankheiten sein, gegen die sie nicht immun sind. Die gegen fast alles geimpften Weißen tragen ein erhebliches Ansteckungspotential unbewußt mit sich herum und gefährden damit ihre sehnsüchtig gesuchten Urwaldindianer.

Ich finde, daß das schon mehr als Egoismus ist, wenn mit dem Augenblick des ›Entdeckens‹ zugleich brutal das Ende dieser Indianergruppe eingeleitet wird!«

»Sollte man nicht deshalb alle Indianer in Ruhe lassen, mitten im Urwald? Wozu brauchen sie Hilfe aus Europa, sie kennen sich doch im Urwald am besten aus!« wagt Axel Friedhardt zu provozieren.

Friedhardt fühlt den Sinn seiner Arbeit infrage gestellt. Nun ist sein Selbstverständnis grundsätzlich angegriffen.

»Die Zuruaha sind die große Ausnahme. Die Indianer, die ich kenne, wollen alle die Errungenschaften der Zivilisation kennenlernen und selbstverständlich auch nutzen. Das ist doch völlig normal. Wer ist denn nicht neugierig? Einige Gruppen sind traditioneller als andere, die sich sogar gern anpassen. Das Wichtigste ist Zeit, Zeit zur allmählichen Anpassung. Daß dabei indianische Kultur verloren geht, im besten Fall sich ebenfalls anpaßt, kann ich nicht verhindern. Ich versuche, ihnen Selbstbewußtsein zu vermitteln und zu zeigen, daß ihre Kultur etwas wert ist.

Medizinische Hilfe ist nur vom Geld, von Spenden, abhängig. Viel schwieriger ist, denen zu helfen, die einfach von der Zivilisation überrollt wurden und nicht den geringsten Sinn in ihrem Leben mehr sehen. Dort kommt unsere Mission mit jeder Art von Hilfe gar nicht nach. Nicht die unentdeckten, sondern die längst bekannten, sozusagen die unspektakulären, einfachen, ungebildeten Indianer sind unser Hauptproblem.«

Torsten, ein anderer Missionar, erzählt von seiner Arbeit bei Indianern im brasilianischen Rondonia. Auf der Transamazonica-Straße kommt seit Jahren ein Strom landsuchender Bauern aus allen Teilen Brasiliens ins Land, um dem Urwald für zwei, drei Jahre ein bißchen Acker abzuringen. Danach liegt der ausgelaugte Boden einfach brach, bestenfalls noch für die genügsamen Rinderherden der großen Farmer geeignet. Innerhalb von zehn Jahren ist die Lebensgrundlage der Indianer, der Wald, fast vollständig vernichtet worden. Die Indianer leben nun nur noch von staatlicher Sozialhilfe. Alkoholismus, Abtreibungen und eine erschreckende Selbstmordrate prägen das heutige Leben der einst selbstbewußten, unbekümmerten Waldbewohner. Wer hier hilft, kann den Verbliebenen nur den Weg in die komplizierte moderne Welt zeigen.

Friedhardt bringt das Gespräch auf angenehmere Seiten. Fast jeder Indianermissionar, wird uns später klar, hat irgendwo mit Axels Traum von den unbekannten Wilden angefangen. Nach der auf den Start folgenden Ernüchterung folgt das Bestreben, gegenüber den anderen Missionaren und den Partnergemeinden daheim wenigstens einen besonders interessanten und erfolgreichen Stamm zu betreuen. Mit echten Kannibalen oder dem El Dorado kann Friedhardt nicht aufwarten, aber sein Beispiel der Yaminahua macht Mut.

Die Yaminahua-Indianer leben im entlegenen Grenzgebiet zwischen Bolivien und Brasilien und haben sich wegen der entfernten Lage ihres Jagdgebietes mit Hilfe der Mission langsam an die Zivilisation anpassen können. Vor mehr als dreißig Jahren haben zwei deutsche Frauen begonnen, dem Stamm zu helfen. Jetzt stehen diese Menschen wieder zu ihrer Identität als Indianer. Sie sprechen zu Hause sogar wieder ihre eigene Sprache und haben sich in dieser Zeit von neunzig verbliebenen Personen zu einem Stamm von siebenhundert Indianern entwickelt. Immer noch leben sie fernab von Straßen und schiffbaren Flüssen und gehen mit Pfeil und Bogen auf die Jagd. Längst nicht alle sind missioniert. Die Ernährungsgrundlage ist noch immer Maniok und Fischfang. Das Stammesleben im Dorf erfolgt jetzt bereits weitgehend ohne Einfluß der Mission, und der schönste Erfolg ist, daß das Reservat jetzt zu klein wird. Deshalb will Friedhardt bald mit einigen Vertretern des Stammes nach La Paz.

»Wollt ihr nicht mitkommen, zu den Yaminahua?« fragt er unvermittelt.

»Wo ist denn das? Können wir dorthin paddeln?«

»Mit euren Booten kommt ihr nicht gegen die Strömung an. Außerdem ist es einfach zu weit. In wenigen Tagen geht ein Schiff mit Bauholz ins Reservat, da könntet ihr mitfahren. Ich komme dann mit dem Flugzeug nach und treffe euch dort.«

Wir werfen sofort unseren nicht vorhandenen Zeitplan über den Haufen und nehmen an.

Zwischen Torsten und Friedhardt entbrennt eine unterdrückt gehaltene Diskussion über den Sinn von sogenanntem Missionstourismus. Gemeint sind wir. Torsten ist prinzipiell dagegen, irgendwelche Fremde zu den Indianern zu schleppen, womit er eigentlich Recht hat, wenn es nicht gerade uns beträfe. Irgendwie klärt sich der Streit, und erst später wird uns die Lösung klar.

Wir ziehen in die Mission um. Als alle beim Abendbrot zusammensitzen, fehlt Axel. Er kommt einfach nicht. Peter springt plötzlich auf und rast hinaus. Hilferufe von draußen haben ihn alarmiert. Friedhardt rennt hinterher, allerdings wegen des gefährlichen Knurrens vor der Tür.

»Bleib still liegen, der beißt nicht!«

Dort liegt Axel wie ein Käfer auf dem Rücken und ein kalbsgroßer Wachhund steht gereizt und wachsam über ihm. Beklommen starrt Axel in das zähnefletschende, tropfende Maul. Ich möchte nicht mit Axel tauschen. Friedhardt braucht eine Weile, bis er das Riesenvieh beruhigt hat und Axel aufstehen darf. Sonst ist der Hund nicht so scharf, staunt der Missionar. Das klärt sich, weil Axel erzählt, daß er das Tier nur mal kurz kraulen wollte. Seinen friedlichen Husky von zu Hause gewöhnt, wollte Axel dem Tier zum Abend noch etwas Gutes tun, sich mit ihm unterhalten und streicheln. Wer denkt bei Missionarshunden an scharfe Köter? Zumal, wenn der so friedlich wie eine kleine Kuh aussieht. Jedenfalls hat der Hund gewonnen und bekommt zur Belohnung eine Extraportion. Axel nicht.

Friedhardt hat den Hund schon eine Weile zum Schutz seiner Familie und der Mission. Er würde auch sein Gewehr benutzen, wenn es unbedingt sein müsse, meint er später. Ein Missionar braucht mehr als die Bibel.

Mit uns freut sich Michael auf die Fahrt. Er ist extra für ein halbes Jahr nach Südamerika gekommen, um in der Mission zu helfen. Michael ist ein angehender Zimmermannsmeister aus Süddeutschland, ein Musterbeispiel von einem Handwerker. Groß, stämmig und mit dem ruhigen Gemüt eines Schaukelpferdes hat er sich schnell an Südamerika gewöhnt. Krönender Abschluß seiner Arbeit hier ist der Bau der Kirche bei den Yaminahua. Wir bieten ihm sofort unsere Hilfe an. Könnten wir doch als Bergsteiger beim Bau der Kirchturmspitze helfen oder das Dach des Kirchenschiffes decken. Verlegen und ein bißchen belustigt schaut Michael zu Boden.

»Das hat Michael auch gedacht, als er kam«, grinst Friedhardt über das ganze Gesicht.

»Wir brauchen ein festes Haus, das reicht völlig.«

Sicher hat er recht, aber wo bekommt man sonst eine Gelegenheit, an einer Kirche mitzubauen? Einkaufszentren, Tankstellen und Banken werden überall gebaut, das sieht man ja zu Hause. Kirchen dagegen sind seltener.

»Ihr könnt ein wenig beim Verladen helfen, aber die Indianer sind auch bald da und werden kräftig mit anpacken«, erläutert Friedhardt unsere Rolle als Bauhelfer.

Schleppen können wir, das haben wir oft genug bewiesen und ein paar Balken für eine Bretterbude schrecken uns nicht.

»Nehmt genug zu essen mit, wenn ihr rausfahrt«, rät uns Friedhardt.

Wir packen eine große Proviantkiste, obwohl wir doch mitten ins Paradies fahren wollen. Darüber komme ich nicht so schnell hinweg, irgendwie stimmt mein Bild vom Dschungel immer noch nicht.

Als Christel kommt, fahren Friedhardt und Michael ab. Sie haben noch etwas bei anderen Indianern zu tun und kommen später hinterher. Friedhardt gibt Christel noch einige Ratschläge und das Geld für die Transportkosten. Dann ist er verschwunden.

Christel ist Friedhardts Schwiegermutter. Warum ist er so schnell auf und davon? Hat er uns vielleicht mit einem Drachen zurückgelassen? Ist sie der mit Torsten verhandelte Preis für den Missionarstourismus?

Verhalten nähern wir uns Christel. Ihr selbstbewußtes Auftreten paßt zur korrekten, graumelierten Lockenfrisur. Sie ist eine drahtige Missionarin und arbeitet schon lange in Brasilien. Zu den Yaminahua fährt sie gern, weil auch sie gern einen sich so erfolgreich entwickelnden Indianerstamm betreuen würde. Sie hat zudem das Problem, daß die Missionare in Brasilien keine generelle Erlaubnis zum Betreten der Indianerreservate haben. Ihre Hilfe ist zum Teil nicht offiziell. Unser Verhältnis beginnt recht förmlich, zumal sie als Auslandsdeutsche und vom Alter her in den besten Jahren einer jungen Großmutter so ihre Vorstellungen hat, wie sich seriöse erwachsene Männer zivilisiert zu verhalten haben. Nach der schon zweimonatigen Paddeltour und unserer selbstkreierten Sandbankkultur entsprechen wir wohl nicht so ganz ihrem Ideal. Überheblicherweise glauben wir nicht, daß sie uns irgendwie helfen könnte. Na, wenigstens spricht sie perfekt Spanisch, da könnte sie ja die letzten Problemchen des Holztransportes klären.

Diese entwickeln sich, als wir uns den Haufen Bretter, Balken, Wellasbestplatten und Materialtonnen ansehen. Nicht schlecht, der Haufen beeindruckt. Noch tun alle, als ob sie wüßten, wie es weitergeht. Die ersten Indianer sind auch schon aufgetaucht. Sie sind niedlich, ein kleines Volk. Für die Stadt haben sie sich ordentlich herausgeputzt, der Haarschnitt ist modern. Ihnen gegenüber sehen wir drei tatsächlich verwahrlost aus, als könnten wir uns das leisten, weil wir weiß sind. Die Indianer fallen unter den Einheimischen eigentlich nur deshalb auf, weil sie so übereinstimmend jung, gesund und unbekümmert fröhlich aussehen und immer in einer Gruppe auftreten.

Der Materialtransport ist eine typisch lateinamerikanische Beziehungskiste und ein typisches Beispiel für Organisationsschwierigkeiten in solchen Gegenden. Das Material liegt in dem Haus von Sergio, der es mit seinem Lastwagen hierher transportiert hat. Seine Frau ist Lehrerin und hilft gelegentlich in der Missionsschule. Deshalb sollte ihr Mann die Fuhre übernehmen. Leider ist Sergio mit seinem Laster unterwegs und kann das Material nicht zum Schiff von Hramiri fahren, der zum Reservat hinauffahren würde, wenn sein Boot wieder in Ordnung wäre. Ersatzteile sind längst bestellt und sollen morgen kommen. Dafür, daß das Schiff aufs Trockendock gezogen werden müßte, um die Reparatur auszuführen, ist Hramiri ziemlich untätig. Wir warten bis morgen. Natürlich hat sich nichts getan. Der Laster ist nicht da und die Ersatzteile auch nicht. Wir beraten mit Christel, ob der Transport unbedingt mit den von Friedhardt verabredeten Leuten erfolgen muß. Das kann eine unendliche Geschichte werden, zumal Hramiris Boot offensichtlich für eine einmalige Fahrt viel zu klein ist.

Ghatullo würde uns mit einem größeren Boot fahren, wenn er nicht gerade einen anderen Auftrag hätte. Axel und Christel klappern die Schiffe am Hafen ab. Alle hören sich die Sache immer wieder von vorn an und finden irgendwelche Ausflüchte. Komisch, die Leute suchen doch Arbeit. Sicher wissen sie längst Bescheid, aber die Schiffer halten zusammen. Wenn einer den Auftrag hat, soll er ihn auch behalten. Wir kommen uns wie Streikbrecher vor. Nur Chino, der Chinese, würde für einen unverschämten Preis fahren. Ein weiterer heißer Tag vergeht mit nutzlosen Verhandlungen. Wenn wir mit dem Material bei den Indianern ankommen und außerdem noch das Dorf kennenlernen wollen, müssen wir uns beeilen. Mit dem Flugzeug, das Friedhardt und Michael bringt, wollen wir zurückfliegen. Die Zeit ist plötzlich knapp geworden.

Am nächsten Tag merkt Ghatullo, daß er eine Chance hat. Er würde sogar mittags einen LKW schicken, wenn wir ihm mit dem Preis ein wenig entgegenkämen. Wir lassen uns erpressen und legen drauf. Mittags sind die Indianer da, aber kein LKW. Ghatullo hat nun angeblich einen anderen Auftrag angenommen. Es ist zum Auswachsen. Axel, Peter, Christel und ich laufen durch die Stadt und suchen ein Wunder. Als ich wieder an dem Materiallager vorbeikomme, steht dort ein Laster. Mehrere Indianer und Peter beladen ihn emsig. Peter grinst mich auffordernd an.

»Tatsachen schaffen«, meint er, sei jetzt das Richtige.

Er hat irgendeinen Laster organisiert und noch längst kein Boot, aber etwas bewegt sich. Diese Philosophie leuchtet mir nicht ein. Ich sehe uns das Zeug unverrichteter Dinge bald wieder abladen. Aber als auch Axel die Idee gut findet, fassen wir alle zu und schleppen die Kirche wie ein riesiges Puzzle durch die Gegend. Warum hat uns niemand daran erinnert, wie schwer Tropenholz ist! Das schwimmt nicht einmal von allein, und vor dem Nageln muß man erst Löcher vorbohren, weil sonst die Nägel nur krumm werden, erklären die Indianer. Der Schweiß rinnt in Strömen. Es ist schon etwas widersinnig, das Holz in den Urwald hinein zu transportieren, bloß weil dort keine Sägewerke sind.

Peters Taktik wirkt. Aus Sorge um den schon scheinbar sicheren Auftrag kann Ghatullo mit seinem Schiff nun doch für uns fahren, ehe der Laster zu einem anderen Boot fährt. Es klappt. Der Laster muß mehrmals fahren. Mit beginnender Nacht geht die Anzahl der Träger rapide zurück. Immer weniger kleine Indianerbeine, die unter schweren Wellasbestplatten hervorluken, stolpern im Dunkel die Böschung zum Schiff hinunter, und auch von den drei Paar langen Beinen fehlt eines.

Vor der letzten Fahrt des Lasters ist der Fahrer verschwunden. Er hatte sicher keine Lust mehr. Wir wollen fertig werden, deshalb stehen wir gemeinsam mit unseren Indianern um das Fahrzeug und brüllen den Namen des Fahrers in die Nachtluft.

»Würfel, Würfel!« schallt es durch die leeren Straßen der Stadt.

Würfel heißt unser Fahrer wegen seines dafür typischen Aussehens. Er kommt nicht. Als Peter und ich mit den Fäusten die Motorhaube trommelartig bearbeiten, sind unsere kleinen Kollegen begeistert. Selber traut sich das keiner. Vor dem Eigentum der Städter haben sie wahrscheinlich aus Erfahrung großen Respekt. Würfel kommt immer noch nicht, aber die Indianer sind wegen des Spektakels wieder vollzählig.

Obwohl keiner von uns weiß, wo Würfel wohnt, ziehen wir durch die Stadt. Wir drei Weißen voweg und dahinter eine Horde lustiger Indianer, die endlich mal etwas erleben wollen. Nicht viel anders muß es hier vor dem Kautschukboom gewesen sein, als die Wilden durch die Straßen zogen. Nur, daß unsere Horde nicht plündert. Entsetzte Bürger weisen uns bereitwillig den Weg zu Würfels Haus, damit der Spuk nur schnell ein Ende hat. Wir holen Würfel aus seinem Bett. Soviel ungebetenen Besuch hat er schon lange nicht mehr gehabt. Mißmutig fährt er sein altes Auto noch einmal durch die Stadt. Todmüde, mit Staub und Asbestfasern verklebt, suchen wir uns zuletzt irgendeine Ecke auf dem Schiff und sind erleichtert, daß die

Fahrt endlich losgehen kann.

Am Morgen ist das Schiff nicht nur von Baumaterial, sondern auch von Indianerfamilien voll. Eigentlich ist klar, daß alle Indianer die Gelegenheit nutzen werden, schnell wieder nach Hause zu kommen. Aber unser Vertrag mit dem Kapitän bezieht sich nur auf Baumaterial und nicht auf weitere zwanzig Indianer. Dieses Schlitzohr hat das bestimmt gewußt. Da hat Christel ihren großen Auftritt. Ohne laut zu werden und ohne vor den Indianern die große Gönnerin zu spielen, stimmt sie den Kapitän um. Bewundernswert, wie sie mit solchen Leuten umgehen kann.

Beim gleichbleibend monotonen Tuckern des Schiffsmotors verbringen wir die nächsten Tage und Nächte eingezwängt zwischen Brettern und Schiffsaufbauten. Es ist nicht einmal Platz zum Aufspannen der Hängematten. Als ein weiteres Problem stellen sich unsere rapide abnehmenden Essenvorräte heraus. Lebensmittel sind für alle da, scheinen unsere neuen Freunde zu meinen, zumal sie verdächtig wenig auf die Fahrt mitgenommen haben. Es ist wohl so üblich, das Essen zu teilen, selbst wenn uns diese Sitte mehr wie wegteilen vorkommt. Das hängt aber stark vom Standpunkt des Betrachters ab.

»Ich habe meine Reserven gleich an die Indianer aufgeteilt«, meint Christel dazu, »da bin ich gleich alle Schwierigkeiten los. Wenn es nicht reicht, dann essen alle weniger. Das mache ich immer so.«

Zum Schlafen nur in ihre dünne Decke gerollt, ohne Unterlage oder Matte auf den Bretterstapel liegend, nötigt sie uns ungeteilte Hochachtung ab. Das hätten wir ihr nicht zugetraut.

Im frühen Morgengrauen ist vor einer Sandbank Schluß. Für das große Schiff ist die Fahrrinne zu flach. Die restliche Strecke müssen die Indianer mit ihren Einbäumen übernehmen. Wir beschließen, uns nur noch bis zum Entladen des Schiffes für das Material verantwortlich zu fühlen. Den Weitertransport durch enge Fließe und durch den Wald trauen wir uns und unseren Freunden einfach nicht zu, da beim stundenlangen Entladen des bis in die letzten Winkel des Schiffes verteilten Materials zuletzt nur noch drei von ihnen mitmachen. Der Rest ist mit ununterbrochener Akkordarbeit überfordert.

Wir sind uns sicher, daß das schöne Baumaterial auf der Sandbank in der Sonne vergammelt, von Fremden geklaut oder von Termiten einfach aufgefressen wird. Mit diesem Ende wollen wir nichts zu tun haben. Für einen Transport zum Dorf fehlt uns der Wille und die Kraft. Wir würden es nicht schaffen.

Ein großer Einbaum holt uns, ein paar Kinder und einzelne Materialtonnen ab. Das Boot wird von dem Außenbordmotor des Missionsdorfes angetrieben. Der indianische Fahrer setzt seinen Ehrgeiz daran, mit möglichst genausoviel Benzin wieder anzukommen, wie er losgefahren ist. Immer kurz vor dem Abwürgen quält sich die Schraube durch das Wasser. Schließlich setzt der Motor aus und wir treiben zurück. In vielen feinen Strahlen strömt das Wasser durch das rissige Holz. Soviel Ballast ist sonst nicht zu fahren. Während der Fahrer den Motor immer wieder anreißt, beginnen die Passagiere gelassen mit Schöpfen. Der Freibord wird immer geringer. Unsere Sachen sind diesmal nicht wasserdicht verpackt. Hätten wir bloß unsere Paddelboote mitgenommen!

Die Kinder versuchen, das Boot am Ufer entlang zu ziehen, in dem sie an den überhängenden Zweigen der Bäume zerren. Sie kennen das Spiel anscheinend schon, machen sich überhaupt keine Sorgen und schaffen es tatsächlich, vor dem scheinbar sicheren Untergang, fröhlich kichernd das Boot an die Anlegestelle des Dorfes zu ziehen.

Wir schultern unsere Säcke und stolpern den Kindern hinterher in den Wald. Eine knappe halbe Stunde braucht man, sagt ein Älterer. Wir sind skeptisch. Woher will er denn wissen, wie lang eine halbe Stunde ist? Wir sind doch hier in der Steinzeit, oder?

Die Steinzeitmenschen haben einen breiten Trampelpfad durch einen malerisch hohen Wald getreten. Nur an vier Stellen müssen Brükken, bestehend aus gefällten einzelnen Baumstämmen, über kleine Bäche und Sumpflöcher überquert werden. Extra für die deppischen zivilisierten Menschen stecken neben den feuchten, glatten Baumstammbrücken alle zwei Meter eine senkrechte lange Haltestange im Untergrund, nur damit diese ungeschickten Gringos nicht in den Dreck fallen. Wie man hier mit den Wellasbestplatten auf dem Rükken hinüberkommen soll, ist uns schleierhaft. Ich jedenfalls bin heilfroh, das Dorf zu erreichen, ohne kopfüber im Schlamm zu versinken. Zu unserer Verwunderung begrüßt uns als Ortseingangsschild das übliche Reservatsschild mit dem deutschsprachigen Zusatz ›gefördert durch die Kreditanstalt für Wiederaufbau‹.

Ich fürchte, hinter der nächsten Palme von einem indianischen Vertreter einer Bausparkasse oder einer Lebensversicherung verfolgt zu werden. Wie weit muß man denn noch fahren, um dem Einfluß der Banken zu entkommen?

KAPITEL ZEHN

Wenn du tust, was ich dir sage

Das Indianerdorf liegt auf einer Anhöhe. Bei Hochwasser steht der umliegende Wald unter Wasser und am Reservatsschild ist der Anlegeplatz. Wie in einer Streusiedlung verteilen sich die Hütten der Indianer am Hang des Hügels, auf dessen Kuppe eine kleine Landefläche für Flugzeuge liegt. Der Hangar besteht aus einem Bretterschuppen, und der Schatten eines Paranußbaumes ersetzt das Empfangsgebäude. Viel regelmäßiger als zum Fliegen wird der Flugplatz allabendlich zum Fußballspielen benötigt. Pünktlich treffen sich die Männer mit ihren Kindern jeden Abend um halb sechs. Das Spiel dauert eine Stunde, und mit den kommenden Moskitos gehen alle zum Abendbrot nach Hause.

Die meisten Hütten sind in traditioneller Bauweise errichtet. Zwischen vier Pfählen ist in Gürtelhöhe über dem Boden eine Plattform aus Balken angebracht, zu der eine Holztreppe führt. Die Pfähle tragen das breite Spitzdach, das mit Palmwedeln gedeckt ist. Von allen Seiten weht der kühlende Wind herein, und die Bewohner auf der Plattform haben eine völlig freie Sicht auf den Busch und die Pfade um das Haus. Einzelne Sippen bauen solche offenen Häuser nebeneinander, während sich andere Familien einen separaten Platz im Wald suchen. Abends kann man im Vorbeigehen ungehindert das ganze Familienleben beobachten. Während die Mutter die Fische zubereitet, holen die anderen Hängematten und Moskitonetze aus dem Dachgebälk und bereiten das Nachtlager vor. Überhaupt hängt der gesamte Hausrat sehr übersichtlich an den wenigen Balken. Die Töpfe und Pfannen blinken sauber geputzt im Licht. Als Beleuchtung in der Dunkelheit reichen die Sterne und wenn es wirklich sein muß, nimmt man ein Öllämpchen. Zu jedem Häuschen gehört ein mehr oder weniger kleiner Hund. Wer größere Tierliebe äußern will, hat verschiedene Vögel, wie Gänse und Enten gezähmt, die den Bereich um die Hütte sauber halten.

Die Baustile anderer Hütten bewegen sich mehr in Richtung einer aufgebockten Bretterbude. Die Häuser der Caboclos, außerhalb des Reservates, stehen dazu Vorbild. Je mehr Seiten zugenagelt werden, desto eher erinnern die Lichtöffnungen der Fenster an Schießscharten. Völlig geschlossene Häuser mit einer Tür haben teilweise sogar Moskitonetze vor den Fenstern. Das allerdings haben die wenigsten

Caboclos. Dafür sind die Missionshütten als Vorbild leicht zu erkennen.

Der Häuptling wohnt in einer halboffenen Hütte, ohne Marterpfahl und Federschmuck. Der Schlafraum ist mit Brettern abgetrennt und die ›Wohnküche‹ hat ein riesiges Panoramafenster zum Urwald und einem kleinen Bächlein hin. Das bedeutet hier, statt Panoramafenster fehlt einfach die Wand.

Auch im Urwald scheint offenbar der Baugrund knapp zu werden. Als Beispiel für kritiklose Übernahme zivilisatorischer Errungenschaften steht bereits eine zweigeschossige Bretterbude herum. Einen praktischen Vorteil scheint dies nicht zu haben. Wenn jedoch die Banken mitbauen, dann brauchen sie vielleicht das Hochhaus. Kann ein Bankier überhaupt in einem flachen Haus arbeiten? Der Häuptling amüsiert sich über seinen Nachbarn, der so gern wie in der Stadt leben möchte.

Die zwei Stelzenhütten der Missionare sind die einzigen, in denen man sich stechfliegen- und moskitosicher aufhalten kann. Mit ihren großen gazegesicherten Fensterfronten und dem Wellblechdach darüber sehen sie schlicht und dauerhaft aus.

Eine Hütte steht leer. Wir hängen endlich unsere Hängematten auf und haben für kurze Zeit ein Zuhause.

Bald bekommen wir Besuch. Ein kleines Mädchen wird vorausgeschickt, um die neuen Nachbarn auszukundschaften. Sie soll schnell etwas holen und huscht wieder davon. In der sonst unbewohnten Hütte lagern die Familien irgendwelche Dinge, die sie gerade jetzt brauchen. Das Mädchen ist unsere erste Verbindung zum Dorf. Immer wenn die Nachbarn wissen wollen, was wir denn Geheimnisvolles in unseren Hängematten machen, reißt uns der Besuch des Mädchens aus dem Mittagsschlaf.

»Die ist aber nett«, findet Axel, der die piepsigen Worte des Mädchens am besten versteht und schaukelt vor sich hin.

»Niedlich ist sie auch, die müßte man mal fotografieren«, ergänzt Peter, aber zu dem sonst automatischen Griff zur Kamera reicht es auch bei ihm heute nicht.

»Was wollte sie denn eigentlich? Ich hab' sie nicht verstanden.«

»Woher soll ich das wissen,« brummt Axel, verärgert über meine unentwegte Nachfrage, »alles habe ich nun doch nicht kapiert.«

Regelmäßig habe ich das Gefühl, wichtige Dinge nicht mitzukriegen, weil sie mir keiner übersetzt. Nun will ich es mal genau wissen, und dann so etwas.

Von der Fahrt auf dem laut tuckernden Schiff und der Ungewißheit über den Ablauf der nächsten Tage genervt, uns ohne Boot und Paddel wie amputiert fühlend, begehen wir die erste Nachlässigkeit in der Kontaktaufnahme zu unseren Nachbarn. Möglicherweise ist es die Hitze und die Folge der Bauholzschlepperei, die uns geschafft in den Matten schaukeln läßt. Wir haben das Mädchen einfach gehen lassen.

Der aufkommende Hunger, nicht der unbändige Wille, endlich die Wilden kennenzulernen, treibt uns aus der Matte. Das Essen ist uns im Kontakt mit den ungewohnten Sitten ausgegangen. Wie bereits gewohnt, gehen wir mit unserem Problem zu Christel.

»Ich bin heute abend schon eingeladen«, erzählt sie. »Ihr müßt schon fragen. Ich habe doch auch nichts mehr. Aber ihr seid Gäste der Mission und die Indianer wissen das. Sie werden euch bestimmt etwas geben.«

Unangenehm ist es uns schon. Sonst haben wir auch bei den Hütten am Ufer nachgefragt, ob wir gegen Bezahlung etwas zum Essen bekommen können und hatten meist Glück. Freilich, wir sind mit dem Boot hingepaddelt und am nächsten Tag weitergefahren. Hier ist es aus unserer Sicht ganz anders. Wir kommen uns wie ein paar stinknormale Touristen auf einem gebuchten Dschungeltrip vor, die längst alle Perlen und billigen Plunder an die Eingeborenen verschenkt haben und nun ganz dumm dastehen. Etwas ist bei allem Interesse der Indianer offensichtlich. Sie haben überhaupt keine Vorstellung, aus welchen Beweggründen wir unseren Schicksalsweg hierher gebogen haben. Ich glaube sogar, daß sie sich nicht einmal vorstellen können, daß ein Weißer ohne einen riesigen Berg bisher verschlossen gehaltener Nahrungsmittel herkommt. Und was haben wir denn wohl in den großen Bekleidungsbeuteln drin, wenn nicht Berge von Colabüchsen, Reis und Konserven?

Am ersten Abend ist natürlich keiner auf unseren Besuch eingerichtet, so daß wir mehr den guten Willen erkennen, als die Fischstückchen in der Schüssel. Ab morgen würden sie reichlich kochen, wir sollen nur Bescheid sagen. Da wir mit unserem Appetit keinen überfordern wollen, haben wir einen guten Grund, uns reihum in mehreren Hütten einzuladen. Der ausgehandelte Preis steht fest, nur die Beilagen ändern sich. Da alle gern wissen wollen, wie den Weißen das Urwaldmenü schmeckt, gehen die Türen mit weiteren Gästen ständig auf und zu. Selbst wenn wir mal in einer Hütte mit Gazefenstern eingeladen sind, erwischen uns die schwarzen Stechfliegen wegen der offenen Tür trotzdem. Bei den Mahlzeiten verbrauchen wir mehr Autan, als abends gegen die Moskitos.

Zuerst essen wir bei Valdeci und Lusiana. So heißen sie außerhalb ihres Stammes. Im Dorf werden sie in ihrer Sprache mit Sapihai und Didi gerufen. So hat hier jeder zwei Namen, was unsere Wiedererkennungsrate nicht verbessert. Über die indianischen Seiten des Dorflebens erfahren wir beim Essen recht wenig. Wir sind ja Weiße und da will man sich so weltmännisch geben, wie sich Urwaldbewohner eben das Konsumparadies der Zivilisation vorstellen.

Unsere Bekannten vom Holztransport erkennen wir schwer wieder. Während die Indianer uns an der Bekleidung unterscheiden können, verwechseln wir die Männer bereits, wenn sie eine andere Turnhose anhaben. Mehr trägt üblicherweise keiner. Überhaupt haben wir den Eindruck, in einem Ferienlager zu sein. Die Erwachsenen sehen für ungeübte Europäeraugen genauso wie ihre vielen Kinder aus.

Axel möchte den Dörflern erklären, was wir hier wollen. Dazu zeigt er einen Bildband über das Amazonasgebiet mit einigen Indianerbildern herum. So ein Buch wollen wir auch machen, nur daß diesmal die Yaminahua darin zu sehen sein sollen.

Die Sache mit dem Buch ist für unsere Gastgeber sofort einleuchtend. Wissen sie doch, welchen Wert diejenigen Weißen, die sie kennen, der Bibel beimessen. Ungefähr genauso wichtig muß auch ein Buch über die Yaminahua sein.

Bereitwillig lassen sie sich nun fotografieren. Extra für uns setzen sich die Frauen zum Flechten von Körbchen und Matten in die Sonne. Fische werden solange abgeschuppt, bis nur noch Brei auf dem Teller ist und beim Hausbauen liegen die Palmwedel akkurat gerade.

Eine besondere Freude bereiten ihnen die Sofortbilder. Davon haben sie auch schon gehört. Jetzt ergibt sich die Gelegenheit. Welche Mutter möchte nicht ein Bild ihrer Kinder, welcher Familienvater braucht nicht ein Bild seiner möglichst großen Familie vor der Hütte? Wenn nach dem Blitzlicht alle um das kleine Bild herumstehen und gebannt warten, was dort bald zu sehen sein wird, hat man den besten Eindruck von der Wachsamkeit und dem selbstvergessenen Temperament der Urwaldbewohner. Mit aufgeblähten Nasenflügeln tief einatmend, als ob man das herannahende Bild wie ein Wild vorher riechen könnte, gedulden sich acht bis zehn Leute immer wieder aufs

Neue. Dabei stehen sie in der bis in die Zehen gespannten Körperhaltung eines Jägers, um sich im Notfall auf das Bild stürzen zu können, falls es so schnell wieder weglaufen wollte, wie es gekommen ist. Wir haben gar nicht soviel Filme mit, um allen Wünschen gerecht zu werden.

Außerdem haben wir noch ein anderes Problem. Keiner möchte so aufs Bild, wie er normalerweise aussieht. Als Axel verkündet:

»Morgen ist großer Fototag. Ich komme durchs ganze Dorf!« werden die besten Sachen aus allen Hütten zusammengetragen. Axel muß sich jedesmal beeilen. Überfallartig werden die Leute einer Hütte, bevor sie sich umziehen können, schnell wahrheitsgetreu fotografiert. Ein Bild für uns. Danach wartet er eine Weile, bis sich alle die besten Sachen des Dorfes anprobiert und zurechtgemacht haben. Mit verschiedenen T-Shirts, Turnhosen, Blusen und Röcken, Fußballschuhen und Gummistiefeln ausgerüstet, hat sich nach mehreren Grundsatzdiskussionen eine einheitliche Meinung herausgebildet, wie man für die Leute im fernen Europa und die Nachwelt dokumentiert werden möchte.

Unterschiedlicher können die Auffassungen über Bekleidungskultur kaum sein. Wenn geschminkte Nasen und Augenbrauen irgendwo auf der Welt ihre Berechtigung haben, so ist eine speziell für ein Foto parfümierte Indianerin der Gipfel der Übertreibung. Dazu kommt, daß die Leute jeder Familie dieselben Sachen tragen. Stets steckt das kleinste Kind in zu großen Gummistiefeln und der Vater in der leuchtend roten Turnhose mit weißen Streifen. Zum Schluß schauen sie dermaßen ernst in die Kamera, wie meine Großeltern auf ihrem Hochzeitsbild. Darauf ist auch nicht zu erkennen, warum dies nun der glücklichste Tag in ihrem Leben sein sollte.

Bei soviel bitterem Ernst fangen die kleinen Kinder zu weinen an. Sie bekommen zum Trost einen Luftballon. Das spricht sich natürlich herum. Gewitzte Kinder pressen sich ein paar Tropfen aus den Augen, und schon pustet Axel wieder einen Ballon auf. Bald beschwert sich eine Mutter.

»Meine Tochter hat keinen Luftballon gekriegt. Warum denn? Wird sie etwa nicht fotografiert?«

»Aber sie weint doch gar nicht«, klärt Axel das Mißverständnis auf.

Die Mutter sieht ihrer Tochter prüfend ins Gesicht. Tatsächlich, nicht eine Träne. Sie weint wirklich kein bißchen. Das Mädchen schaut zur Mutter hinauf, hofft, daß sie ihr den begehrten Luftballon besorgt. Am Mienenspiel der Mutter ist zu sehen, wie es in ihr arbeitet. Sie macht es sich schwer, zwischen Begehrlichkeit des Kindes und mütterlicher Liebe zu entscheiden. Einen Luftballon bekommt man nicht alle Tage. Entschlossen greift sie nach einem. Bloß der Grund fehlt ihr noch. Wenigstens eine kleine Träne müßte jetzt aus dem Kind herauskommen. Als Axel klar wird, daß sich die Mutter gerade entscheidet, ob sie der Tochter auf den Po oder woandershin haut, unterbricht er die Opferung. Das muß nicht sein. Tränen können keine Luftballons aufwiegen.

Häuptling Chinina will besonders ausführlich fotografiert werden. Sicherlich war es unser Fehler, ihn bei der Ankunft nicht besonders zu begrüßen. Er bekommt seine Extrawurst. Axel und Peter entscheiden demokratisch, daß ich ihn beim Ernten von Maniok fotografieren soll. Peter geht unterdessen zur Maniokhütte, in der eine andere Familie bereits arbeitet. Dort ist es schattig. Auch Axel muß unbedingt noch einmal die Kunstgewerbearbeiten der Frauen untersuchen, auch im Schatten.

Nur ich stehe mit dem Häuptling vor einem schrecklich verunkrauteten großen Beet. Zwischen kreuz- und querliegenden gerodeten und durch Brandrodung angekohlten großen Baumstämmen schießt stachliges Gestrüpp empor. Beeindruckend fotogen. Stolz weist der Häuptling auf weitere Beete an den Hügeln, die er alle für seine Familie bebaut hat. Alles mit geschmacklosem, holzfaserigem Maniok und einigen Bananenstauden als Leckerbissen für besondere Anlässe. Es ist schon erstaunlich, wieso dabei keiner an einseitiger Ernährung krank wird. Mir bleibt nichts anderes übrig, als bewundernd auf das Unkraut zu starren und den Häuptling zu loben. Das Roden ist eine Arbeit, vor der ich alle Achtung habe. Pflanzen ist weniger aufwendig. In der Regenzeit schneidet man nur von einem Strauch ein paar Zweige ab, steckt sie in die Erde und wartet ein Jahr bis zur Ernte.

Im schönsten Sonnenschein jage ich den Stechfliegen nach, denn mein Fotomodell will sich nicht helfen lassen. Mit dem Universalwerkzeug, seiner Machete, schlägt er erst das Gestrüpp ab, lockert den Boden um die Wurzeln herum und zieht danach die knollenartig verdickten Wurzeln heraus. Das Wurzelende und der hölzerne Sproß werden auch noch abgeschlagen. Als nach mehreren Stunden der geflochtene Tragekorb mit kartoffelartigen Knollen gefüllt ist, schultert der Urwaldbauer den Korb, um den Inhalt in eine mit Reisigflechten abgetrennte Stelle im Bach zu schütten. Nach dem Wässern lassen sich die Wurzeln gut schälen und reiben. Dem geriebenen Maniok muß danach die giftige Blausäure ausgespült werden.

Als ich zurückkomme, sehe ich Axel und Peter in ihren Hängematten schaukeln. Beim Abendessen mit Fisch und Farinha beschreibt Peter den restlichen Teil der Maniokverarbeitung. Das Dorf hat eine ›Casa de mandioca‹, eine offene Hütte zum Maniokrösten. Bei der in diesem Dorf bevorzugten Methode rösten die Frauen und Kinder mehrerer Familien gemeinsam das geriebene und gespülte Maniok, das sie vorher in einem langen geflochtenen Schlauch trockengepreßt haben. Aus der heraustropfenden sämigen Flüssigkeit spült man noch einmal die Blausäure heraus, läßt es gelieren und fest werden. Für die Kinder ist diese bleiche Götterspeise das Hauptziel des Tages. Das glibberige Zeug ist etwas süß.

Der Brei aus dem Schlauch wird in einer Pfanne, deren Durchmesser über einen Meter groß ist, geröstet. Als Kochlöffel dient ein ausgedientes Stechpaddel. Abends ist ein großer Sack maisgelben, körnigen Mehls, ›Farinha de mandioca‹, hergestellt. Maniok wird mehrmals im Monat geröstet. Da jedesmal andere Familien zusammen rösten, ist die Maniokhütte der zentrale Umschlagplatz für den Dorfklatsch, noch vor dem Wäschewaschplatz am Bach. Beim Anblick der großen Maniokpfanne kommen mir die alten Forschergeschichten von den wilden Kannibalen in den Sinn. Diese Pfanne sieht mit dem darunter befindlichen Herd den historischen Darstellungen der riesigen Suppenschüsseln mit kochenden Expeditionsteilnehmern darin täuschend ähnlich. So entsteht Urwaldlatein.

Für uns wurde Farinha Wochen später zum Hauptnahrungsmittel, als kein Reis oder Haferflocken mehr aufzutreiben waren. Je nach Qualität schwankt die Farbe zwischen grau-weiß bis zu fettem gelb. Das gelb geröstete Farinha schmeckt sogar annehmbar. Bei anderen Sorten überwiegt der Kummer über holzige Bestandteile und den blausäurebitteren Geschmack. Richtige Farinha-Fans sind wir nie geworden. Man kann sich aber daran gewöhnen.

Neben Maniok ist das andere Grundnahrungsmittel Fisch. Wie Friedhardt erzählt, wird hier noch mit Pfeil und Bogen gejagt. Wir bitten Vanderlei, den wir vom Holztransport her kennen, uns zum Jagen einmal mitzunehmen, ohne zu ahnen, was wir ihm damit zumuten. Er jagt jetzt für die Ehre des Dorfes und wird von allen entsprechend ausgerüstet. Nachts um eins steht er vor der Tür und holt uns ab. Seine Freunde haben ihn mit einer Armbanduhr, einem neuen T-Shirt und einer Taschenlampe ausgestattet. Auf dem Flugplatz verleitet er uns zu einigen Schießübungen, weil Vanderlei annimmt, daß wir ihm helfen wollen. Warum sollten wir denn sonst mitten in der Nacht aufs Wasser wollen? Bei Sternenschein liegt ein alter Fisch als Ziel im Gras. Man kann ihn mehr riechen als mit den Augen erkennen. Der Bogen hat eine moderne Kunststoffsehne, die Pfeile sind vorn mit einer Harpunenspitze aus Stahl versehen. Die Spitze ist mit einem langen Faden am Schaft befestigt, so daß der bei der Jagd im Wasser schwimmende Schaft den getroffenen Fisch markieren und tragen soll. Pfeile für die Fischjagd haben übrigens keine Federn zur Stabilisierung, da sie nur auf kurze Entfernungen abgeschossen werden.

Wir Lehrlinge stehen auf der Wiese vor unserem Lehrer, wie Fahrschüler bei ihrer ersten Fahrt. Vanderlei zeigt geduldig, wie er den Fisch immer wieder mit dem Pfeil durchbohrt, nur wir durchlöchern das Gras und beunruhigen bestenfalls die Regenwürmer. Irgendwann erkennt Vanderlei, daß wir zum Jagen nicht zu gebrauchen sind und bricht die Schießstunde resigniert ab.

Auf dem Weg zum Fluß kommen uns erstaunlich viele Jäger entgegen. Jeder hat ein mehr oder weniger großes Bündel frischer Fische in der Hand. Unser Führer hat zwar vom Dorf die beste Ausrüstung erhalten, aber aus Angst, die Gringos könnten den ganzen Amazonas leer jagen, sind alle noch mal schnell vor uns zu ihren Jagdgründen gegangen.

Vanderlei flucht vor sich hin. Die Fische sind weg, gefangen oder verjagt. Auf jeden Fall weg. Selbst an den angeblich sicheren Plätzen wäre nun keiner mehr.

Mir ist das erst einmal egal. Wir sind im Wald und noch lange nicht am Fluß. Bald kommen die Stellen mit den Baumbrücken. Viele kleine, lehmige Jägerfüße haben eine Art Schmierseife auf den Stämmen hinterlassen. Vanderlei ist natürlich zuerst drüben und sieht uns beim Balancieren zu. Drei Stirnlampen wackeln im Dunkeln. Gelegentlich rutscht unter meiner Stirnlampe ein Fluch oder ein erleichtertes Stöhnen hervor, wenn eine der rettenden Haltestangen erreicht wurde. Wahrscheinlich nur deshalb, weil ich mir so sicher war, garantiert in wenigstens einem der Schlammlöcher unter den Brücken zu landen, falle ich eher aus Nachlässigkeit nicht hinein und komme als letzter ans Ufer.

Am Landungsplatz liegen die Einbäume. Axel und Peter nehmen eines und ich soll bei Vanderlei hinten als Ballast mitfahren. Zu jedem Boot gibt es ein Paddel. Der Einbaum ist in der Mitte vielleicht einen halben Meter breit, fast platt und für die Größe der Indianer gemacht. Vorn gibt es für den Jäger ein Sitzbrettchen. Ich pendele im Schneidersitz wie eine Pappel im Wind am äußersten Bootsende hin und her und halte mich krampfhaft am Holz fest. Vanderlei paddelt ruhig. Wenn einer wackelt, dann bin ich das. Die anderen beiden Faltbootpaddler haben dieselben Eingewöhnungsschwierigkeiten im Einbaum. Peter vorn und Axel hinten versuchen, wenigstens entgegengesetzt zu schwanken.

»Wackel doch nicht so, ich fall' gleich rein«, zischt Peter mit unterdrückter Stimme unwirsch. »Die letzen Fische sollen nicht auch noch abhauen.«

»Ich wackle überhaupt nicht«, brummt Axel wie erwartet entrüstet zurück. »Wedele du nicht so mit deinem Fotoapparat herum. Dann passiert schon nichts.«

»Ich muß aber das Stativ aufbauen. Dann darfst du dich gar nicht mehr rühren«, fordert Peter.

Vanderlei ist kein gelerntes Fotomodell. Er hält nicht lange genug still für eine Stativaufnahme bei Sternenlicht. Peter packt resigniert ein. Dafür verjagen wir nun mit Blitzlicht die Fische.

Dicht am Ufer entlang gleitet Vanderleis Einbaum. Mit kurzen Paddelschlägen, zwischen denen er das Blatt nicht einmal vollständig aus dem klaren Wasser nimmt, um das Abtropfgeräusch zu vermeiden, treibt er das Boot voran. Lautlos. Hinter ihm steht eine kleine Ölfunzel und erzeugt flackernde Schatten. Starre, gelbe Augenpaare von Krokodilen leuchten auf. Hinter umgestürzten Bäumen oder ins Wasser hängenden Büschen vertauscht er das Paddel mit dem Bogen. Hier könnte ein Fisch stehen. In der Schulter klemmt die Taschenlampe. Die Pfeilspitze ist nicht mehr als einen Meter von der Wasseroberfläche entfernt. Vanderlei hofft, mit dem Boot fast über den Fisch getrieben zu werden, um möglichst senkrecht schießen zu können. Wir sind gespannt. Das Froschquaken und Moskitosummen verstummt scheinbar. Wir warten darauf, daß der Pfeil ins Wasser zischt.

Da, Vanderlei hat getroffen. Ein durchbohrter, halbmeterlanger silbrig glitzernder Fisch treibt mit dem Pfeil hinter sich leblos im Wasser. Der Schuß sah sicher aus.

Auch bei den folgenden Treffern sind wir erstaunt, wie wenig Widerstand die Fische entgegensetzen. Sind sie einmal getroffen, so schaffen es die großen noch, die Harpune vom Schaft zu schleudern, aber nach ein, zwei Sekunden ist alles vorbei. Hemmingways alter Mann hätte sich hier gelangweilt. Die kleineren Fische werden wie Papierblätter durchbohrt und zappeln nicht einmal.

Hinter Vanderlei füllt sich das Boot langsam. Er ist zwar von der Ausbeute enttäuscht, aber mir reichen die schleimigen Fischkadaver, die zwar schon längst tot, aber immer noch gelegentlich zuckend zwischen meinen Füßen liegen.

Beim Rückmarsch entschuldigt sich Vanderlei nochmals für den kleinen Fang von sieben Fischen, die er mit einer Liane aufgefädelt hat und wie ein Einkaufsnetz in der Hand trägt.

Der Heimweg führt wieder über die Brücken. Auf dem Fußballplatz verabschieden wir uns von unserem Jäger. Zum Frühstück bewirtet uns Vanderlei mit den Fischen. Wir wundern uns allerdings, wieviel es mit einem Male sind. Stolz erzählt er, daß er nach unserer Verabschiedung noch einmal fischen gegangen ist und mehr Glück hatte. Zu dieser Zeit lagen wir längst in den Hängematten.

Dieses Erlebnis führt dazu, daß wir uns nicht mehr über die vermeintlich untätigen Männer in ihren Hütten am Tage wunderten. Das Nachtleben des Indianerdorfes spielt sich am Fluß ab. Trotzdem, zehn bis vierzehn Stunden, wie in der fortschrittsbewußten Zivilisation üblich, arbeitet hier niemand.

Wahrscheinlich würden die Indianer ihr Tagewerk nie als ›Arbeit‹ bezeichnen. Sie leben einfach und machen das Notwendige, möglichst mit viel Freude. So haben sie innerhalb von nur zwei Tagen das gesamte Baumaterial für die Kirche, alle Bretter, Asbestplatten und Fässer, mit ihren Einbäumen über das Wasser, zu Fuß durch den Wald und über die Brücken geschleppt. Das ganze Dorf hat dabei mitgemacht. Fröhlich spielend rollten die Kinder die Fässer durch den Wald. Die Freude an der gemeinsamen Aufgabe hat unsere Gastgeber viel mehr angetrieben als unsere geschäftlichen Abmachungen und Probleme mit dem Kapitän. Was wir für völlig unmöglich gehalten hatten, hat das gesamte Dorf, aus Spaß und um Friedhardt einen Gefallen zu tun, geschafft. Hier, im Urwald sind die Indianer wirklich zu Hause.

Axel hat sich ein Paddel als Andenken bestellt, ein echtes Indianerpaddel, handgeschnitzt. Der Paddelmacher des Dorfes versucht herauszubekommen, worauf es Axel ankommt. Wie groß soll es sein, ein kleines oder großes Blatt, zum Jagen oder zum Langstreckenpaddeln? Vor allen Dingen soll Axel erklären, für welches Kanu er es braucht! Axel möchte ein echtes Paddel. Das versteht nun wieder der

Schnitzmeister nicht. Irgendwann einigen sie sich und der Paddelmacher kommt mit einem stinknormalen Paddel an, wie es hier alle
Einheimischen und nicht nur die Indianer haben. Das reicht Axel
nicht, deshalb wird er deutlicher. Ob er das Paddel nicht mit speziellen Bildern oder Mustern des Indianerstammes verzieren könne? Der
Meister schaut verständnislos. Alle haben seine Paddel im Dorf. Sicherlich hat der eine oder andere auch mal gemeckert, aber Verzie-
rungen wollte noch keiner.

Axels Problem ist, etwas zu beschreiben, ohne genau vorgeben zu
können, was er denn eigentlich haben möchte. Denn das weiß er ja
selbst nicht. Wie bringt man den Meister dazu, irgendwelche geheimnisvollen Ornamente auf das Paddel zu malen, wenn man diese selber noch nicht gesehen hat? Oder gibt es etwa gar keine indianischen
Symbole, keine Schnörkel? Die Frauen flechten gelbbraune Streifen-
und Karomuster in die Matten und Körbe. Axel gibt nach einer Viertelstunde die Diskussion über indianische Kunststile auf. Auch die
anderen Männer, die sich mittlerweile um die beiden versammelt haben, sind sich einig. Ein Paddel wird nicht verziert und dem Meister
fällt auch wirklich nicht ein, wie er sein Paddel noch besser machen
könnte.

Axel reißt eine Blume von der Wiese und hält sie ans Paddelblatt.
Interessiert sehen alle zu. Danach zeigt er auf eine Hütte und malt die
Umrisse mit dem Finger aufs Holz. Der Meister nickt. Dann weist
Axel in einem großen Bogen über das ganze Dorf und deutet eine
Karte an. Wieder nickt einer. Nun ist zwar sicher, daß kein indiani-
sches Symbol auf das Paddel kommt, aber Axel ist doch gespannt,
was der Meister aus dem Radebrechen und Gestikulieren verstanden
hat. Auf jeden Fall wird das Paddel ein einmaliges Exemplar. Am
nächsten Tag kommt der Meister zögernden Schrittes mit dem Paddel
heran. Uns bleibt nichts anderes übrig, als ihn zu loben. Er hat genau
die Blume, die Hütte und ein Dorf mit einem riesigen Landeplatz auf
dem Blatt eingeritzt. Wenn es hier bis jetzt keine Kunst gegeben hat,
mit Axel ist ein entscheidender kultureller Durchbruch geglückt.

Jeder Tag bringt neue Entdeckungen. Beim Durchblättern eines
von uns mitgebrachten Amazonasbildbandes kichern zwei Mädchen
besonders übermütig. Axel wird aufmerksam. Die Mädchen blättern
interessiert und schauen sich historische Schwarz-Weiß-Bilder mit bemalten nackten Indianermädchen bei einem Fest an.

»Die sehen ja genauso aus wie wir, wenn wir mit den anderen

Sippen feiern!«

Begeistert schubsen sie sich an. Axel will sofort mehr wissen, aber da bleiben sie stumm. Er hat wohl schon zuviel erfahren.

Selbst Christel, der die Indianer sehr vertrauen, kann uns nicht weiterhelfen. Wenn sie durchs Dorf läuft, ist sie stets von Indianerfrauen und deren Kindern umringt. Sie kann beneidenswert rasch auf diese Menschen eingehen und sich mit ihren kleinen und großen Problemen befassen. Wir sind nicht so geduldig. Christels Ausdauer reicht aus, einen ganzen Vormittag in einer Hütte auf dem Fußboden im Schneidersitz zu hocken und die gesamten Krankengeschichten dieser Familie in den letzten zehn Jahren anzuhören. Dafür wird sie von allen anerkannt.

»Du mußt mit der Kultur läbe!« lautet ihr Motto in schwäbischem Dialekt. Auch die Männer akzeptieren sie als verständnisvolle Gesprächspartnerin. Nur über die Feste mit den bemalten Indianern erfährt auch sie nichts.

Sie sieht uns die Enttäuschung an und kommt auf eine glänzende Idee.

»Wenn die Indianer kein Fest feiern, werde ich einen Liederabend organisieren. Vielleicht bringen wir sie dazu, eigene Lieder zu singen!«

»Super!« Axel ist sogleich begeistert.

Der Gedanke ist wirklich gut. Axel und mir wird bald klar, daß wir mit den Liedern der echten europäischen Eingeborenen aus Thüringen und Berlin anfangen müssen. Hoffentlich halten die Indianer unser unmelodisches Lagerfeuergebrumme auch aus.

Peter macht es sich viel einfacher. Er ist Musikant und Perfektionist. Ohne sein Instrument macht er keine Musik.

Axel und ich gehen dagegen unser spärliches Repertoire durch. Womit kann man bei Indianern Eindruck machen? Mit ›Hoch auf dem gelben Wagen‹ sind die Zuhörer bei der Textübersetzung überfordert und auch das Bergvagabundenlied paßt nicht in die Amazonasebene. Wir einigen uns auf ›Die Tante aus Amerika‹. Das hat schon in Sibirien hervorragend geklappt.

Christel lädt einige Frauen zum abendlichen Singen zu sich ein. Sie sitzt auf dem Treppenabsatz und spielt Gitarre. Eng um sie kauern Frauen, die wir bereits bei den Flechtarbeiten für die Körbchen sahen. Auf den Treppenstufen hockt die Kinderschar. Davor, auf der Wiese, sitzen und lagern die Familien wie auf einem kleinen Volksfest. Öllämpchen beleuchten die Szene. Alle blicken aufmerksam zu

Christel, sind still und verfolgen ihre Bewegungen.

Nach einigen Liedern aus Christels brasilianischer Mission, die sie allein singt, halten es die Frauen neben ihr nicht mehr aus. Sie wollen mitsingen. Mit tiefer Überzeugung und Freude singen die Frauen eine lange Reihe lateinamerikanischer Kirchenlieder. Sie mögen die einfachen Melodien. Christel ist in ihrem Element. Ab und zu übersetzt sie uns einige Texte und bezieht uns immer mehr mit ein. Vorsichtig brummen wir die Melodien mit. Eine friedliche vereinende Stimmung legt sich über die Wiese. So etwas hat uns lange gefehlt. Auf einsamen Sandbänken und in schäbigen Hotelzimmern haben wir schon fast vergessen, welches starke Gefühl eine große Gemeinschaft Gleichgesinnter erzeugen kann.

Um zu den Liedern der Indianer überzuleiten, bittet uns Christel, mit ihr deutsche Volkslieder zu singen. Unser Spaßlied singen wir nicht, das würde die Stimmung zerstören.

Eine hübsche, junge Frau mit schwarzen welligen Haaren hebt den Arm, möchte ein Lied singen, ihr Lieblingslied. Sie stimmt die Melodie an, ein paar Frauen fallen ein. Der einfache Text erzählt vom Alltag des Dorfes. Der Refrain reißt die Leute mit.

»Wenn du tust, was ich dir sage, bist du mein Freund.«

Ihr Gesang ist für die Indianer mehr als nur ein Lied. Es ist das Bekenntnis zu ihrer Lebensweise.

Andere Lieder handeln von Wald- und Wassergeistern. Die Sängerin erklärt uns hinterher jedoch, daß sie von sich aus für die Namen der Geister ›Jesus‹ eingesetzt hat, denn die alten Geister gibt es doch nicht mehr. Wir schweigen, weil wir in einem Missionsdorf sind.

Bis tief in die Nacht hinein dauert das Dorfsingen. Die Männer gehen allein oder zu zweit zwischendurch zum Fischen und kommen dann wieder zurück. Wie schön, daß es hier kein Fernsehen gibt.

Unser Interesse für ihre Lieder hat die Leute beeinflußt. Öfter hören wir am Tage von der ›Casa de Mandioca‹ oder den Korbflechterinnen »Wenn du tust, was ich dir sage, bist du mein Freund«. Am nächsten Abend versammeln sich die Sängerinnen erneut. Christel wird wie eine Mutter geliebt. Dafür hat sie den Indianernamen Curatiti, singender Vogel, bekommen.

Das Hauptproblem einer Indianersippe ist, gleich nach der Nahrungsbeschaffung, wie überall auf der Welt, die Frauen. Traditionell wird zwischen befreundeten Sippen geheiratet. Das geht solange gut, wie Angebot und Nachfrage sich die Waage halten. Sind mal die

Mädchen in der Überzahl, dann haben sie eben Pech, das klärt sich schon irgendwann. Meist fehlen jedoch welche. Mitunter wird dann ein Mädchen von einer fremden Sippe geraubt. Die Konsequenz sind blutige Fehden, die bestenfalls mit Rückgabe des Mädchens oder dem Tausch gegen ein anderes enden. Diese Tradition ist zwar durch den Einfluß der Zivilisation stark zurückgedrängt worden. Dennoch hingen die Mädchen des Dorfes an Pescotos Lippen, als er Christel und mir ein Märchen vortrug.

Pescoto, der alte Fischer, ist einer der wenigen, die noch nach alter Tradition ausschließlich vom Fischfang leben. Er hörte das Märchen von seinen Großeltern, bei denen er am Fluß aufwuchs. Jeden Abend erzählten sie ihm zum Sonnenuntergang eine Geschichte. Die Großeltern selber hörten es zum ersten Mal zu einer Zeit, als die Indianer noch nicht wußten, daß außer ihnen noch andere Menschen auf der Welt lebten. Von Weißen wußten sie gar nichts.

Viele der jetzigen Dörfler kamen vom Fluß und kennen dieses Märchen auch.

Es war einmal vor langer Zeit, da lebten die Menschen noch mit den Tieren zusammen, denn die Menschen stammen von den Tieren ab. So verschieden wie die Tiere, so verschieden waren auch die Menschen. Nur die Sonne, die jeden Morgen ihren Weg über den Himmel beginnt, war nie ein Tier. Die Fledermaus aber ging damals noch aufrecht. Sie war sehr rebellisch und stänkerte mit jedem. Eines Tages zankte sie sich mit der Sonne.

»Große Schwester Sonne, sieh her, bin ich nicht ein schönes Tier? Ich werde eine ganz große Maus! Halt gefälligst an, damit du mich betrachten kannst! Halt an!«

Die Sonne aber dachte nicht daran, anzuhalten. Sie war immer schon mächtiger als die Tiere. Da die Fledermaus nicht aufhörte zu schimpfen, verzauberte die Sonne sie.

»Zur Strafe für deine Streitereien mußt du jetzt immer nach unten schauen!«

Daraufhin wurde die Fledermaus noch zankhafter und ärgerlicher. Zu einem schönen Fledermausmann herangewachsen, wohnte er am Ufer eines fischreichen Sees. Der Fluch der Sonne behinderte ihn stark. Nun mußte er auf die Bäume klettern, damit er beim Nach-unten-schauen etwas sehen konnte. Dort oben schlief er auch gleich. Einmal hing er wieder in seinem Baum, als unter ihm ein schönes Mädchen in einem Kanu vorbeipaddelte. Sie gefiel ihm so sehr, daß er sie haben wollte. Jedesmal, wenn sie vorbei kam, sprach er sie von seinem Baum an.

»Willst du meine Frau werden?«

»Nein, ich will dich nicht. Du bist so häßlich, wenn du kopfüber nach unten hängst. Und Fische kannst du auch nicht fangen«, erwiderte das Mädchen.

Sie hatte recht.

»Nein, ich kann dich nicht heiraten, ich brauche Fisch!« erklärte sie immer wieder, denn sie war ein Yaminahua-Mädchen. Die haben bekanntlich immer Hunger. So ging es eine ganze Weile, bis er beschloß, sie zu rauben, wenn sie ihm nicht freiwillig folgen wollte.

Als Frau des Fledermausmannes begann für das Mädchen eine harte Zeit. Sie bekam keinen Fisch mehr. Täglich setzte er ihr Paranüsse vor, die er von den hohen Bäumen holen konnte. Aus Liebe zu ihr, versuchte er Fische zu fangen. Im Boot, mit dem Kopf nach unten, gelang es ihm natürlich nicht. Enttäuscht über seinen Mißerfolg fing er wieder an, mit der Sonne zu streiten. Dabei sah die Sonne das Leid des Mädchens und wollte den Fluch vom Fledermausmann zurücknehmen. Der Fledermausmann stritt jedoch starrköpfig weiter.

»Sonne, wenn du nicht für mich anhältst, werden wir nie Freunde.«

Die Sonne zog unbeirrt ihre Bahn und der Fledermausmann blieb verzaubert.

Eines Tages, als der Fledermausmann wieder im Baum hing, kam ein schöner Eisvogelmann an das Boot des Mädchens und schenkte ihr einen Fisch. Bald kam der Vogelmann jeden Abend an die Hütte und brachte Fisch, wenn der Fledermausmann im Baum hing. Dies blieb dem Fledermausmann nicht lange verborgen. Von oben beobachtete er, daß sich die beiden lieb hatten. Er stellte das Mädchen zur Rede.

»Liebst du ihn denn?« wollte er wissen.

»Ja, ich liebe ihn« erklärte das Mädchen unter Tränen.

»Warum? Kümmere ich mich nicht täglich um dich?«

»Er bringt mir Fisch! Das schaffst du ja nie. Jetzt muß ich endlich nicht mehr hungern!«

Nun strengte sich der Fledermausmann ein weiteres Mal an. Wieder fing er nichts und wieder gab es nur Paranüsse zu essen. Das Mädchen wurde immer verdrießlicher und trauriger.

Es dauerte nicht mehr lange, da entführte sie der Vogelmann, so wie vorher der Fledermausmann sie mitgenommen hatte.

Diese Geschichte spielt sich immer wieder ab. Jedesmal, wenn eine Frau Grund zum Klagen hat und verdrießlich wird, kommt ein anderer Mann und nimmt sie mit.

Wir haben uns später beim Paddeln noch oft über die einfachen Wertvorstellungen des Indianermärchens unterhalten.

Einen Tag haben wir noch Zeit, das Indianerleben kennenzulernen. Vanderlei und sein Freund wollen mit uns durch den Urwald wandern und uns den Friedhof zeigen. Zu fünft trotten wir durch die stehende Hitze des Flugplatzes und freuen uns auf den kühlen Schatten der Urwaldriesen. Die Temperaturen steigen am Tag so hoch, daß Peter und ich bei über zwanzig Grad Celsius nachts in unseren Hängematten frieren, sosehr haben wir uns an die Hitze tagsüber gewöhnt.

Vanderlei geht voran. Der Urwald ist am Boden recht offen, lediglich dünnes Gestrüpp schießt zwischen den ausladenden Brettwurzeln gewaltiger Bäume lichtsuchend empor. Nach oben hin wird das Grün immer dichter. Wir wandern in einem leichten Dämmerlicht. Es ist still. Die Insekten und Frösche zirpen und quietschen zwar, doch schon ein normal laut gesprochenes Wort übertönt alles.

Vanderlei beginnt mit einem Jägerlatein. Wir sollen auf die Schlangen aufpassen. Vor nicht allzulanger Zeit hätte sich ein Jäger in dieser Gegend auf einen Baumstamm gesetzt, um sich Tabak zu schneiden. Als er mit der Machete abrutschte und in den Stamm schnitt, quoll Blut hervor. Der Stamm war eine riesige Anaconda. Weil der Jäger so schnell war, konnte er die Geschichte später auch noch weitererzählen. Wir untersuchen jetzt jeden Stamm nach Schlangenschuppen.

Auf den ersten und auch zweiten Blick wirkt der Wald recht gleichförmig. Die verschiedenen Pflanzenarten haben sich auf die gleichen Lebensbedingungen in ähnlicher Weise angepaßt. Vorherrschend sind dunkelgrüne Blätter und graubraune Stämme. Dennoch ist die Größe der Bäume und die gewaltige Menge an Pflanzen beeindruckend.

Auf gewundenen Indianerpfaden, die sich kreuzen, im Nichts verlieren und plötzlich wieder entstehen, zu einer Baumbrücke führen, um sich danach wieder aufzulösen, müssen wir uns ganz auf unsere Führer verlassen.

»Man könnte sich tatsächlich verlaufen«, gibt Peter zu.

Auf einem kleinen Hügel stehen verlassene Hütten, ein Versammlungshaus und ein leerer Bienenstock. Hierher kommen andere Sippen. Diese Leute seien aber nicht missioniert und kein Umgang für uns. Nun sind wir erst recht neugierig. Doch sind wir

Gäste des Dorfes und morgen kommt schon unser Flugzeug. Das paßt nicht zusammen. Der Ärger über die verpaßte Gelegenheit verfliegt, als Vanderlei erklärt, die anderen Sippen der Yaminahua würde man jetzt sowieso nicht finden, da sie alle verstreut am Fluß entlang wandern. Nur in der Regenzeit drängen sie sich auf den wenigen Hügeln, zum Beispiel hier. Das Stammesleben der Flußnomaden spielt sich meist nur während dieser Zeit ab. Aber auch hier gibt es keine Symbole oder Schnitzwerk. Die Kunst ist das Überleben an sich.

Auf dem Friedhof ist nichts zu entdecken. Ein paar Holzkreuze stehen mitten im Urwald. Trotzdem sind unseren Begleitern ihre Hemmungen auf den letzten Metern anzumerken. Hier werden allerdings nur Kinder und Fremde begraben. Der Dorffriedhof ist weiter weg, und da trauen sie sich nun wirklich nicht hin.

Auf der Rücktour liegt auf dem Weg ein riesiger gefällter Edelholzbaum. Ein geldgieriger Schlaukopf hatte ihn gefällt, um den Stamm bei Hochwasser aus dem Wald zu schleppen und zu verkaufen. Das Wasser stieg nicht hoch genug. Nun verfault das Holz.

»Jetzt sind wir auf dem Weg Nummer vierundsechzig! Bei uns muß sich jeder Mann um einen Weg kümmern.«

Verständnislos schauen wir Vanderlei an.

»Wer kümmert sich denn um Nummer vierundsechzig?«

»Ich«, erklärt er stolz.

»Was machst du denn hier? Das ist doch nur ein ganz normaler Trampelpfad!«

Wortlos zeigt er nach oben. Dort steckt seine Arbeit. Bei Hochwasser, wenn der Waldboden überflutet ist, muß man um Meter höher zwischen dem dichten Laub der Bäume paddeln. Deshalb müssen die Äste regelmäßig abgeschlagen werden. Man lernt nie aus.

Auf der letzten Strecke wird uns unsere Sonderrolle als Urwaldbesucher wieder bewußt. Plötzlich liegt ein toter Ameisenbär neben dem Pfad, den uns die Indianer stolz zeigen und an anderer Stelle, man stolpert fast darüber, liegen exakt fünf Palmfrüchte auf dem Weg. Vorausschauender Indianerservice. Danke. Lag das Paradies einmal am Amazonas?

Der nächste Tag ist wieder ein Abschiedstag. Wir schlendern auf vertrauten Wegen durchs Dorf und schwatzen mit unseren Bekannten. Unsere Wehmut bekämpfen wir mit der Aussicht auf einen grandiosen Flug über den Dschungel. Auch die Indianer sind aufgeregt. Friedhardt kommt mit seiner Familie und bringt sicherlich Geschenke mit.

Der nordamerikanische Pilot landet so sauber, wie die zwei kleinen Mädchen ihr Flugzeugmodell aus Holz, übrigens das einzige Spielzeug, das wir hier sahen.

Nach der Begrüßungs- und gleichzeitigen Verabschiedungszeremonie steigen wir neuen Fluggäste auf die Personenwaage des Piloten. Die Sitzplätze werden nach Gewicht verteilt. Christel ist am leichtesten und bekommt den undankbaren hintersten Platz, halb im Gepäckraum. Sie hätte mehr Fisch essen sollen.

Extra für uns fliegt Mike viel tiefer als sonst. Bei so gutem Flugwetter wie heute hat er immer ein Buch mit. Mit Autopilot und Kurzzeitwecker brummt er normalerweise über die grüne Weite.

Wenn man tiefer fliegt, sieht man deutliche Unterschiede in den Grünschattierungen der Bäume. In unregelmäßigen Abständen wechseln Sumpfflächen mit Wald und dieser wieder mit trockenen Lehmflächen. Über allem ist als Baumeister der Fluß zu erkennen. In großen Bögen von Verlandungsflächen, toten Flußarmen und glitzernden Flüßchen über goldbraun glänzenden flachen Stellen im Wasser ist von oben am besten zu erkennen, daß das Wasser das Waldmeer beherrscht. Einsame Hütten mit kleinen freien Plätzen davor liegen wie von oben ausgeschüttet in Abständen von mehreren Tagesmärschen verstreut im Wald. Näher zur Zivilisation hin zerteilen schnurgerade Pisten wie schmerzhafte Schnitte den Urwald. Von diesen Pisten aus reichen die Rodungsflächen oft weit in den Wald. Schon von weitem erkennen wir das nächste Anwesen, denn es ist Trockenzeit, und jeder zündet seine vorbereiteten Rodungsflächen an. Manchmal zwingt uns der Qualm, höher zu steigen.

Mike fliegt bereits seit zwölf Jahren in dieser Gegend. Natürlich ärgert er sich mächtig über die voranschreitende Brandrodung. Andererseits kennt er auch die Nöte der Menschen unterhalb seiner Tragflächen und kann sie verstehen. Er stellt zwar fest, daß der Wald ständig weniger wird, findet es aber nicht richtig, wenn kleine Schulkinder in den Staaten wegen der Brandrodung am Amazonas verängstigt und in Weltuntergangsstimmung versetzt werden. So schlimm sei es nicht. Noch kann man den Urwald retten.

KAPITEL ELF

Grenzgebiet

Auf zu den Drogenschmugglern! Bis auf die Soldaten in Riberalta und dem mit allen Wassern gewaschenen Heinz aus Rurre hatte niemand zugegeben, den Flußlauf des Rio Beni unterhalb der Stadt zu kennen. In uns keimt der Ahnung, daß sich jeder verdächtig macht, wenn er nur ein wenig Kenntnis von diesem Gebiet verrät. Der Fluß ist seit der Einmündung des Madre de Dios etwas größer geworden, aber breiter als zweihundert Meter ist er nicht. Aus dünnen Felsschichten am Ufer sprudeln kleine Quellen. Die Trinkwasserversorgung hat sich damit für uns wesentlich vereinfacht. Auf den Steilufern wächst ein abwechslungsreicher Wald. Der relativ eintönige Überschwemmungswald des mittleren Beni macht einem verlockend hohen Urwald Platz. Unbeeinflußt von monatelanger Überflutung hat sich ein reizvoller, artenreicher Dschungel gebildet. Zu unserem Bedauern können wir nicht schon wieder anhalten. Auch Abenteurer haben Pflichten, wenngleich diese eher selbst auferlegt sind. Unser Ziel sind die Drogenschmuggler. Gelegenheit zu Dschungeltouren ergeben sich dabei sicherlich gratis in erdrückender Menge.

Heinz hatte uns gewarnt. Die Reihe unbefahrbarer Stromschnellen war der Grund für die Planungen der Mamoré-Bahn von Porto Velho nach Riberalta gewesen. Wir sollten uns auf kilometerlange Umtragungen gefaßt machen.

Die Stromschnellenkaskade durchbricht einen alten Gebirgsrücken, der vor der Hebung der Anden die Wasserscheide zwischen Pazifik und Atlantik bildete. Mittlerweile hat die Erosion ihr Werk fast vollendet. Das Gebirge ist zu hübschen kleinen Hügeln am Ufer zusammengeschrumpft, nur die Flüsse durchbrechen immer noch den Felsengrund. Leider ist dieser Durchbruch, wie so viele der letzten Naturschauspiele dieser Art, durch den Bau eines Wasserkraftwerks bedroht. Hier steht möglicher wirtschaftlicher Nutzen und Ablösung der vielen kleinen unzuverlässigen Dieselkraftwerke gegen den Erhalt einer einmaligen und nicht in materiellen Werten zu bemessenden Flußlandschaft. Man kann nicht einmal den Indianerschutz als weiteren Grund gegen eine Überflutung des Regenwaldes anführen. Die letzten Indianer sind durch Holzfäller und Sprachforscher längst vertrieben worden.

Peter hat sein Nervenkostüm seit den faulen Tagen in Riberalta noch nicht wieder auf ernsthaftes Flußleben umgestellt. Die kleinen Sandfliegen, die Piumfliegen, machen ihn verrückt. Er paddelt ungeachtet der Tageshitze mit langem Hemd und langer Hose, sogar seine Wollsocken kommen zum Einsatz. Axel und ich verspotten ihn.

»Schade, daß ich meine Pudelmütze den Aymaras geschenkt habe. Ich würde sie dir glatt borgen.«

»Du Blödmann. Sieh dir das an! Eine richtige Wolke, überall blutrünstige Viecher! Wieso gehen die nicht ein einziges Mal zu euch?«

»Hast du dich vielleicht in Riberalta zu oft gewaschen?«

Aber auch wir kommen zeitweise nicht zum Paddeln. Unsere Ration Insektenschutzmittel ist knapp. Piumfliegen verbreiten keine Malaria. Da muß gespart werden.

Während wir an rotem Steilufer vorbeitreiben, geht die Diskussion über Sinn und Unsinn eigener Flinten wieder los.

»Wir wissen überhaupt nicht, ob die Schmuggler einzelne, arme Indianer sind oder schwerbewaffnete Banden«, stellt Axel fest.

»Auf dem Rio Madeira sollten wir außerdem mit Flußpiraten rechnen.«

Von unserer Grundüberzeugung her lehnen wir jegliche Mordinstrumente konsequent ab und sind noch nie mit einer Waffe gereist. In unseren Booten geben wir auf dem Wasser sowieso ideale Zielscheiben ab. Da würde schon die Drohung zu schießen, reichen, um uns zum Beidrehen zu zwingen. In so einem Extremfall bräuchten wir schon eine Superausrüstung und soviel Glück wie in einem Action-Film.

Bolivien ist ein friedliches Land, die rostigen Schrotflinten der Siedler und die der aufgeblasenen Soldaten an den Straßenkontrollen nicht mitgerechnet. Kokain und Marihuana wollten uns schon einige andrehen, aber noch nicht mal eine alte Pistole. Wenn keiner damit handelt, wird das schon seinen Grund haben. Es besteht eben kein Bedarf.

Möglicherweise verkaufen uns die Grenzposten im Dschungel ihre Reserven. Bis jetzt sind wir jedenfalls unbewaffnet hervorragend ausgekommen, und keiner hat ernsthaft Lust, bei den folgenden zweiundvierzig Stromschnellen zusätzlich noch Patronenkisten zu schleppen.

Vor uns rauscht es. Der Fluß verbreitert sich auf das Doppelte. Einzelne Felskuppen ragen in einer Linie quer aus dem Wasser heraus. Die erste ›Cachuela‹, eine Stromschnelle, ist erreicht. Viel zu lange ist es her, daß uns das Tosen der dicht aufeinanderfolgenden Schwälle des Rio Tipuany aus der Ruhe brachte. Vor uns fällt der ruhige Fluß auf seiner gesamten Breite über ein Naturwehr von einem Meter Höhe, um danach genauso ruhig wie vorher weiterzufließen. Mit großem Respekt fahren wir in weitem Abstand nacheinander hinunter. Nicht einmal Wasser haben wir ins Boot bekommen! Wenn das so weitergeht, werden wir uns bei Heinz beschweren.

Nach einer weiteren Kurve kommt der Ort Cachuela Esperanza in Sicht. Einige Häuschen stehen auf runden Granithügeln. Dort donnert Cachuela Nummer einundvierzig. Schon in der Lautstärke unterscheidet sie sich gewaltig von der vorherigen, die eher als Warnung anzusehen ist. In der Annahme, Heinz könnte eventuell doch ein wenig recht behalten, schleichen wir per Boot dicht am Ufer entlang den Häusern zu. Unangenehmerweise ist es bereits wieder einmal so spät, daß das Wettrennen mit den Moskitos beginnt. Vor der Fahne des Hafenkapitäns ist ein günstiger natürlicher Anlegeplatz. Dahinter beginnt die Stromschnelle. Zwischen eng nebeneinander im Fluß verteilten Felsen, die wie rundgeschliffene Schären über den Wasserspiegel geradeso hinausragen, suche ich eine Fahrtrinne, während Axel und Peter mir folgen. Wir haben es eilig und die beiden trödeln! Kurz unterhalb der Fahnenstange starrt Peter wie gebannt auf einen Stein. Axel holt sogar die Kamera heraus. Jetzt erkenne ich es auch. Liegt doch dort ein träges Zwei-Meter-Krokodil in den letzten Sonnenstrahlen auf dem noch durchwärmten Stein und posiert für ein Foto! Selbst vom Blitzlicht läßt es sich nicht erschrecken. Das angeblich mordlustige Tier hebt gelangweilt den Kopf, reißt aber nicht einmal den Rachen auf. Der Schwanz hängt schlaff und verdreht zur Seite. Axel ist sauer. Gleich ist es dunkel und er hat Peter nur vor einem scheinbar ausgestopften Krokodil im Bild! Nicht einmal brüllen oder naßspritzen hilft. Damit endlich etwas passiert, schiebt Peter es letztlich mit seinem Paddel vom Stein. Der Ort scheint eine besonders ruhige Atmosphäre zu haben.

Beim Aussteigen steht sofort ein Mann in Uniform neben uns. Ein runder Mann, dessen Aussehen den vom Wasser geschliffenen Schären gleicht, fährt uns barsch an.

»Wer seid ihr?«

»Wer sind denn Sie?« Axel hat keine Zeit. »Wo ist der Hafenkapitän, wir möchten uns anmelden.«

Mürrisch weist der Dicke auf eines der Häuser. Ungewollt haben wir einen Feind gewonnen.

Der Hafenkapitän ist ein Offizier aus dem Hochland. Er tippt gerade einen Brief auf der Schreibmaschine, was uns sehr beeindruckt. Schreiben kann hier nicht jeder, Maschineschreiben schon gar nicht. Wie es manchmal so im Leben ist, der erste Eindruck entscheidet. Wir sind uns gegenseitig bald sympathisch.

Ein wenig ein schlechtes Gewissen haben wir schon ihm gegenüber. Axel bemüht sich mit aller Kraft, sein Wohlwollen zu erreichen. Schließlich geht es darum, eine Übernachtungsmöglichkeit, und viel wichtiger, eine Durchfahrtsgenehmigung in der Grenzregion zu erhalten. Mit der Aufzählung der wesentlichen Erlebnisse von Weltumradlern ist es nicht besonders schwer, Interesse zu erzeugen. Dies ist auch nötig, weil der Kapitän, wie andere Armeeposten auch, einen grundsätzlichen Argwohn Fremden gegenüber offen zeigt. Als die Stimmung zu unseren Gunsten umschlägt, will der Offizier wissen, was wir für militärische Ränge in unserer Armeelaufbahn erreicht hätten. Seiner Ansicht nach können eine derartige Paddeltour quer durch Bolivien und später durch das für ihn noch viel gefährlicher erscheinende Brasilien keine normalen Leute unternehmen. Das müssen schon ihm ebenbürtige Kerle sein. Axel tut ihm den Gefallen. Aus uns friedlichen Paddlern werden Offiziere mit Einzelkämpferfahrung. Dabei diente lediglich Axel als Kradmelder bei der Kulturtruppe, ich wurde ausgemustert und Peter konnte sich drücken.

Es dauert nicht mehr lange, bis er seine Soldaten anweist, uns drei Betten in der Kaserne, die hier Capitania heißt, zuzuweisen. Daß er uns damit nebenbei unter Kontrolle hat, verübeln wir ihm nicht. Ein gesundes Mißtrauen gehört zu seinem Beruf.

Peter und ich bereiten die Boote für den Landtransport zur Capitania vor, während Axel sich die Unterkunft zeigen läßt. Schließlich buckeln wir unser Gepäck im Dunkeln nicht ins Ungewisse.

Axel kommt mit verklärtem Gesichtsausdruck wieder.

»Der Ort ist ein Märchen. Hier ist ein Dornröschenschloß, eigentlich gleich mehrere!« schwärmt er beim Zurückkommen. Er ist leicht zu begeistern, das wissen wir. Aber derartig hingerissen habe ich ihn schon lange nicht mehr erlebt.

»Welches Dornröschen meinst du denn? Wie sieht es denn aus?« forscht Peter nach. Er ist mehr für handfeste Sachen.

»Quatsch, seht euch das an! Hier gibt es Bürgersteige, stählerne Laternenmasten, eine malerische Kirche, Dächer mit Regenrinnen, einen Mangobaumboulevard und sogar ein Theater!«

Zwischen der Ankündigung des Achten Weltwunders und der Stadtbesichtigung liegt nur noch die Gepäckschlepperei in den Schlafsaal der Kaserne. Davon berichte ich nur, weil ich mich ohne Axels Versprechungen einfach an den Wegrand gelegt hätte, wenn da nicht die Aussicht auf Dornröschen oder wenigstens die verpflichtend hohe Meinung des Hafenkapitäns über uns gewesen wäre. Es war wieder einmal unerträglich. Ich habe es wirklich nie ganz verstanden, mit welchem Gleichmut und stoischer Gelassenheit Axel und Peter jede Art von Schlepperei auf sich nahmen. Manchmal war ich beim Hinterhertrotten nahe daran, sie dafür zu hassen.

Allein die Capitania ist schon ein Knüller. Das Militär nutzt die Gebäudereste eines ehemaligen, großzügigen Krankenhauskomplexes mit einem Park und eisernem Zaun drum herum. In den halb verfallenen Häusern mit dem abblätternden Glanz der Jugendstilarchitektur aus den letzten Jahren des neunzehnten Jahrhunderts sind mehrere große Schlafsäle eingerichtet worden. Die hohen Tore der Schlafsäle sind kunstvoll verziert. Kein Zweifel, als das gebaut wurde, brauchte man nicht zu sparen. Der Quarantäneabschnitt ist zum Schweinestall umgebaut worden, und die Hühner legen mit Vorliebe ihre Eier in die militärisch exakt ausgerichteten Soldatenbetten. Zur ländlichen Idylle gehört, daß täglich ein anderer Soldat zum Brotbacken abkommandiert wird. Grenzposten müssen sich selbst verpflegen.

Wir bekommen spartanische bolivianische Armeebetten. Ein schneller Griff, die Decke und das Kopfkissen fliegen weg, nichts. Es beruhigt, wenn man nicht gleich am Anfang von Flöhen und Wanzen begrüßt wird. Über dem Bett ist ein sauberes Moskitonetz angebracht. Der Kapitän hat seine Mannschaft offensichtlich im Griff. Mit uns schlafen weitere Soldaten im Saal. Es könnte sein, daß hier nachts ab und zu Bewegung ist. Zum Glück brauchen wir ja nicht anzutreten, wenn die Trillerpfeife ertönt.

Die nächtliche Sightseeing-Tour beginnt mit dem üblichen Problem der Essenbeschaffung. Die Soldaten erzählen von einem richtigen Hotel, keiner einfachen Herberge mit Hängemattenhaken an kahlen Wänden. Wir sollen zum Hotel Esperanza direkt an den Klippen der Stromschnelle gehen.

Wir gehen die Mangobaumallee hinunter. Die Laternenmasten sind noch vorhanden. Ihren Beleuchtungszweck erfüllen sie leider nicht mehr. Man muß aufpassen, im Dunkeln nicht gegen die Masten zu stoßen. Das Hotel ist geschlossen. Das Restaurant in einem früheren Kontorgebäude empfängt uns als einzige Gäste. Der Besitzer erzählt uns bereitwillig die Geschichte des Ortes.

Der Bolivianer Nicolás Suárez gründete exakt am 30. März 1882 den Ort auf den Granitfelsen mitten im Urwald. Der Kautschukboom war absehbar. Suárez wollte den Reichtum nicht allein den Gummibaronen im brasilianischen Manaus überlassen. Mitten im Dschungel baute er seine eigene Traumstadt. Der Ort diente weniger der Gummiverarbeitung, denn die erfolgte direkt im Urwald, sondern als Machtzentrale. Hier mußten alle vorbei, die den Rohgummi abwärts nach Brasilien verkaufen wollten. Anders als der legendäre Fitzcarraldo in Peru wollte Suárez nicht nur das schnelle Geld, sondern ein bleibendes Firmenimperium über den Kautschukboom hinaus aufbauen. Das Krankenhaus zum Beispiel, in dem wir schlafen, war das erste mit Röntgengeräten in Bolivien. Von den nach seinem Tod 1940 allmählich dem Verfall preisgegebenen Gebäuden, der Telefonverbindung bis nach Brasilien, der Rangierlok zum Transport der Waren um die Stromschnelle herum und dem Schaufelraddampfer aus Hamburger Produktion sind heute nur noch die als Baudenkmäler erhalten gebliebenen Gebäude und die frisch angepinselte Lokomotive zu besichtigen. Morgen wollen wir das alles unbedingt sehen. Nirgendwo ist die Atmosphäre der Kautschukzeit so perfekt unter den von Lianen überwucherten Ruinen erhalten geblieben.

Die bisherigen Ansiedlungen an unserer Fahrtroute waren rein zweckmäßig und mit knappem Budget errichtet. Das Besondere an diesem Museumsort dagegen ist der am europäischen Vorbild orientierte Baustil und der Anspruch, schon vor hundert Jahren mitten in der grünen Wüste eine moderne Stadt mit einem Standard zu errichten, von dem die meisten bolivianischen Orte noch heute ewig weit entfernt sind.

Daß dieser Reichtum mit grausamer Ausbeutung der indianischen Waldarbeiter und der Ausrottung eines Großteiles der ursprünglichen Indianerstämme verbunden war, ist in Cachuela Esperanza nicht zu erkennen. Man schätzt, daß pro Tonne Kautschuk etwa acht Indianer durch Sklavenarbeit, Ausrottung und Transportunfälle in den Stromschnellen gestorben sind.

Am nächsten Tag spricht uns der frühere Schuldirektor an. Er würde uns gern seinen Ort zeigen und erklären. Schließlich ist das gesamte Städtchen denkmalgeschützt.

Wir fangen mit dem Denkmal Esperanzas, der ersten Frau von Suárez, an den Stromschnellen an. Dort soll sie ertrunken sein. Suárez heiratete wenig später seine Haushälterin Judith. Noch heute halten sich Gerüchte über einen möglichen Zusammenhang beider Ereignisse.

Wenn man neben dem Gedenkstein sitzt, geht der Blick über die mehr als hundert Jahre alte Mangobaumallee neben der ehemaligen Eisenbahntrasse. Der Direktor schwärmt von der Baumblüte im Juli und der Ernte im September. Dann gibt es so viele Früchte, daß die überreifen am Boden liegen und anfangen zu gären. Das ist eine gefährliche Zeit für die Schweine. Mitunter fallen sie besoffen in den Fluß und ertrinken in den Strudeln der Stromschnelle.

Auf dem Appellplatz mit der Fahnenstange, an der jeden Morgen die kahlköpfige Sechs-Mann-Armee des Hafenkapitäns die Landesflagge mit militärischen Ehren hißt und abends wieder einholt, steht eine Büste von Suárez, dessen Andenken den Ort zusammenhält. An ihn erinnert das längst geschlossene Theater Gral Pando, mit dem er dem Opernhaus in Manaus Konkurrenz machen wollte, die überwucherten Tennisplätze, die Ruine seiner Villa, das geschlossene Hotel und das alte Kontorgebäude, an dem die Farbe aus den vierziger Jahren fast abgeblättert ist. Die Dornröschenstadt liegt in tiefem Schlaf.

Die vor Jahren geborene Tourismusidee steckt in einer Sackgasse. Auch die ehemalige Villa Luta, zu der uns der Schuldirektor führt, bietet außer Resten alter Tapeten wenig, was Touristenströme anlokken könnte. In den Dienstbotenwohnungen haust eine Familie mit Schweinen und Ziegen. Die Villa verfällt. Der Direktor bittet uns um Nachsicht, obwohl er auch nicht daran Schuld ist.

Ein anderes Problem ist die Stromversorgung. Das Elektroaggregat ist öfter in Betrieb als geplant. Der Staat hat den Generator zwar zur Verfügung gestellt, betreiben und pflegen muß ihn der Ort selbst. Um die Stromkosten gibt es jetzt schon laufend Streit. Kein Haus hat einen Zähler. Wenn der Tank leer ist, muß neues Öl gekauft werden. Der Kaufpreis der nächsten Ölration wird nach der Anzahl der Glühbirnen pro Haushalt aufgeteilt. Jetzt ist aber gerade Fußballweltmeisterschaft. Tagsüber. Damit alle Fußballfans vor den drei Fernsehern des Ortes jedes Spiel sehen können, läuft der Generator also auch am Tage. Das führt dazu, daß nicht nur die paar Fernseher eingeschaltet sind, sondern auch alle Lampen bis hin zur spärlichen Straßenbeleuchtung. Sonst läuft der Generator nämlich nur während einiger Abendstunden in der Dunkelheit, dafür braucht man keine Schalter. Der Direktor ist kein Fußballfan. Den Fußballstrom wird er nicht bezahlen.

Das Problem der Stromkosten wird dadurch verschärft, daß der Ort keine eigenen Bankkonten zur Gebührenverwaltung anlegen kann. Die letzte Bank in der Gegend hat im vorigen Jahr Pleite gemacht. Nun muß jeder sein Geld vergraben.

Dabei gibt es genügend Geld in Bolivien. Als der Drogenkönig Roberto Suárez, ein Familienmitglied der Suárez, die früher in Cachuela Esperanza wohnten, gefaßt wurde, bot er der Justiz allen Ernstes an, daß er die gesamten Auslandsschulden Boliviens übernehmen würde, wenn man ihn freiließe. Das konnte man natürlich nicht. Nun zahlt Bolivien weiter seine Schuldzinsen in ein Faß ohne Boden ab.

Der Direktor ist ein bezeichnendes Beispiel für den Effekt der hiesigen Art von Schulbildung. Er kann uns jede Menge Jahreszahlen und Ereignisse immer wieder auswendig herunterrasseln, bei den Fragen nach geschichtlichen Zusammenhängen ist er leider überfordert. Unser Interesse zielt zuletzt daraufhin, wofür die Schüler in seiner Schule lernen sollen, wenn es hier kein Gold, kein verkaufbares Kautschuk und zu wenig Paranüsse gibt. Darauf erhalten wir von ihm keine Antwort.

Wir wollen der Kautschukgeschichte in den Urwald folgen und bitten den Bürgermeister, uns zu helfen. Sein Sekretär wird für einen Tag abgeordnet, mit uns in den Wald zu gehen. Wie sich herausstellt, muß er sowieso los, um ›Palmito‹, das Palmenmark, zu schlagen. Sein Geld ist wieder knapp und der Bürgermeister kann nicht regelmäßig zahlen. Im Gebäude der alten Paranußfabrik gibt es eine Palmitoabfüllung, an die er seine Palmspitzen verkaufen kann. Für ihn reicht es zum Überleben, eine Familie kann er allerdings auf diese Weise nicht ernähren. Daher trifft er sich ab und zu mit der Lehrerin. Mir scheint, als hätten die Lehrerinnen in den kleinen Orten teilweise die Rolle einer öffentlichen Person übernommen.

Wo wir auch fragen, Kautschuk zapft keiner mehr. Die Aufkaufpreise sind so niedrig, daß die Infrastruktur für die Latexgewinnung längst zusammengebrochen ist. Nicht einmal für ein Foto ist jemand in der Lage, die Kautschukgewinnung nachzustellen. Nur die von Moos überwucherten Zapfnarben an den Bäumen, ähnlich den Harzlachten an älteren Kiefern in den heimischen Wäldern, erinnern überall im Wald daran, daß es vor einhundert Jahren keinen einzigen Kautschukbaum in ganz Amazonien gegeben haben muß, der nicht abgezapft wurde. Jeder dieser äußerlich unauffälligen Laubbäume trägt dieses Fischgrätenmuster mit der Topfrinne in der Mitte, das sorgfältig mit Harzhobel und Hammer angebracht wurde. Wie bei uns ist dieses Handwerk ausgestorben.

Jetzt wird nur noch Palmito gesucht. Die Palmen müssen mindesten zehn Meter hoch sein, damit sich das Schlagen lohnt. An der Spitze ist ein Sproß, der eine halbmeterlange, weiße Stange Palmenmark enthält, die, in Gläsern konserviert, in unseren Delikatessengeschäften landet. Pro Glas müssen anderthalb Palmen gefällt werden.

Die Palmen wachsen verstreut im Wald und werden wie beim Pilzesammeln gesucht. Nur in einem viel dichteren Wald. Weiter als fünfzehn Meter kann man nicht sehen. Eine gute Gelegenheit, sich zu verlaufen. Ein Palmitosammler findet ungefähr dreißig brauchbare Palmen am Tag. Damit sich die Zeit für die Suche lohnt, wird das Gewehr geschultert und ebenfalls gejagt. Erst am Abend weiß der Waldläufer, ob er mehr als Palmitosucher oder als Jäger erfolgreich war.

Der Sekretär schlägt mit seiner Machete eine Palme um. Der Palmenstamm ist faserig und weich, das Fällen geht schnell. Am oberen Ende, dort wo die grünen Wedel ansetzen, ist Palmenmark enthalten. Die Wedel und das grüne Ende werden vom übrigen Stamm abgetrennt. Von der verbleibenden Palmspitze schält der Sekretär die äußere Schicht ab und bringt den weißen, faserigen Inhalt hervor, das Palmenmark.

Ich muß mir meine Palmstückchen regelmäßig erstreiten. Der Sekretär nimmt mich nicht ernst. Mit meiner Minenarbeiterhose, den Sandalen aus Bolivien und als einziger mit einem Rucksack auf dem Rücken, meint er, ich wäre der Helfer der beiden anderen. Es ist das einzige Mal, daß ich in Bolivien wegen meiner einheimischen Bekleidung benachteiligt werde. Die Goldsucher dagegen hatten sich sogar darüber gefreut.

Für den Grenzübertritt nach Brasilien brauchen wir Visa. Wenn wir offiziell und entsprechend unserer Reiseroute aus Bolivien ausreisen und in Brasilien wieder einreisen möchten, kämen wir auf unserem Fluß nicht weiter. Hier in Cachuela Esperanza ist keine Grenzabfertigung. Der nächste Grenzübergang ist Guayaramerin, an einem anderen Fluß. Reisen wir dort ganz offiziell aus, müssen wir ohne weitere Stempel heimlich wieder zurückkommen und mit unseren Booten die restliche Strecke in Bolivien ohne gültige Visa paddeln, bis wir in Brasilien ankommen und den passenden Stempel schon längst im Paß haben. Oder wir kümmern uns nicht um die Grenzformalitäten, fahren mit den Booten weiter und müssen, bereits in Brasilien angekommen, unbemerkt nach Bolivien zurück und uns nachträglich legitimieren. Jede Variante hat ihre Nachteile. Immer sind wir eine Zeit ohne gültiges Visum unterwegs. An anderen Grenzen wäre dieses Problem vielleicht nicht so groß. Wegen des Drogenschmuggels werden hier von den Behörden illegale Grenzübertritte von Ausländern nicht toleriert. Ein kleines Mißverständnis kann bereits großen Ärger auslösen.

Mit dem Hafenkapitän haben wir das Problem lang und breit besprochen. Juan, so heißt er, ist ganz auf unserer Seite, kann aber keine Visa ausgeben. Nach einem Telefonat mit seinem Admiral darf er uns ein Empfehlungsschreiben an die flußabwärts liegenden Garnisonen ausstellen. Der Nachteil dieses Kontaktes zu den hohen Stellen des Militärs ist nur der, daß nun wirklich alle Soldaten und damit sicherlich auch alle Schmuggler wissen, wo wir sind und was wir wollen. Nun haben wir keinen Überraschungseffekt mehr, die anderen jedoch für uns immer noch. Für die gültigen Visa müssen wir selber sorgen. Wenn wir von Drogenkontrolleuren angehalten und wegen falscher Visa eingeknastet werden, kann uns Juan nicht helfen.

Unser Entschluß hängt, wie so oft bei Entscheidungen, deren Richtigkeit erst der Zufall im nachhinein aufzeigt, von Nebensächlichkeiten ab. Peter hatte sich mit Margot auf der brasilianischen Seite, in Guajara-Mirim, verabredet. Wenn sie pünktlich ist, wartet sie schon. Wir entscheiden uns also für Margot und dafür, mit den falschen Papieren aus Cachuela Esperanza abzufahren. Wenn wir schnell über die Grenze kommen, dürfte nicht viel schief gehen.

Täglich fährt von Cachuela Esperanza ein Lastwagentransport nach Guayaramerin. Quer über der offenen Pritsche liegen einige Bretter, auf die sich die Mitfahrer setzen und festklammern können. Die Urwaldpiste ist sicherlich das letzte Mal kurz nach der Regenzeit von einer Raupe provisorisch geglättet worden. Jetzt hüpft der Lastwagen halsbrecherisch über die ausgefahrenen Löcher. Da die Piste am Rand noch am besten ist, fährt der Fahrer dort entlang und deshalb mit dem halben Fahrzeug schon im Wald. Aus diesem Grund suchen sich die ersten Fahrgäste in der Mitte der Bretter einen Platz. Wer später kommt wie wir, muß sich zu den schon gedrängt sitzenden Leuten auf den rechten oder auf den linken Rand setzen. Welchen Straßenrand der Fahrer bevorzugt, hängt wahrscheinlich davon ab, ob er Linkshänder oder Rechtshänder ist. Dementsprechend stärker werden die Fahrgäste dieser oder jener Seite bei voller Geschwindigkeit durch die auf die Straße ragenden Äste der Büsche und Bäume gezerrt. Erfahrene Urwaldtramper haben eine dicke Jacke an. Ich trage ein dünnes Hemd und sehe am Ziel wie durchgepeitscht aus.

Die Grenze verläuft hier auf dem Fluß Rio Mamoré. Auf jeder Seite gibt es eine Stadt mit einem Fährhafen. Wir hoffen auf großes Gedränge an der Grenze, um nicht aufzufallen. An der bolivianischen Seite setzen wir uns erst einmal in ein Restaurant und beobachten die Abfertigungsprozedur. Nichts Besonderes. Man muß zwar zwischen mehreren Uniformierten hindurch, aber deren Aufgabe ist nur eine Gesichtskontrolle. Visa werden in einem Büro am Hafen bearbeitet, zu dem man extra hingehen muß. Das ist günstig. Die brasilianische Abfertigung ist von hier aus nicht zu erkennen, aber auf ein wenig Glück sollte man schon vertrauen. Wir melden uns also bei der bolivianischen Behörde ab, tauschen einige brasilianische Real ein und steigen in die Fähre. Nun sind wir offiziell ausgereist. Auf der anderen Flußseite geleiten uns zwei Soldaten von der Fähre zur Grenzstation. Aha, hier ist das anders! Mit dem Ausreisestempel erhalten wir die gewünschten brasilianischen Visa und sind in Brasilien. Nun müssen wir nur, ohne einen weiteren Stempel zu erhalten, zurück zu unseren Booten.

Den weiteren Tag organisiert Peter. Wie mit Margot verabredet, hängt an dem alten Lokschuppen der Kautschukbahn, der jetzt Museum ist, ein Zettel für ihn. Peter empfiehlt Axel und mir, uns ein gutes Hotel und ein Kino zu suchen und haut ab. Wir bekommen ein sehr preiswertes Zimmer ohne Fenster und ohne Klimaanlage und warten am hellen Tag in einem stockdunklen Raum die Mittagshitze ab. So habe ich mir Brasilien nicht vorgestellt.

Am Abend schlendern wir beide durch die von der Sonne ausgedörrten Straßen. Brasilien ist anders als Bolivien. Selbst in dieser einfachen Grenzstadt sind die Straßen asphaltiert, und über Bürgersteige braucht man sich nicht zu wundern. Daß die Bolivianer auf der anderen Flußseite neidisch sind und sich den reicheren Nachbarn gegenüber zurückgesetzt fühlen, hat nicht nur finanzielle Gründe. Brasilianer sind auch äußerlich anders. Die meisten Brasilianer haben aus der Zeit des Sklavenhandels afrikanisches Blut in ihren Adern. Deshalb sind sie deutlich größer und kräftiger als die Bolivianer indianischer Abstammung. Unangenehmerweise haben sie einen noch stärkeren Hang zu lauter Musik.

Am nächsten Morgen kommen uns Margot und Peter händchenhaltend auf der Straße entgegen.

»Ich helfe euch, wieder zurückzukommen!« ruft sie uns beiden entgegen.

Vielleicht ist es wirklich einfacher, wenn sie im entscheidenden Moment einen Soldaten ablenkt. Wie schon auf der bolivianischen Seite beobachten wir die Grenzabfertigung von einem Straßenrestaurant aus und suchen nach einer Möglichkeit, unbemerkt zur Fähre zu kommen.

Während wir eine Variante nach der anderen verwerfen, erzählt Margot von ihren Erlebnissen in Peru und Brasilien. Einmal konnte sie ein paar nette Räuber überzeugen, daß ein Lösegeld von hundert Dollar ausreichend ist, sie laufen zu lassen. Ein anderes Mal, während eines Schiffstransportes, entschied der Kapitän plötzlich, nicht mehr weiterzufahren. Eine Woche lang saß Margot mit wenigen anderen Passagieren in einem völlig einsamen Uferdorf fest. Ihre zwei Bücher Reiselektüre konnte sie hinterher auswendig.

Bevor wir aufbrechen, verabschieden wir uns von Margot. Beim nächsten Treff in Manaus hat sie viel mehr Zeit, verspricht sie.

Die brasilianische Grenzabfertigung besitzt einen Nebeneingang, auf den wir wie selbstverständlich und ohne Eile zusteuern. Der davor wachende Soldat ist Margots Aufgabe. Während sie ihn dermaßen reizend anlächelt, daß jeder von uns lieber mit dem Soldaten tauschen würde, verwickelt sie ihn in ein Gespräch. Derweil gehen wir drei ohne anzuhalten zur Fähre weiter. Die innere Anspannung verfliegt erst, als die Fähre nach bangen Minuten endlich ablegt und wir Margot ein letztes Mal zuwinken können. Da schreitet sie in gewohnter Eile zum nächsten Überlandbus.

Auf der anderen Seite ist die Kontrolle kein Problem. Uns dreien hat man ja gestern schon ins Gesicht geblickt, unsere Nasen sind genehmigt. Zur Paßbehörde zu gehen, vergessen wir absichtlich und sind nun mit offiziellen Einreisepapieren Brasiliens wieder in Bolivien unterwegs. Hoffentlich kontrolliert uns keiner.

Die Rückfahrt zu unseren Booten erfolgt wieder mit demselben Lastwagen. Peter kommt zu spät und kann sich nur noch aussuchen, entweder ganz außen auf einem übervollen Brett ausgepeitscht zu werden oder stundenlang auf einem harten, wäßrigen Eisblock zum Frischhalten von Fisch ungemütlich zu sitzen. Er entscheidet sich für den kalten Hintern. Eine kräftige Erkältung erinnert noch Tage später an die gut gekühlte Fahrt.

Die Abfahrt aus Cachuela Esperanza ist auf den folgenden Tag festgelegt. Vorher wollen wir ganz ohne lästiges Bootsgepäck den Urwald auf der anderen Flußseite ein wenig erforschen. Sitzen wir erst einmal wieder in unseren Kähnen, ist es aus mit der Gemütlichkeit. Da bleibt keine Kraft für Waldspaziergänge. Mit diesem Ruhetag schieben wir den Beginn der bevorstehenden einundvierzig Umtrageaktionen noch einmal vor uns her. Eine gute Art, sich zu drücken.

Wir wandern auf einer Sandpiste in den Urwald des Pando, eines der entlegensten Gebiete Boliviens, hinein. Auf einer Riesenfläche existieren nur zwei nennenswerte Ortschaften, deren Straßenverbindungen öfter unterbrochen sind. Wer sich hier verläuft, hat wenig Hilfe zu erwarten. Wir wollen eigentlich nur ein bißchen unberührten Urwald genießen und haben kein konkretes Ziel.

Als Ausgangspunkt suchen wir das Sägewerk. Das wäre schnell zu erreichen, hatte man uns in Cachuela Esperanza gesagt. Frohgemut tippeln wir in sengender Mittagshitze los. Bald überholt uns ein Jeep. Die Leute schauen uns verwundert an, aber wir haben keine Lust zu trampen und winken nicht. Der Jeep verschwindet, die Piste beginnt sich hinzuziehen. Später kommt der Jeep zurück, leer, wie extra für uns.

»Buenos diaz, wo wollen Sie denn hin?«

»Zur Impressa, zum Sägewerk.«

»Sind Sie die Deutschen, die mit Faltbooten gekommen sind?«

»Ja, warum?«

»Warum laufen Sie die Strecke? Es sind mindestens fünfzehn Kilometer. Steigen Sie ein, ich soll Sie hinbringen!«

Wir sind demnach schon angemeldet und obendrein als starrsinnig erkannt worden. Nicht bloß paddeln tun die, nein, jetzt latschen die Deutschen mit offensichtlich ungeheurem Elan auch noch ewiglange Strecken durch den Urwald! Ohne uns um den Rückweg zu sorgen, steigen wir ein.

Auf dem Holzablageplatz begrüßt uns der Werkleiter. Ein gemütlich aussehender, beleibter Mann mit graumeliertem Haar, Mitte fünfzig. Als ob er uns schon lange erwartet hätte, führt er uns zu seinem Büro, Kaffee und Kekse stehen bereit. Hier will uns jemand freundlich stimmen. Daß wir kommen, wußte er bereits, als wir zur Fähre gingen. Niemand wird ohne seine Genehmigung über die werkseigene Fähre, die per Funk mit dem Werk verbunden ist, transportiert. Warum haben sie uns überhaupt zum Werk gelassen? Aus Neugier auf unsere Geschichten? Aus Vorsicht, wir könnten ohne ihre Kontrolle unbemerkt noch einmal kommen?

Das Gespräch beginnt bei der Holzproduktion. Der Wald ist Privateigentum. Die Impressa hat ihn für mindestens zwanzig Jahre gepachtet. Auf einem weiten Platz stehen zwei überdachte Sägegatter mit weiteren Rutschen und Feinsägen zur Brettbearbeitung. Am einen Ende werden die Urwaldriesen hineingewuchtet und am anderen Ende kommen ordentlich gestapelte Paletten mit Balken, Brettern und Latten wieder heraus. Der Verschnitt ist erstaunlich gering. Überall stehen junge Männer mit dicken Cocabällen im Mund und arbeiten konzentriert an den Sägen.

Die Firma kommt, genauso wie ihre Leute, aus dem bolivianischen Departement Santa Cruz. Am Rande der Lichtung stehen die Unterkünfte, solide gebaut. Der Leiter des Sägewerks ist stolz auf seine kleine Siedlung im Urwald. Sie ist wirklich nicht mit den einfachen Dörfern am Fluß zu vergleichen. Hier ist alles durchorganisiert. Der Werkleiter ist seinen nordamerikanisch-japanischen Geldgebern direkt verantwortlich. Die Geschäfte laufen so gut, daß das Werk um Anlagen zur Herstellung von Möbelholz erweitert werden soll. Dazu gibt es schon richtige Architektenzeichnungen, in Bolivien etwas Außergewöhnliches.

Der Werkleiter ist ausgesprochen redselig. Er erklärt uns sein System der nachhaltigen Waldnutzung, das uns unfaßbar fortschrittlich erscheint. Von einem System aus Haupt- und Nebenstraßen wird der Wald konsequent erschlossen. In jedem Jahr werden vierzigtausend Hektar Wald nach Bäumen durchsucht. Mittels Satellitennavigator werden alle lohnenden Bäume geortet, per Funk in einen Computer mit ihrem Stammumfang eingegeben und durch eine Blechmarke gekennzeichnet. Für die Bäume über fünfzig Zentimeter Durchmesser entsteht automatisch ein Fällplan. Nach zwanzig Jahren sollen alle Abschnitte des Pachtgebietes erfaßt sein. Dann könne man mit dem ersten Abschnitt wieder anfangen und die nun nachgewachsenen Bäume herausholen. Wenn die kleinen geschont werden, meint er mit einem offenen und ehrlichen Blick, bliebe das natürliche Gleichgewicht erhalten. Sogar die Indianer könnten bleiben.

Die Theorie klingt wunderschön. Als wir uns jedoch für die

Satellitennavigationsgeräte und die Computeranlage im Urwald interessieren, gibt es fadenscheinige Hinderungsgründe. Es drängt sich der Gedanke auf, daß die Computeranlage gar nicht existiert und die Navigationsgeräte für die Drogenschmuggler benötigt werden. Denn wer, wenn nicht diese Firma, kontrolliert den Schmuggel in ihrem Grenzgebiet? Natürlich weist der Werkleiter jeden Verdacht von sich. Im Gegenteil, die hölzernen Wegweiser an den Urwaldstraßen wären teilweise mit Absicht falsch, um die ›fremden‹ Schmuggler zu verwirren.

Was wir sehen können, ist eine mustergültige Organisation, einen sehr gut ausgerüsteten Maschinenpark und ein großes Wegenetz. Den Rest würden wir gern glauben, wenn wir nicht in Südamerika wären.

Der Redefluß unseres Gastgebers schwenkt lieber auf ein anderes Gebiet über. Mitten in seinem Wald seien indianische Felsmalereien. Außer ihm und den Waldarbeitern hätte sie noch keiner gesehen. Nach den Skizzen, die er mit dem in den Kaffee getauchten Zeigefinger auf den Tisch malt, sind die Zeichnungen keine einfachen Darstellungen von Tieren und Menschen, sondern vielmehr Symbole oder Hieroglyphen. Das wäre wirklich eine Entdeckung! Der Werkchef ist sehr stolz auf die alten Zeichen und bietet an, sie uns zu zeigen. Allerdings muß man dorthin stundenlang durch den Urwald fahren. Die Felsen liegen an einem Flüßchen, das nach Brasilien fließt. Der Fluß Rio Negro, nicht zu verwechseln mit dem gleichnamigen großen Amazonasnebenfluß bei Manaus, ist uns von der Karte her bekannt. Auch der Hafenkapitän erwähnte ihn als berüchtigten Drogenschmugglerweg nach Brasilien.

Uns dreien kommt sehr schnell der Gedanke, auf dem Flüßchen ein Großteil der gefürchteten Stromschnellen des Rio Beni zu umfahren und außerdem kämen wir den Drogenschmugglern wieder ein Stück näher.

Erstaunlicherweise ist der Werkleiter sehr schnell bereit, uns mit unseren Booten zu den Felsen zu fahren. Wir sollen die Route nur noch mit dem Hafenkapitän absprechen. Jetzt haben wir eine Chance, dorthin zu gelangen und mit den unbekannten Felszeichnungen einen guten Grund dazu. Für uns steht es fest, zu den angekündigten Hieroglyphen müssen wir unbedingt hin. Vielleicht entdecken wir für die Wissenschaft eine noch unbekannte alte Hochkultur mitten im Amazonasdschungel.

Wieder zurückgekehrt bearbeiten wir zu dritt den Hafenkapitän, uns den Umweg über die Felszeichnungen zu gestatten. Bei dieser Variante bleiben wir viel länger ohne gültige Papiere in Bolivien, als ehemals vorgesehen. Um Juan die Zustimmung zu erleichtern, erzähle ich dem Hafenkapitän von den Entdeckungsfahrten des bereits erwähnten Engländers Fawcett. Juan kennt sogar dessen Namen. Fawcett traf nämlich an der Einmündung des Rio Negro in den nächst größeren Fluß die schönste Frau des Amazonasgebietes. Uns interessieren deren Urenkelinnen. Wenn es um Frauen geht, sind Südamerikaner sehr verständnisvoll. Wir bekommen eine weitere Empfehlung, mit der pauschal alle gebeten werden, uns zu helfen. Er ist ein Mordskerl. Schade, daß wir ihn verlassen müssen.

Die Organisation eines Lastwagens, der uns zum Rio Negro bringen soll, wirft ein bezeichnendes Licht auf das Verhältnis der Behörden zu den örtlichen Geschäftsleuten. Diejenigen Fahrer, die uns helfen können, sind mit Sicherheit Drogenschmuggler. In Guayaramerin ist es kein Problem, Pasta zum Rauchen auf der Straße zu erhalten. Auch in Cachuela Esperanza wird im Schutz der Nacht so manches in weiße Kunststoffsäckchen verpackte Zeug umgeladen. Unser Hafenkapitän hat damit kein Problem, obwohl es seine offizielle Aufgabe wäre, diese Leute festzunehmen. Mit seinen mehr als Selbstversorger anstatt mit kriegerischen Aufgaben beschäftigten Soldaten hält er sowieso keinen auf. Er verhandelt mit einem Fahrer über die Strecke und den Preis. Der Fahrer besteht auf einer enormen Forderung.

»Warum willst du das Doppelte von dem, was du für die Drogentransporte bekommst?« entrüstet sich Juan.

»Ausländer zahlen immer mehr.«

Wir zahlen nicht mehr, da hat er eben Pech gehabt. Die Funkerin des Bürgermeisters teilt der Impressa mit, daß wir kein Auto auftreiben können. Auf der anderen Seite hat der Funker keine Lust, seinen Chef im Wald zu suchen. Plötzlich geht wieder einmal nichts mehr weiter. Aus unseren Erfahrungen beim Holztransport für die Yaminahua, hilft hier nur Tatsachen schaffen.

Beim Ablegen steht plötzlich der dicke Polizist an den Booten und hält uns an. Der Mistkerl weiß genau, wo wir hinwollen und will seinen Teil abhaben. Wahrscheinlich kann er sich gar nicht vorstellen, aus welchen Beweggründen der Hafenkapitän uns geholfen hat. Bei dem bleiben wir hart. Es kann nicht sein, daß unser Gönner bloß mit einigen Fotos von uns dasteht und dieser Nichtsnutz mit Erfolg die Hand aufhält. In dem darauffolgenden Verhör auf der Polizeiwache wird das gesamte gegenseitige Drohrepertoire von lebenslänglicher Haft bis zu außenpolitischen Verwicklungen durchgespielt, bis wir uns mürrisch verabschieden und über den Fluß zur Pando-Seite hinüberpaddeln.

Mit zwei Empfehlungsschreiben des Militärs versehen und doch illegal, hängen wir unsere Matten in die Bäume an der Fähre und warten einfach ab. Irgendjemanden wird es schon stören, daß wir mit unseren Fotoapparaten immer gerade dann fotografieren, wenn wieder ein Auto vorbeifährt.

Aus Sicht der Bolivianer, für die Deutschland nur ein Teil der USA ist, könnten wir ganz unangenehme Leute sein. Vor nicht allzu langer Zeit haben US-amerikanische Soldaten ziemlich unnachsichtig im Grenzgebiet nach Drogenschmugglern gesucht. Jetzt sind alle froh, daß sie wieder weg sind.

Bald haben wir erreicht, was wir wollen. Noch am Abend hieven wir unsere Boote auf die Ladefläche eines Zwanzig-Tonnen-Kippers der Impressa und fahren zum Rio Negro, ohne einen Boliviano zu bezahlen. Der Urwald ist grandios. Anders als bei den Yaminahua ist die Vegetation bis auf den Boden hin grün und dicht. Die Piste schlängelt sich um die großen Bäume, von denen es anscheinend so viele gibt, daß die Holzfäller noch nicht einmal alle großen neben der Piste fällen konnten.

Kurz vor dem Rio Negro liegen plötzlich runde Granitmurmeln im Wald, in dem sonst vor vermodernden Pflanzenteilen der Boden nicht einmal zu sehen ist. Eine Laune der Natur. Der Kipper hält auf einer Lichtung neben einer tobenden Stromschnelle. Oberhalb stehen zwei weitere runde Felsen. Dort sind die geheimnisvollen Zeichen.

KAPITEL ZWÖLF

Die Spur des El Dorado

Es ist ein alter Traum aus mancher Kinderzeit, in der man nach Herzenslust Entdecker spielen konnte, ein Held wie Kolumbus oder berühmt wie Schliemann zu werden. Was für Schätze lagen damals in den verborgenen Winkeln verlassener Häuser oder auf den wilden Müllkippen vor dem Ort! Ein Kind kann jeden Tag etwas Neues erkunden. Später wird das schwieriger. Bereits in der Schule lernt man, wieviel andere längst erforscht haben und wie schwer es ist, sich das alles zu merken.

Und wem dann trotzdem ein wenig Neugier auf das Unbekannte in der Ferne geblieben ist, der liest in vergilbten Reisebeschreibungen, daß nach Meinung des Autors bereits damals alles erkundet wäre. Dieser schrieb sein Buch bereits in der Überzeugung, selbst auch nur kalten Kaffee aufzuwärmen. Nun würde wohl das Letzte geschrieben sein, was zu dem jeweiligen Thema überhaupt noch zu sagen wäre. Die von ihren unzeitgemäßen Entdeckersehnsüchten irregeleiteten Leser sollten besser gleich ins Museum gehen.

Mit zwiespältigen Gefühlen schlagen wir uns einen Pfad zu den Steinen. Ist dort wirklich etwas zu finden, was die Fachwelt aufhorchen läßt, oder handelt es sich nur um einen Ulk früherer Kautschuksammler?

Zwei verwitterte Steine liegen wie große Findlinge am Wasser. Durch das Blätterdach uralter Bäume fällt diffuses Licht auf die bemooste Granitoberfläche. Zwischen Lianenranken sind auf den Steinen abstrakte Zeichen zu erblicken, die sich in dem gleichmäßig fließenden Fluß spiegeln. An einigen Stellen sind nur noch Spuren, undeutlich wie ein Hauch, zu erkennen. Die Stromschnelle tost dicht daneben. Dennoch werden die Urwaldgeräusche, die Vogelstimmen und das Zikadenzirpen nicht übertönt. Offensichtlich hatten die indianischen Steinmetze ein gutes Gespür für romantische Stellen.

Unbegreiflich, wozu im dichten Dschungel diese Zeichen angebracht wurden. Begeistert klettern wir zwischen den Felsen herum und versuchen den Sinn oder wenigstens eine Regelmäßigkeit in den Zeichen zu erkennen. Je länger wir die Hieroglyphen betrachten, desto unwirklicher kommt uns dieser Fund vor. Auch die Waldarbeiter, die uns hergefahren hatten, wußten nichts. Einheimische Indianer, sagten sie, gäbe es hier schon lange nicht mehr. Außerdem seien diese so primitiv gewesen, daß sie nicht einmal castellano schreiben konnten, geschweige denn solche komplizierten Zeichen. Die unterschwellige Überheblichkeit gegenüber Indianern schlägt wieder durch.

Uns bleibt nichts weiter, als die Mystik des Ortes in uns aufzunehmen. In den Felsnischen hängen Vampirfledermäuse herunter. War es eine Opferstelle für den Wassergott oder nur ein unwichtiger steinerner Notizzettel? Auch in den Wäldern der Umgebung liegen Steine, jedoch ohne Spuren früherer Bearbeitung. Nur die beiden Felsen an dem oberen Becken über der Stromschnelle haben eine besondere Bedeutung. Dafür finden wir mehrere Spuren der Kautschuksammler an den Bäumen. Demnach ist die Stelle nicht unbekannt, nur hat sich bloß noch nie jemand für die Zeichen an den Felsen interessiert. Wenigstens das wollen wir ändern. Peter wandert einen ganzen Tag mit der Sonne um die Felsen herum, um die Hieroglyphen im besten Fotolicht zu dokumentieren. Vielleicht können wir zum Streit der Südamerikaexperten über die Theorie der Tieflandkulturen außerhalb des Inkareiches weitere Fakten beitragen. Denn die althergebrachte Meinung ist, daß bei den hohen Temperaturen und dem ausreichenden Nahrungsangebot im Amazonasbecken einfach keine Möglichkeit und kein Grund für eine zivilisatorische Entwicklung vorlag.

Felszeichnungen aus verschiedenen Gebieten des Tieflandes belegen jedoch eine von den Andenkulturen unabhängige Entwicklung. Das in Wirklichkeit sehr beschränkte Nahrungsangebot zwang einerseits zum heute noch bestehenden Nomadenleben, eine andere Entwicklungsrichtung muß jedoch zu solchen Felszeichnungen geführt haben. Nur versteht sie niemand.

Sind wir nun Entdecker oder nicht? Wer kann das festlegen? War denn Kolumbus einer, weil er einen Seeweg zu einem Land fand, von dem alle längst zu wissen glaubten, daß es existierte? Haben denn nicht erst andere nach ihm erkannt, daß er wirklich etwas Neues fand, wenn auch die Indianer sich gar nicht ›entdeckt‹ fühlten?

Um diesen verzwickten Urheberrechtsfragen mit unserer Art, Probleme zu lösen, aus dem Wege zu gehen, wollen wir diesem Fund einen möglichst wissenschaftlichen Namen geben. Ein markantes Zeichen, eine Spirale, fällt uns Paddlern sofort ins Auge und erinnert an die gefürchteten Mörderstrudel.

»Das war der Stamm der Strudler«, schlägt Axel vor.

»Seitdem du als Junge beim Bäcker zur Aushilfe gearbeitet hast, denkst du immer nur mit deinem Bauch«, wirft ihm Peter vor. »Nein,

die akademisch korrekte Bezeichnung ist Kringelkultur.«
Für mich sind Strudel und Kringel gleich. Ich esse beides.

Die folgenden Tage auf dem Rio Negro gehören zu den intensivsten Erlebnissen der gesamten Reise. Weniger wegen spektakulärer Ereignisse, sondern vielmehr wegen der friedlichen Einsamkeit der Wälder. Wir fahren auf einem schmalen, klaren Schwarzwasserfluß. Gelegentliche Schwälle reizen zum Wildwasserfahren. Kentern kann man eigentlich nicht. Die Sonne erzeugt beim Baden einen goldig-teefarbenen Schimmer auf der Haut. Aquarienfische schwimmen in kleinen Schwärmen durch den trinkwasserreinen Fluß. Beeindruckend ist die ruhige, gleichbleibende Stimmung des Waldes. Ob wir hier entlang fahren oder nicht, was wir sehen, scheint für die Ewigkeit gemacht zu sein. Es sind nicht nur kurze Augenblicke der Stille, sondern Tage, die wir in einer menschenleeren Gegend verbringen. Die Sonne und der Fluß bestimmen unseren Tagesablauf, genauso wie den des Urwaldes.

Die Ruhe und Stille des Waldes ist abstrakt, nicht lautlos. Fische huschen unter den Booten entlang, und vom Ufer her hört man, wie Zikaden, Frösche und Brüllaffen sich gegenseitig im Lärmen überbieten. Wenn sie sich beruhigt haben, dauert es nicht lange, bis Papageien, Tukane oder verschiedene Eisvögel die Gasse, die der Fluß durch den Urwald schlägt, als Rennstrecke benutzen. Urwald und Tiere erinnern uns an unsere ersten Urwaldeindrücke am oberen Beni, nur ist der Fluß hier schmaler, ruhiger und alles erscheint so nah.

Hinzu kommt die Anspannung, wie uns die Schmuggler, mit denen wir mit Sicherheit rechnen, aufnehmen werden. Ausweichen kann man ihnen nicht. Außerdem soll an einem Seitenarm ein interessanter Indianerstamm leben, erzählten uns die Missionare. Lediglich einige nordamerikanische Sprachforscher hätten mit den scheuen Menschen Kontakt gesucht, sie aber dadurch, und mehr noch durch die intensive Waldnutzung der Impressa, immer weiter vertrieben. Sind diese Pacahuara-Indianer die Nachkommen der Kringler? An jedem Uferstein klettere ich herum, um vielleicht doch einmal der allererste zu sein, der weitere Hieroglyphen entdeckt. Axel und Peter amüsieren sich derartig über meinen Eifer, daß sie kurz davor sind, mir den Spitznamen ›Strudel‹ zu verpassen.

An der Einmündung des Pacahuara-Flusses stehen die Reste einer verfallenen Palmenhütte nach Indianerart. Hier war schon lange keiner mehr. Deshalb suchen wir nicht weiter. Dagegen sind andere

Lagerplätze am Fluß bestens vorbereitet, vielleicht für die Leute vom Drogenlabor. Denn dazu haben wir bereits viele indirekte Hinweise erhalten. Irgendwo in dieser Gegend arbeitet ein transportables Labor. Die in den Fluß hängenden, für Boote störende Äste hat jemand mit einer Motorsäge freigeholzt. Regelmäßig paddeln wir an freigeschlagenen Lichtungen vorbei. Bäume in passendem Hängemattenabstand hat man stehengelassen. Merkwürdigerweise gibt es keinen Abfall. Keine Fisch- oder Tierreste von Indianern, kein Zivilisationsmüll wie Tüten oder Kunststoffflaschen. Wer hier gelagert hat, wollte etwas verbergen und konnte es auch. So eine Organisation haben wir nur ein Mal, bei der Impressa, erlebt. Sie pflegt auch die Urwaldpiste zum Rio Negro. Falls die Impressa und die Schmuggler dieselben sind, können wir uns nicht beklagen. Wir haben sie von ihrer besten Seite kennengelernt und werden völlig in Ruhe gelassen. Wie erwartet, scheinen alle zu wissen, daß wir hier sind, anders können wir uns die gut hergerichteten Lagerplätze und den im Gegensatz dazu seit Tagen menschenleeren Fluß nicht erklären. Es könnte so sein, doch ein wenig Unsicherheit bleibt.

Riesenotter tummeln sich im Wasser. Die Tiere können bis zu zwei Meter lang werden. Sie schwimmen in Gruppen von bis zu sechs Tieren im Fluß und tauchen nach Fischen. Die Otter sind besonders niedlich, wenn sie sich auf dem Rücken schwimmend treiben lassen. Paddler mögen sie nicht und fauchen uns an.

Dicht über dem Wasser auf einem Baumstamm, ihrem Lieblingsplatz, folgt ein Schildkrötenlager dem anderen. Dazwischen flattern bunte Schmetterlingsschwärme über den Fluß, und Fledermäuse hängen an abgestorbenen Ästen über dem Wasser.

Manchmal ist die Natur zu aufdringlich. Nichtsahnend greift Peter an einem Morgen als erster in sein Boot.

»Bienen!« brüllt er erschrocken.

Vorsichtig blicken Axel und ich in unsere Boote. Benommen und träge krabbeln sie in der Morgenkühle im Boot herum.

»Ich hab' auch welche!«

»Wie kriegen wir die denn wieder heraus?« frage ich mich ratlos.

»Wenn wir noch lange warten, bis es heiß wird, dann werden sie quietschfidel und machen es sich erst recht im Boot gemütlich!« befürchtet Axel.

»Mal sehen, ob sie Autan kennen.« Peter bekämpft damit alles, was ihm mißfällt.

Böse summend erhebt sich eine kleine Wolke über seinem Boot.

Wenn man kräftig sprüht, flüchten die meisten Bienen. Trotzdem müssen wir uns noch tagelang ganz vorsichtig im Boot bewegen. Ab und zu krabbelt immer noch eine verängstigte, einsame Biene aus den Ritzen heraus.

Diesen Abend liegt unser Lager direkt am Ufer. Da die Schwarzwasserflüsse aus dem Waldboden so viel Säure aufnehmen, daß sich keine Moskitolarven entwickeln können, haben wir Zeit. Als nervlich ungeheuer beruhigend hat sich der unendliche Trinkwasservorrat um unsere Boote herum herausgestellt. Kein Filtern, kein Suchen nach eventuellen Quellen hält einen ständigen Erfolgsdruck aufrecht. Das Lagerfeuer knistert, der Kocher summt, nur Axel liegt bereits in der Hängematte. Heute hatte er zu nichts Lust.

Mit beginnender Dunkelheit blitzen die Glühwürmchen durchs Unterholz. Hier wimmelt es von ihnen. Zwei Glühwürmchen hocken seit einiger Zeit am Wasser. Komisch, alle anderen machen ihr Licht immer wieder an und aus. Diese beiden sind anders. Im Schein der Stirnlampe strahlen sie erst recht auf. Die Augen eines kleinen neugierigen Krokodils flackern im Schein des Feuers. Es liegt neben meinem Boot im Wasser und hebt nur den Kopf heraus. Vielleicht will es gefüttert werden. Oder haben es die Schmuggler abhängig gemacht? Können Krokodile süchtig werden? Diese Frage erheitert die Zeit des Abendbrotes. Das Krokodil bekommt auch einige Reisklumpen. Es ist besseres gewöhnt, wir fühlen uns geschmäht.

Am nächsten Morgen ist Axel krank. Mit hohem Fieber bleibt er in der Hängematte liegen.

»Jetzt habe ich Malaria!«

Er nimmt die Krankheit gelassen. Malaria hat Axel nicht zum ersten Mal. Wir können auch nichts anderes machen, als aufzupassen, daß er die Tabletten schluckt. Natürlich könnte es auch eine andere Krankheit sein, aber Axel ist sich sicher und außerdem, gegen andere Tropenkrankheiten, wie zum Beispiel Dengue-Fieber, haben wir nichts mit. Jedenfalls nehmen wir Axels Fieber zum Anlaß, die Tropenkrankheitsbücher wiederholt durchzuschmökern. Was man alles kriegen kann! Ein Wunder, daß es überhaupt noch Menschen in den Tropen gibt, nicht nur freßsüchtige Bakterien und heimtückische Viren.

Ich gebe Axel seine Decke zurück. In Cachuela Esperanza hat er mich solange genervt, meinen Schlafsack zu verschenken, um Gepäck zu sparen, daß ich ihm den Gefallen tat. Angeblich würde es bald wärmer. Damit hatte er recht. Er hat hohes Fieber. Bis jetzt haben wir uns nachts mit seiner Decke und dem Frieren abgewechselt.

Als er sich in einer der zwischen den Fieberschüben auftretenden Kältephasen darin einwickelt, hören wir aus seiner Hängematte ein klägliches Ächzen.

»Meine Mutti würde mich jetzt pflegen!«

Abenteuern macht oft erst hinterher Spaß.

Nun dauert die Tour eben ein bißchen länger. Peter und ich hätten nichts dagegen, wenn wir nicht noch immer mit falschen Visa in Bolivien unterwegs wären und unsere Verpflegung etwas reichlicher wäre. Wie immer haben wir zu knapp eingekauft. Der Aufenthalt bei den Hieroglyphen dauerte länger als geplant, und auf dem Fluß haben wir uns auch nicht gerade beeilt, da es uns hier so gefällt.

Als Axel wieder transportfähig ist, setzen wir ihn in sein Boot und schieben es in die Strömung. Treiben kann er allein. Zum erheblichen Problem werden die Nebenwirkungen des Malariamedikamentes, nicht die Malaria selbst. Axel ist plötzlich unheimlich lichtempfindlich. Jeder Aufenthalt in der Sonne bereitet ihm Schwindelgefühle und erhebliche Übelkeit. Mit dem Treiben hatten wir uns das einfacher vorgestellt. Jetzt ziehen Peter und ich abwechselnd Axel im Boot hinter uns her, möglichst am Ufer im Schatten der Bäume. Axel hält Peters Regenschirm zusätzlich als Sonnenschutz über sich.

Für Peter ist die Sache mit dem Schirm eine späte Genugtuung. Haben wir ihn doch regelmäßig beim Bootschleppen mit seinem Zusatzgewicht veralbert. Er blieb jedoch unbeirrt.

»Ihr werdet mir noch dankbar sein!«

Während einer den Schirm mit Axel samt Boot darunter schleppt, hat der andere Zeit, in den flachen Stellen am Ufer nach Fischen zu schauen. Mit einem dreizackigen Fischspieß in der Hand muß man sich mit Schwung über die Fischplätze treiben lassen. Die dicken, grätenarmen Welse sind zu schnell für einen Europäer, der sonst nur in der Tiefkühltruhe eines Supermarktes fischt. Bei den flachen, breiten Rochen haben wir eher Chancen. Durchschnittlich bei jedem zweiten Zustechen trifft Peter. Abends essen wir Fisch, nichts weiter. Axel mag sowieso fast nichts, und Fisch mochte er noch nie so recht. Mit dieser Ernährungsweise läßt sich wunderbar das Gewicht regulieren.

Als Axel wieder genesen scheint, überqueren wir auf dem Rio Abunã, in den der Rio Negro mündet, die Grenze nach Brasilien. Die bolivianischen Grenzer haben uns nicht einmal zur Kenntnis genommen. In den letzten Tagen lief vieles anders als erwartet.

Der erste brasilianische Ort heißt schon wieder Fortaleza. Ein unbefahrbarer Wasserfall bildet eine nette Kulisse, an der man sich vorbehaltlos erfreuen könnte, wenn das Umtragen nicht wäre. Axel kommt vom Erkundungsgang zurück und erklärt strahlend:

»Am Ende der Plackerei ist ein Strandrestaurant mit gutem Essen zur Belohnung. Auf geht's!«

Dabei hat er gar nicht mitbekommen, was hier die eigentliche Belohnung ist. Die Urenkelinnen der schönsten Frau Amazoniens! Der Anblick einer Menge absichtlich aufreizend badender junger Mädchen, die allesamt einem Journal für Bademode entsprungen sein müssen, verschlägt uns urwaldgewöhnten Paddlern die Sprache. In den letzten Wochen waren wir mehr mit ottergesichtigen und fischmäuligen Weggefährten vertraut. Der unerwartete Anblick zauberhafter Mädchen mit südländischem Temperament, viel zu knapp sitzenden Bikinis und wiegenden Hüften erinnert uns schlagartig daran, daß es ein Leben außerhalb des Urwaldes gibt. Ich könnte heute noch schwören, daß die schönsten Mädchen Brasiliens in Fortaleza de Abunã zu sehen sind.

In der Kneipe versuche ich, meine ersten portugiesischen Sprachbrocken anzubringen. Als Anfänger beginnt man in Brasilien mit der Zeichensprache. Die ist ganz einfach. Man braucht dazu nur den Daumen. Der erhobene Daumen ist die universelle positive Lebensäußerung schlechthin. Zum Bestellen, nur Daumen heben, zum Bezahlen, Daumen hoch. Zur Begrüßung und zum Verabschieden, ja sogar bei der Verkehrskontrolle der Polizei – zuerst zeigt man den Daumen.

Für einen unvorbereiteten Gast in einem brasilianischen Restaurant ist es praktisch unvermeidlich, bei der Bestellung einen typischen Fehler zu machen. Axel, anerkannter Brasilienkenner unter uns dreien, legt mich auch prompt herein.

»Bestell schon mal drei Flaschen!« bittet er mich.

Genau, wie er erwartet hatte, hebe ich die Hand mit abgespreiztem Daumen, Zeigefinger und Mittelfinger und rufe dem Kellner zu:

»Cerveja, por favor! Bier, bitte!«

Dabei bin ich auch noch stolz, daß er meine Worte überhaupt verstanden hat. Der Kellner kommt mit zwei Bieren und stellt sie gemeinerweise auch noch vor Axel und Peter ab. Bevor er geht, hebt er noch schnell seinen rechten Daumen zum Gruß und wundert sich, warum ich verdattert darüber nachsinne, was ich denn falsch gemacht habe. Er hat von mir den Daumengruß als Dankeschön erwartet und sortiert mich nun als unhöflichen Gast ein.

»Prost!« meint Peter grinsend.

»Wieso bringt uns dieser Stiesel nur zwei Bier, er sieht doch, daß wir drei sind!«

»Weil du extra nur zwei bestellt hast«, erklärt Axel den Spaß. »Du hast bei ihm mit Zeige- und Mittelfinger zwei gezeigt und mit dem Daumen noch dein okay dazu gegeben. Er hat das gebracht, was du gezeigt hast.«

Unter dem Tisch sortiere ich meine Finger und bestelle unter dem Gelächter meiner Freunde mit erhobenem Daumen und Zeigefinger das dritte Bier.

Und noch etwas fällt mir auf, Portugiesisch ist ganz anders als Castellano! Ich verstehe aus dem Singsang der Leute am Nachbartisch nicht ein Wort. Castellano ist mir schon nicht leichtgefallen, mit Portugiesisch fange ich wieder ganz von vorn an. Unglücklicherweise wird es auch noch anders ausgesprochen, als geschrieben. Jetzt bin ich wieder Anhängsel vom Dolmetscher Axel.

Für die Nacht hängen wir der Einfachheit halber unsere Matten in die Dachkonstruktion des Restaurants auf den Klippen neben dem Wasserfall. Vor uns zieht sich der im Sternenlicht blaßweiß leuchtende Sandstrand am Fluß entlang. Der Ort ist das Wochenendziel der Begüterten aus Porto Velho. Die Leute haben Geschmack.

Beim Abfahren huschen große Leguane über den leeren Strand. Unsere Stimmung steigt, zumal wir endlich genug zu essen bekommen.

Vor uns erheben sich abermals runde, vom Wasser glatt gewaschene Felsen zu beiden Seiten des Ufers. Die Kringelsuche treibt mich voran. Schließlich sind wir in der Gegend des sagenumwobenen Manoa. Der erste Amazonasbefahrer, der Spanier Orellana, berichtete von einer goldgepflasterten Stadt, das Ziel der meisten El Dorado-Expeditionen nach ihm. Fawcett hat hier die schönsten Frauen gefunden. Der deutsche Amazonasgeologe Grabert hat ebenfalls Manoa gesucht und ist ohne Gold zurückgekehrt. Haben wir mehr Glück?

Es kommt darauf an, was man sucht.

›… hoch über den dunklen Wäldern sieht er, Orellana, den goldenen Schimmer, eine steinerne Stadt erscheint im Morgenlicht, und

Gold, Gold leuchtet auf, die Höhe des großen Hügels brennt golden, Paläste mit goldenen Firsten, ein Tempel mit goldenen Friesen gleißen und flimmern; ein Brand aus Gold erleuchtet die Welt – das ist er, der Traum, das ist es, das Ziel: Manoa, Manoa!‹

Die Beschreibung ist unwirklich schön, denn Orellana war nie hier. Aus Manoa wurde Manaus. Das Gold hat noch niemand gefunden. Und trotzdem. Ist da etwas? Ich kriege einen richtigen Schreck.

»Manoa!« brülle ich vor Begeisterung den anderen zu. Dicht über der Wasserlinie der Uferfelsen sind die Kringel deutlicher zu erkennen, als am Rio Negro. Eine Entdeckung! Ohne Waldarbeiter, ohne große Expedition. Das Glück wirkt wie ein Rausch.

Bei näherer Betrachtung reicht die Entdeckung nicht für ein weiteres Weltwunder. Die Steinmetze der Kringler haben viele sehr deutliche Doppelkringel, aber eben nur solche, in die Felsen zu beiden Seiten des Flusses in den Stein geschlagen. Und die goldenen Paläste muß man sich dazu denken. Die dazu nötige Phantasie haben nur Peter und ich. Axel paddelt davon. Er ist schuld, daß Peter und ich nicht im Wald nach den Palästen gesucht haben. Wahrscheinlich hat er uns vor einer schlimmen Enttäuschung und jeder Menge Moskitos bewahrt. Aber vielleicht …

Wir beide paddeln zu einem Fischer, um ihn nach anderen Kringeln auszufragen.

»Ach so«, meint er »weiter unterhalb gibt es noch viel mehr.«

Als wir gerade dabei sind, unsere Portugiesischkenntnisse zusammenzulegen, um den genauen Ort zu erfahren, erhebt Axel vorn ein riesiges Geschrei. Zwar ist keine Gefahr zu erkennen, aber wenn einer um Hilfe ruft, wird er einen guten Grund haben. Wir müssen den Fischer ziehen lassen und eilen zu Axel. Der ist gerade dabei, einen Hund vorm Ertrinken zu retten. Nachdem das Tier am Strand einer Insel liegt und Wasser spuckt, sehen wir seinen jämmerlichen Zustand. Er ist krank und völlig verhungert. Nun nehmen unsere Lebensmittel schon wieder unerwartet ab. Trotzdem bleibt ein unsicheres Gefühl. Vielleicht wollten Einheimische den Hund ertränken, um andere vor seinen Krankheiten zu schützen? Machen wir es richtig, ihm zu helfen?

Der Fischer ist weg. Dem nächsten können wir uns nicht verständlich machen. Wir haben die Spur der Kringel verloren. Wieder wird jeder Stein am Ufer kritisch untersucht. Nichts.

›Man darf El Dorado suchen, doch darf man es auch finden?‹ fragte sich Grabert nach Jahren mühevoller Suche. Er hat recht.

Am letzten Zipfel der Landzunge, die sich zwischen der Einmündung des Rio Abunã in den Beni, der hier Rio Madeira heißt, gebildet hat, grüßt die bolivianische Fahne. Von hier an ist zu beiden Seiten des Flusses Brasilien. Der Madeira empfängt uns mit Sturm. Wieder einmal ist der El Sur gekommen. Tausend Kilometer unterhalb der Sandstürme am Rio Beni weht dieser Wind nur etwas kühler und stürmischer als an den übrigen Tagen. Die hohen Wellen auf einem halben Kilometer breiten Fluß erinnern uns an den Titicacasee. Das Gebirge fehlt allerdings. Die Breite des Flusses erfordert eine neue Strategie der Schlafplatzsuche. Man paddelt nicht mehr schnell ans rechte Ufer, um die Schlafgelegenheit mit der am linken zu vergleichen. Wer hier einmal nach links gefahren ist, der bleibt dort, bis sich die nächste Rechtskurve zum Seitenwechseln und damit zum Abkürzen anbietet.

An einem abschüssigen Strand stellen wir für Axel das Zelt auf. Die Stelle ist so ungünstig, daß nur einer im Zelt liegen kann. Peter und ich klettern auf das oberhalb gelegene Steilufer und schlagen für unsere Hängematten eine Lichtung in den Wald. Axel bleibt im Zelt liegen. Die Sturmpaddelei hat ihn mit seiner verschleppten Malaria überanstrengt. Hoffentlich kann er morgen überhaupt weiter.

Der Karte nach haben wir noch neun große Stromschnellen vor uns. Wieviel kleinere es sind, steht dort nicht. Schließlich besitzen wir nur eine Fliegerkarte. Peter und ich sehen uns an und überlegen, wie wir den ganzen Krempel zu zweit transportieren können.

Die Regenplanen haben wir schon vorher der Mission überlassen und die Segel per Post nach Hause geschickt. Das alles, um an den langen Umtragestellen am Rio Madeira Gewicht zu sparen. Ich wundere mich, daß überhaupt noch etwas im Boot liegt. Außer Turnhose und einem Hemd ist dort eigentlich nur Gerümpel, insgesamt leider immer noch ein erhebliches Gewicht.

Sollte es Axel schlechter gehen, müssen wir nach Porto Velho, erst dort ist mit ausreichender medizinischer Versorgung zu rechnen. Aber wie weit ist es bis dorthin? Wir beschließen, alle weiteren Übernachtungen mit den kommenden Stromschnellen zu verbinden. Dort müssen wir ohnehin aussteigen, und wenn wir umtragen müssen, kann man auch gleich die Boote zum Übernachten auspacken.

Die Stromschnellen bis Porto Velho sind der erste Teil der Herausforderungen auf dem Madeira. Auf der gesamten Strecke von Cachuela Esperanza bis Porto Velho stürzt der Fluß stufenförmig bis fast auf Meereshöhe hinab, um sich danach zu einem der drei riesigen

Amazonaszuflüsse zu verbreitern. In der Größe des Stromes unterhalb der Gefällestufen liegt der andere Teil der Herausforderungen.

Bei den ersten Stromschnellen, die jetzt in Brasilien ›Cachoeira‹ heißen, verläuft alles bestens. Die kleineren kann man sogar befahren. Trotzdem brauchen wir unendlich lange. Wenn mitten im Fluß eine Felsbarriere steht, dann paddeln wir vorsichtig in die davorliegenden Schären hinein, immer in der Sorge, hinter einem Stein von einer scharfen Strömung erfaßt zu werden. Das Tosen der um die Steine strömenden Wassermassen ist jedesmal furchteinflößend. Wenn ein fünfhundert Meter breiter Fluß einen massiven Bergriegel in Gruppen verteilter Felsen getrennt hat, zwischen diesen hindurchschießt und auf kurzer Strecke zwei Meter an Höhe verliert, dann kommt man sich mit seinem Paddelboot wie in einer Nußschale vor. Hat einer die Fahrtrinne erkundet, müssen sie sich alle ansehen, die Wurfsäcke bereithalten und nacheinander fahren. Es ist dieselbe Prozedur wie am Rio Tipuany, nur daß der Strom sich auf mehrere parallele Stromzungen zwischen Felsengruppen aufgeteilt hat. Jedesmal entsteht die Qual der Wahl einer günstigen Durchfahrt. Jedesmal müssen wir uns überwinden, auszusteigen und nicht der durch die Hitze erzeugten Versuchung nachzugeben und auf unser Glück vertrauend durchzupaddeln.

Zwischen malerischen Felsen errichten wir unser nächstes Nachtlager. Der Fluß hat hier bei Hochwasser eine glatte Bahn ausgewaschen, die jetzt trocken liegt. Die Felsen sind so warm, daß wir beschließen, heute einmal auf Granit und nicht in der Hängematte zu übernachten. Während Axel in einem riesigen Strudeltopf sitzt und badet, schleppen Peter und ich die Boote zum Lagerplatz. Damit jeder nur mögliche Meter gerollt werden kann, schnallen wir gleich am Anfang der Plackerei die Bootswagen unter. Dort, wo der Weg es zuläßt, wird gerollt. Trotz ewiglangem Suchen finden wir keine Möglichkeit um eine Steinbarriere von etlichen Metern Höhe herum. Die Boote müssen darüber geschafft werden.

Kein Griff, kein Tritt, die Steine sind glatt und rund. Wir sind zu erschöpft, um den Bootswagen bei den drei Booten jedesmal an- und abzubauen und außerdem, wenn das Boot auf den polierten Felsen ins Rutschen käme, hilft sowieso nichts mehr. Jetzt folgt Reibungsklettern pur. Peter geht wie immer barfuß und ich in meinen Surfschuhen. In der einen Hand hält jeder ein Bootsende fest. Auf Kommando und ganz langsam schieben wir uns vorsichtig den schrägen Felsen empor. Bloß jetzt nicht wackeln oder den anderen aus

dem Gleichgewicht bringen! Peter steht nun in einer Mulde. Dort hält
er das Boot fest, an dem ich mich hochhangle. Bis zur Kuppe des
Felsens sind es noch zwei Bootslängen. Und das alles ohne Seil. So
würde ich sonst nie klettern. Es gelingt dreimal. Jedesmal wenn wir
oben ankommen, schauen wir auf dieses trockene Flußbett aus riesigen Granitmurmeln, zwischen denen man Axel suchen muß. Danach
falle ich auf meine Decke, die wie erwartet vom Fels mollig durchge-
wärmt ist und merke erst nach Stunden, wie hart Granit ist.

Axel fühlt sich zum Paddeln zwar schwach, meint aber, nach einer
zweitägigen Pause wieder fit zu sein. Eine Pause zum Fernsehen bietet sich geradezu an. Übermorgen ist das Endspiel der Fußballweltmeisterschaft. Wir sind schon so lange in Südamerika, daß für uns
völlig klar ist, Brasilien gewinnt. Diesen Sieg wollen wir mit Brasilia-
nern feiern.

Die Leute am Ufer erzählen von dem Goldgräberdorf Pomerão.
Dort sind mehrere Kneipen, einen Fernseher und elektrisches Licht.
Alle aus der Gegend fahren zum Endspiel dorthin.

Deshalb schleppt sich Axel über den schattenlosen Strom. Er hat
sich ein Fünfhundertersystem ausgedacht. Fünfhundert Schläge paddeln, Pause und wieder fünfhundert Schläge. Bei sengender Sonne
sind fünfhundert ununterbrochen kräftige Schläge selbst für einen
nicht durch Krankheit Geschwächten viel. Wenn die Strecke gerade
hinter einer Kurve endet, nach der der Gegenwind auffrischen kann,
ist die folgende Pause kurz, sonst treibt das Boot zurück. Auf dem
breiten Strom ist das Vorankommen viel schlechter zu erkennen, als
vorher, wo man an den Ufern zu beiden Seiten die eigene Geschwindigkeit gut abschätzen konnte. So scheint es uns, als ob wir uns nur
fürchterlich langsam dem Goldgräberort nähern.

KAPITEL DREIZEHN

Goldschürfer wollen gewinnen

Beim Aussteigen in Pomerão merkt man gleich, daß brasilianische Dörfer anders sind, als die in Bolivien. Während in Bolivien die Ufertreppen in den Lehmboden gestochen werden, leisten sich die Dörfer hier eine Holztreppe. Etwas zerfallen zwar, aber immerhin. Teilweise ist sie unbenutzbar, doch das stört keinen. Die Böschung daneben ist lehmig, rutschbahnglatt, ein Balanceakt beim Hochtragen unserer Boote mit nassen Füßen.

Die brasilianischen Dorfköter sind längst nicht so abgemagert wie im Nachbarland.

Eine Uferstraße führt zur Fernsehkneipe von Aladorin. Er betreibt mit seiner Frau und den sechs Kindern nicht nur die Gaststätte. Ihm gehört auch der unmittelbar neben dem Kneipenraum brummende Stromgenerator des Ortes. Er läuft solange, wie das Fernsehprogramm. Damit man die Sendungen im Lärm des Generators versteht, wird der Ton ordentlich aufgedreht. Wer sich unterhalten will, muß Generator und Fernseher überschreien.

Axels Bedingung ist, daß wir unsere Hängematten für zwei Tage in der gastlichen Terrasse aufhängen können. Dafür würden wir immer bei Aladorin essen. Daß die anderen Gäste zusammenrücken müssen, weil dort die einzigen Tische stehen, wäre nur zu Hause ein Problem. Wir liegen in der Hängematte und die anderen sitzen daneben am Tisch. So etwas wird als völlig normal empfunden.

Durch Axels Abmachung befinden sich unsere Sachen halbwegs im Schutz der Kneipe. Ein Rundgang durch den Ort zeigt, daß die Leute nur vom Gold leben. Auf zweigeschossigen Schwimmbaggern, den Dragas, oder der einfacheren Variante, den Balsas, die nichts anderes als überdachte Flöße mit Motorpumpe und Filzsieb sind, wird rund um die Uhr gearbeitet. Alle Lebensmittel müssen über die löchrige Asphaltstraße herangeschafft werden. Ist das Goldschürfen so ertragreich, daß sich hier niemand eine Bananenstaude oder eine Papayapalme neben die Bretterhütte pflanzt? Können diese Leute keine Landwirtschaft betreiben oder ist der Boden längst ausgelaugt?

Eigentlich ist Pomerão ein Slum. Das Dorf wurde auf dem Gleisbett der stillgelegten Mamoré-Bahn errichtet. Die verrosteten Schienen ragen teilweise noch aus der Dorfstraße hervor. Die Häuser bestehen aus den Brettern verschrotteter Dragas. Teilweise gibt es sogar zweigeschossige Häuser aus deren kompletten Aufbauten. Das Land hat eine Schule und den Fußballplatz gebaut. Offensichtlich hat man sich für lange Zeit eingerichtet.

In der Kneipe treffen wir eine junge Frau, die mehr von uns wissen will, als nur wie kalt es gerade in Deutschland ist. Alle anderen sind gewöhnlich beruhigt, wenn sie erfahren, daß die Deutschen für ihren Wohlstand erbärmlich frieren müssen. Maria will wissen, wie Kinder ohne Eltern in Deutschland leben und ob es bei uns auch Frauen gibt, die eine eigene Firma haben. Sie ist die erste Frau auf dem Fluß, die gegen den erheblichen Widerstand der männerdominierten Goldschürferclique eine Balsa haben wird. Wir besuchen sie. An der Wand einer Nachbarhütte ist eine Plane angenagelt. Mit mehreren Leinen hat Maria daraus ein Zeltdach gespannt, unter dem sie mit einer Angestellten und zwei Tischlern wohnt. In einer Ecke liegt das Kochgeschirr. Meist essen sie kalt. Falls mal einer Zeit hat, einen Fisch zu angeln, wird er auf einem Lagerfeuer gebraten, mitten im Ort. In zwei Wochen muß Marias Balsa fertig sein. Wenn sie dann immer noch kein Gold schürft, kann sie sich kein weiteres Geld borgen und wäre am Ende. Für den Bau des Floßes und den Kauf einer Motorpumpe und der Siebe hat sie all ihr erspartes Geld ausgegeben. Wahrscheinlich auch das Geld der Mutter, die auf die kleine Tochter Marias aufpaßt. Das Floß kostet fast soviel wie ein VW Käfer.

Maria ist mit siebzehn Jahren, angelockt durch ein staatliches Umsiedlungsprogramm, aus den Slums der Industriestadt São Paulo an der südlichen Atlantikküste in den Amazonasdschungel gezogen. Gemeinsam mit ihrem Mann und Tausenden anderer mittelloser Neubauern vertrieben sie die Indianer, rodeten den Urwald und erkannten bald, daß der Boden nicht viel hergibt. Wahrscheinlich wären sie auch bei besseren Böden nicht zu richtigen Bauern geworden, ohne Erfahrung, ohne Hilfe. Die großen Städte waren einen Teil ihrer Obdachlosen losgeworden und hofften, daß sich diese Leute in den Weiten des Urwaldes irgendwie ansiedeln würden. Hauptsache, weg.

Als die Goldfunde am Rio Madeira einen schnellen Reichtum versprachen, zogen die ehemaligen Slumbewohner der Großstädte als Lohnarbeiter auf die Dragas. Hier arbeitete Maria jahrelang als Köchin mit ihrem Mann zusammen, bis er sie nach der Geburt ihrer Tochter verließ.

Nun kümmert sich ihre Mutter in der Stadt um das sechs Monate alte Kind, der Mann bleibt ebenso verschollen wie ihr Vater, der irgendwo im Urwald als Goldgräber lebt.

Mit drei Angestellten wird das fünf mal zwei Meter kleine Floß ihr zu Hause für die nächsten zwei Jahre. Danach, so hofft sie, hat sie genügend Geld für ein kleines Geschäft und etwas Zeit für ihre Tochter. Sie ist jetzt Achtundzwanzig. Wenn sie Dreißig ist, will sie es geschafft haben.

»Ich bin die erste ›Dona de balsa‹!« sagt sie kämpferisch. Ihrem weichen fraulichen Gesicht sind die Niederlagen aus früheren Lebensabschnitten anzusehen.

Peter hat sich durchgesetzt. Wir haben noch einen Tag Zeit vor der Endrunde der Fußballweltmeisterschaft und müssen unbedingt nach Araras, für Peter vor sechs Jahren die Stadt der unbegrenzten Freiheit.

Axel stellt das anders dar. Als beide mit dem Fahrrad dort waren, hatte die Gesetzlosigkeit übermächtige Ausmaße angenommen. Der zuständige Polizeikommandeur ließ in den Zeitungen annoncieren und im Rundfunk durchsagen, daß er keine weiteren Polizisten opfern wird, um unter den mordwütigen Garimperos, den Goldwäschern, Ordnung zu halten. Vier Tote pro Woche bedeutet Bürgerkrieg. Betreten auf eigene Gefahr! Am Ufer vor dem Ort läge ein Leichenberg, den selbst die Krokodile nicht schaffen würden. Das erzählten sich die Leute voller Stolz, selbst noch nicht dort zu liegen. Der Ort war eine einzige ungeordnete Ansammlung von Bretterbuden, alle mit dem gleichen Aufbau. Vorn war der Laden mit der Goldwaage, in der Mitte die Kneipe mit dem Billardtisch und hinten das Bordell. Axel und Peter haben in ihrer Herberge mit der Machete in der Hand übernachtet.

Jetzt soll es dort gemäßigter zugehen, bedauert Peter. Eine Buslinie fährt sogar dorthin. Die Transamazonica, oder vielmehr das, was als regenzeitunabhängige Straßenverbindung zwischen den entlegenen Ortschaften Amazoniens geplant war, schlängelt sich schlaglochübersät auf dem Gleisbett der alten Eisenbahn am Fluß entlang. Die hundert Jahre alten, genieteten Eisenbahnbrücken haben statt Schwellen einige Balken in Spurbreite der Busse und Lastwagen erhalten. Vorsichtig und äußerst langsam rollt der Verkehr einspurig darüber. Links und rechts der Straße dehnen sich Weideflächen oder Sekundärwald aus. Die Aufgabe, den Urwald zu erschließen, hat die Straße erfüllt. Allerdings sind von den Neubauern die wenigsten geblieben. Die Gewinner sind bestenfalls einige Viehzüchter und Großgrundbesitzer, wieder ist die Gegend leer. Nur ohne den alten Urwald.

Araras ist heute ein ähnlich elendes Dorf wie Pomerâo. Die Tankstelle ist neu und nicht einmal vergittert. Der Kneipenbesitzer trägt keinen Colt. Nirgendwo frische Einschußlöcher, und einen Leichenberg sieht man auch nicht mehr. Genauso hatte ich mir den Ort vorgestellt, ein staubiges Nest, in dem nur die geblieben sind, die nach dem Goldrausch, Anfang der neunziger Jahre, nicht mehr als zuvor besaßen, nämlich so gut wie nichts. Alte verwaschene Schriftzüge von Goldankauf und längst geschlossene Saloons illustrieren den Niedergang.

Auf einem Rundgang durch die tagebauähnlich umgewühlte Landschaft des Goldabbaus treffen wir Männer, die dabei sind, eine neue Siebanlage zu bauen. Ein schwerer Kasten muß hochgewuchtet werden.

»Vocês Americanos?« will einer mißtrauisch wissen. Nordamerikaner mag hier keiner.

»Nâo, nós alemaes. Você Americano! Nein, wir sind Deutsche. Aber du bist doch Amerikaner!« kontern wir, da wir das Spiel schon kennen.

»Porquê, warum denn?« fragt einer erstaunt zurück.

»Você Brasiliero, você Americano! Du bist Brasilianer, also bist du auch Amerikaner!« radebrechen wir ihm die geographische Logik. Da winkt er ab. Brasilien ist nicht das Amerika, welches er meint.

Wir fassen mit an und kommen ins Gespräch. Die Wenigsten kennen die glorreiche Zeit aus eigenem Erleben. Die echten Garimperos sind längst in den Urwald des Yanomami-Reservats gezogen. Mit dem Ende des Goldes ist auch das Flair verlorengegangen. Vielleicht trinken wir heute Abend mit ihnen zusammen ein Bier, meint Peter, der die Hoffnung auf ein besonderes Schauspiel nicht aufgeben will.

Deshalb müssen wir bleiben, ohne Hängematte, und eine Herberge mit Betten gibt es auch nicht mehr. Die einzige Möglichkeit, die der Kneipier anbietet, ist eine junge Prostituierte. Die hätte immer ein Bett frei, aber nur eines.

David kennt noch die besseren Zeiten. Er meint, das Richtige mit seinem Gold gemacht zu haben. Mit dreißig Kühen und ein wenig Weideland versucht er, als Farmer über die Runden zu kommen. Für die anderen im Ort ist er ein reicher Mann.

Die Köchin Isabella wird Fünfzig. Ihr zu Ehren wird ein kleines Fest veranstaltet, zu dem alle der rund zwanzig Einwohner des Ortes eingeladen sind. Wir treffen die Goldwäscher von unserer Wanderung wieder und werden zu Churrasco, zu Grillfleisch eingeladen.

Die Feier artet zu einer Orgie in der alkoholischen Verbindung von Caipirinha und schnellen Rhythmen aus. Ein muskulöser Neger und die Prostituierte tanzen einen bestimmten Tanzschritt vor und die gesamte Gesellschaft macht es geschmeidig wie in einer Ballettschule nach. Donnerwetter, Isabella ist ohne Aerobictraining dermaßen vital, wie wir unsere steifen Paddlerhüften nie bewegen könnten. Mag es Samba oder ein anderer Tanzschritt sein, wir brauchen nicht lange, bis wir die Glieder ausreichend verrenkt haben und nur noch zusehen, wie die Leute, die heute mittag ohne uns ihre Siebkästen nicht fertig bekommen hätten, jetzt ganz gelenkig und unermüdlich rhythmische gymnastische Übungen vollführen.

Spät in der Nacht rollt der Tankstellenbesitzer sein Auto in seinen Büroraum hinein. Die Leute verbarrikadieren die Türen und Fenster wie früher. Der Generator wird ausgeschaltet. Der Ort schläft. Nur wir liegen in unsere Decken gehüllt vor den Hütten am Straßenrand und warten auf irgend etwas.

Nicht einer wurde ermordet.

Selbst die kleinsten Nester sind im Fußballfieber. Überall hängen die grün-gelben Girlanden wie Gebetsfahnen über die Straßen gespannt. Haben die Spiele der Vorrunden schon den Tagesablauf der Orte bestimmt, so ist das Endrundenspiel das wichtigste Ereignis des Jahres. Selbst der Papst dürfte sich in Brasilien nicht auf einen Popularitätsvergleich einlassen, wenn Brasilien gegen Frankreich in der Endrunde ist. Wir sind heilfroh, daß der Gegner nicht statt Frankreich Deutschland heißt. Als vor Jahren in einer der Endrunden, Argentinien gegen Deutschland spielte und verlor, mußten dort deutsche Schulen aus Sicherheitsgründen Fußballferien machen. Um von vornherein jedem Ärger aus dem Weg zu gehen, erklären wir in Aladorins Kneipe, daß wir für Brasilien mitfiebern. Deutschland hätte immer schon ein sehr kühles Verhältnis zu Frankreich, was zwar insgeheim nicht unsere persönliche Meinung widerspiegelt, aber vor dem Fußballspiel angebracht erscheint. Das Verhältnis sei ungefähr so wie zwischen Brasilien und Bolivien. Das können alle verstehen. Die Brasilianer trauen ihren Nachbarn alles Schlechte zu, wie wir es umgekehrt auch gehört haben.

Die Kneipe füllt sich. Berge von Colabüchsen und Bierflaschen türmen sich auf den Tischen. Aladorin schleppt Nachschub heran. Da die leeren Hüllen immer erst nach dem Bezahlen abgeräumt werden, sieht ein voller Tisch schnell nach einem hemmungslosen Gelage aus. Die Kellner ersparen sich mit diesem Prinzip die Diskussion über falsch gebuchte Bestellungen und der Gast kann stolz selbst nachprüfen, was er alles leergetrunken hat. Ein für beide Seiten sehr faires Verfahren in Kneipen, wo einer dem andern nicht traut.

Das Spiel verläuft zu aller Entsetzen so, wie es sich hier keiner vorstellen mochte. Frankreich gewinnt. Daran ist nichts zu deuteln. Kein Schiedsrichterfehler, kein gemeiner Trick der reichen Europäer. Der Westen hat sich als souveräner Sieger gegenüber dem Rest der Welt durchgesetzt. Die Jubelfeier findet nicht statt. Still und gedrückt verlassen die Leute das Lokal und setzen sich vor ihre Häuser. Dabei wollten wir die größte Fußballnation der Welt gerade erst kennenlernen. Sind wir auch hier zu spät gekommen?

Eine halbe Stunde später verlassen die Dorfmannschaften der Goldschürfer die Holzbänke vor ihren Hütten und gehen zum eigenen Fußballplatz. Neunzig Minuten später gibt es einen Sieger in Pomerão und damit einen Grund, die Raketen und Knaller doch noch herauszuholen.

Etliche Goldschürfer aus dem Lokal haben uns auf ihre Dragas eingeladen. Wir klappern sie langsam ab und graulen uns bald vor den dröhnenden Motorgeräuschen der Pumpen. Meist legen wir am Beiboot an, krabbeln über Taue und Dieselkanister auf den Ponton und zwängen uns durch die Maschinerie der Motor- und Pumpenanlage, an der Küche vorbei zur Treppe auf das Obergeschoß. Dort sind die Unterkünfte und das Büro. Jedesmal bietet man uns Kaffee an, das Nationalgetränk der Brasilianer. Wenn man schlecht Portugiesisch spricht, wie wir, ist es neben dem nicht schallgedämmten Auspuff äußerst schwierig, eine Unterhaltung zu führen. Noch viel schlimmer muß es auf dem Maschinistenplatz sein. Direkt neben dem Motor angeordnet, hat der Maschinist mit verschiedenen Hebeln und zwei Anzeigen den entscheidenden Einfluß auf das Arbeitsergebnis. Er steuert die Stellung des Saugrüssels über dem Grund, reguliert den Pumpendruck und fährt mit Ankerseil und Steuerruder die Draga systematisch über dem Schürfgebiet hin und her. Ohne Gehörschutz, versteht sich, und dafür in drei Schichten. Die Wenigsten schlafen an Land. Wer einmal abgestumpft ist, bleibt auch in den freien Stunden auf der Höllenmaschine.

Auf einer Draga ist gerade Goldwaschzeit. Der angesaugte Schlamm wird ständig durch ein Sieb und über Filzmatten geleitet. Nur in den Filzmatten bleibt der äußerst feine Goldstaub hängen. Mit der herkömmlichen Pfanne ist hier nichts zu erreichen. Die Matten werden regelmäßig in einer Wassertonne ausgewaschen. Ist dort genügend Bodensatz, wird dieser mit Quecksilber vermischt. Ohne Furcht vor Krankheiten knetet der Dragachef den Feinschlamm durch, damit sich das flüssige Metall mit Gold vermischt und es an sich bindet. Die entstandene Emulsion wird in einer Pfanne vorsichtig ausgewaschen. Ist der restliche Schlamm abgetrennt, erfolgt das Ausheizen des Quecksilbers. In einem kleinen Ofen wird das Gemisch in einer Kapsel erhitzt. Ein nach unten gebogenes Röhrchen leitet den entstehenden Dampf aus diesem Behälter heraus und durch ein Wasserbad, wo der Großteil des giftigen Quecksilbers zur Wiederverwendung abgeschieden wird. In der Kapsel liegt zum Schluß ein poröser Goldkuchen von der Größe eines Pfirsichkerns, mehr nicht. Der Erfolg von einem Tag Arbeit sind zwanzig Gramm Gold. Zum Abschluß wird der kleine Goldklumpen noch einmal mit der Propanflamme ausgeglüht und gesintert, damit auch wirklich jeder Rest Quecksilber heraus ist. Dabei leuchtet der kleine Kuchen rötlich auf. Hier sieht die gesamte Mannschaft gebannt zu. Es ist eine Zeremonie der unerfüllten Hoffnungen. Erkaltet das glühende Goldstückchen, ist es vom Objekt der Sehnsüchte zum einfachen gelben Zahlungsmittel degradiert worden. Mit der Feinwaage wird das Stückchen aufgeteilt. Jeder erhält seine Prozente, und der Großteil wird alle vier Tage vom Aufkäufer als Entgelt für den Dragabesitzer mitgenommen.

Noch weniger erwirtschaften die Balsas. In langer Reihe liegen sie an einer Sandbank. Jede Balsa ist für sich ein kleiner Schwimmbagger. In der Gemeinschaft der Balsaarbeiter gleichen sie ihren Größennachteil gegenüber den Dragas durch kollegiale Zusammenarbeit aus. In eine solche Gruppe muß Maria hineinkommen. Allein hat sie keine Chance. Unseren Kneipenwirt Aladorin treffen wir auf einer Balsa wieder. Wenn die Leute nicht mehr in sein Lokal kommen, weil sie ihr Geld ausgegeben haben, hat auch er Zeit, Gold zu waschen. Sonst arbeitet sein Bruder für ihn.

Auf den Dragas und Balsas ist nie viel Gold. Mehrmals in der Woche kommt der Goldaufkäufer. Hier macht sich keiner über Räubereien Gedanken. Zehn Dollar kostet ein Gramm, allein fünfzehn Liter Diesel sind dafür verbraucht worden. Es lohnt fast nicht.

Noch vor fünf Jahren war das anders. Bis zu neun Kilogramm Gold pro Tag schaffte eine Draga. Wenn wir erstaunt sind, einmal sechs Dragas nebeneinander an einer besonders goldhaltigen Stelle anzutreffen, so war das früher die Regel. Angeblich konnte man trockenen Fußes von einer Draga zur anderen über das Wasser zum gegenüberliegenden Ufer laufen. Ein fürchterlicher Lärm und Dieselgestank muß damals über dem Fluß gelegen haben. Über sechstausend Dragas waren im Einsatz, weniger als sechshundert sind übriggeblieben. Mit dem Gold verschwanden auch die Flußpiraten. Wir haben freie Fahrt.

Heute bleiben wir zum Mittagessen auf dem Wasser. Zur Versorgung der Dragas liegt ein schwimmender Laden, eine ›Flutuante‹, am Ufer. Mit uns sitzen drei Prostituierte, die wir bereits in Pomerão trafen, gelangweilt an den Tischen. Jede hat ihre Reisetasche parat. Sie tragen die modische Kleidung der Städterinnen aus Porto Velho, woher sie tatsächlich kommen, und nur daran erkennt man, daß sie nicht ständig in solchen Goldgräbernestern wie Pomerão oder Araras wohnen. Nach dem enttäuschenden Fußballwochenende ist für sie kein Geschäft zu machen. Viel zu selten kommt jemand mit einem Motorboot vorbei, um eine auf seine Draga mitzunehmen. Um so mehr interessieren sich die drei für unsere weitere Reiseroute.

»Wir fahren immer weiter stromabwärts Richtung Porto Velho.«

Eine Frau schreckt auf und wird blaß.

»Da kommt bald eine ganz große Cachoeira! Dort sind schon viele Goldschürfer in viel größeren Booten als euren ertrunken!«

Händeringend bittet sie uns, keine Befahrung zu versuchen und weit vorher auszusteigen. Auch die anderen beiden pflichten ihr bei. Daß sich diese Frauen Männerschicksale derartig zu Herzen nehmen können, hätten wir nicht erwartet.

Die Cachoeira mit dem Guarani-Namen Itauba scheint wirklich sehenswert zu sein.

Piotr, der alles mit angehört hat, bestätigt es. Er hat schon mehrfach zerlegte Dragas um die Stromschnelle herumtransportiert und am anderen Ende wieder zusammengebaut. Piotr ist Pole und seit Beginn des Goldrausches hier. Jetzt arbeitet er als Taucher auf einer Draga. Man sieht ihm diese ungesunde Arbeit an. Wache Augen blitzen aus einem vorzeitig gealterten Gesicht. Er steht acht bis zehn Stunden täglich mit einem Kompressortauchgerät und Bleischuhen auf dem Grund und führt bei völliger Dunkelheit den Saugrüssel. Über seine Halteseile, dem Atemschlauch und die unterschiedlichen Motorengeräusche erhält er von dem Maschinisten seine Signale. Für den Job bekommt er zehn Prozent der Ausbeute. Das ist viel, nur Maschinisten verdienen mehr. Piotr muß seine Dame noch auszahlen. Beide gehen zur Waage an der Theke. Aus einem Halssäckchen holt er einige Krümel eines typischen Goldkuchens hervor und wiegt sie ab. Die Frau bezweifelt das Ergebnis. Sie kennt den einfachen Trick, Gold schwerer zu machen. Immer wieder wird versucht, die porösen Goldkuchen nachträglich mit Quecksilber zu tränken. Der Ladenbesitzer glüht das Gold noch einmal durch, danach ist der Handel perfekt. Piotr war ehrlich. Er muß nichts dazulegen.

Bei unserer Abfahrt sitzen sie alle beisammen am Wasser und winken uns lange nach.

Abends wollen wir an der Itauba schlafen. Mich belastet die Sonne heute besonders schwer. Langsam schleiche ich den beiden auf dem Fluß nach und wünsche mir vor allem eine Wolke, die an mein Boot gebunden, Schatten spendet. Statt dessen rauscht die Stromschnelle weit entfernt. An einem riesigen Baum mit enormen Brettwurzeln legen wir an und suchen eine Umtragemöglichkeit. Jeder stapft für sich durch den Busch und sucht. Eidechsen und Beutelratten huschen davon. Die Stromschnelle scheint kein Ende zu nehmen. Das Wasser hat sich tief in die Felsen eingeschnitten. Erst zwei Kilometer weiter liegt ein breiter Strand, an dem man wieder einsetzen kann. Dazwischen ist ein Geröllfeld, eine Lagune, Sumpf, Urwald. Für solche Stellen haben wir die Macheten mit. Jeder schuftet stur vor sich hin. Der Pfad soll keine Straße werden, trotzdem nimmt das Wegschlagen kein Ende.

Mir wird plötzlich schwindlig, ich höre nichts mehr und kann mich nur noch schnell in den Schatten eines Baumes kauern, dann versinkt alles um mich im nebeligen Schleier. Ich sehe Axel und Peter vorbeilaufen, sie öffnen den Mund, scheinen etwas zu rufen und schauen suchend umher. Ich höre nichts. Mich geht nichts mehr an. Der Nebel hebt und senkt sich. In mir ist totale Stille, Leere, Gleichgültigkeit.

Da stößt mich Axel an.

»Hallo, was ist? Wieso meldest du dich nicht, wenn wir dich suchen?«

Die Stille ist gestört. An ihre Stelle gelangt wieder die Übelkeit und das Schwindelgefühl.

»Ich habe einen Hitzschlag.« bekomme ich flüsternd heraus.

Die letzten Wasserreserven und eine kleine Handvoll Vitamintabletten sind für mich.

»Die schaden nicht«, meint Axel.

Fürs erste bin ich von schwerer Arbeit befreit.

Am Rand des Strandes liegen drei Hütten verstreut. Uns ist bald klar, daß wir den Strand nicht mehr bei Tage erreichen werden. Axel geht los und versucht, ein warmes Abendbrot zu bestellen. Er kommt mit einem alten Mann und einer Kaffeekanne wieder.

»Da habt ihr aber Glück, daß ihr mich noch lebendig seht«, teilt Axel mit. »Aus der einen Hütte ragte sofort eine Schrotflinte, als ich näherkam und an der anderen hätten mich bald die Hunde zerfleischt. Hier, unser neuer Freund kommt aus Paraguay. Er wohnt schon seit fünfzehn Jahren illegal hier.«

Der Paraguayer gießt uns Kaffee ein und verspricht, gegen acht Uhr abends Fisch mit Reis und viel Trinkwasser zu bringen. Wir schlagen den Weg frei. Ich brauche nur auf die Sachen aufzupassen, während Peter und Axel die Boote Stück für Stück über unseren neuen Pfad tragen. Wir alle hoffen, daß uns die Arbeit in der Abendkühle leichter fallen wird. In einer Pause geht Peter einer inneren Eingebung folgend zur Stromschnelle, eigentlich nur, um sich an den Wellen zu freuen. Zwischen den Steinen liegt die elfenbeinfarbene Säge eines Sägefisches, größer als die am Rio Beni. Beim Bücken fallen ihm merkwürdige Muster auf einem Felsen auf.

»Heh! Jörg, komm! Hier sind Kringel!«

Diese Kringel sind andere Zeichen als die vorherigen. Der Felsen ist ein Bruchstück aus einer Wand, die von den Kautschuktransporteuren gesprengt wurde, als ein Kanal um die Stromschnelle herum gebaut wurde. Damals hat sich keiner um Denkmalschutz gekümmert.

Die unbekannten Felszeichnungen motivieren uns jetzt wenig, kurz nach Sonnenuntergang macht Axel auch schlapp. Die Malaria schwächt ihn immer noch. Der Paraguayer kommt uns wie das Christkind vor, als er uns aufsucht. Wir drei hocken völlig am Ende auf dem Pfad. Er zaubert eine Tischdecke, Fisch, Obst und Reis in den Urwald. Er und sein kleiner Sohn tischen uns mit ihren bescheidenen Mitteln auf, daß es uns die Sprache verschlägt. Ein Nachtmahl im Urwald und das nach so einer fürchterlichen Schlepperei! Wir bestellen gleich noch einmal dasselbe zum Frühstück.

Peter kann wieder weiterarbeiten, und nach dem Essen bin auch ich soweit bei Kräften, daß wir mitten in der Nacht die Sandbank erreichen. Einen zweiten Tag mit Bootschleppen in der Sonne wollen wir uns einfach nicht zumuten.

Am Morgen bestaunen wir um unser Nachtlager die Abdrücke von Krokodilen. An der Tiefe der Schleifspur und dem Fußabstand kann man die Größe recht gut schätzen.

»Es waren ja nur kleine.« versuche ich unsere Nachlässigkeit zu verharmlosen.

»Wenn es größere gewesen wären, dann könntest du dir heute die Spuren wohl nicht mehr ansehen«, meint Peter.

Am meisten ärgert ihn, daß er im Tiefschlaf verpaßt hat, die Viecher zu beobachten.

Wir bezahlen den Paraguayer. Den Weg bis Porto Velho kennt er. Er wiegt mit dem Kopf hin und her und meint, daß wir noch viele Wellen und Strudel zu erwarten hätten.

»Aber, ihr könnt es schaffen«, sagt er zuversichtlich.

Wir denken an die sorgenvollen Gesichter in der Flutuante. Kommt es noch schlimmer, oder liegen die Befürchtungen der Einheimischen nur daran, daß sie sich das Paddeln nicht vorstellen können?

Irgendwann wird auch die härteste Schufterei zur Routine. Wir treideln, schleppen, hacken Urwaldpfade und suchen nach Kringeln. Der Fluß verzweigt sich ständig zwischen Felsgruppen. Die richtige Durchfahrt kann stundenlanges Schleppen ersparen. Jedesmal ärgern wir uns, wenn die Fischer bei unserem Anblick verschwinden, und wir niemanden fragen können. Wie in Bolivien haben die Fischer und Bauern Angst vor Unbekanntem. Viel angenehmer verlaufen die Unterhaltungen mit den Goldschürfern auf den Dragas. Sie sind Leute wie wir, Abenteurer, nur einer anderen Art.

Am Ufer gibt es sogar erkennbare kleine Berge. Durch die hohen Bäume darauf erscheinen sie noch größer. Gern würden wir einmal von einem Aussichtspunkt auf den Fluß und den Urwald herunterschauen. Aber gerade die Berge sind mit dichtem Wald bewachsen. Oben angekommen, würde man vor Bäumen nichts sehen. Es lohnt nicht. Beim Umtragen meiden wir den Wald, wo wir können. Auf den glattgewaschenen Steinwällen mitten im Fluß kommt man schneller voran. Leider ist dort kein bißchen Schatten. Seit meinem Hitzschlag tauche ich meinen Strohhut regelmäßig zur Kühlung ins Wasser. Die herunterfallenden Tropfen durchnässen das Hemd, die Hose und versickern in der Decke, auf der ich sitze. Nach einigen Tagen beginnt die feuchte Wolldecke, einen intensiven Modergeruch zu erzeugen.

»Kannst du nicht in der nächsten Nacht ein wenig weiter weg von mir schlafen?« fragt Axel. »Deine Decke stinkt dermaßen, daß ich davon in der letzten Nacht aufgewacht bin.«

»Und was soll ich machen? Ich muß doch darauf liegen!«

»Luft anhalten, bis du eingeschlafen bist!«

Bei jedem Aussteigen ergreife ich die Gelegenheit, die Decke zum Trocknen aufzuhängen. Dabei ist diese Phase nur der Anfang eines auf- und abschwellenden Zerfallprozesses.

Axel ist entschlossen, seinen Medizinbeutel zu entrümpeln. Wir futtern jeden Tag mehrere kleine gelbe und rote Vitamintabletten, zumal die Verpflegung immer einseitiger zu Fisch und Farinha tendiert. Wir planten, den Bitten von Einheimischen nach Medikamenten mit Vitaminen auszuweichen. Die wenigen jedoch, die nach Medizin fragen, wollen wir nicht mit irgendwelchen Tabletten beschwichtigen. Unsere Pillen hätten nichts bewirkt und die Vorbehalte gegenüber den hiesigen Ärzten nicht abgebaut.

Vitamine helfen nicht gegen destilliertes Wasser. So etwas merkt man erst, wenn es schon zu spät ist. Am Morgen bekamen wir in einem Laden von den Frauen des Ortes herrlich frisches Trinkwasser. Jeder konnte vier Liter auffüllen. Im Verlaufe des Tages wird uns allen immer schlechter, wir bekommen die Paddel nicht mehr hoch. Schlappheit macht sich breit. Irgendwann wird uns klar, daß dieses Wasser nach nichts schmeckt.

Die Frauen fangen Tropfwasser unter den Kühlaggregaten auf. Dieses Wasser bildet sich aus der Luftfeuchtigkeit und enthält keine Salze oder Minerale. Beim ständigen Schwitzen haben wir unsere Körper regelrecht ausgelaugt.

Nach einem kräftig gesalzenen Abendbrot fühlen wir uns besser. Am nächsten Tag erreichen wir eine Bilderbuchstromschnelle. Sie ist befahrbar! Der hunderte Meter breite Fluß durchbricht an fünf Stellen den Felsriegel. Der Höhenunterschied beträgt nicht mehr als zwei Meter auf einer Länge von vielleicht einhundertfünfzig Metern. In dem breitesten Durchbruch liegen häusergroße Felsen im Wasser verteilt und bilden deutliche Kehrwasser. Die Schwierigkeit besteht darin, daß die unter Wasser vorhandenen Steine weitere Strudel, Wellen und Walzen bilden. Nach einer ausgiebigen Besichtigung steht fest, wer reinfällt, wird mit ziemlicher Sicherheit unten herausgetrieben. Das reicht schon, um jeden weiteren Gedanken an Umtragen durch den Dschungel zu verdrängen. Die Befahrung der Cachoeira ist mit Besichtigen und Herumklettern gewiß nicht kürzer als Umtragen, macht aber sehr viel mehr Spaß. Endlich wieder hemmungslos Wildwasser fahren! Vor Begeisterung denken Peter und ich nicht daran, die

Spritzdecke zu schließen. Axel hat ja sowieso keine. Die Boote sind viel leerer als oben am Tipuany. Ganz leicht lassen sie sich in die Strömung einschwingen. Wie Luftsäcke tanzen wir über die Brecher und Siphons. Was für ein Genuß! Selbst aus den kleinen Walzen und Strudeln kommt man mit ein, zwei Schlägen wieder heraus. Wir fahren im Zickzack zwischen dem Kehrwasser hinter den Felsen und den dazwischen durchschießenden Strömungen abwärts. Die Kehrwasser sind groß genug, daß wir bequem aufeinander warten können. Jedesmal, wenn wir drei zusammen sind, beginnt das gleiche Spiel erneut: Wer traut sich als erster aus dem sicheren Platz heraus, wer wagt es, mit einer Wendung in die Strömung einzuschwingen, an einigen Brechern und Walzen vorbeizuschießen und an dem nächsten Felsen im verabredeten Kehrwasser anzukommen? Ein Rodeo nur für uns drei. Keiner schaut zu, keiner klatscht und natürlich hilft auch kein anderer dabei, die Boote unten auszukippen und die Sachen zu trocknen.

Die Cachoeira Teotônio soll der absolute Höhepunkt in der Serie der Stromschnellen sein. Wir wissen nur, daß es sie gibt, nichts über ihre Größe und Besonderheiten. Als der Fluß immer langsamer strömt und das bekannte Rauschen herabstürzender Wassermassen in der Luft liegt, erreichen wir eine unübersichtliche Felsgruppe im Fluß. Wie gewohnt steigen wir aus, ziehen die Boote in einen Naturhafen und klettern auf die runden Steine und über den Felsriegel hinweg, um uns die Stromschnelle anzusehen. Erst wollen wir es nicht glauben. Hier ist nichts. Hinter den Steinen fließt es genauso gleichmäßig wie vorher und das donnernde Geräusch kommt von weiter flußabwärts. Diese Cachoeira hat uns verblüfft. Schon einen Kilometer vorher bildet man sich ein, direkt davor zu sein.

Wir legen an ihrer linken Seite an und sind natürlich falsch. Hier kann man nicht umtragen. Dafür ist der Anblick grandios. Auf dreihundert Meter Breite fällt der gesamte Fluß zehn, zwölf Meter tief hinab. Walzen, Strudel und Schaumberge bisher ungesehenen Ausmaßes ziehen uns in ihren magischen Bann. Die Teotônio ist gewaltig.

Leider auch das Umtragen. Zuerst müssen wir die Seite wechseln. Eigentlich sollte man bei der vorherrschenden Strömung einen halben Kilometer stromauf paddeln, um vor der Abbruchkante zu queren. Hitze und Hunger machen leichtsinnig. Wir reden uns ein, der besseren Aussicht wegen, dicht vor der Kante, an der das Wasser zu fallen beginnt und gleichzeitig unheimlich schnell wird, queren zu müssen. Es ist ein tolles Gefühl, mit einer Seilfähre vorwärts, dicht vor dem Rachen eines brüllenden Monsters zu paddeln.

Wenn der Fluß nicht gnädig gewesen wäre, hätten wir das andere Ufer nicht erreicht. Während der Überfahrt begreifen wir noch gar nicht, daß wir einfach nur unglaubliches Schwein gehabt haben. Das Nachdenken kommt erst in der nächsten Nacht, als die Ereignisse des Tages Revue passieren.

Nun haben wir unendlich weit zu tragen. Würden uns die Fischer vor einem Häuschen nicht ansehen, wie uns zumute ist, hätten wir es wahrscheinlich nur bis zu einer der vielen Kneipen, die leider auch hier zu einem attraktiven Naturschauspiel gehören, geschafft. Gemeinsam mit acht Fischern stehen wir um den Grill und schneiden uns Fleischbatzen von großen Welsen ab. Mit fettverschmierten Fingern, ölig-dreckigen Gesichtern und völlig bekleckerten Hemden futtern wir uns satt, umrahmt von ausgespuckten Gräten auf der Erde. Die Germanen bei Tacitus müssen sich ähnlich aufgeführt haben. Für uns spricht lediglich, daß es die Fischer nicht anders machen.

Weil uns das Glück gerade gesonnen scheint, wird die Umtragung abgekürzt. Mit vollem Magen schleppt man nicht gern. Der Auslauf der Stromschnelle hat zwar noch etliche Wellen, aber außer einem unangenehm aufragenden Felsen, gemeinerweise mitten in der Strömung, gibt es keine Hindernisse mehr. Die Wahl zwischen einer kräftigen Dusche und einer weiteren Stunde Schleppen fällt leicht. Um die Felsklippe zu umfahren, muß man erst ein Stück im Kehrwasser am Rand geschützt stromauf paddeln und eine Querung vor dieser Felsklippe mit einem Hundertmetersprint zur anderen Seite wagen. Dabei darf nicht viel schiefgehen. Ist man erst drüben angekommen, paddelt man ruhig mit der Strömung am Stromstrich entlang, den eine stationäre Welle mit niedlichen ein bis zwei Meter hohen Schaumkämmen bildet und sucht die schwache Stelle in dieser Wasserwand. Diese Welle verändert ihre Höhe laufend. Beim Beobachten von Land aus sehen wir meist drei günstige Durchfahrten. Man muß sich bloß schnell entscheiden, durchzufahren oder auf die nächste Gelegenheit zu warten. Wer zu lange zögert, endet unweigerlich in einem Strudel, der wie ein überdimensionaler Brummkreisel von zwanzig Meter Durchmesser alles aufsaugt, was er kriegen kann.

Es klappt wie im Lehrbuch, bis sich ein ungeduldiger Motorbootfahrer vordrängelt und mich vor meiner anvisierten Durchfahrt in der Wasserwand des Stromstrichs wegdrängt. Kommt der doch gerade in dem Moment, als ich meine beste Chance nutzen will. Nun treibe ich mit meinem Boot weiter auf der falschen Seite dieser Wasserwand entlang auf den Strudel zu und bin mir sicher, maximal noch eine einzige Chance auf die Durchfahrt zu haben. Das ist mir zu knapp. Die hohe Welle besteht ja auch nur aus Wasser. Ich durchstoße sie und bin, ohne zu kentern auf ihrer anderen Seite. Mit jeder Menge Wasser im Boot erreiche ich die anderen.

Zu unserer Freude über die erfolgreiche Befahrung kommt ein neues Schauspiel hinzu. Flußdelphine tauchen auf. Wir haben es geschafft! Die großen Cachoeiras müssen hinter uns sein, denn dort kommen sie nicht hinüber. Wir sind schon fast auf Amazonashöhe!
Delphine sind neugierig und verspielt. Hier leben zwei Arten. Der etwas kleinere schwarze, der so aussieht, wie im Bilderbuch, ist scheu. Deshalb ist er für uns nicht so interessant wie der Schweinsdelphin. Der hat seinen Namen wegen der rosigen Hautfarbe. Bei den Caboclos, den als Bauern und Fischer lebenden Nachfahren der Indianer am Ufer, kursieren Legenden über geheimnisvolle Kräfte der Delphine. Sie können Kinder aus den Hütten rauben und Unwetter machen. Charismatische Menschen können sich in Delphine verwandeln und in deren Gestalt böse oder gute Taten vollbringen. Vor allen Dingen ersetzen sie den Klapperstorch beim Kinderkriegen. Kurzum, sie sind ganz andere Tiere als Affen, Papageien oder Schlangen. Sie haben einen eigenen Willen, eigene Interessen. Das unterscheidet sie dermaßen von den übrigen Tieren des Urwaldes, daß ihnen besondere Kräfte nachgesagt werden.
Aus Sicht eines Paddlers ist der Spieltrieb eines Drei-Meter-Delphins in erster Linie beunruhigend.
»Wenn die unser Boot anschubsen, dann fallen wir einfach um«, sinniert Axel laut.
»Na und, ich habe noch nie gehört, daß Delphine Menschen fressen. Und dich futtern sie schon gar nicht.« Eine nette Bemerkung von Peter.»Die wollen sich doch nicht den Magen verderben.«
Wenn die Delphine in kleinen Rudeln Fange spielen, kommen wir uns wie die großen Kinder auf dem Schulhof in einer Schar Erstkläßler vor. Wieselflink und durch das trübe Wasser unbemerkt, schleichen sie sich im Schutz unserer Boote einander an, um dann strudelverbreitend, selten mit sichtbarer Schwanzflosse, abzutauchen und den Gefährten ein paar Meter neben uns zu einem Sprung aus dem Wasser zu jagen. Vielleicht ist Ziel des Spiels, wer zuerst zum Luft-

schnappen auftauchen muß, hat verloren. Biologen wissen das bestimmt besser. Wir lassen uns gern von unseren neuen Reisebegleitern unterhalten und gewöhnen uns an gelegentliche Beinahekollisionen.

Bei den Delphinen lüftet Peter das Geheimnis um seine Kondompackung. Sein Mikrophon für das Diktiergerät, mit dem er sonst Tierstimmen erhascht, bekommt einen doppelten Gummiüberzug und wird damit zu einem ausgezeichneten Unterwasserabhörgerät für Delphinstimmen.

Wir haben noch ungefähr zwei Tage bis nach Porto Velho vor uns und der tropische Schlendrian hat unsere Essenvorräte wieder einmal im Griff. Das heißt, es gibt fast nichts mehr außer Vitamintabletten. Die Pillen reichen genau bis zur Stadt. Auf diese Planung ist Axel stolz. Man muß das Leben positiv sehen!

Peter ist mit dem Abenteuer des Tages beschäftigt, während Axel und ich uns hinuntertreiben lassen. Ewig kommt Peter nicht hinterher. Als Axel und ich abends längst hungrig auf einer Sandbank das Lager aufschlagen, Essenkochen können wir uns ja sparen, da kommt Peter vollgefuttert an.

»Ihr seid ja nicht dabeigewesen. Deshalb habe ich für euch gleich mitgegessen. Damit ihr nicht leer ausgeht, habe ich etwas ganz Lekkeres.«

Sprach's und zerrte einen Beutel Farinha aus dem Boot.

Mit diesem körnigen Maniokmehl machen Axel und ich nicht viel Umstände. Jeder schüttet seine Schüssel voll, schöpft drei Handvoll Flußwasser hinein, rührt den Kleister durch und futtert so schnell es geht, damit sich der Widerwillen im Magen erst regt, wenn die größere Hälfte der Mahlzeit bereits hinuntergeschlungen ist. Kein Wunder, daß ich bei dieser Art von Verpflegung nicht zunehme. Axel hingegen ist betrübt, daß er trotz der Hungerabschnitte immer noch nicht die gewünschte Tarzanfigur erreicht hat, an der als einziger Peter erfolgreich arbeitet. Bei ihm wandelt sich Farinha in Muskeln um.

Je näher wir an die Großstadt Porto Velho kommen, desto mehr riecht es nach Rauch. Hinter der grünen Ufermauer aus Sekundärwald nimmt die Brandrodung extreme Ausmaße an. Es fallen Rußflocken aus blauem Himmel herunter. Die Trockenzeit scheint für die Bauern erfolgreich zu sein.

Schon auf der Busfahrt nach Araras haben wir gesehen, welche Mühe es macht, Tropenwald zu roden. Der Amazonasurwald brennt nicht, indem man ihn einfach anzündet. Dazu speichern die Pflanzen zuviel Feuchtigkeit. Nach einem ausgeklügelten System werden zuerst die Büsche gerodet, getrocknet und auf einem Haufen unter den noch stehenden Bäumen verbrannt, damit diese durch das Feuer ebenfalls trocknen. Erst jetzt hat es einen Sinn, die großen Bäume zu fällen und anzuzünden. Ist die Trockenzeit zu kurz, kann man die Brandrodung gleich sein lassen.

In diesem Jahr lohnt es. Je nach Windrichtung weht ein beißender Gestank über das Wasser. Sogar ein kleines Gewitter entsteht durch Rauchwolkenbildung. Schauerlich.

Porto Velho, Hauptstadt des brasilianischen Bundesstaates Rondonia, ist eine moderne Stadt. Mit Hochhäusern, Banken, Kinos und mehreren Supermärkten kann man fast vergessen, daß hier einst Urwald war. Für moderne Städte typisch, wird in einem Naturpark den Städtern auf angenehme Weise der Urwald mit gepflegten Pfaden und beschrifteten Bäumen nahegebracht.

Wir ziehen ins Hotel und legen uns unter die Klimaanlage. Natürlich sollte man das nicht machen, die f Erkältung bei längerem Genuß kühler Luft folgt ziemlich sicher. Doch gerade die Klimaanlage und die Dusche machen den Reiz einer komfortablen Unterkunft aus. Viel zu schnell gewöhnt man sich an gekühlte Räume, da hier sogar die großen, zur Straße offenen Geschäfte eine Klimatisierung haben. Diese Art von Werbung wirkt. Jeder Einkaufsmuffel trottet lieber mit ins Geschäft hinein und wartet geduldig, bis die Gattin gewählt hat, als daß er sich, gegen den Konsumterror protestierend, draußen in der Sonne braten läßt. In Porto Velho gibt es mehr Wassertropfen unter den Kühlanlagen als Regentropfen auf der Straße.

In einer Straßengaststätte treffen wir einen jungen englischen Globetrotter. Er steckt im Weltenbummlerstreß. Mit seinen zusammengesparten zehntausend Dollar und einem Jahr Zeit will er die ganze Welt sehen. Immer stärker wird ihm bewußt, längst nicht alles zu schaffen. Todunglücklich hat er bereits etliche Ziele aus seinem Reiseprogramm gestrichen. Die Sehenswürdigkeiten liegen leider unglaublich weit auseinander und die einheimischen Transportmittel werfen jede Planung über den Haufen. Andere Traveller, auf die er in den preiswerten Herbergen regelmäßig trifft, haben dasselbe Problem. Und weil es mit den Einheimischen immer wieder Schwierigkeiten gibt, interessiert er sich gar nicht mehr als nötig für sie.

Doch wenn er jetzt nicht sein Fernweh abarbeitet, wie soll er sein späteres Leben dann aushalten? Während der folgenden dreißig Jahre, so denkt er, wird er zu Hause arbeiten und sich um eine Familie kümmern. Eventuell kann er genügend Ersparnisse anhäufen, damit er als Rentner wieder die Chance hat, die Lücken dieser großen Reise zu füllen. Von soviel Lebensplanung beeindruckt, wollen wir ihm zeigen, was in seinem Reiseführer gar nicht erwähnt wird. Erlebnisse, an denen er beim Abhaken der Sehenswürdigkeiten vorbeifährt.

Wir können uns sowieso nicht sofort an die Restaurants mit Tischdecke und geschniegeltem Kellner gewöhnen. So gehen wir dorthin, wo es so aussieht, wie wir es in letzter Zeit gewohnt waren. Was allerdings am Fluß ein Normalzustand ist, das einfache Leben der Garimperos und Caboclos in ihren Bretterhütten, ist in der Stadt ein Elendsviertel. Wo die Bretterbuden beginnen, enden die befestigten Straßen, Kanalisation und Elektroversorgung. Mit Einbruch der Dunkelheit herrscht gespenstisches Leben in den Hütten. Kerzen und Petroleumlichter werfen flackernde Schatten auf spielende Kinder, schwatzende Erwachsene und Gruppen von Jugendlichen, die sich um einen Kassettenrecorder scharen.

»Dort wollt ihr doch nicht etwa hingehen?!«

»Los, komm. Die beißen nicht.«

Aus einer Minikneipe, die genaugenommen nur aus der Fensterluke zum Bierverkauf besteht, werden ein Tisch und vier Stühle herausgeräumt und für uns auf die Straße gestellt. Leider ist es doch nicht genauso wie am Fluß. Diejenigen, die hier leben, sehen täglich den Unterschied zwischen ihrem Leben und dem der ›richtigen‹ Städter.

Die ersten Verlierer sind die Kinder. In kleinen Grüppchen huschen sie durch die Dunkelheit und treffen sich mit ihren Leimdosen. Schusterleim wird geschnüffelt und macht süchtig. Wer jung anfängt, hat zeitlebens mit körperlichen Schäden zu rechnen. Das stört die Kinder nicht, selbst wenn sie es wüßten. Bei der täglichen Sorge um eine Mahlzeit plant man nicht weit.

Eine andere Gruppe will Fußball spielen. Den dazu nötigen Ball stellen sie sich schnell selber her. Mit Holz und Pappresten wird auf der Straße ein kleines Feuer entfacht. Zusammengesuchte Kunststofftüten werden ineinander gestopft und das Knäuel vorsichtig am Feuer angeschmolzen. Immer neue Tütenlagen vergrößern den Ball. Nach dem Abkühlen ist der Fußball, hergestellt mit den Methoden der Kautschuksammler, fertig. Wenn ihn ein richtiger Könner gemacht hat, ist er innen noch weich und springt sogar ein wenig.

Axel und Peter erzählen dem Engländer von ihrem Kinderhilfsprojekt in Bolivien. Betroffen von dem Elend der Waisenkinder in den Straßen der Großstädte, das ihnen auf der Weltumradlung schon begegnete, wollten sie mit ihren Möglichkeiten helfen. Wenn man selbst kein Millionär ist, muß man sich Gleichgesinnte suchen. Zusammen mit einem Förderverein aus ihrer Heimatstadt Saalfeld und unterstützt durch die Städtepartnerschaft mit dem Ort Samaipata ist eine effektive Hilfe für die dortigen Waisenheime entstanden. In drei Stufen soll den Kleinkindern, Schulkindern und Jugendlichen ein menschenwürdiger Start ins Leben ermöglicht werden. Mittlerweile arbeiten dort auch deutsche Jugendliche in einem freiwilligen unbezahlten sozialen Jahr. So ist aus einer Idee innerhalb von fünf Jahren eine funktionierende Organisation geworden.

Wie man auch in den Slums von Porto Velho sehen kann, liegt eine der Hauptursachen für das Kinderelend in der hohen Geburtenrate. Wenn es normal ist, daß Mädchen mit fünfzehn Jahren schon Mutter werden, sind sie sehr schnell überfordert. Die letzte Station für die Babys bleibt das Kinderheim. Mit finanzieller Unterstützung kann die materielle Not gelindert werden. Eine Familie jedoch kann das beste Hilfsprojekt nicht ersetzen.

Wie in den meisten großen Städten Amazoniens gibt es auch in Porto Velho ein ›Casa de Indio‹, ein Auffanglager für Indianer, die sich der Zivilisation ergeben haben und noch nicht in den Slums der Vorstadt angekommen sind. Aus Neugier sehen wir einmal rein. Vielleicht bekommen wir einen guten Reisetip. Das Gelände ist fast leer. Einzelne Familien haben sich die Schlafsäle untereinander aufgeteilt. Die Völkerwanderung in die Städte ist vorbei. Es leben nicht mehr so viele Indianer im Urwald, die das Lager füllen könnten.

In dem staatlich unterstützten Indianerschmuckladen an der Hauptstraße treffen wir eine Indianerfamilie aus dem Lager wieder. Still und verlegen stehen sie in einer Ecke des mit Pfeilen, Körben und Schnitzereien vollgepfropften Ladens. Alle sind gekommen, der Vater, die Mutter und vier Kinder. Der Verkäufer ist das ganze Gegenteil von einem Indianer. Wie kann man bloß einen blonden, dickwanstigen Kerl in diesem Laden als Verkäufer anstellen? Fast jeder andere Brasilianer sieht einem Indianer ähnlicher. Der Laden ist ein Schaufenster für die Realität im Umgang mit indianischer Kultur.

Der Vater reißt sich zusammen und wagt es, den Verkäufer anzu-
sprechen. Sie stehen beide in dem engen Geschäft dicht nebeneinander, der große Weiße und der kleine Indianer, der den Kopf nach
hinten legen muß, um mit dem Verkäufer zu sprechen. Die Indianerfamilie will Hals- und Armkettchen aus roten Papayakernen verkaufen. Bittend legt der Vater die Ketten in die Hand des Weißen. Die
Kinder stehen gespannt und wenden keinen Blick von der Szene.
Die Ketten wandern wieder zurück. Der Verkäufer lehnt uninteres-
siert ab. Die Indianer laufen ohne zu handeln, ohne ein Wort, wieder
auf die Straße hinaus. Im Gewimmel der Passanten, die ihre Tages-
einkäufe erledigen, geht die kleine Indianerfamilie bald unter.

Im Eisenbahngelände am Hafen treffen wir den Touristenschlepper
Fernando. Er ist enttäuscht, daß wir bei ihm keine Dschungeltour
buchen wollen. Dafür können wir ihm einiges über seinen Urwald
erzählen, denn er fährt seine Touristen nur quer über den Fluß in den
Sekundärwald. Bei ihm ist die Tour deutlich teurer als die Fähre, mit
der man ebenso hinkommt. Echten Dschungel gibt es um Porto Velho
herum schon lange nicht mehr. Dafür zeigt er uns den Weg zum
Eisenbahngelände am Hafen.
Auf dem Höhepunkt der Kautschukzeit wurde eine Eisenbahnstrek-
ke von über dreihundert Kilometern Länge durch den Dschungel ver-
legt. Die Arbeitsbedingungen waren dabei derart katastrophal, daß
man heute von etwa sechzehn Toten pro Kilometer ausgeht. Diese
Linie sollte das Kautschukgebiet Rondonias und Boliviens, von
Riberalta ausgehend, an die Amazonasschiffahrt anschließen. Als das
brasilianische Stück der Bahn fast fertig war, brachen die Kautschuk-
preise zusammen. Die neue Strecke war unnötig geworden. In den
siebziger Jahren wurde die Strecke mit Bau der Straßenverbindung
endgültig außer Betrieb genommen. Rostige Loks, alte Waggons und
eine schrottreife Reparaturhalle ziehen immer noch Eisenbahnfans
aus aller Welt an. Ein kurzes Stück zur Cachoeira Teotônio ist als
Traditionsbahn wieder in Betrieb, wenn nicht seit Monaten wie im
Heimatmuseum gestreikt würde. Offenbar zahlt die Stadt die Löhne
nicht pünktlich. Das Museum ist natürlich offen, denn wenn gestreikt
wird, ist der Einlaß nicht besetzt und jeder kann hinein. Über indianische Kringel gibt es hier nichts, keinen Hinweis, keine Karte. Sind wir
die ersten, oder will bloß niemand etwas darüber wissen?
Die Lokomotive der Traditionsbahn hat einem Verein für das große Straßenfest Porto Velhos den Namen gegeben. Das Fest ›Maria

fumaça‹, die qualmende Maria, wird eine Woche in den nächtlichen Straßen der Stadt gefeiert. Dafür wird die Hauptstraße abgesperrt. Dem Festumzug fährt ein umgebauter Tieflader voran, der nur aus Verstärker und Lautsprecher besteht. Auf dieser Lärmmaschine steht eine Musikgruppe und heizt die nachfolgende Menge in Vereins-T-Shirts und Vereinshosen an. Wenn man dicht neben dem Lautsprecherwagen steht, überkommt einem unvorbereiteten Zuhörer starkes körperliches Unwohlsein. Die Baßlautsprecher ersetzen jeden Herzschrittmacher.

Für Porto Velho ist die Fiesta der Maria fumaça wichtiger als Karneval.

Länger als eine Stunde halten wir den Lärm nicht aus. In einem Straßenrestaurant bleiben wir hängen, hier ist die Musik erträglich, und außerdem sitzen zwei hübsche Brasilianerinnen, Büroangestellte, am Nebentisch. Wenn ihre Lieblingslieder gespielt werden, hält sie nichts mehr auf ihren Stühlen. Wieder läuft dieser brasilianische Gesellschaftstanz in der Ausgabe für Fitnessstudios ab. Hier scheint es bei den Mädchen modern zu sein, ein bauchfreies T-Shirt zu tragen, wobei der offene oberste Knopf der Jeans ebenfalls den Blick auf den Bauchnabel richten soll.

»Mal sehen, ob es noch so klappt, wie vor sechs Jahren!« meint Axel und beginnt ein Mädchen am Nachbartisch interessiert anzublicken.

Das Mädchen blickt zurück. Axel beginnt sein Anmachritual für gehobene Ansprüche. Mir hat er es bereits im Boot während langweiliger Stunden haarklein erläutert.

»Du mußt sie erst ansehen und ihr ein wenig später, wenn sie dich wahrgenommen hat, zuzwinkern. Ist sie weiter interessiert, kannst du deinen ganzen Körper zur Kontaktaufnahme einsetzen. Grinsen, blinzeln und richtig mit dem Körper arbeiten, darauf kommt es an. Der nächste Schritt ist die Einladung zur Cola. Wenn ihr dann beisammensitzt, ist es nur wichtig, sie nach ihrem Namen zu fragen. Eine größere Unterhaltung ist wegen des üblichen Lärms sowieso nicht möglich, außerdem kannst du noch weniger Portugiesisch als ich. Brauchst du ja gar nicht. Weißt du erst einmal ihren Namen, ist der Rest fast gelaufen. Wenn du den noch ein paarmal wiederholst und ihn schön findest, ist alles klar. Jetzt mußt du ihr bloß sagen, daß sie herrliche Augen hat. Damit kannst du ihr keine größere Liebeserklärung machen. Das klappt immer!«

Im Boot liegend, den Sonnenhut übers Gesicht gezogen, sind wir so manche Flußbiegung entlanggetrieben und haben uns die knackigen Brasilianerinnen aus Fortaleza vorgestellt.

Hier sind sie. Axel ist dabei, mit dem ganzen Körper zu arbeiten. Peter möchte mich vor falschen Schlüssen warnen.

»Als wir zum ersten Mal in Porto Velho waren, wohnten wir bei einer Gastfamilie. Die junge Frau hat uns gleich vor den hiesigen Mädchen gewarnt. Verlieb dich bloß nicht in eine Brasilianerin. Die wollen immer nur das eine! Und am nächsten Tag schmeißen sie dich raus.«

Axel bestellt zwei Cola. Es funktioniert noch immer.

»Und was ist das Ritual für die nicht ganz so gehobenen Ansprüche?« will ich jetzt von Peter wissen. Axel ist schließlich bis über beide Ohren beschäftigt.

»Du siehst sie frech und eindeutig an«, meint Peter. »Dann brauchst du nur zu warten, bis sie zu dir kommt und erklärt, du hast mich angesehen, also willst du mit mir schlafen. Komm, wir gehen in dein Hotel.«

Glaubt uns jemand, daß wir den ganzen Abend wirklich nur damit beschäftigt waren, Unmengen gekühlter Kokosnüsse mit Strohhalm, ›Coco gelado‹, zu trinken?

KAPITEL VIERZEHN

Der Ausweg ist ein Umweg

»Nun müssen wir wieder los!«

Peter grämt sich und setzt die Colaflasche an, von der er sich seit zwei Stunden nicht trennen kann. Die Boote liegen am Ufer, einige Männer stehen daneben und warten darauf, daß wir abfahren. Nichts passiert. Wir sitzen im Schatten einer Restaurantterrasse und kleben regelrecht fest.

Porto Velho, so scheint uns im nachhinein, ist das reinste Paradies. Das einfache Hotel hat immerhin hervorragend funktionierende Klimageräte. An jeder Straßenecke gibt es im Menschengewimmel Cola oder Pasteten zu kaufen, und die nächtelangen lärmenden Feste der ausgelassenen Städter mit den hübschen Mädchen wecken verdrängte Sehnsüchte.

Aber wir müssen fort. Hinein nach Amazonien, in dessen grüner Mitte der Einsiedler Eberhard lebt. Bei jedem Blick auf die Landkarte wird die Entfernung von Mal zu Mal größer. Der breite blaue Streifen windet sich ebenso endlos übers Papier wie der braungraue Strom hinter unseren Booten im Dunst verschwindet. Man sieht der Karte an, wie sich der Zeichner die Hitze, die Sandfliegen und die schier unendliche Strecke vorgestellt hat. Noch nie ist mir so deutlich bewußt geworden, daß manche Landkarte den Schrecken des Kartographen wiedergibt. Das ist Grund genug, noch eine Cola zu bestellen.

Axel wird als erster unruhig und fängt an, die düsteren Gedanken durch praktische Überlegungen zu verjagen. Mitten auf dem Fluß paddelt ein Fischer in seinem Einbaum vorbei. Er ist so weit entfernt, daß man nur noch seine Umrisse erkennen kann. Das genügt, um seine Geschwindigkeit zu schätzen. Das Ergebnis ist niederschmetternd. Was wir uns bei der Ankunft in Porto Velho nicht eingestehen wollten, stimmt trotzdem. Der Fluß fließt viel langsamer, als erwartet. Selbst mit kräftigem Paddeln werden wir nicht mehr als acht Kilometer in der Stunde schaffen, den Gegenwind nicht gerechnet. Wir hatten auf das doppelte Tempo gehofft, das bei Hochwasser vielleicht auch erreichbar ist. Der Fehler kann durch die unzuverlässigen Angaben in der spärlichen Fachliteratur entstanden sein.

»Dann kommen wir viel zu spät an«, stöhnt Axel und meint das Treffen mit Eberhard an einer Flußmündung viele Kilometer weiter unterhalb. Ohne ihn würden wir seine Hütte mitten im Urwald nie finden.

»Man müßte einfach losfahren. In Humaitá werden wir ja sehen, wie es läuft.«

Dieses ›man müßte‹ hat als Reizformel dieselbe Wirkung wie die Abwandlung ›wir müßten mal‹. Wer dies in Verbindung mit dringenden Aufgaben, wie Essen besorgen oder Wasser holen, ausspricht, riskiert den geballten Unmut der Mannschaft bis hin zu ernsthaft groben Verwünschungen. Möglicherweise wird diese Redewendung durch die normale menschliche Trägheit hervorgerufen. Üblicherweise kommt auf ›man müßte‹ die einhellige Antwort:

»Mach's doch selber, du fauler Sack!«

Hier hat Axel mit seiner Provokation ausnahmsweise den richtigen Ton getroffen. Die Standardantwort wäre unlogisch. Wir müssen alle weiter.

Die Flußstrecke von Manaus nach Porto Velho ist ein wichtiger Schiffahrtsweg. Schubverbände mit einer Ladung von bis zu vierundzwanzig Sattelschleppanhängern ersetzen die Straßenverbindung. An kleinen Untiefen, Reste früherer Stromschnellen, stehen Schiffahrtszeichen am durchgängig besiedelten Ufer. Wir müssen uns umstellen. Die Gegend der wilden Cachoeiras mit den dazu passenden urigen Typen, den Garimperos und einfachen Urwaldbauern, ist vorbei. Die Dragas werden seltener und die Bauern wohnen in Dörfern, deren Ortsmitte meist eine Kirche mit einem Turm anzeigt.

Einmal machen wir den Fehler, am Ortseingang, abseits der besseren Häuser, anzulegen. Wer aber erst bei den von der Dorfgemeinschaft gemiedenen Leuten, die in erschreckendem Elend leben, zu Gast ist, der findet schwer Kontakt zum Rest des Dorfes. Seitdem legen wir immer vor der von weitem sichtbaren Kirche an. Meist ist dort ein Steg. Wenn die Kirche hinter dem hohen Ufer nicht zu erkennen ist, braucht man nur auf die Müllhalde am Steilufer zuzuhalten. In jedem Ort wiederholt sich dieser Anblick. Die öffentliche Müllhalde liegt direkt vor der Kirche, was allerdings nur vom Wasser aus zu sehen ist. Daß sich daneben meist die Anlegestelle des Ortes befindet, stört keinen. Das nächste Hochwasser entsorgt den Unrat.

In São Carlos steht wie ein Denkmal eine bonbonrot angestrichene Steinkirche. Der Ort reizt zum Aussteigen. Seit der Kautschukzeit ist kein Steinhaus mehr gebaut worden. Jüngere Bauten sind Bretterbuden. Die alte Ortsplanung ist deutlich zu erkennen. Wenn man sich die neueren Holzhäuschen wegdenkt, sind die Kautschukhändler und ihre gummischleppenden Sklaven vor den im Baustil der Jahrhundertwende errichteten Häusern fast noch zu erkennen. Der Weg auf dem Steilufer ist zugleich die Hauptstraße. Der Bürgersteig ist seit hundert Jahren betoniert. Alle Häuser sind mit ihrem Giebel zum Fluß ausgerichtet. Wer vorbeifährt, kann schon auf dem Wasser entscheiden, vor welchem Haus er anlegt.

Wir sind enttäuscht, als uns beim Einkaufen niemand unsere Reise glaubt. Niemand interessiert sich dafür, wo der Rio Madeira entspringt. Daß wir aus Bolivien kommen, nehmen sie ungläubig zur Kenntnis.

Gegenüber von São Carlos fällt uns eine markante Wasserverfärbung auf. Delphine spielen in der Grenzzone zwischen dem einmündenden sauberen Wasser eines Nebenflusses und der lehmigen Brühe des Rio Madeira, eine willkommene Gelegenheit zum Baden und Auffüllen der Trinkwasserflaschen. Mittlerweile hat jeder sechs Liter Trinkwasser an Bord, ausreichend für etwas mehr als einen Tag. Der Bereich des klaren Wassers zieht sich weit den Fluß hinunter. Wir springen vom Boot ins Wasser und lassen uns lange stromab treiben. Mit ein wenig Übung geht das Einsteigen aus dem Wasser ins Boot zurück jedes Mal besser.

Abends beginnt das übliche Lagerleben im Terminstreß der Moskitouhr.

»Dabei sind wir extra in den Urwald gefahren, um nicht so regelmäßig wie zu Hause leben zu müssen!« beschimpft Peter sein Schicksal.

Er hat heute wieder gegen die Sandfliegen verloren. Mit den Moskitos will er sich gar nicht erst anlegen. Pünktlich liegen wir unter unseren Netzen, sehen dem Sonnenuntergang zu und lauschen dem aufkommenden Summen der Moskitoschwärme.

»Wo bleibt eigentlich die unendliche Freiheit, wenn wir uns selber täglich über zwölf Stunden unterm Moskitonetz einsperren? « philosophiere ich.

»In Humaitá kaufe ich mir eine Kiste Insektenspray und sprühe die ganze Nacht sinnlos aus dem Moskitonetz heraus, nur zum Spaß!«

Auch Axel hat nach den Ruhetagen in Porto Velho Umstellungsschwierigkeiten auf das einfache Paddlerleben.

Im letzten Tageslicht betreibt Peter biologische Studien durch das Moskitonetz.

»Wißt ihr, woran man ein Anophelesmoskito erkennen kann?« fragt er uns provokativ. »Die Biester haben schwarzweiß-gestreifte Beine und strecken den Hinterleib beim Stechen nach oben!«

Um seinen Feierabend mit Erfolgserlebnissen zu beenden, hat sich Peter ein neues Spiel ausgedacht. Rüsselziehen. Er wartet, bis ein Moskito seinen blutgierigen Rüssel durch eine Masche des Netzes gesteckt hat und versucht, den Rüssel mit zwei Fingern festzuhalten. Die Tiere sind ungeheuer vorsichtig, doch manchmal klappt es. Der Moskito summt daraufhin auf der anderen Seite des Netzes gleich mehrere Tonlagen höher.

Unser Verhältnis zu diesem Teil der Natur hat sich auf der gesamten Fahrt nicht verbessert. Axel stimmt seit seiner Malaria bei jedem erschlagenen Moskito unter seinem Netz ein wahres Freudengeheul an. Zuvor hat er das arme Tier mit den schlimmsten Verwünschungen bedacht. Eigentlich ein Fall für den Tierschutzverein.

Mitten in der Nacht sitzen wir plötzlich kerzengerade unter den Netzen. Rötliches Blitzlicht hat uns aus dem Schlaf geholt. Da ist es wieder! Tropisches Wetterleuchten erhellt für Bruchteile von Sekunden den Himmel. Zwei markante Wolkenbänke schieben sich aneinander vorbei. Bei jedem Blitz scheinen die Wolken von innen aufzuglühen. Phantastisch! Ab und zu zuckt ein Blitz auf, dessen Verzweigungen sich kontrastreich vor den dunklen Wolkengebirgen abzeichnen. Für uns besteht kein großer Grund zur Beunruhigung, denn die wenigsten Blitze gehen zur Erde hinab. Fast alle entladen sich horizontal zwischen den Wolken.

»Kannst du nicht schon mal das Zelt aufbauen?« fragt mich Axel.

Der Zeltsack liegt seit Wochen auf meinem hinteren Verdeck obendrauf gebunden. Ich benutze ihn als Kopfkissen zur Mittagspause.

»Kann ich nicht. Es muß erst regnen. Erst wenn die Moskitos verschwunden sind, komme ich hier raus!«

»Ich will aber nicht naß werden. Weißt du, wie doll es hier regnen kann?«

»Ja, das merken wir ja schon seit Monaten.«

Jetzt kommt Peter auch noch mit einer ollen Kamelle.

»Aber wenn es mal regnet, kannst du was erleben. Ich habe mir sogar schon mal den Kopf waschen können, in einem Tropengewitter. Das schafft man zu Hause nie!«

»Macht doch was ihr wollt, mit euch kann man ja nicht einmal ein Wetterleuchten in Ruhe genießen.«

Im Schein der Blitze sehen wir zwei Gestalten über unsere Sandbank laufen. Mit gesenktem Kopf sehen sie beim Laufen zwischen ihre Füße, als ob sie etwas verloren hätten. Irgendwann sind sie verschwunden. Komisch, was wollten die eigentlich?

Am Morgen gehen wir ihren Spuren nach. Die nächtlichen Besucher waren Eiersucher.

Wenn die Sandbänke freiliegen und von der Sonne durchgetrocknet sind, kommen nachts die Schildkröten, um ihre Eier im warmen Sand zu vergraben. Ihre Spuren gleichen Abdrücken von Spielzeugraupenschleppern. Sie verlaufen vom Wasser durch den feuchten Ufersand bis zu den etwas höher gelegenen Stellen der Sandbank, die trocken sind. Hier wühlen die Schildkröten ein flaches Loch und legen die Eier hinein. Eine andere Raupenspur führt zurück zum Fluß.

In der Zeit des geringsten Wasserstands ist hier ein Schlemmerparadies für Raubvögel und Krokodile. Die jungen Möwen schlüpfen aus ihren Sandnestern und die wenigen kleinen Schildkröten, deren Eier nicht entdeckt wurden, werden ebenfalls lieber gefressen als laufen gelassen.

Die Leute am Fluß sind begeisterte Eierdiebe und belauern sich gegenseitig. Deshalb kommen sie immer früher in der Nacht, weil sie die Eier einander wegschnappen müssen. Bei dieser hemmungslosen Jagd ist ein Ende der Schildkröten in kurzer Zeit abzusehen.

Die Eierjagd hat auch für uns eine sehr unangenehme Seite. Wenn uns nicht die Schubkähne mit ihren brummenden Motoren oder die Passagierschiffe mit lauter Musik auf unserer Sandbank wecken, reißen uns mehrmals in jeder Nacht die Taschenlampen der Feinschmekker und deren Hunde aus dem Schlaf, trotz Moskitos.

In einer der nächsten Nächte, die wie die vorherigen gespenstisch durch das Wetterleuchten erhellt wird, planscht es wieder neben den Booten. Ich erinnere mich an meine erfolglosen Nachforschungen am oberen Beni und gebe nicht auf. Aber auch am Madeira sind die Moskitos mein einziger nächtlicher Fang. Dafür sitzt am nächsten Morgen eine sandfarbene Riesenkröte im Schlamm und beobachtet uns beim Losfahren. Sie ist so groß wie zwei Handteller und macht aus Langeweile Blasen unter Wasser. Als sie sich wieder blicken läßt, rede ich ihr gut zu. Sie läßt sich geduldig fotografieren. Für verschiedene Posen kann man sie auch mit dem Paddel umhertragen. Sie anzufassen, traue ich mich nicht. Es gibt hier einen grünen Frosch mit rotem Streifen auf dem Rücken. Von dessen Haut schaben manche Indianerstämme Pfeilgift ab. Schon kleinste Mengen sollen tödlich sein. Meine Kröte ist zwar nicht grün, aber wenn sie nur halb so gefährlich ist, reicht das auch. Halbtot ist bestimmt auch unangenehm.

Beim Delphinebeobachten kommt es zu der langersehnten Begegnung mit einer Riesenschlange. Vor uns windet sich ein Kopf über der Wasseroberfläche. Begeistert paddeln wir hin. Unsere erste Schlange! Sie ist noch sehr jung und nicht länger als eine Ringelnatter. Vielleicht wird sie in zehn Jahren riesig. Die junge Riesenschlange fühlt sich von uns eingekreist und wird plötzlich wild. Peters Boot treibt ihr am nächsten und ehe er sich versieht, ist sie auf dem Verdeck. Ein Paddelschlag fegt sie wieder ins Wasser zurück. Nun halten wir Abstand. Vor giftigen Buschmeisterschlangen wird in jedem Tropenbuch gewarnt.

Die Anlegestellen der Dörfer sind mit Melonenbergen am Ufer markiert. Schlagartig scheinen überall die Früchte reif zu sein. Wenn man mit den Leuten schwatzt, bekommt man immer wieder eine beim Transport geplatzte Melone geschenkt. Bald klebt alles im Boot.

Der Fluß wird zunehmend breiter und gleicht einem See. Nur an den Sandbänken erkennt man die geringe Strömung. Bis zur nächsten Flußbiegung dauert es bei dem auffrischenden Gegenwind manchmal einen halben Tag.

Die uns regelmäßig überholenden Schubkähne reizen dazu, auf ihnen zu trampen. Nur der Gedanke, tagelang auf dem schattenlosen Deck ausharren zu müssen, schreckt ab. An einem besonders langsam fahrenden Schubkahn versuchen wir, uns anzuhängen. Axel und Peter nehmen die linke, ich fahre an der rechten Seite. Die Strömung längs der Lastkähne zieht das Boot dermaßen stark heran, daß ich befürchte, bei einer falschen Steuerbewegung mit nach unten gesaugt zu werden. Deshalb traue ich mich nicht so dicht, wie zum Festhalten nötig, heranzufahren. Bleibt nur die Seitenwelle neben dem Schubkahn.

Wellefahren ist surfen auf der Vorderseite der Welle. Dort fährt man ständig bergab. Das macht in einem, auf den kleinsten Steuerdruck reagierenden sportlichen Boot viel Spaß, mit einem vollbepackten Wandereiner ist es harte Arbeit. Dazu hämmert daneben ständig die Schiffsmaschine. Urwaldidylle ist das nicht.

Mit den Leuten auf dem Schiff ergeben sich kurze Gespräche. Trotzdem verbindet uns wenig. Als wir aufgeben, hat sich die Hoffnung auf ereignisreiches Schiffstrampen erübrigt. Die großen Transporter fahren nonstop zwischen Manaus und Porto Velho hin und her. Über das Land dazwischen kann die Mannschaft nichts erzählen. Sie sind Städter.

Zu unserem leidigen Terminproblem gesellt sich eine gedrückte Stimmung.

Zuerst bricht sie bei Axel zur alljährlichen Feier seines ersten Kusses aus. Wir sitzen auf einer Sandbank und stoßen auf das Ereignis an. Heute ist Freitag und angeblich der dreizehnte Jahrestag. Entgegen seiner sonstigen Umsicht bekämpft Axel die Moskitos und seinen ewigen Liebeskummer bis in die Dunkelheit mit billigem Schnaps. Den vierten Jahrestag hatte ich miterlebt, aber anders. Was damals lustige Erinnerung und wagemutige Vorfreude war, ist jetzt wehmütigem Gedenken und einer abgeklärten Weltsicht gewichen. Peter murmelt, daß es mit Axel von Jahr zu Jahr schlimmer würde.

»Wieso sitze ich hier auf dieser öden Sandbank, mitten auf einem doofen Fluß, ohne Urwald und ohne ein nackte Indianerin?« beginnt Axel seine Anklagerede.

Nach weiteren, ähnlich ungünstig bewerteten Betrachtungen sämtlicher Lebensumstände folgt das Fazit.

»Wenn ich blöder Heini nicht damals in die Welt hinausgewollt hätte, wäre ich jetzt ein arbeitsloser Lehrer irgendwo hinter den sieben Bergen in Thüringen, aber glücklich. Ich hätte drei Kinder und eine treusorgende Frau. Jeden Abend würde ich fernsehen und hätte einen stolzen Bierbauch.

Die einzigen, die sich hier um mich kümmern, sind die Moskitos!«

Auch am nächsten Tag läuft nichts. Axel hat eine merkwürdige Erkältung, bei der er Blut hustet. Peter füttert seine Darmwürmer mit Tabletten und grübelt, wie lange es wohl dauert, bis er Margot in Manaus trifft. Seine Hauptbeschäftigung ist Temperaturmessen. Gegen elf Uhr haben wir siebenunddreißig Grad. Danach gibt es keinen Schatten mehr, in dem sich eine Messung lohnen würde. Die Wassertemperatur liegt bei zweiunddreißig Grad.

Ich würde am liebsten täglich große Strecken durchpaddeln, weiß aber, daß mein mageres Sitzfleisch dies nicht mehr zuläßt.

Bis Humaitá brauchen wir eine Idee, sonst erreichen wir Eberhard nie.

Humaitá ist ein typischer Ort mit dem Flair der Kautschukzeit. Durch die Fernverkehrsstraße nach Porto Velho hat sich ein geringer wirtschaftlicher Aufschwung ergeben. Eine Fähre führt die Transamazonica weiter nach Süden. Da ohne Pflege, ist diese Piste nur gelegentlich nutzbar. Zum Nachbarort Lábrea bestand vor zwanzig Jahren sogar eine Busverbindung. Jetzt ist die Strecke zerfahren und im Schlamm der Regenzeiten versunken. Wer kann die Schlammpiste befestigen,

wenn die nächsten Steine hunderte Kilometer entfernt sind? Mit All-
radfahrzeugen kann man bei Trockenheit noch durchkommen, wenn
die Fähren als Ersatz für die zerfallenen Brücken funktionieren. Meist
sind an einer zusammengebrochenen Brücke ein paar Häuser, weil
die Autos hier warten müssen und die Fahrgäste einen Imbiß kaufen.
Die Fährleute erhalten von den Fahrern ein geringes Entgelt, so daß
niemand an der Reparatur der Brücken interessiert ist.

Brasilien hat angeblich für den Bau der Transamazonica viermal
mehr Kredite aufgenommen als für einen brauchbaren Ausbau notwendig gewesen wäre. Wenigstens die Korruption scheint zu funktionieren.

Die Straße in Richtung Manaus soll noch katastrophaler sein. Mit
einem Jeep und guten Motorsägen wäre ein Durchkommen möglich,
sagt ein Polizist.

Aber unser Weg ist eigentlich der Fluß.

Mit dem Blick auf den Strom und der Wasserflasche in der Hand
diskutieren wir zum wiederholten Male unsere Alternativen.

Wer verpflichtet uns denn, die ganze Strecke im Paddelboot zu
sitzen? Befinden wir uns etwa auf einer Rekordjagd vom Titicacasee
zum Atlantik? Den Atlantik können wir ohnehin abschreiben, in diesem Jahr reicht die Zeit garantiert nicht.

Haben wir nicht völlig unbeabsichtigt bis hierher gezeigt, daß es
möglich ist, ohne Hilfe von Begleitmannschaften zu Fuß oder per
Schiff durch Amazonien zu reisen? Was ist uns denn besonders wichtig an dieser Fahrt?

Die Wahrheit ist, daß es am meisten auf die unterschiedlichsten
Begegnungen mit den Menschen ankommt. Mit Menschen, die mit
den Bergen, dem Wildwasser, dem Gold und dem Urwald leben.
Diese einfachen Leute, die täglich um ihren Fisch und ihr bißchen
Maniok bangen, haben uns so oft freundlich empfangen. Ganz zu
schweigen von Einzelnen, die imstande sind, mit großem Risiko und
Elan eine Goldmine zu betreiben oder Hunderten von Indianern zu
helfen. Solche Menschen bringt nur der Urwald hervor, und sie wollen wir auch weiterhin treffen. Auf diesem breiten Strom begegnen
wir ihnen nicht mehr. Wer täglich nur schnell zum Einkaufen an Land
geht, um danach schleunigst wieder in die Strommitte bis zur all-
abendlichen Sandbank zu eilen, erlebt nur sich selbst.

Das Flußleben findet hier auf den kleinen Schiffen statt, auf Schiffen, mit denen die Händler die Orte abklappern. Sie sind wie ein
Bummelzug, von ihnen kann man während der Fahrt ein- und aus-

steigen. Zahlreiche Schiffe dieser Art haben wir schon vollbeladen mit den verschiedensten Menschen an uns vorbeifahren sehen und ihnen neugierig nachgeschaut. Wir haben uns dafür entschieden und sind gespannt, eine andere Art des Reisens zu erleben.

Das Einsteigen mit Paddelbooten ist gleich die erste Hürde. Der für sie einzig mögliche Platz befindet sich auf dem Dach. Unser Schiff, die ›Princesa da Rio Madeira‹, hat drei Decks übereinander. Das Dach ist rund sieben Meter über dem Wasser. Nach einigem Geschrei greifen ein paar hilfsbereite Männer zu, die, außen an der Reling hängend, mit uns die zuvor entleerten Boote hochhieven. Man darf nur nicht daran denken, was passiert, wenn eine Öse reißt und das Boot mit voller Wucht auf die darunter Kletternden fallen würde. Denn nicht nur wir suchen uns den leichtesten Weg außen über die Reling ins Schiff. Mit uns fällt eine Horde neuer Passagiere wie eine Meute Piraten über das Schiff her. Daß uns nichts von unseren Sachen, die auf dem untersten Deck verteilt herumliegen, geklaut wird, während wir die Boote verladen, grenzt an ein Wunder.

Erst nach dem Besetzen der letzten Hängemattenplätze und dem Einsammeln unserer Gepäckstücke melden wir uns beim Kapitän. Obwohl nicht jeden Tag drei Faltboote auf seinem Dach mitfahren, ist er kein bißchen verwundert. Alle sperrigen Gegenstände kommen aufs Dach, das ist doch normal. Wir können uns aussuchen, ob wir mit oder ohne Verpflegung fahren, und ob wir in der billigeren untersten Etage oder weiter oben liegen wollen. Nach dieser individuellen Verhandlung steht fest, daß fast jeder auf dem Schiff einen anderen Preis bezahlt hat.

Dieses Schiff ist viel größer als jenes zu den Yaminahua. Über zweihundert Leute fahren mit und trotzdem gehört es auf dem Rio Madeira noch zu den kleinen. Jeder hat seine Hängematte dabei und versucht, den angeblich besten Platz zu ergattern. Dazu werden auch dreist andere Hängematten umgehangen. Man braucht sich nicht zu wundern, wenn nach dem Schiffsrundgang plötzlich über seiner eigenen Hängematte eine weitere fremde hängt oder unverschämt dicht daneben. Clever ist, seine Rucksäcke und Beutel über der eigenen Matte an die Decke zu hängen. Man hat sie im Blick und weiß genau, wogegen man beim Aufrichten stößt.

Ein Problem auf diesen Schiffen ist die mit dem Fahrtwind zunehmende Nachtkühle. Dagegen hilft nur ein Schlafplatz direkt hinter den schützenden Kajüten. Hier drängeln sich alle. Bei jedem Umdrehen schubst man die ganze Reihe an. Da nur auf dem Sonnendeck genügend Platz zum Sitzen ist, verbringt man meistens seine Zeit auch am Tage in der Matte, dicht bei dicht. Der Nachteil der windgeschützten Plätze ist, daß man in der Nähe der Treppen auf dem Weg zu den Sanitärräumen liegt. Ständig kommt einer angekleckert und muß mal. Die Passagiere auf den windigeren Plätzen müssen öfter. Gewollt oder ungewollt lassen sie ihren Ärger an denjenigen aus, die die guten Plätze erwischt haben, indem sie sich beim Kriechen zum Klo unter den Hängematten hindurch nicht vorsehen. Wenn sie nicht direkt an die Liegenden stoßen, rempeln sie zumindest an die Seile. So kann die Nacht ziemlich lang werden.

Axel, der nicht einschlafen kann, beobachtet ein kleines Mädchen, das in Gedanken versunken mit Axels Hängemattenstrick zwischen den Fingern spielt. Dabei zieht sie den Strick immer näher an ihr Gesicht heran. Plötzlich stoppt die Handbewegung, das Gesicht verzieht sich angewidert und sie läßt los. Der Modergeruch hat sie erreicht.

Am nächsten Tag machen Peter und ich einen Ausflug an Land, während unser Schiff Melonen lädt. Um überhaupt hinauszukommen, klettern wir zusammen mit anderen Passagieren wie die Affen über unsere Reling auf das Nachbarschiff und von dort zur Anlegestelle, da der Ponton nur Platz für ein Schiff bietet. Unter uns, in der ersten Etage, haben die Melonenbauern eine Kette gebildet und werfen sich die eiförmigen Früchte zu. Nach vereinbarter Zeit kommen wir beide wieder zum Ponton zurück und sehen in der Ferne unser Schiff verschwinden. Ich habe diese Situation schon einmal auf einem Bahnhof erlebt, bloß, daß der Zug bald zurückkam und nur zu einem anderen Bahnsteig rangiert wurde. Das Schiff dreht nicht um. So schnell sind wir Axel und die Boote losgeworden. Während wir überlegen, was uns mehr leid tut, winkt uns Axel vom Nachbarschiff zu und nimmt uns die Entscheidung ab.

Die Boote sind auch noch da. Der erste Kapitän fand für die Weiterfahrt nicht genug Passagiere und entschloß sich, nach Porto Velho zurückzufahren. Deshalb hatte er all seine Passagiere an den anderen Kapitän weiterverkauft und Axel stand mit dem ganzen Gepäck allein auf dem falschen Schiff. Wieder gab es hilfsbereite Leute, die mit anfaßten und die Boote vom Dach des ersten Schiffs aufs Nachbardach hoben. Die ›Três Irmães, Drei Brüder‹, hat noch eine Etage mehr. Jetzt sind die Boote neun Meter über dem Wasser. Mal sehen, wie wir sie wieder herunterkriegen!

Das neue Schiff liegt noch mehrere Stunden fest, sagt der Kapitän. Wenn er genügend Passagiere beisammen hat, damit sich das Weiterfahren lohnt, legt er ab. Vielleicht sogar noch heute. Er empfiehlt uns den Fernseher auf dem Sonnendeck. Abends laufen die beliebten Telenovellas. Triviale Kurzgeschichten, die jeden Tag in Fortsetzung erscheinen, stellen den einfachen Leuten, den Bauern, Fischern und Indianern, das schwere Leben der oberen Zehntausend vor. Alle Schauspieler sind selbstverständlich weiß, jung und gesund. Absolut irrational, zumindest für das arme Amazonasgebiet, sind die Aufrufe des Gesundheitsministeriums in den Werbepausen, beim Gassiführen von Hunden eine kleine Schippe und einen Eimer mitzunehmen.

Die Schiffsglocke klingelt mehrfach, das Signal für den Maschinisten, den Motor klarzumachen. Wie immer folgt ein weiteres einzelnes Klingeln, und das Schiff legt ab.

Gerade läuft der Renner der Saison, eine Familiensaga in einer brasilianischen Großstadt. Einer der Passagiere muß die Antenne bedienen. Ein undankbarer Posten, weit entfernt vom Bildschirm. Die Satellitenantenne ist an einem drehbaren Rohr angebracht. Bei der kleinsten Kursänderung des Schiffes rauscht das Bild und alle Zuschauer murren ärgerlich auf. Der Antennenbediener muß jetzt nach den Rufen der Zuschauer an dem Rohr drehen, bis das Bild wieder zufriedenstellend ist. Während kurvenreicher Strecken wechseln sich die Fernsehenthusiasten mit Antennendrehen ab. Auch wir verpassen keine Sendung. Schiffahren ist nämlich langweilig, wenn man zuvor den ganzen Tag etwas tun mußte.

Beim Fernsehen spricht uns ein Brasilianer an. Waldemar ist ein Nachkomme deutscher Einwanderer aus der brasilianischen Stadt Blumenau. Er ist Katholik und Anhänger der Befreiungstheologie. Mit brasilianischen Spendengeldern betreibt seine Familie zusammen mit anderen Helfern eine Mission für die Piraha-Indianer. Er legt auf die Feststellung Wert, daß er den Indianern aus seinem christlichen Glauben heraus hilft, trotzdem aber keine religiöse Missionierung betreibt. Im Unterschied zu den extern gesteuerten brasilianischen Evangelicos und den ausländischen Missionaren beschreibt Waldemar eine andere Art der Indianerhilfe. Brasilianer helfen ihren eigenen Bürgern. Leider sind seine Indianer für uns unerreichbar weit weg. Sein Hilfskonzept finden wir sehr sympathisch.

Nach der Telenovella beginnt auf dem obersten Deck eine Kapelle zu spielen. Eine neue Art von Lärmterrorismus beginnt. Da diese Band so laut ist, daß selbst lärmbegeisterte Brasilianer es oben nicht mehr aushalten, verziehen sich alle auf die unteren Etagen. Ein Grund mehr für die keineswegs enttäuschten Musiker, nun noch lauter zu spielen, damit die entfernten Zuhörer wenigstens etwas hören. Gegen diesen Automatismus kommt nicht einmal der Kapitän an.

Während des Abendbrotes beginnt die Köchin eine lange Unterhaltung mit uns. Wir zeigen ihr Fotos und erzählen vom Paddlerleben. Später zeigen auch andere Passagiere reges Interesse für einen Bildband über das Amazonasgebiet. Wer Tiere und Landschaften wiedererkennt, ist ungeheuer stolz. Manchmal zeigt einer auf ein Bild und erzählt, daß er auch schon einmal dort war. Die Leute sind an ihrem Land interessiert.

Mehr noch als mit dem Bildband möchte sich die Köchin mit mir beschäftigen. Die kräftige Mulattin besitzt wichtige Körperteile in gewaltiger Ausführung, leider aber auch einen nicht zu übersehenden Bartwuchs. Mehrfach zeigt sie mir den Weg zu ihrer Kabine. Dabei verfolgen allen Zuschauer gespannt die Werbeversuche, schließlich ist diese Frau weder zu übersehen noch zu überhören. Auf dem Schiff ist es so eng, daß nichts zu verheimlichen ist.

Genauso hingerissen scheint jemand von dem Bildband zu sein. Auf einmal ist er verschwunden. Gerade die einzelnen Bilder und die Radfahrerbroschüre bekommen wir noch zurück, das Buch bleibt verschwunden.

»Morgen sollten wir uns entscheiden, wie weit wir mitfahren«, meint Axel beim Schlafengehen.

Das Schiff fährt nicht zu unserem Treffpunkt mit Eberhard. Wir haben unser Problem nur aufgeschoben und durch die Schiffspassage Zeit gewonnen. Durch die zweitägige Reise sparen wir ungefähr vier Paddeltage ein. Jetzt haben wir sogar wieder eine kleine Reserve.

»Ich habe da eine Idee.« verkündet Peter beim Einschlafen.

Er hat es wirklich drauf, uns die ganze Nacht lang grübeln zu lassen.

In Borba steigen wir aus und lassen die Boote mit Seilen aus den Wurfsäcken vom Dach herab. Das klappt so gut, als ob es unsere tägliche Übung wäre. Wieder brauchen wir ein Hotel und wieder sind die Boote das Hauptproblem. In Borba gibt es eine große kirchliche Schule, in deren Lagerraum genug Platz für unsere Kähne ist. Der nordamerikanische Padre, der schon seit fünfzehn Jahren unter den Caboclos lebt und arbeitet, freut sich über die Abwechslung und englischsprachige Gesellschaft.

Borba war die Endstation für internationale zollfreie Handelstransporte. Dies hat der Stadt einen Aufschwung beschert, der die Kautschukzeit überdauert hat. Die Stadt ist zum Wallfahrtsort geworden. Einmal im Jahr kommen tausende Pilger in die hiesige Kirche.

Der Padre lädt uns ein, mit ihm zu einer Wahlkampfveranstaltung zu kommen. Etliche Jugendliche begrüßen ihn, er scheint beliebt zu sein.

Auf dem Fußballplatz steht die Tribüne einer bürgerlichen Partei. Eine bekannte Musikgruppe spielt für die Jugend. Andere gehen sowieso nicht hin. In den Rhythmen aktueller Boi-Bumba-Musik tanzen sich die Leute in Ekstase. Zu jedem Lied gehört eine spezielle, feste Folge an Fuß-, Bauch- und Armbewegungen. Um die Könner in der Menge scharen sich enthusiastische Nachahmer. Ein musikalischer Volkssport.

Danach stellt sich die Mannschaft um den Hauptkandidaten auf und redet auf die Menge ein. Dem Musikgenre entsprechend plakativ sind die Wahlkampfreden. Wenn die Stimmung nachläßt, werden zwei Tänzer auf die Bühne geschickt, die die Masse wieder auf Trab bringen sollen. Zu heißer Musik tanzen ein gelenkiger Tänzer für die Wählerinnen sowie eine kurvenreiche Tänzerin für die Wähler. Das wirkt, ein lautes Gejohle und Gekreische beginnt. Sind die Wähler wieder aufgebaut, geht es weiter mit den Wahlkampfversprechen. Die Ausländer müssen raus. Dann würde alles besser. Mit den Ausländern sind die Nordamerikaner und auch die Deutschen gemeint. Andere Länder, jedoch keine anderen Probleme.

Der Padre will uns bei der Suche nach Kautschuk helfen. Hier im Ort gäbe es eine Verarbeitungsfirma. Wir brauchen morgen nur hinzugehen.

Der Geschäftsführer der Fischverarbeitungsfirma redet so eifrig wie die Wahlkämpfer gestern. Irgend etwas stimmt nicht. Er hat weder Gummi noch Geräte für dessen Verarbeitung. Ist er nur ein Spinner, der dem Padre einen Bären aufgebunden hat? Nach einigem Warten kommt wirklich ein Schiff mit Rohkautschuk. Die Männer laden das Material vom Schiff in die Lagerhalle um, mehr passiert nicht. Dafür findet sich jemand, der morgen früh aus dem Wald frisch gesammeltes Latex von den Seringueiros abholen will. Wir sollen nur um fünf Uhr am Hafen sein, um mitzukommen. Der Padre, der einige von den Leuten kennt, findet die Idee auch gut. Bei Axel und Peter bricht das Kautschukfieber aus. Immerhin ist hier der erste Rohgummi nach monatelanger Suche zu sehen.

Wir bleiben einen Tag länger. Axel und Peter wollen unbedingt mit in den Wald. Während ich mich aus Faulheit noch einmal umdrehe, stehen die beiden Störenfriede im Dunkeln auf und treffen wirklich am Hafen auf den Motorbootfahrer. Entsprechend der Absprache zahlen beide den Fährpreis und fahren stundenlang den Fluß rauf und runter. Überall, wo sie suchen, ist niemand da. Pech gehabt. Aber morgen würde es für den gleichen Preis ganz bestimmt klappen. Der Rohkautschuk ist über Nacht aus der Firma verschwunden. Spukt es?

Später hören wir eine glaubhafte Geschichte darüber. Wenige Schiffsladungen jahrzehntealten, konservierten Rohkautschuks werden ständig hin- und herverkauft, weil die Aufkäufer für die angebliche Verarbeitung vom Staat Unterstützung erhalten. Es ist nur simpler Subventionsbetrug. Axel und Peter sind noch lange stinksauer, daß sie auf diese Masche hereingefallen sind. Daß der Pater ebenfalls getäuscht wurde, zeigt nur, wie schwer es jedem mit westlicher Denkweise fällt, Südamerika zu verstehen.

Jedenfalls haben wir jetzt die Nase vom Gummi gestrichen voll und sehnen uns nach dem ruhigen Dschungel. Peters Idee ist es, über Land zu einem kleinen Flüßchen zu gelangen und parallel zum breiten Rio Madeira auf einem ganz schmalen Bach zu unserem Treffpunkt mit Eberhard zu paddeln. Wir träumen davon, einen zweiten kleinen Rio Negro zu finden.

Wieder einmal fahren wir unsere Boote mit einem Lastwagen durch den Dschungel.

Peters Idee läßt sich gut an. Das Flüßchen ist das ganze Gegenteil vom breiten, trüben Rio Madeira. Der malerische, schmale Urwaldbach mit klarem Wasser verführt uns zum Spielen. Überraschenderweise führt er Hochwasser, und wir paddeln wie durch einen Märchenwald. Wir brauchen den Fluß gar nicht mehr. Aus Spaß fahren wir in den Igapó, den Überschwemmungswald neben dem eigentlichen Flußlauf hinein und spielen Verstecken in den Baumkronen, die wie Büsche aus dem Wasser ragen.

Bald merken wir, daß es nicht nur schwieriger wird, abends festen Boden für einen Lagerplatz zu finden, sondern überhaupt eine Fahrtroute zu halten. Der kleine Bach ist längst zu einem überschwemmten Wald mit einzelnen Seen und wenigen festen Inseln geworden.

Axel hängt seine Hängematte probehalber zwischen die Bäume über das Wasser. Die Prophezeiung der Indianerin tritt ein. Wir haben uns verpaddelt und irren per Boot zwischen den Bäumen umher.

Meine Ahnung erfüllt sich. Ich lege von der alten Indianerhütte ab, weil Axel und Peter zurückkommen. Ein Indianer ist nur wenige Meter vor ihnen durchs Gebüsch gepaddelt. Ehe er einzuholen war, hat er sich auch schon verdrückt. Jedenfalls ist der Ausgang aus dem grünen Labyrinth noch nicht gefunden.

In der anderen Richtung steigt Rauch auf. Dort wird gerodet. Axel fährt los, um vielleicht auf Leute zu stoßen. Ich paddle den nächsten See ab, in der Hoffnung, daß es irgendwo weitergehen müßte.

In der Ferne stehen zwei Häuser, vielleicht lebt dort jemand.

Die Indianerhütten sind bewohnt. Vom Steg aus bitte ich einen Mann mit dunklen krausen Haaren heran, dessen Vorfahren wohl indianisierte afrikanische Sklaven waren. Er humpelt mit einem Klumpfuß zum Steg. Mit meinem gesamten Sprachschatz versuche ich langsam und ohne Hast ein freundliches Gespräch über das Wetter zu beginnen. Bloß nichts falsch machen und ihn verprellen.

Jetzt muß ich Axels Sprecherrolle übernehmen und versuche, sein Vokabular an dem Indianer anzuwenden. Es läuft fast immer nach dem gleichen Schema ab.

»Bom diaz, Guten Tag, ist das heute wieder heiß in Brasilien.« grüße ich ihn, obwohl es mir wie belabern vorkommt.

»Bom diaz, den ganzen Tag scheint heute schon die Sonne«, antwortet er ernsthaft.

»Bei uns zu Hause, in Europa, ist es nie so heiß, bei uns liegt in manchen Ländern noch Eis im Wald. Dort ist es ganz kalt, die Leute frieren.«

Frieren kann man sich vorstellen, es ist ein interessantes Gesprächsthema bei Männern, die Fische mit Eis frisch halten. ›Eis im Wald‹ führt meist zu einer erhofften Rückfrage.

»Was für Eis liegt denn im Wald?«

»Es sind ganz kleine Eisstückchen, so klein wie Wassertropfen. Und im Winter sind die Flüsse zugefroren. Man kann darauf laufen.«

Wenn der Gesprächspartner jetzt mitdenkt, dann bricht ein Ausdruck tiefen Mitgefühls aus ihm heraus.

»Aber dann kann man ja gar nicht mehr fischen!«

Nach dem bestätigenden Nicken muß ich aus Gründen meines Wortschatzes auf ein anderes Thema ausweichen.

»Ich habe zu Hause eine Frau und zwei Kinder.« Mit großem Bedauern schaut der krausschöpfige Indianer zu mir. Er hat zwar wegen seiner Behinderung keine Familie, aber nur zwei Kinder seien für einen gesunden Mann wirklich zu wenig. Das mit offiziell einer Frau hat er schon einmal gehört. In Brasilien hat man die Frauen auch nacheinander. Als ich allerdings ein Bild von meiner blonden Frau zeige, kann er sich mein Problem schon besser vorstellen. Blonde Frauen sind knapp. Wenn man nur solche möchte, ist ein häufiger Wechsel schwierig.

Diese tiefschürfende Unterhaltung dauert bei allen Mißverständnissen und gelegentlichen Einlagen in Zeichensprache bestimmt eine halbe Stunde. Als ich mich entschließe, über das Thema Fischen langsam an die Kernfrage nach dem Weg heranzutasten, ist Axel da.

Er hat zwar die Rauchfahne der Brandrodung umkreist, aber keinen Weg in das Gestrüpp hinein gefunden. Voller Brast über die bisher entwischten Indianer und sein erfolgloses Umherirren im Wald kommt er mit mächtigen Paddelschlägen heran. Bevor ich ihm meinen ›Fang‹ stolz präsentieren kann, überfällt er den Mann entgegen allen Gepflogenheiten.

»Wo geht's hier raus?«

Empört fauche ich ihn an, aber zu spät, schon hat er sich eingemischt. Dank meiner ausgiebigen Vorarbeit haut der Indianer nicht ab, sondern erklärt uns den Weg zum nächsten Dorf. Den Ruhm, einen Ausweg gefunden zu haben, muß ich mit Axel teilen.

Leider können wir nicht bei dem freundlichen Mann bleiben, er lädt uns nicht zum Aussteigen ein. Wir haben auch zu wenig zum Essen, das wir mit ihm teilen könnten.

Seit dem Treffen mit dem lockenköpfigen Indianer geht es voran. Nach einer Nacht neben einer verlassen aussehenden Indianerhütte, zu der der Besitzer überraschend mit vorgehaltener Flinte doch auftauchte, erreichen wir die großen Klarwasserseen, die im Mündungsgebiet der kleinen Urwaldflüsse in dem weitverzweigten Amazonasflußsystem mit seinen Parallelflüssen liegen. Auf den breiten Seen springen fliegenden Fische vor dem Bug hoch, während wir der Erdkrümmung vor uns zustreben. Durch die Sucherei im überschwemmten Wald ist der Termin mit Eberhard wieder eng geworden. Zu allem Überfluß hat sich durch die Hochwassersituation in den Klarwasserbächen im Gegensatz zu den trockenliegenden Hauptflüssen die Strömungsrichtung des Amazonasseitenarmes umgedreht, er fließt bergauf. Offene Motorboote und schmale Passagierschiffe überholen uns. Kleine Schilfinseln treiben uns entgegen. Im Kehrwasser wühlen wir uns durch Wasserpflanzen und Schlick stromauf. Es ist unheimlich, wenn man mit dem Paddel auf ein großes Tier im trüben Wasser stößt, auf einen Fisch oder ein Krokodil, das wie wir am Rand stromauf schwimmt und jetzt mit einem mächtigen Spritzer flüchtet.

An der Mündung in den nächsten Fluß soll der Treffpunkt sein. Wir hoffen, daß wir uns beim Zählen der Mündungen nicht getäuscht haben. Schnell übersieht man einen kleinen Fluß im Dickicht. Während des Wartens taucht vor mir ein großer Kopf aus dem Wasser. Zwei beeindruckend weit auseinanderstehende Augen sehen mich frech an. Endlich ein Krokodil, das nicht ausreißt. Schnell packe ich meinen Fotoapparat und paddle hin. Das neugierige Tier liegt ganz ruhig im Wasser. Es sieht aus, als ob mein Boot nicht viel länger wäre als dieser Kerl. Vor Freude und Anspannung bin ich ganz aufgeregt. Langsam lasse ich mich mit der Strömung drauf zutreiben, während es im Kehrwasser pausiert.

Schon wieder kommt so ein störendes Motorboot angefahren. Wenn es nicht bald abbiegt, wird mein Krokodil noch verscheucht! Diese Idioten halten mit Vollgas direkt auf das Krokodil zu, bis es abtaucht. Dann decken sie mich mit einer Welle ein und brüllen mir stolz auf ihre heldenhafte Rettungstat herüber:

»Cuidado! Achtung, dort ist ein Krokodil!«

Als wenn ich das nicht schon wüßte. Und nun soll ich auch noch dankbar sein, dabei verfluche ich still die Motorbootfahrer. Ob auf heimischen stillen Seen oder dem Amazonas, nie lassen sie einen Paddler in Ruhe.

Stunden später ist der große Kopf wieder da. Nochmals versuche ich mein Glück, obwohl die Sonne schon bedenklich tief steht. Ich muß unangenehm nah heran, um ein gutes Bild zu schießen.

Wieder lasse ich mich an das Tier herantreiben. Und wieder brummt ein Motorboot in der Ferne. Nicht jeder Motorbootfahrer wird so bescheuert wie der erste sein, hoffe ich in meinem Jagdfieber und halte die Kamera hoch.

»Paß auf, das Krokodil!« brüllt mir einer auf deutsch zu.

Das Krokodil ist weg und ausgerechnet Eberhard hat es verscheucht. Ich bin maßlos sauer auf ihn.

Wir hatten natürlich an der falschen Einmündung auf ihn gewartet, aber dank Radio Sipo wußte er bald Bescheid. Radio Sipo ist der sogenannte Buschfunk des Urwaldes. Da es hier keinen Busch gibt, ist der Begriff umgewandelt worden. Sipo ist die alles verbindende Urwaldliane.

Eberhard ist ein drahtiger Mittsechziger, der mehr auf seine dichten grauen Haare auf dem Kopf als auf seine Zähne im Mund stolz sein kann. An Zähnen hat er nämlich nur noch einen, was ihm ein verschmitztes Lächeln gibt. Sein wettergegerbtes Gesicht sieht so aus, wie man sich jemanden vorstellt, der seit Jahren im Urwald lebt. Wenn er mein Krokodil nicht verjagt hätte, wäre er mir sofort sympathisch.

Ab hier beginnt für uns drei ein neuer Reiseabschnitt. Axel muß mit Eberhard Behördengänge für ein Naturschutzgebiet erledigen. Peter will Margot per Flugzeug aus Manaus abholen und ich möchte testen, wie urwaldfit ich geworden bin. Acht Tage braucht man per Boot zu Eberhards Casa. Ich lasse mir die Route so genau wie möglich beschreiben und paddle los.

Die Gewitter auf meiner Strecke werden immer großartiger. Einmal regnet es sogar. Dafür ist der Sonnenaufgang nach dieser regnerischen Gewitternacht der gewaltigste auf unserer Fahrt. Mit diffusem rötlichem Licht beginnt er, ohne daß die Sonne den Horizont erreicht hat. Von unten strahlt sie in fahlem Licht die dicken Wolken an. Mit einem Schlag steigt sie über dem Fluß auf und verändert die Farbe ins gelbliche, während sich die restlichen Gewitterwolken in ihrem Farbspiel zwischen orange, gelb und purpurn abwechseln. Der Fluß spiegelt das rötliche Licht zurück. Alle unmittelbar von der Sonne angestrahlten Dinge sind nur gelb, als gäbe es keine andere Farbe. Vollkommen unwirklich. Bis das Himmelsblau erscheint, findet eine faszinierende Farbsymphonie statt.

Am Amazonas ist alles gewaltig, hatte Axel gesagt. Es stimmt wirklich.

Doch nicht alles läuft wie geplant. Starker Gegenwind zwingt mich, aus der Strömung ins weniger wellige Kehrwasser auszuweichen, wo ich gegen die Strömung paddeln muß. Als wieder ein El Sur kommt, sind die Schaumkämme der Wellen so hoch, daß ich wegen meines langsam zerfallenden Verdecks nicht in der Strömung paddeln kann, obwohl die Windrichtung diesmal stimmt.

Wie erwartet, wird es in Eberhards ›Timetunnel‹ kritisch. Um zu dem Flußsystem zu gelangen, an dem Eberhard wohnt, muß ein dauerhaft unter Wasser stehender Wald durchquert werden. Nur die Einbäume der Caboclos und wenige Motorboote, die die Fahrrinne ganz genau kennen, finden dort hindurch. Ich verfahre mich natürlich in diesem Wald mit den märchenhaft überwucherten dicken Bäumen im Fluß und finde mehr durch Zufall die Durchfahrt. Eine einmalige Flußlandschaft mit welligen Hügeln, gewundenen langen Seen und glasklarem Wasser liegt hinter dem Timetunnel. Eberhard hat ihn so genannt, weil die enge und wenig bekannte Durchfahrt die Landschaft dahinter von der übrigen Welt fast abschneidet. Hier vergeht die Zeit langsamer.

In regelmäßigen Abständen stehen Bretterhütten auf Stelzen am Ufer. Einige sind aufgegeben, da die umliegenden Felder eindeutig erschöpft sind. Der Tonboden regeneriert sich sehr langsam.

Ich habe mich wieder verfahren und muß nach dem Weg und Essen fragen. An einer Hütte mit zwölf Bewohnern bekomme ich gerade einmal zwei Bananen, mehr scheinen sie wirklich nicht zum Tausch gegen meine Angelhaken zu haben. Dafür erzählt die Großmutter stolz, sie habe so viele Enkel, daß sie sie nicht mehr zählen kann. Ein Enkel, der in der Schule besonders gut ist, hätte einmal ausgerechnet, daß es über eintausendzweihundert Urenkel sind. Das rechnet sich ganz einfach, erklärte mir Eberhard später, man muß nur zwölf Enkel pro Kind rechnen. Mädchen heiraten im Urwald schon mit zwölf Jahren.

Die Versorgung der Familie einschließlich der Feldarbeit ist Frauensache. Wenn sie auch noch fischt, um so besser. Da die Kinder mit vier Jahren schon auf der Pflanzung helfen, sind viele Kinder ein Segen. Wer hier wohnt, lebt außerhalb jeder zivilisierten Ordnung. Die meisten Kinder behalten ihre Rufnamen und heißen zeitlebens ›Affe‹, ›Regenwurm‹ oder auch ›Hinker‹. Ein Melderegister, wo die Geburtsdaten eingetragen werden, gibt es nicht. Damit fällt der ganze Papierkram, mit dem sich der zivilisierte Mensch befassen muß, vollständig weg. Keine Versicherungen, keine Steuern, keine Ausweise.

Die Alte kennt Eberhards Haus und schickt mich einen kleinen Seitenarm stromaufwärts. Nach mehreren Stunden verengt sich das Fließ. Wieder paddle ich durch den Wald, bis sich vor mir eine Lichtung auftut. Das bedeutet, ein kleiner See liegt vor mir. Am Rand sind Büsche und Palmen. Vorn liegt die Landzunge einer Halbinsel und darauf steht ein Haus. Auf dem Baum davor flattert ein bunter Vogel. Ist das die ›Casa de Kuby‹, Eberhards Haus?

KAPITEL FÜNFZEHN

Einsiedler

Ein Mann ohne Ziel ist wie ein welkes Blatt.
(Eberhard in einem Brief an seine Schwester)

Der große bunte Papagei flattert mit den Flügeln, ohne abzuheben.
»Laura, Laura!« krächzt er wichtigtuerisch seinen Namen.
Meine Tochter heißt auch Laura, deshalb finden wir uns sofort sympathisch. Jakob, der kleinere grüne Papagei im Hintergrund, mustert mich mißtrauisch mit schrägem Kopf und bleibt verschüchtert stumm. Er guckt aber immer so. Ständig fühlt er sich von Laura unterdrückt.
Hühner gackern und in der Ferne grunzt ein Schwein. Ein Kälbchen blickt kurz zu mir auf, um sich danach sofort wieder hinzulegen und wiederzukäuen. Das Äffchen Fiffi, noch halb im Mittagsschlaf, schielt mit einem Auge von seinem Lieblingsast herunter. Paddler kommen hier wohl alle Tage vorbei. Ich bin von meiner geringen Wirkung enttäuscht. Nur das Hündchen Susi wedelt freundlich und neugierig mit dem Schwanz. Der ganze Platz strahlt eine nachmittägliche Ruhe und Klarheit aus. Hier scheinen Eile, Streß oder Hektik einfach nicht zu existieren. Das ist also Axels Traumziel der ganzen Fahrt. Seiner Ansicht nach schlägt an diesem Ort das Herz Amazoniens.
An manchen Paddeltagen, wenn uns die Hitze, die Plackerei und die eintönige Verpflegung so richtig gereicht hatten, wollte Axel nur noch zum Eberhard. Dort gäbe es alles, einsame Urwälder, gelegentlich Indianerbesuche, Früchte, Fleisch, klares kühles Wasser, keine Moskitos - einfach das Paradies. Je schlechter es ihm manchmal ging, desto schillernder und verlockender wurden seine Geschichten über Eberhard.
Meine Vorfreude beginnt langsam in Besorgnis umzuschlagen. Von Eberhard, Axel und Peter ist keine Spur zu sehen. Ich hatte erwartet, das vertraute Bild der beiden Faltboote am Ufer zu entdecken. Nun bin ich ihnen zuvorgekommen.
Auch von Dona Lourdes ist nichts zu hören oder zu sehen. Nun steigt man ja auch im Paradies nicht einfach aus, ohne vorher zu fragen. Schon gar nicht, wenn man erwartet, eine Frau allein anzutreffen. Nach Axels Erzählungen ist Dona Lourdes sehr schnell mit der Zunge, selbstbewußt und ungeheuer urwalderfahren. Ich stelle

sie mir wie eine richtige Amazone vor, groß, kräftig und kriegerisch. Nach langem Rufen vom Boot aus erheben sich einige Vögel im Wald, und der Hund winselt in freudiger Erwartung. Auch ich bin gespannt. Die Amazone kommt.

In großen Gummistiefeln schreitet eine zierliche Frau mittleren Alters über den Vorplatz, ihr energisches Gesicht mit den strahlend dunklen Augen ist von schwarz glänzendem Haar umrahmt. Zu den selbstgenähten Shorts paßt das knappe T-Shirt. In den Händen trägt sie Wassereimer. Von fern hätte man sie wegen ihres Tuns für eine Bäuerin halten können. Wäre nicht ihr eleganter Gang, das sorgfältig frisierte, lange Lockenhaar und der golden leuchtende Schmuck an Hals und Ohren gewesen. Wer geht denn so in den Wald!

Ich erinnere mich, von Eberhard gehört zu haben, daß sich Lourdes nach einigen Jahren der Anpassung an das Urwaldleben darauf besann, was ihr früher einmal etwas Wert war. Zum eigenen Vergnügen zieht sie sich mehrmals am Tag um. Sie scheint ein riesiges Reservoir an T-Shirts und Blusen zu haben. Was für ein Unterschied zu den Caboclofrauen, die sogleich nach ihrer frühen Hochzeit die Rolle einer unscheinbaren, stummen Dienerin der Familie annehmen.

Wie sie mir später erzählt, hat sie mich nicht gehört, denn wenn sie allein ist, ruft, schreit und singt sie den ganzen Tag, um die Angst vor der Einsamkeit zu vertreiben. Vor dem Haus verstummt sie, da der gräßlich krächzende Papagei mit seinem Lärm nicht aufhört. Nun bin ich an der Reihe, bestaunt zu werden. Mich kennt sie noch nicht. Aber auf Faltbootfahrer eingestellt, begrüßt sie mich freundlich.

Bereits vorher argwöhnte ich, daß es ein Problem geben könnte. Wie sich bald herausstellt, hat Eberhard seiner Frau nicht ein Wort Deutsch gelehrt. Wieder zeigt sich, daß es mehr auf die Persönlichkeit als auf die Sprache ankommt, um sich zu verstehen. Mit meinen zwanzig Wörtern Portugiesisch, viel Gestik und Gespür plaudern wir ausführlich. Ich kann mich jetzt noch an einen sehr unterhaltsamen Begrüßungsabend erinnern.

Lourdes hatte bereits seit vier Tagen keine Essenvorräte mehr, da Eberhard auf der Suche nach uns zu viel Zeit brauchte. Ich hatte dies vorhergesehen und meine Rationen auf der Fahrt so gestreckt, daß wir beide genug haben. Aber mein Bild von Axels Paradies bekommt einen Sprung, als ich feststelle, daß für meine Begriffe wirklich nichts mehr zu essen da ist. Wächst hier alles von allein oder nicht? Lourdes hatte sich in einer entfernten Hütte einige Beutel Farinha geborgt und wollte damit noch Wochen auskommen. Eberhard fährt ab und zu tagelang auf die Jagd, so daß sie an unregelmäßige Essenportionen gewöhnt ist.

Zuerst will sie ganz genau wissen, wie die Reise verlaufen sei. Wie oft wir krank waren, ob es in den Anden Schnee gegeben hätte und ob die anderen beiden auch so kleine dünne Boote hätten wie ich, denn damit könne man ja überhaupt nicht Fische jagen. Später erzählt sie beim Schein der Öllampe und Gläsern voll herrlich kühlem Zitronenwasser von ihrem Aufstieg zur Dona Lourdes im Urwald. In sehr einfachen Verhältnissen im brasilianischen Bundesstaat Bahia aufgewachsen, hatte sie als alleinstehende Frau schwer ums Überleben kämpfen müssen. Einige, gut verdeckte Narben zeugen davon, doch darüber erzählt sie nichts. Später konnte sie sich eine kleine Pension aufbauen, in die irgendwann Eberhard einzog. Bei Eberhards nächsten Umzügen ging sie zuerst als Haushälterin und später als seine Frau mit. Es war auch keine Frage, vor zwanzig Jahren als unerfahrene Städterin mit ihm in den Urwald zu gehen. Hier, an einem ganz kleinen Urwaldfluß, fernab von anderen Menschen, mit denen sie sich über das so andersartige Stadtleben unterhalten könnte, wird sie zum ersten Mal als Mensch anerkannt. Wenn Indianer oder Caboclos vorbeikommen, ist sie die Dona. Man muß schon das Leben auf der untersten Stufe der brasilianischen Stadtgesellschaft erlebt haben, um zu erahnen, welchen Aufstieg sie genommen hat. Von diesem Ort will das ehemalige Stadtmädchen auch nicht mehr weg. Selbst bei einem Besuch des entfernten Handelsstädtchens bleibt sie lieber im Boot und beobachtet das Treiben mit Abstand.

Trotzdem nagt auch in Lourdes der Wunsch nach Luxus. Geschichten über Satellitenschüsseln und Fernseher sind längst in die letzte Urwaldhütte vorgedrungen. Wenn man so etwas hätte …

Das würde selbstverständlich die Rolle der Dona weiter herausheben. Keiner der Nachbarn an den nächsten Flüssen besitzt einen. Sie glaubt auch nicht, daß bei ihr kein Fernseher funktionieren würde. Sie kennt Eberhard schon zu lange, als daß seine Begründung, für das Stromaggregat fehle das Benzin, noch weitere Jahre reichen könnte. Wenn sie erst einmal erfährt, was Solarzellen sind, wird er Ärger bekommen.

Der Haken besteht vielmehr darin, daß mit einem Fernseher auch die Nachbarschaft aus dem Umkreis der nächsten dreihundert Kilometer zu Gast sein würde. Und die sehen nicht nur fern, sondern futtern außerdem die ganze Plantage leer. Bei der vorherrschenden von-der-Hand-in-den-Mund-Mentalität hätten die Nachbarn überhaupt kein Problem damit.

Eberhard ist sehr stolz auf Lourdes. Am liebsten erzählt er die Geschichte vom Jaguar. Als sich vor einiger Zeit ein Jaguar ans nächtliche Haus heranschlich, um Hühner zu stehlen, wachte Lourdes vom Gegacker der ängstlichen Tiere zuerst auf. Nachdem sie Eberhard geweckt hatte, ging sie sofort mit einer Machete bewaffnet hinaus. Eberhard war noch beim Laden des Gewehrs, als er am Hühnerstall ein wüstes Gefauche, Gebell und Geschrei hörte. Ein Knäuel aus Jaguar, Frau und Hund wälzte sich auf dem Boden. Eberhard stand fassungslos daneben und konnte nicht schießen, da alles in Bewegung war. Irgendwann muß der Jaguar einen Machetenhieb abbekommen haben und nahm Reißaus.

Für Lourdes ist diese Begebenheit nicht so wichtig. Sie macht kein Aufheben darum. Bei konkreten Gefahren steht sie ihre Frau. Schwieriger ist es für sie, manchmal wochenlang allein zu sein. Die Ruhe des Waldes fürchtet sie viel mehr.

Der Morgen beginnt mit Wasserschleppen. Ich bekomme zwei Eimer in die Hand gedrückt und soll jetzt, wenn ich Lourdes richtig verstanden habe, fünfzigmal zwischen Fluß und Plantage hin und her pendeln, um die Pflanzen zu gießen. Dabei müsse ich aufpassen, daß die drei Rinder nicht in die Plantage einbrechen, weil sie dann jedes grüne Hälmchen abfressen. Hier wird der Weidezaun um die Pflanzung gezogen, nicht um die Weide. Weil Haustiere im Urwald keine Nahrung finden, laufen sie auch nicht davon. Eine ordentliche Weide für die Rinder wächst nicht, so daß Futtergras in der Plantage gezüchtet und außerdem noch gekauftes Futter hinzugefüttert werden muß.

Schon nach dem zehnten Paar Eimer werden meine Arme immer länger und am Urwaldparadies geht der Lack ab. Ich habe noch von keinem Abenteurer gehört, der im Regenwald Wassereimer schleppt, um verdurstende Pflanzen zu retten. Muß ich denn immer bei den ersten sein?

Mit krummem Rücken komme ich am Steg vorbei, an dem Lourdes gerade Wäsche wäscht. Urplötzlich legt sie den Finger an den Mund und bedeutet mir, still zu sein. Sie scheint in den Wald hineinzulauschen. Ich schätze bereits die Fluchtdistanz zum Haus, wo Macheten und Gewehr liegen. Man kann ja nie wissen. Bald löst sich die Spannung. Ich habe zwar nichts, aber auch gar nichts gehört, doch Lourdes wäscht weiter. Nebenbei erklärt sie, daß Kuby heute nachmittag zurückkommen würde. Lourdes nennt Eberhard ›Kuby‹, wie er auch von den Nachbarn genannt wird.

In der Hoffnung, endlich dem Geheimnis der telepathischen Fähigkeiten von Naturkindern auf den Grund zu kommen, warte ich gespannt. Tatsächlich, pünktlich zum Kaffeetrinken legen Eberhard, Axel und Peter an. Nach Margot traue ich mich nicht zu fragen. Offensichtlich stimmt da etwas nicht.

Später nehme ich Eberhard beiseite und will es mit der Telepathie genau wissen. Dabei grinst er nur. Mit einem guten Gehör kann man den Motorbootverkehr in einer Flußbiegung an seiner nahesten Stelle zum Haus hören. Von dort braucht man auf dem mäandernden Wasserweg noch ungefähr sechs Stunden zur Casa de Kuby.

Schade, ich hätte es zwei Menschen, die seit zwanzig Jahren zusammen und praktisch allein leben schon zugetraut, sich telepathisch verständigen zu können. Vielleicht sind sie sich dessen nur nicht bewußt.

Eberhard ist erleichtert, mich hier wiederzusehen. Offensichtlich ist es aus seiner Sicht eine anerkennenswerte Leistung, allein und mit Muskelkraft zu seiner Casa zu paddeln. Ich bin im Kreis der Hinterwäldler aufgenommen.

Margot hatte in dem Reisebüro einen kurzen Abschiedsgruß für Peter hinterlegt. Ihr war die Lust vergangen, ständig auf ihn zu warten. Er hat die Trennung während der Fahrt schon verarbeitet und nahm die Angelegenheit sehr sachlich. Für mich dagegen löste sich eine schöne Vorstellung in Luft auf. Die beiden hätten wirklich gut zusammengepaßt. Sicherlich wetzt schon längst der nächste Abenteurer hinter ihr her.

Neben seiner zierlichen Lourdes wirkt Eberhard noch immer wie ein Seemann. Bemerkenswert ist sein Wortschatz. Wenn er ans andere Ufer, nur zwanzig Meter weiter fährt, spricht er von der gegenüberliegenden Küste. Auch sein wiegender Gang läßt den stolzen hageren Seemann aus Vorpommern erkennen, als der er in den Nachkriegswirren viele Jahre die Weltmeere befuhr. Später hat er versucht, in Deutschland seßhaft zu werden. Das ungewohnte Leben auf dem Festland hat ihn nach einiger Zeit wieder in die große weite Welt hinausgetrieben. Er kannte Brasilien und war sicher, mit einigen Bekannten einen guten beruflichen Start organisieren zu können. Doch das Auf und Ab der brasilianischen Wirtschaft ging auch an ihm nicht vorüber. Von vermeintlichen Freunden im Stich gelassen, entschied er sich, endgültig in den Urwald zu gehen. Nach langer Suche fand er hier eine entlegene und mit großen Motorbooten unerreichbare Stelle im Urwald, für die es natürlich keinen Grundbuchauszug gibt. Es ist Niemandsland. In dieser abgelegenen Welt ist das Recht immer auf der Seite des Stärkeren.

In einer Art Arche Noah nahmen Eberhard und Lourdes eine ganze Bauernwirtschaft mit, vertrauten auf ihre Kraft und ein bißchen Glück. Die mitgebrachten Tiere und das Saatgut waren nach dem ersten Hochwasser hinüber. Mit Fischen, Jagen und den Früchten des Urwaldes kämpften sie sich durch die ersten drei Jahre, bis sie in der Lage waren, in die Zivilisation zurück zum Einkaufen zu fahren. Die Inflation hatte indessen die Ersparnisse auf der Bank völlig entwertet. Noch heute ringt Eberhard um jedes Tomatenpflänzchen oder um jeden Stengel Schnittlauch. Obwohl es Zeiten mit reichlicher Ernte gibt, dient diese Arbeit an den Gemüsebeeten nur seinem Selbstverständnis als Europäer. Als Selbstversorger im Urwald lebt man unabhängig von unbrauchbaren modernen Kenntnissen genauso angepaßt von Fischen und Farinha wie die anderen Caboclos.

In seiner Startphase als Aussteiger verlor Eberhard durch die einseitige Ernährung und Vitaminmangel fast alle Zähne. Ein Auge ist infolge einer Infektion erblindet, auf dem anderen sieht er auch nicht mehr richtig. Die Füße sind aufgeschwemmt und die Fußnägel von Pilzen angefressen. Das Einsiedlerleben ist viel härter, als ich mir von Lourdes' Erzählungen am ersten Abend vorstellen konnte. Wahrscheinlich macht es nur Spaß, solange man gesund und kräftig ist. Dennoch wollen Lourdes und Eberhard nie mehr von hier weg.

Als die Preise für Guaraná, einer aromatischen Frucht zur Getränkeherstellung, stiegen, entschied sich Eberhard, eine kleine Plantage anzubauen. Nach mühseligem Roden und Pflanzen begann er einen Pfad durch den Urwald zu schlagen, um das Guaraná an einem gelegentlich befahrenen Fluß verkaufen zu können. Als er nach zwei Jahren Arbeit das Ufer des Flusses erreicht hatte, nahm ihm keiner mehr sein Guaraná ab. Die Preise waren inzwischen längst gefallen.

An die vierzehn Stunden Arbeit täglich, mit gelegentlichen Pausen, sind erforderlich, um das Überleben zu sichern. Das Gute daran ist nur, daß sich niemand einmischt und es mehr darauf ankommt, ruhig und beständig als in Hektik und Eile etwas zu tun. Am Abend weiß man genau, was man geschafft hat. Bei selbstgestellten, vernünftigen Aufgaben ist das Erfolgserlebnis gesichert. Es gibt leider nur sehr wenige Menschen, mit denen man diese Freude teilen kann. Das ist ein Preis der Einsamkeit.

Stolz weist Eberhard auf seinen Besitz. Sein Haus hat vier Räume, einen Schlafraum, die Küche, das Wohnzimmer mit dem Eßtisch und zwei Holzbänken ohne Lehne sowie die Speisekammer, die als einziger Raum geschlossen und massiv mit Lehm gegen die Wärme gedämmt ist. Alle anderen Räume sind nach außen offen. Wegen der Lüftung in der Mittagshitze gibt es nicht einmal Fliegengaze. Neben dem Eßtisch hängt ein riesiger Rot-Kreuz-Kasten an der Wand. Je nach finanzieller Situation überwiegen die Apothekenmedikamente oder die Naturheilmittel der Indianer. In den Anfangsjahren im Urwald konnte Eberhard noch von den letzten echten Indianern das Wissen um Heilpflanzen und mystische Geheimnisse des Waldes übernehmen. Deren Nachfahren leben jetzt als Caboclos halbnomadisierend an den Flüssen und stehen zwischen beiden Kulturen. Es kommt schon vor, daß Eberhard einen Nachbarn mit Indianermedizin behandelt, die er von dessen Großvater erfahren hat. Der Enkel hat dieses Wissen nicht mehr übernommen. Hier können endlich meine hin und wieder auftretenden Verdauungsstörungen mit Papayasaft behandelt werden. Die Amöben beruhigen sich schon nach drei Tagen.

Gegen Malaria gibt es leider keinen alten Zauber. Vor einigen Jahren mußte Eberhard mit der schwerkranken Lourdes im Einbaum mehrere Tage und Nächte ununterbrochen paddeln, um sie gerade noch rechtzeitig zum nächsten Arzt am Amazonas zu bringen.

Außerhalb des Hauses steht ein Ofen zum Brotbacken, wie bei Hänsel und Gretel. Die Geschirrspüle ist ein Steg im Wasser, auf dem auch die Wäsche gewaschen wird. Der Steg muß mit dem sich ständig verändernden Wasserstand fast jede Woche umgesetzt werden. Auf dem Weg zur Plantage gibt es einen offenen Unterstand für die Farinhapfanne. Die Farinhahütte und die Plantage befinden sich schon auf dem Nachbarhügel, der bei Hochwasser nur mit dem Boot erreichbar ist. Mit Ästen, die mit Hilfe von Lianen zu einem Zaun verbunden sind, ist die Plantage, von Eberhard eingedeutscht ›Horsa, Feld‹, genannt, gegen die Rinder geschützt. Besonders der Bulle kennt die vielen morschen Stellen. Kurz vor unserer Ankunft hat er innerhalb nur einer Nacht nicht nur das extra für die Rinder angepflanzte Futtergras, sondern auch alle Früchte und die meisten Pflanzen in seinem ungeheuren Bauch verschwinden lassen. Eberhard braucht täglich mehrere Stunden, um den Zaun in Schuß zu halten. Die Horsa wird von Eberhard bereits seit fast zwanzig Jahren beackert und ist sein Paradebeispiel dafür, daß man ein Feld hier nicht nach drei Jahren wegen Unfruchtbarkeit aufgeben muß. Das erfordert jedoch eine ungeheure Energie. Jedes Pflänzchen muß mit dem aufgelesenen Rinderdung versorgt und in der Trockenzeit täglich gegossen werden.

Nach vielen Versuchen ist auf der Horsa mittlerweile eine Symbiose bestimmter Nutzpflanzen entstanden, die sich gegenseitig vor Sonne schützen, Ungeziefer abwehren und den knochenharten Mergelboden belüften. Auf dieses selbst erworbene Wissen ist Eberhard sehr stolz. Jetzt wachsen auf seiner Horsa und im umliegenden Wald verschiedene Bananensorten, drei Sorten Ananas, Zitronen, Apfelsinen, Pampelmusen, Mango, Papaya, verschiedene Palmenfrüchte, Wein, Tabak, Kaffee, Maulbeeren, Zuckerrohr, Mais, Reis, Pfeffer sowie die für uns selbstverständlichen Pflanzen wie Zwiebeln, Knoblauch, Gurken, Bohnen, Tomaten, Kartoffeln und Radieschen.

Von den wildwachsenden Urwaldpflanzen nutzen Eberhard und Lourdes den Sourabaum, dessen flüssiges Harz innerhalb von Sekunden einen hervorragend klebenden Kaugummi ergibt. Ich habe mir damit meinen Bart derartig verkleistert, daß nur noch die Schere hilft. Aus dem Copaibabaum kann man Öl gewinnen, dessen antibiotische Wirkung gegen Syphilis und Angina helfen soll. Von den Kautschukbäumen könnte man das Harz zapfen, wenn es denn jemand kaufen würde. Die Schnurliane eignet sich gut zum Besenbinden, Zäuneflechten, zum Knüpfen von Hängematten und Fischnetzen, da sie auch im trocknen Zustand noch elastisch ist. Von der Asaipalme wird das beste Palmito gewonnen. Wenn man sie stehen läßt, kann man aus den blauen Früchten sogar Wein herstellen. Aus der Chimbo-Liane wird das giftige Harz geklopft, um in abgesperrten Flußläufen die gefangenen Fische zu betäuben. Die Alho-Liane ergibt, mit Salz gestampft, ein hervorragendes Knoblauchgewürz. Außerdem wachsen hier der Urwaldgurkenbaum und der Marie-Marie-Baum, in dessen Fruchtschoten die Samen wie Zitronendrops aussehen und schmekken. Nicht zu vergessen ist die Liane, aus der das Kurare-Pfeilgift gewonnen wird.

Wie alle Wildfrüchte haben auch die hiesigen nur wenig Fruchtfleisch und sind meist sauer und faserig. Und wenn tatsächlich die Palmen voller reifer Trauben hängen, sind die Tukane mit ihren großen Schnäbeln zuerst da. Diese schönen Vögel verjagt auch nicht der hartgesottenste Aussteiger.

Eine Amazonasdelikatesse sind bestimmte Termiten- und Ameisenköniginnen, die nach dem Schlüpfen in großer Zahl ausschwärmen, die Flügel abwerfen und danach recht einfach aufzulesen sind. Der erbsengroße Hinterleib schmeckt nach leichtem Knacken zwischen den Zähnen sehr zart. Auch die Hühner sind ganz wild danach.

Eberhards maniokpflanzende Nachbarn haben sich nur langsam und mißtrauisch an die Plantage gewöhnt. In den ersten Jahren meinten sie: »Die bleiben nicht mehr lange, die essen ja schon grüne Blätter von der Erde!«

Damit waren die Salatblätter gemeint. Später erzählten sie sich untereinander, daß die Neuankömmlinge Kuhdung in den Boden steckten.

»Dann essen sie sogar das Rote, was da herauskommt!«

Jetzt bauen auch andere Caboclos in der Gegend Tomaten an.

In dieser Anfangszeit lebte das alte Indianermärchen vom Riesen Chujo auf. Der Riese Chujo ist ein großer wilder Geselle, der wie ein Yeti allein im Wald lebt. Man findet seine Spuren als Kerben von Machetenhieben an den Bäumen. Kerben an sich sind nichts besonderes. Alle Leute, die in den Wald gehen, machen ihre Kerben an die Bäume, um den Rückweg einfacher zu finden. Aber niemand macht die Kerben so hoch wie der Riese Chujo. Eberhard ist ungefähr drei Köpfe größer als die Caboclos und macht seine Kerben dementsprechend hoch.

Über die lieben Nachbarn hat Eberhard einen Witz auf Lager.

Kommt ein Mann aus Rio Grande del Sur, einer reichen Ackerbaugegend Brasiliens, zu einem Amazonino:

»Wachsen denn bei euch Bohnen oder Reis? Nein? Wächst denn Mais? Auch nicht? Komisch, bei uns wächst alles, was wir pflanzen.«

»Ja, WENN du pflanzt!«

Gegenüber von Eberhards Halbinsel liegt die Schweineinsel. Sie hat keinen Zaun. Da die Schweine nicht schwimmen können, bleiben sie im Wald auf der Insel. Jeden Morgen läßt sie Eberhard nach dem Füttern aus dem Stall und lockt sie abends mit Futter wieder hinein, damit die Jaguare und Vampire keine Chance haben.

Wir wollen uns nützlich machen und die Vampire verjagen. Selbst wenn sie nicht an die Schweine herankommen, sind sie für die Rinder und Hunde eine Plage. Vampirfledermäuse sind nachtaktiv. Sie nagen die Ohren der Tiere an, so daß diese morgens mit blutbetropftem Kopf und Hals zum Fressen kommen. Erwischt ein Vampir ein Huhn, so stirb es nicht an den paar Tropfen, die die gierige Fledermaus aussaugt, sondern läuft wegen des injizierten Anti-Gerinnungsmittels einfach aus. Außerdem sind die Vampire wesentliche Tollwutüberträger. Uns taten sie nichts, da wir zwar ohne Moskitonetz, aber immer bei brennender Öllampe schliefen.

In der Morgenkühle ergreift Axel die Initiative, nimmt eine Axt und läßt sich von Eberhard den Baum zeigen, auf dem die Vampire in einem ausgehöhlten alten Termitennest schlafen. Peter hält die Kamera schußbereit, denn Vampirfotos im Sonnenlicht sind äußerst selten. Beim ersten Hieb jammert nicht etwa ein Vampir, sondern Axel. Der Eisenholzbaum ist derart hart, daß die Axt stark zurückfedert und Axel sich die Hand verstaucht. Er schwört, niemals den Urwald zu roden, aber dieser Baum hat ihn herausgefordert. Nach stundenlanger Arbeit fällt der Baum. Peter hat die Kamera längst weggepackt, weil nicht ein Mäuseohr zu sehen war. Das Termitennest zerspringt beim Aufprall auf den Boden in viele Stücke. Nichts, kein Vampir kommt heraus. Wutschnaubend über die verstauchte Hand, die Blasen an der anderen und die Plackerei in der Hitze, fällt Axel laut schimpfend über Eberhard her. Er wolle nur einen Baum gerodet haben und hätte wohl endlich einen Dummen gefunden. Lourdes, die das Gebrüll nicht versteht, greift neugierig in die Reste des Termitennestes und holt zwei schlafende Vampire hervor. Weitere liegen daneben. Die haben sich einfach nicht aus der Ruhe bringen lassen.

Für uns war das Problem erledigt, die Vampire müßten in der Nacht von allein wegfliegen. Für Eberhard und Lourdes dagegen gilt auch hier das Gesetz des Urwaldes, fressen oder gefressen werden. Die Vampire werden zerhackt und verbrannt, da sie wegen der Tollwutgefahr nicht einmal als Schweinefutter dienen können.

Auch die niedlichen Affen können zur Plage werden. So eine Affenbande räumt in der Pflanzung ganz schön auf. Die Truppe ist gut organisiert und verständigt sich durch verschiedene Rufe ausgezeichnet. Die Tiere müssen sich nicht einmal sehen. Der Wachposten sitzt immer auf demselben hohen Ast, von wo aus er alles bestens im Blick hat. Die Warnrufe von ihm sind unterschiedlich. Kommt Eberhard allein, gibt es gar keine Warnung. So nimmt ihn keiner ernst. Wenn er jedoch mit seinem Hund auf die Plantage kommt, springen alle auf die Bäume und schimpfen. Hat Eberhard dazu noch ein Gewehr, raschelt es nur kurz in den Baumkronen und man könnte denken, es habe hier nie Affen gegeben.

Selbst die meist paarweise lebenden Papageien treten manchmal in Schwärmen bis zu hundert Vögeln auf. Man kann sich kaum vorstellen, wie das ohnehin dürre Urwaldmaisfeld aussieht, nachdem dieser Besuch darüber hergefallen ist.

Bei unserem Rundgang wird das Dilemma der Urwaldwirtschaft deutlich sichtbar. Es wächst eigentlich fast alles, man kann sich nur nicht darauf verlassen. Selbst die Wasserliane, Standardbeispiel in jedem Urwaldbuch, enthält hier zufällig kein Wasser. Die europäischen Pflanzen verdorren in der Trockenzeit oder verfaulen in der Regenzeit. Die Affen und anderen Tiere holen sich im Wald die Früchte weg. Es gibt jede Menge zu tun, aber schnell stellt sich ein Gefühl der Ohnmacht ein. Wird in der Frühe gegossen, muß man erst recht auf die saftigen jungen Triebe achten, damit sie die Vögel nicht wegfressen. Und nachts will der Bulle seinen Teil. Einem Reh, das regelmäßig in die Horsa einbrach, stellte Eberhard zwei Jahre nach, bis er es vor der Flinte hatte. Jetzt wühlen die Leguane derartig stark, daß ihnen Eberhard auf der Lauer liegt.

Wegen der Ameisen- und Termitenvölker müssen die Jungpflanzen und alle Zwiebeln in Hochbeeten gezogen werden. Deren Stelzen aus ameisenabweisendem Eisenholz werden mit Öl gegen Termitenbefall imprägniert. Regen oder Gießwasser spülen die Imprägnierung wieder ab. Der Einsiedler ist selbst nur ein kleines Stück Natur und muß aufpassen, nicht selbst vorzeitig in den Nahrungskreislauf aufgenommen zu werden. An Eberhards Flüßchen stirbt pro Jahr ein Caboclo an einem Schlangenbiß. Hunger ist ein Normalzustand. Regelmäßige Mahlzeiten an jedem Tag des Jahres sind unüblich. Stolz sagen die Nachbarn von sich:

»Ein Caboclo, der nicht auf der Stelle zwei Tage hungern kann, taugt nichts!«

Wegen der extremen Lebensbedingungen im Wald greift die Polizei auch nicht ein, um bekannte Verbrecher zu inhaftieren. Die Städter sind der Meinung, daß es denen im Knast besser ginge als im Urwald. Deshalb wird die freiwillige Verbannung toleriert. Die Drogenhändler arbeiten gern mit solch erfahrenen Lieferanten zusammen.

Als Eberhard noch besser sehen konnte, ging er oft jagen. Dazu baute er sich eine Hundezucht auf und rechnete sich aus, daß er, um mit einem Hund jagen gehen zu können, insgesamt zehn Tiere brauchte. Ein guter Jagdhund stirbt schnell, wenn er vor Wildkatzen oder Tapiren nicht den nötigen Respekt hat. Eine weitere Gefahr ist die Tollwut. Pro Jahr braucht ein Jäger zwei gute Hunde. Die restlichen acht müssen trainiert werden und sind die Zuchtreserve. Das Trainieren des Fährtensuchens ist enorm aufwendig, da die Ameisen und Termiten alle organischen Spuren und sogar den Kot innerhalb von

Stunden vollständig verarbeiten. Zehn Hunde fressen täglich aber auch Unmengen von Fisch, die erstmal gefangen werden müssen. Als wir zu Besuch sind, ist die Hundezucht durch eine Seuche auf ein Tier geschrumpft. Peter macht Eberhard eine ganz besondere Freude, als er ihm zum Abschied einen Schäferhund schenkt, damit er sich eine neue Zucht aufbauen kann.

Zum Kauf von Pökelsalz für Fleisch und Batterien für Taschenlampen und Radio ist drei bis viermal im Jahr ein Besuch bei der nächstgelegenen schwimmenden Verkaufsstelle nötig. Dafür braucht man Geld. Andere Caboclos verkaufen verbotenerweise nach und nach die besten Bäume ihres Waldes oder bauen Marihuana an. Aber Eberhard ist stolz auf seinen Wald, und allein wegen der mit Drogen verbundenen Kriminalität lehnt er Marihuana ab. Ihm bleibt nicht viel zum Verkaufen. Nach Jahren hat er sich endlich einen schrecklich undichten Holzdampfer mit klapperndem Dieselmotor geleistet. Erst seitdem Axel in Deutschland die Rente für Eberhard beantragt und regelmäßige Überweisungen nach Brasilien organisiert hat, ist er abendlicher Stammhörer der Deutschen Welle oder von BBC. Eines Tages wird er vollkommen auf finanzielle Hilfe angewiesen sein. Vierteljährlich organisiert ein Bekannter in der nächsten Stadt mit dem Geld aus der Rente eine Lieferung mit Lebensmitteln, Salz, Batterien und, was sich Eberhard extra gewünscht hat, in einer Kühlbox eisgekühltes Bier. Vernünftig eingeteilt reicht es so lange, bis der letzte mitgelieferte Eisblock geschmolzen ist. Das sind ungefähr zehn Tage. Bis zur nächsten Kühlbox vergehen danach noch achtzig weitere. Andere Amazonasbrasilianer im Seniorenalter müssen ihre Familie mit ihrer Mindestrente versorgen. Oft ist sie die einzige Möglichkeit, überhaupt Bargeld zu erhalten. Dafür werden die Alten von den Angehörigen zu Hause, oft mehr schlecht als recht, betreut.

Im vorigen Jahr ist durch die Extremwetterlage des El Niño die Regenzeit schlicht ausgefallen. Der Fluß vor dem Haus lag trocken. Daraufhin konnte die Plantage nicht mehr bewässert werden und verdorrte. Außerdem mußte zum Fischen ein täglich weiterer Weg zu den Resten des Flüßchens durch den Urwald geschlagen werden. Wochenlang aßen sie nur Palmmark. Als nichts mehr half und der Hunger die beiden längst geschwächt hatte, machte sich Eberhard auf, um in der nächsten Siedlung Lebensmittel zu beschaffen, ohne Geld. Die Leute dort erinnern sich heute noch an das beängstigend aussehende, abgerissene Hungergerippe auf der Dorfstraße, das sich, auf ein Stechpaddel gestützt, vom Hafen zum Markt schleppte. An diesem Tag mußte Eberhard seinen letzten Trumpf, den Goldclaim, verkaufen. Er kennt eine Sandbank, auf der während der kurzen Zeit des Niedrigwassers das Gold mit der Pfanne gewaschen werden kann. Weil Gold mit Raub und Mord zu tun hat, wollte er den Fund nie selber ausbeuten. So hat er sein Wissen um diese Sandbank verkauft. Lustigerweise ist dies genau die Stelle, auf der er mein Riesenkrokodil verscheuchte, während ich es fotografieren wollte. Zuerst wollte ich es gar nicht glauben.

Eberhard findet den Gedanken schön, zu wissen, daß es einen so mächtigen Wächter für den Schatz gibt.

Der Naturalienhandel, wie zum Beispiel der Tausch des Goldclaims gegen Lebensmittel, wird zwar rechnerisch mit Geld bewertet, Bargeld wird jedoch selten gezahlt. Eberhard hat zum Beispiel ein Schuldbuch, mit dem er gegen Unterschrift bestellte Waren weiterverkauft. Weil jeder bargeldlos tauscht, ersetzen die wechselseitigen Schulden den Stammeszusammenhalt der früheren Indianer. Wer wird schon seinen Nachbarn verhungern lassen, wenn er sich noch Hoffnungen auf ein fettes Schwein im nächsten Jahr machen kann? Zwar weiß jeder theoretisch, wieviel Geld man selbst und die anderen einem schulden, aber da immer einer auf Rückzahlung in den vereinbarten Waren beharrt, gelingt es nie, die Schulden gegeneinander aufzurechnen.

Nach Eberhards Rückkehr dauert es nicht lange, bis die Nachbarn angepaddelt kommen. Radio Sipo funktioniert immer. Die zwölfköpfige Familie, die mir nur die zwei Bananen geben konnte, beruft sich auf unsere neue Freundschaft und kommt in zwei Einbäumen heran.

Wer den Urwald verläßt, erhält Einkaufsaufträge, kann von der weiten Welt erzählen und hat außerdem sich selbst etwas mitgebracht, wovon man hofft, einen Teil abzubekommen. Einer Nachbarin muß Eberhard mitteilen, daß ihr Mann hartnäckigen Gerüchten zufolge erschossen wurde. Die Frau nimmt es gelassen. Er hat sich sowieso schon seit zwei Jahren nicht mehr um die Familie gekümmert. Da ist er eben hin, was soll's!

Wenn Axel kommt, das wissen alle, gibt es ausreichend zu essen und für die Familienoberhäupter sogar eisgekühltes Bier. Die Kette von Besuchern reißt nicht ab. Komisch sind sie schon, diese Caboclos. Nach der Begrüßung am Steg und belanglosen Worten über das Fischen könnten sie stundenlang stumm in der Ecke des Hauses stehen, ohne auf den Grund ihres Besuches zu kommen.

»Rafael, weshalb bist denn du eigentlich hier?«

»Na ja,« druckst der herum, »ich wollte wissen, ob du meine Eltern getroffen hast und wie es ihnen geht.«

Dabei haften seine Augen fest auf einer leeren Bierbüchse.

Eberhard kennt dieses Spiel des stummen Beobachtens und weiß, daß seine Nachbarn sich hinausgeworfen fühlen würden, wenn er sofort nach dem Grund des Besuches fragen würde. Aber Besuch kommt nur, wenn es sich in irgendeiner Weise lohnt. Liegt Eberhard krank in der Hängematte und hat nichts zu essen, fährt der engste Nachbar zehn Meter weiter mit dem Einbaum vorbei und grüßt nicht einmal.

Wir versuchen, uns dem Tagesablauf in der Casa de Kuby anzupassen. Weil die Gegend so gut wie moskitofrei ist, steht man lange vor der Morgendämmerung, gleich nach dem letzten Schrei der Brüllaffen, auf. Nach einer Tasse Kaffee paddelt Eberhard im Dunkeln los, kontrolliert die Netze und bringt den ersten Fisch in die Küche. Dabei hat er auch gleich die Schweine gefüttert und aus dem Stall gelassen. Währenddessen versorgt Lourdes die Enten, Hühner, Hunde und Rinder. Wenn Eberhard zurückkommt, wird gefrühstückt. Die Sonne geht auf. Der Papageienschwarm erscheint um diese Zeit zum ersten Mal. Gräßlich krächzend machen sie sich bemerkbar. Lourdes kümmert sich ums Haus, während Eberhard seinen Kontrollgang zur Horsa macht. Nach dem Kontrollieren und Reparieren des Zaunes werden die Beete gegossen und die Feldarbeit beginnt. Vor dem zweiten Frühstück setzt sich Eberhard auf seine Gartenbank unter dem Mangobaum neben die Hochbeete und genießt für einige Minuten den Tag. Die frisch gewässerten Beete duften und der Morgenwind bringt die Geräusche des Urwaldes auf die kleine Plantage. Er kennt das Hämmern der Affen, die Paranüsse solange gegen die Bäume schlagen, bis sie platzen, oder das Gekreisch der Papageienschwärme, die sich mit Tukanen um Palmfrüchte streiten. Mehrmals am Tag verschafft sich ein Brüllaffe Gehör, um sein Revier zu verteidigen und seine Weibchen zu beeindrucken. Das ist Eberhards Tropenhaus.

Vor dem Mittagessen werden noch einmal die Netze kontrolliert. Die Mittagshitze wird in der Hängematte bei tröpfelnder Unterhaltung verbracht. Hauptgesprächsgegenstand ist die Fliegenklatsche, mit der möglichst viele Stechfliegen erlegt werden sollen. Lourdes lehnt die Klatsche mit dem Loch in der Mitte und der Aufschrift herum ›Gib der Fliege eine Chance‹ entschieden ab. Entweder richtig oder gar nicht. Sie hat eine eigene. Währenddessen ist der Wald still.

Alle warten. Nur die Raubfische platschen gelegentlich im Wasser vor dem Haus.

Laura, der Papagei unterbricht die Mittagsruhe respektlos und meldet sich lautstark, wenn sie meint, endlich mit Füttern dran zu sein. Das gemeine Vieh macht sich einen Spaß, nach der Mahlzeit auf dem Fußboden herumzutapsen und das Haus zu untersuchen. Dabei verspeist sie alle Essenreste, die zu finden sind. Das Äffchen Fiffi ist jedesmal ganz außer sich, wenn die besten Krümel vor seinen Augen verschwinden. Vor Laura hegt es großen Respekt. Mit ihrem kräftigen Schnabel knackt sie auch schnell mal eine Paranuß. Wir springen meist auf den Tisch oder flüchten in die Hängematte, weil sie besonders närrisch auf unsere hellen Zehen ist. Zum Glück hat sie aus Bequemlichkeit das Fliegen verlernt.

Der Nachmittag beginnt wieder mit einer Tasse Kaffee. Meist wird danach Material im Urwald gesucht, weil es dort am kühlsten ist. Später werden die Netze kontrolliert, Fische abgelesen und verschiedene Reparaturen erledigt. Lourdes bäckt Brot und hackt Holz, das Eberhard aus dem Wald herangeschleppt hat. Die schönsten Orchideen, die er dabei findet, setzt er ums Haus herum an die Bäume und Palmen. Die Urwaldgänge sollten bis gegen fünf Uhr abends beendet sein, weil das Dämmerlicht die Orientierung bald unmöglich macht. Nach dem Schweinefüttern wird ein warmes Abendbrot gegessen und pünktlich zur Nachrichtenzeit pfeift und quietscht das Radio. Am liebsten hört Eberhard den deutschen Wetterbericht an typisch naßkalten Novembertagen. Dann genießen es Eberhard und Lourdes, sich stundenlang darüber zu unterhalten, was die Leute in Europa alles erdulden müssen. Zu Beginn der Nacht erlebt man beschauliche Stunden auf dem umgestürzten Baum vor dem Haus. Zufrieden und müde von der Arbeit des Tages läßt man die Geräusche des Urwaldes an sich herankommen. Die Sterne glitzern im Flüßchen davor und neben dem alten Baum scheinen Tausende von kleinen funkelnden Edelsteinen zu liegen, wenn der Schein der Lampe über die Wiese streicht. Jedes Augenpaar der nachtaktiven Spinnen funkelt wunderschön.

Weil es auch hier, besonders von November bis Februar, stark regnet, muß das Dach ausgebessert werden. Mit Palmwedeln gedeckte Dächer halten nur drei Jahre dicht. Wir sollen uns mit dem Transport der von Eberhard geschlagenen Palmwedel nützlich machen. Fünf leicht aussehende Wedel auf der Schulter zwingen mich bereits in die

Knie. Fürchterlich schuftend empfinden wir es geradezu als Heldentat, überhaupt ein Bündel durch das Unterholz hindurchgeschlängelt zu haben. Peter sticht zu allem Überfluß mit seinem Bündel ein im Baum hängendes Wespennest auf und überläßt auf der Flucht seine Last den stechwütigen Insekten. Axel und ich laufen hinter ihm und haben nun einen ordentlichen Umweg zu schleppen.

Ein Bündel Palmwedel verliert sich auf dem Dach. Wenn man das sieht, wird einem die Menge an Arbeit erst bewußt. Die brauchbaren Palmen stehen verstreut im Wald. Per Einbaum müssen die über tausend Wedel für ein komplettes Dach herangeschafft werden. Beim Verdrehen der einzelnen Blätter unserer wenigen grünen Palmwedel zeigt Lourdes ein beneidenswertes Geschick. Während ich konzentriert an einem Blatt herumdrehe, damit die große Fläche beim Dachdecken später flach nach oben liegt, dreht Lourdes mit einem Handgriff gleich vier. Die scharfkantigen Ränder der Blätter markieren am Abend drei unerfahrene Dachdecker mit blutigen Händen. Lediglich Peter läßt sich nicht beirren. Weder von Wespen noch von aufgerissenen Händen abgeschreckt, läßt er sich die Gelegenheit zum Einkratzen bei Lourdes nicht entgehen. Sie geniert sich nämlich bei soviel männlichem Besuch, das zur Seite offene Plumpsklo tagsüber zu benutzen. Mit viel Eifer schleppt Peter zusätzliche Palmwedel heran und nagelt die Seite zu. Jedes Mal, wenn uns anderen die schöne Aussicht vom Örtchen fehlt, erinnern wir uns daran, wozu Peter für ein paar zusätzliche frische Brötchen imstande ist.

Nachts werden meist noch einmal die Netze geleert oder der Plantagenzaun kontrolliert, falls der Urwald nicht selbst bis ans Haus kommt. Während wir alle tief schlafen, hört Lourdes Geflatter und aufgeregtes Gegacker im Hühnerstall. Mit Fischspeer und Taschenlampe kann sie ein zwei Meter langes Krokodil rechtzeitig vertreiben. In den folgenden Nächten ist unsere Aufgabe, es zu speeren. Der Schwanz soll gut schmecken. Außer ängstlichen Krokodilbabies, die einfältig sind und neugierig mit leuchtend gelben Augen in das Taschenlampenlicht starren, finden wir nichts. Damit fällt die Echsenschwanzsuppe aus.

Die regelmäßigen Einbrüche des Bullen in die Plantage sind nicht mehr zu ertragen. Die Lianen zum Zaunbinden werden im Urwald bereits knapp und die Rindfleischpreise auf dem Markt scheinen sich ewig nicht zu erholen. Deshalb soll der Bulle jetzt für den Eigenbedarf geschlachtet werden. Die größte Schwierigkeit dabei ist es, Eberhard dazu zu bringen, das Tier zu erschießen. Sie haben sich so aneinander gewöhnt, daß für ihn Schlachten schon dasselbe wie Ermorden ist. Nach stundenlangem Sinnieren sich jäh entschließend, erschießt Eberhard den Bullen mit selbstgefertigter Kugelmunition aus der Schrotflinte. Anstatt neben dem Haus umzufallen, schreitet das Tier noch majestätisch ein kleines Stück zu seiner Lieblingstränke am Fluß, um dort zusammenzubrechen. Da haben wir die Bescherung. Das Tier liegt im Fluß und ist so schwer, daß es im Wasser enthäutet und zerlegt werden muß. Eberhard nimmt sich sofort nach dem Schuß eine Rumbuddel und ist nicht mehr zu gebrauchen. Wir erwarten einen Riesenstrudel von Piranhas, die uns den Fleischberg innerhalb von Sekunden in einen Haufen fein säuberlich abgenagter Knochen verwandeln. Hatte doch Lourdes erst gestern gerade dort Piranhas geangelt. Wir warten ab - nichts geschieht. Lourdes verliert bald die Geduld, auf die Hilfe der vermeintlich faulen, kräftigen Kerle zu warten und steigt ins Wasser, um zuerst dem Bullen den Bauch aufzuschlitzen. Wir müssen uns schon überwinden. Unter dem lebhaften Interesse von Ameisen, Stechfliegen und ekelhaft penetranten Aasbienen kann Peter sein Können als Landjunge und Amateurfleischer beweisen. Häuten und Zerlegen ist nicht jedermanns Sache. Man sollte schon einmal an einem kleineren Tier geübt haben, bevor man sich an so einem Monstrum versucht. Entgegen allen Abenteuergeschichten lassen uns die Piranhas in Ruhe.

Mit den Urubu-Geiern kommen natürlich auch die lieben Nachbarn, die der Sitte wegen nicht ohne einen Batzen Fleisch wieder heimgeschickt werden. Trotzdem paddeln sie enttäuscht wieder davon. Eine Riesenfete mit gegrilltem Bullen am Spieß wäre ihnen lieber gewesen.

Besonders Axel haben Eberhard und Lourdes seit dem Besuch während der Weltumradlung ganz fest ins Herz geschlossen. Möglichst zweimal im Jahr besucht er sie. Vor einigen Jahren wollten er und eine Freundin im Urwald Weihnachten feiern. Im Dezember ist Regenzeit und der Fluß führt Hochwasser. Völlig durchgeweicht, aber mit einem wasserdichten Koffer voll trocken gebliebener Geschenke kamen sie in den tropfnassen, schwülen Urwald. Lourdes freute sich, ›ihren‹ Axel und sogar einmal eine junge Frau aus Europa zu Besuch zu haben und Eberhard freute sich auf das Bier, das Axel immer mitbringt, sowie auf deutsche Gesprächspartner und die Möglichkeit, endlich Skat zu spielen. Lourdes spielt nämlich nicht. Diese Aussichten waren Freude genug, mehr kam den beiden nicht in den Sinn.

Am Heiligen Abend begannen die beiden Besucher mit ihrer Geheimniskrämerei, in dem nach allen Seiten offenen Haus gar nicht so einfach. Eberhard und Lourdes mußten wie Hänsel und Gretel unter einem Vorwand in den Wald geschickt werden. Wegen der Überschwemmung erfolgte der Spaziergang mit dem Einbaum. Verständnislos, aber nachsichtig über den vermeintlichen Drang der jungen Liebe, paddelten sie los und hofften, vor der nächsten Regenwolke zurückkommen zu dürfen.

Währenddessen stellten die beiden Gäste einen Weihnachtsbaum aus Palmwedeln und Zuckerrohr auf, geschmückt mit bunten Früchten aus dem Wald. Unter dieser Weihnachtszuckerpalme legten sie die Geschenke, einen Brief von Eberhards Sohn aus Deutschland und von Verwandten seine Gala-Uniformsjacke, in der er sein Kapitänspatent erhalten hatte. In der Brusttasche steckte eine Schachtel seiner Lieblingszigaretten. Lourdes erhielt eine seidene Bluse und ein Paar schöne Ohrringe mit dazu passender Kette. Außerdem hatte Axels Omi einen Thüringer Stollen und echt pommersches Sauerkraut mitgeschickt.

Als Eberhard und Lourdes zurückkamen, spielte Axels Freundin Weihnachtslieder auf der Flöte. Die beiden standen Hand in Hand vor der Bescherung und rangen mit den Tränen. Für sie war es das erste Weihnachten seit vielen, vielen Jahren. Der Abend klang mit Skat und selbst vergorenem Palmwein aus.

Manchmal, wenn Lourdes und Eberhard abends auf dem Baumstamm vor ihrem Haus sitzen, die Sternschnuppen zählen und die wenigen Augenblicke genießen, in denen sie sich am Urwaldleben sorglos freuen können, erinnern sie sich gegenseitig an dieses Weihnachten mit der Zuckerpalme.

Während Axels und Peters Weltumradlung wäre Axel beinahe in Eberhards einsamen Urwald hängengeblieben. Den Gedanken an diese Möglichkeit hat sich Axel als einen lebendigen Traum bewahrt. Jetzt ist abzusehen, daß die Zivilisation in Form von Rodungen und Besiedlung auch dort keinen Halt machen wird. Im jahrelangen Kampf mit bürokratischen Hürden ist geplant, gemeinsam mit der Gebietsverwaltung ein kleines Naturschutzgebiet festzulegen. Der Kern soll Eberhards Land und das Gebiet auf der anderen Seite des Flusses sein, das Axel kaufen will. Ob dieser Traum Wirklichkeit wird? Axel könnte sich dort eine Hütte bauen und hätte eine Stelle auf der Welt, die er als sein Zuhause bezeichnen kann. Trotz aller Verwandten und Freunde auf der ganzen Welt ist ihm anzumerken, wie sehr er sich ein eigenes Zuhause, so eines wie sich Eberhard geschaffen hat, wünscht.

»Bald müßte es regnen«, murmelt Eberhard bei jedem Wassereimer, den er zur Plantage schleppt. Wenn nicht wieder El Niño kommt, dauert die Trockenheit im mittleren Teil des Amazonasbeckens ungefähr zwei Monate und im Stau der Anden sogar nur einen Monat. Nur wir hatten das zweifelhafte Glück, mit der sich verschiebenden Trockenperiode den Fluß hinunterzupaddeln. Durch die Pause bei Eberhard müßten uns die Wolken irgendwann einholen. Axel witzelt schon, die Wolken würden warten, bis ich weiterpaddle, um mich auf dem offenen Fluß regelmäßig durchzuweichen.

Mich treibt die Unruhe. Bei Eberhards Geschichten und Lourdes gutem Essen hätte ich bleiben müssen, wäre nicht sozusagen nebenan der Amazonas vorbeigeflossen. Außerdem reizt es mich festzustellen, ob mein Gefühl, selbständig und allein, ohne genaue Karten und mit wenig Geld weitere tausend Kilometer zu schaffen, berechtigt ist. Ich will wissen, wie weit ich bei dieser Reise meine eigenen Grenzen verschoben habe. Und ich möchte allein sein, Fluß und Urwald nur für mich haben. Meine Idee ist, in der verbleibenden Zeit bis zum Rückflug so weit und mit so vielen Erlebnissen wie möglich, den Amazonas herunterzupaddeln.

Vor meiner Abfahrt bleut mir Eberhard die ungeschriebene Grundregel des Anstands ein, gewissermaßen den Knigge des stromabwärts immer stärker besiedelten Amazonas. Bevor man am Ufer bei einer Hütte anlegt, muß man rufen und brüllen, bis sich jemand sehen läßt und zum Aussteigen auffordert. Wenn niemand kommt, kann man nicht aussteigen. Anlegen am Steg ist jedoch gestattet. Wer sich nicht danach richtet, kann Bekanntschaft mit Kleinkalibergewehren oder den Schrotflinten und ihrer Kugelmunition machen. Mein Optimismus bei solchen oder anderen möglichen Fehlern heil davonzukommen, beruht eigentlich nur darauf, daß eine Kugel einen Dollar kostet, und das überlegt sich ein Caboclo.

An unserem letzten gemeinsamen Morgen helfe ich Eberhard ein letztes Mal beim Gießen der Plantage. Wir sitzen zusammen auf der Bank unter dem Mangobaum. Gern erinnere ich mich daran zurück, wie zufrieden er mit seinem Leben in der selbst gewählten Einsamkeit ist.

Der Abschied, immer wieder neu erlebt, aber jedesmal verdrängt und weggeschoben, naht. Ich muß mich diesmal nicht nur von liebgewordenen Gastgebern, sondern auch von den Freunden verabschieden. Nicht nur, daß ich nicht weiß, ob ich Lourdes und Eberhard jemals wiedersehe, auch von meinen Paddelkameraden Axel und Peter will ich mich trennen. Ich bin ihnen dankbar, daß sie ohne Worte ein Einsehen haben und die kommende Ungewißheit über mich bis zum Treffen in Manaus in Kauf nehmen. Wir verstehen uns nach den Monaten ununterbrochenen Zusammenlebens.

Für das Abschiedsfoto borge ich mir Eberhards Flinte. Nach einem herrlich gestellten Schnappschuß mit Boot, davor der Alleinpaddler mit Gewehr, Machete und Urwaldhintergrund für die Nachwelt, falls etwas schiefgeht, steige ich in meinen geliebten Kahn und verschwinde hinter den Büschen. Einige Flußwindungen weit höre ich Laura noch krächzen, dann hat mich der Urwald verschluckt.

KAPITEL SECHSZEHN

Allein auf dem Amazonas

Einen Tag erst bin ich allein unterwegs.

Am Abend spannt sich die Hängematte unmittelbar am Ufer, tiefer komme ich in den dichten Wald nicht hinein. Das Boot ist halb aus dem Wasser gezogen. Es liegt auf dem von modrigen Blatt- und Baumresten bedeckten Land, in dem sich die Ameisen tummeln. Das Gewittergrollen des Tages dauert an. Falls es regnet, muß ich vielleicht doch das Zelt aufbauen. Viel lieber liege ich jetzt in der Hängematte, so schwer ich mich auch anfangs daran gewöhnen konnte.

Dunst steigt aus dem Wasser. Zuerst winden sich kleine Nebelfäden aus den wärmsten Stellen des Sees empor, später verdecken sie das Wasser und wabern in den Wald hinein, ganz langsam, ohne Wind.

Beim Abfahren heute früh habe ich laut gejubelt und mir vor Übermut das klare Flußwasser über den Kopf gegossen. Ein ganzer Urwald für mich allein!

Jetzt kommt die Einsamkeit angekrochen. Es ist schon ein merkwürdiges Gefühl, nur für sich das Abendessen zu kochen. Niemand gesellt sich wie sonst dazu und auch morgen wird, wie an allen folgenden Tagen, der Abend in einer einsamen Hängematte enden. Hier bin ich mit Absicht allein und weiß nicht einmal genau, wohin es geht. Hauptsache, Richtung Atlantik. In drei Wochen fliegt unser Flugzeug zurück. Drei Wochen habe ich noch Urlaub von zu Hause, der Familie, von Axel und Peter.

Ich sehe noch den Augenblick vor mir, als Axel am Telefon von der Idee der Amazonastour sprach. Jeder fuhr auf seinem Globus mit dem Finger die Route ab.

»Du spinnst!« habe ich ihm damals gesagt. »Dann kannst du ja gleich den Atlantik hinunterpaddeln, der ist auch nicht viel breiter.«

Der Gedanke ließ mich nicht los. Es hatte mich gepackt. Erst Monate später gestand ich mir selbst ein, daß ich unbedingt mitfahren wollte. Ich würde es nicht aushalten, wieder nur in Lichtbildervorträgen über unerreichbare Erlebnisse zu hören. Bei Axel und Peters Weltumradlung oder in Australiens Wüsten konnte ich nicht dabei sein, doch zum Amazonas mußte ich mit.

Alexander von Humboldt hatte dieses unstillbare Fernweh am eigenen Leibe gespürt. ›Es liegt in der Natur des auf der Erde irrenden

Menschen, daß er sich sein Glück jenseits von dem gelegenen vorstellt, was er kennt.‹

Ist Glück die Art von Freiheit, jeden Tag neu entscheiden zu können, ob oder wohin gepaddelt wird? Dabei schränkt der Fluß mit seiner Strömung und den Windungen die Auswahl der Möglichkeiten erheblich ein.

Oder ist Glück die weitgehende Unabhängigkeit von materiellen Gütern? Ich wundere mich, daß überhaupt noch etwas im Boot liegt, außer Wechselwäsche eigentlich nur noch das Rückflugticket. Ist das der Weg zur absoluten Freiheit? Wenn es so wäre, müßten die Sandbankindianer das Ziel erreicht haben. Womöglich kennen die Indianer den Begriff ›Freiheit‹ überhaupt nicht. Ist man erst dann frei, wenn man vergessen hat, wie es anders wäre? Aber in diesem Zustand könnte man sich nicht mehr darüber freuen. Diese Art von Ungebundenheit ist nicht zu merken. Würden denn die Sandbankindianer so leben wollen, wie wir sie angetroffen haben, wenn sie sich entscheiden könnten?

Auf dieser Fahrt bin ich glücklich, auch weil ich die Freiheit spüren kann. Nicht in jedem Augenblick, aber insgesamt betrachtet schon. Genauer erklären kann ich dieses Gefühl jedoch nicht.

Nun bin ich allein auf dem Fluß und die Fahrt neigt sich dem Ende zu. Was sind schon drei Wochen? Ein längerer Ausflug, nicht mehr. Der große Unterschied zwischen einer minutiös durchgeplanten Urlaubstour und einer langen Reise, bei der sich die Erlebnisse eben nicht vorausplanen lassen, wird mir bewußt. Eine Reise braucht sehr viel mehr Zeit.

Hat es sich gelohnt, die Wärme der Familie zu verlassen, auf Frühling und Sommer zu verzichten? Ich kann nicht begreifen, wie es Axel und Peter aushalten, schon zehn Jahre lang keine Baumblüte zu erleben oder sich auf eine Wiese voller Sommerblumen zu legen. Der Urwald ist herrlich, aber die Schönheit unserer Heimat ersetzt er mir nicht.

Habe ich bei der Entwicklung meiner Kinder viel verpaßt? Steht meine Frau jetzt immer noch so verständnisvoll zu meiner Fahrt wie vor einem halben Jahr? Die monatlichen Telefongespräche haben keinen größeren Effekt als ein Loch im Portemonnaie gebracht. Jeder teilt dem anderen nur unverfängliche Nachrichten mit. Aus der Ferne wäre ja nichts zu ändern. Doch ich hatte versprochen, mich zu melden. Nach meinem ersten Telefonat mitten aus dem Urwald Boliviens nahm mich Axel beiseite, weil er mir ansah, wie unsicher und bedrückt ich nachträglich das Gehörte zu analysieren versuchte.

»Zu Hause anzurufen ist immer schlimm, das kannst du nicht ändern. Erst wenn du zurück bist, lohnen sich ernsthafte Gespräche wieder. Die Telefonate von unterwegs sind nur ein Lebenszeichen, mehr nicht.«

Er hat auch nur zweimal angerufen und sich viel Grübelei erspart.

Warum hätten wir auch öfter anrufen sollen? Was haben wir denn an ›gefährlichen‹ Abenteuern erlebt? Nur das Unbekannte erscheint gefährlich.

Die größte Gefahr ist man selber, mit Vorurteilen und dem Drang, immer mehr erleben zu wollen. Überall, wo wir waren, lebten schon andere Menschen. Diese würden sich nie als Abenteurer oder gar Helden bezeichnen. Sicher haben uns unsere einfache Art mit dem Boot zu reisen und die Landeskenntnisse von Axel und Peter meist unmerklich, aber an entscheidenden Stellen wesentlich, geholfen. So kam es, daß die erwarteten Schwierigkeiten außer schwersten körperlichen Anstrengungen keine besonderen Überraschungen boten und wir uns im Grunde genommen sogar über jedes unerwartete Problem freuten.

Der Gedanke, daß ich jetzt allein unterwegs bin, hätte mir vor Monaten zu Hause noch größte Aufregung und feuchte Handflächen verursacht. Jetzt bin ich hier, glücklich und traurig zugleich, allein zu sein. Trotzdem ist es nichts Besonderes. Axel und Peter sind die besten Freunde, die ich mir für diese Fahrt hätte aussuchen können. Das gegenseitige Vertrauen darauf, daß die jeweils anderen die Fahrt auch selbständig schaffen würden, führte von Anfang an zu einer gleichberechtigten Partnerschaft. Natürlich gab es auch Reibereien, die besonders in einer Dreiergruppe auftreten können, aber das wußten wir schon vorher.

Meine jetzige Tour zum Amazonas haben sie verständnisvoll akzeptiert. Ohne ein Wort. Ich bin mir sicher, daß sie alles daran setzen würden, zu helfen, wenn mir etwas zustößt. Sicherlich vertraue ich dabei nicht auf Telepathie, das wäre übertrieben. Aber Radio Sipo reicht über weite Strecken. Als wir uns später wieder trafen, kannten beide meine Erlebnisse, die sich über fünfhundert Kilometer entfernt zugetragen hatten. Mit einer Verzögerung von maximal vier Tagen waren sie bei Eberhard informiert, wo ich bin. Die Verbindung riß erst bei ihrer Fahrt in die Zivilisation nach Manaus ab.

Eberhards Urwald ist die verwunschenste Ecke unserer Amazonasfahrt. Mir fällt es schwer, von dort aus auf die Flüsse und Seen zu paddeln, an deren Ufern die Häuser der Caboclos immer häufiger werden, je näher ich an die Schiffahrtswege herankomme. Nicht, daß ich die Caboclos nicht mag, aber ein unberührter Urwald ist etwas Großartiges. Er ist wie ein Gemälde, wie ein frisch verschneiter Berg im Morgenlicht. Unbefleckt, unschuldig.

Dieser unschuldige Urwald scheucht mich mitten in der Nacht aus der Hängematte, damit ich das Zelt während eines Gewittergusses auf einer mit der Machete notdürftig freigeschlagenen Lichtung aufbauen kann. Nun ist die schöne Stimmung im Eimer. Wegen meines Ehrgeizes, den langandauerndsten Ohne-Handtuch-Selbstversuch aller Zeiten durchzuführen, gibt es in meinen Sachen nicht ein Stückchen Stoff, mit dem ich mich im Zelt abtrocknen könnte. Ich habe alles an, was ich mithabe. Deshalb wickle ich mich zum Schlafen in mein nasses, ausgewrungenes Laken, ohne Schlafsack. Immerhin, seit unserm Abflug habe ich mich nie mit einem Handtuch abgetrocknet. Bestenfalls einmal mit einem Hemd, aber das zählt nicht. Ich bin jetzt schon stolz auf diese Leistung. Nie wieder nehme ich so ein lästiges Stückchen Stoff mit auf Reisen, das gerade immer dann naß ist, wenn man es braucht.

Am nächsten Tag sehe ich, daß mein Nachwuchs geschlüpft ist. Auf dem Oberschenkel lebte dicht unter der Haut eine Larve, von einer Fliege oder einem Schmetterling gelegt. Ich hatte mich schon mit dem kleinen Huckel angefreundet, schließlich tragen Männer nicht oft Nachwuchs aus. Jetzt ist er einfach weg und hinterläßt nur noch eine kleine Narbe zur Erinnerung.

Nach mehreren Tagen will ich am Abend noch die ›Flutuante Santa Theresa‹, einen schwimmenden Laden, erreichen. Vielleicht sind dort Fischer oder Viehhirten, und ich kann mich beim Bier ein wenig unterhalten. Die ewigen Selbstgespräche werden langweilig.

Mit meiner Ankunft beginnt unglücklicherweise die ›Telenovella‹ und keiner hat Zeit, mir irgend etwas zu verkaufen. Da der Viehhirt mit dem indianischen Namen ›Ehigi‹ dasselbe Problem hat und wir gemeinsam die Frau hinter dem Tresen laut beschimpfen, unterbricht sie ihr Abendvergnügen unwillig. Bier und Cola können wir schnell bekommen, für Fisch und Reis hat sie keine Zeit, sie muß fernsehen, und schlafen darf ich hier auch nicht, basta. Ehigi bietet mir ein Quartier in seiner Hütte an. Obwohl ich ihn nicht kenne und es ein Risiko ist, nachts fremde Leute zu besuchen, willige ich ein. Die Alternative wäre, ohne Schlaf weiterzupaddeln. Das kann ich immer noch tun, wenn mir die Unterkunft nicht gefällt.

Ehigi wohnt im Junggesellenquartier der Fazienda, gegenüber der Flutuante. Ich bekomme ein Doppelbett in einem separaten Raum. Es könnte so gemütlich sein, wenn die Leute nicht die Angewohnheit hätten, nachts alle Fenster und Ritzen wegen der Moskitos total zu verrammeln. Die Luft ist schwül und stickig. Im Nachbarzimmer läuft ein Kassettenrecorder. Jedesmal, wenn jemand aufwacht, dreht er die Kassette wieder um. Eine Autobatterie sorgt für ununterbrochenen lautstarken Sound. Ein anderer Viehtreiber verwechselt das Zimmer und rüttelt mich auf, weil ich in seinem Bett schlafen würde. Unter dem auf Stelzen gebauten Haus streiten sich die Schweine und Ziegen um die besten Plätze. Mir läuft der Schweiß in Strömen vom Leib. Aus Langeweile rubbele ich mir die durchgeschwitzte Haut in kleinen Röllchen ab. Schlafen kann ich ohnehin nicht. Wie schön war es doch im Urwald!

Mein nächstes Ziel ist der Lago Arari. Dort sollen die Amazonas-Wasserlilien mit ihren riesigen Blättern wachsen. Von Zeit zu Zeit muß ich immer wieder nach dem Weg fragen. Die Leute sind scheu wie zu Zeiten der Sklavenfänger. Vor mir paddeln in einem Einbaum Caboclos. Eine junge Frau steuert vorn, in der Mitte sitzt ein kleines Mädchen und dahinter paddelt die Oma. Als ich sie erreiche, sage ich meinen Spruch auf.

»Ich heiße Jörg, komme aus Deutschland und will zum Lago Arari. Wo geht es denn lang? «

Statt einer Antwort greifen die beiden Frauen aufgeregt zum Paddel und hetzen ans Ufer. Langsam folge ich ihnen, immer noch in der Hoffnung, der Irrtum werde sich aufklären. Unentschlossen stehen die drei am Ufer und schauen zu mir. Zehn Meter liegen zwischen uns. Da wirft die Oma das Paddel weg, greift mit gellendem Schrei das kleine Mädchen und rennt in den Wald, die junge Frau hinterher. Das Boot treibt am Ufer entlang.

Um das Ende der Geschichte zu beobachten, verstecke ich mich in einiger Entfernung hinter einem umgestürzten Baum im Wasser. Nach längerer Zeit kehren die drei aus dem Wald zurück. Sie blicken sich vorsichtig um, suchen das abgetriebene Boot und paddeln hastig weg. Nur das Jammern des völlig verängstigten kleinen Mädchens schallt weit über den Fluß.

In einem Dorf steht hoch oben auf dem Steilufer ein Mann, der zum Glück nicht wegläuft. Um sich Mut zu machen und um vor den anderen Dörflern heldenhaft auszusehen, lehnt er sich lässig während des Gespräches an einen dicken Baum. Vorsichtig, wie er ist, auf der Seite, die ich vom Boot aus nicht sehen kann. Wie bei einem Telefonat mit einer schlechten Verbindung brüllen wir uns an, er ruft in den Wald und ich schreie den Baum an. Nach der Verabschiedung, während ich schon in sicherem Abstand wegpaddle, kommt er freundlich hervor und kann mir sogar »What's your name?« nachrufen. Es ist zum Auswachsen. Die Leute sind überhaupt nicht so stieselig, wie sie tun. Wenn nur ihre extreme Zurückhaltung nicht wäre.

Noch während ich mich darüber ärgere, kommt mir die Idee, in meinen auswendig gelernten Floskeln gleich nach der Begrüßung und einem folgenden Füllsatz mit der Verabschiedung zu beginnen. Es klappt. Wenn meine Gesprächspartner merken, daß ich wirklich nichts weiter will, als nur die Richtung zum nächsten Dorf, können wir uns nach der Verabschiedung lange unterhalten.

Während ich darüber nachsinne, wieso plötzlich richtige Felsen am Ufer aufragen, klappert mein Steuerruder. Ein übermütiger Schweinsdelphin hat ein Spielzeug entdeckt. Mein Steuerruder läßt sich hoch- und runterschieben und selbstverständlich nach links und rechts drehen. Wenn ich dazu selber steuere, ist das für ihn ein neues, interessantes Spielzeug. Das gefällt ihm sehr. Pustend taucht er neben mir auf, spritzt mich beim Abtauchen ein wenig naß, und wieder klappert er hemmungslos mit dem Steuer am Heckbeschlag. Erst im Revier der nächsten Delphine läßt er ab. Soviel Spieltrieb kann lästig werden.

Die Sache mit den Felsen interessiert mich. Sie vermitteln den Eindruck des Unfertigen, sehen sozusagen wie junge Felsen aus, die noch wachsen müssen. An einer Bruchstelle ist der Grund zu erkennen. Der rote Lehm überzieht sich durch Verdunstung mit Eisenstein, der eine zentimeterdicke Kruste bilden kann. Ganze Steilufer täuschen massive, rotbraune Felsen vor. An der Einfahrt zum Lago Arari de Sud hat sich ein regelrechter Cañon gebildet.

Wieder lädt eine Flutuante zum Rasten ein. Die Köchin erzählt Schauermärchen über riesige Wellen, Wirbelstürme und verirrte Fischer. Der See sei ein Moloch. Mein Schicksal scheint für sie besiegelt. Ich bekomme eine Henkersmalzeit. Statt guter Wünsche fällt sie zum Abschied ein vernichtendes Urteil.

»Sie finden den Weg nie!«

Der Lago Arari de Sud gleicht einer überschwemmten Savanne. Bis zum Horizont erstrecken sich lichte Baumreihen im Wasser und dazwischen glitzern lange Streifen des Sees. Eine außergewöhnliche Gegend. Diese Überschemmungsseen im sedimentreichen Weißwasser ähneln in keiner Weise denen im Klarwasser des Indianerreservates, in dem wir uns schon einmal ›verlaufen‹ hatten. Mir schwant Schlimmes. Hier gibt es nämlich keine Inseln, kein Palmito. Laut Eberhards Anweisungen muß ich genau fünf Grad Nordost fahren, um am anderen Ende des Sees anzukommen. Mittags paddle ich an den letzten Wasserbüffeln an der Einmündung vorbei und erreiche abends das Dickicht auf der anderen Seite. Selbst wenn ich die Einfahrt nur um hundert Meter verfehlt hätte, in den überschwemmten Büschen kann ich sie nicht finden. Mit der Übernachtung sieht es schlecht aus.

Mitten in den Büschen sitzt ein Angler. Hervorragend.

»Wo geht es denn hier weiter?« frage ich, diesmal ohne vorherige Verabschiedung.

Voreilig und unbedacht naiv nehme ich an, daß er meine prekäre Lage erkennt und ein wenig hilfsbereit ist.

»Dort, in fünf Minuten kommst du zum Kanal.«

›Kanal‹ hört sich so gut an, daß ich keine Zeit mit weiteren Fragen vergeude und sofort in die angedeutete Richtung paddle. Auch nach zehn Minuten sieht es um mich herum nicht merklich anders aus als vorher. Sumpf, Schilf, Büsche und Bäume stehen im Wasser, kleine Seen liegen dazwischen. Wo aber ist der Kanal?

Der Fischer ist nicht mehr zu finden. Verzweifelte Rufe helfen nicht, er bleibt verschwunden, und ich sitze eine halbe Stunde vor Anbruch der Dunkelheit immer noch im Überschwemmungswald.

Einmal mußte es ja passieren. In dieser Nacht wird über dem Wasser geschlafen. Eigentlich freue ich mich auf diese Premiere. Mal etwas Neues.

Zwei im günstigen Abstand stehende Bäume sind schnell gefunden. Schwierig ist, die Hängematte und das Moskitonetz aufzuhängen, ohne sie dabei ins Wasser fallen zu lassen. Ich wickle die Matte, die bereits im Moskitonetz steckt, aus und lege sie im Boot vor mich hin. Das Befestigungsseil halte ich mit den Zähnen und klettere vom Boot aus los, während sich unter mir die Matte langsam aus dem Boot empor windet. Der Wind treibt das angebundene Boot fort und ich muß wieder zurück. Jetzt nehme ich das Paddel mit auf den Baum, um von oben das Boot dirigieren zu können. Wenn bloß die Ameisen nicht wären! Ein ausgehungerter Stamm fürchtet um sein letztes trok-kenes Plätzchen auf diesem See und kämpft im wahrsten Sinne des Wortes verbissen. Ich kann nicht einmal vor Wut schreien, da der Hängemattenstrick zwischen den Zähnen klemmt. Als ich wieder unten im Boot bin, lese ich mir die Ameisen vom Körper. Auf dem anderen Baum wiederholt sich die gleiche Tragödie. Nun brauche ich nur noch vom Boot aus in die Matte zu krabbeln, das Boot anzubinden und fertig ist das Nachtlager. Mir ist angenehm gemütlich, zwischen zwei Bäumen schaukelnd mitten über einem scheinbar unendlichen See zu liegen. Dieses Gefühl kann ich nur weiter empfehlen. Im Boot summt der Kocher, es fehlt an nichts. Sogar Bier habe ich mit.

Die Nacht verläuft nicht ganz so nachahmenswert. Weil ich keine Stöcke zum Ausspannen des Moskitonetzes griffbereit habe, stecke ich einfach das Paddel diagonal in das Netz. Wichtig ist nur, beim Liegen nicht an das Netz anzustoßen, da an diesen Stellen die Biester ein leichtes Spiel haben. Die Beschläge der Paddelblätter stechen mit der Zeit ein Loch in das Netz, so daß die Moskitos nun einen beque-men Eingang haben, den sie leider nicht als Ausgang benutzen. Da-mit die Moskitos nicht von unten hineinfliegen können, hatte ich meine Matte niedrig gehangen. Das Netz hängt ringsum im Wasser. Daran kriechen nun kleine Wasserkäfer hoch und besuchen mich. Die Ameisen geben auch nachts nicht auf und kommen auf den Sei-len krabbelnd von beiden Seiten zielgerichtet auf mich zu. Schön, daß sich die beiden Nachbarvölker auf meine Kosten endlich ken-nenlernen können. Mein Moskitonetz ist das Festzelt zu einer ameisenvölkerverbindenen Orgie, in der ich das Opferlamm darstel-le. Zu allem Überfluß dehnt sich das Seil, die Knoten lösen sich lang-sam oder die Bäume geben allmählich nach. Jedenfalls sinke ich im-mer tiefer, bis mir nur noch bleibt, das Boot unter mich zu schieben. Nun drückt der Süllrand von unten durch die Hängematte. Aufkom-mender Wind schaukelt das Boot, so daß es beständig gegen die Hängematte schlägt. Das alltägliche Gewitter stellt sich ein und über-zieht mit dicken Wolken und wie Adern verzweigenden Blitzen den Himmel. Ich ergebe mich den Naturgewalten und warte auf die fällige Dusche. Zum Glück hat der Regen ein Einsehen und verschont mich. Den nächsten Tag beginne ich zeitig und erledige die Morgentoilette vom Baum aus. Das im Wasser hängende Moskitonetz ist schmierig und algenbehangen wie ein Fischernetz. Mit spitzen Fingern wickle ich Hängematte und Netz zu einen schmierigen Knäuel zusammen, und verabschiede mich nicht besonders herzlich von den Ameisen.

Von einem Baum aus sehe ich einen großen Kutter in den Büschen verschwinden. Lange fahre ich ihm nach. Doch wie der Fischer gestern, ist er plötzlich verschwunden. Zwei Stunden gebe ich mir, an der Stelle, wo der Kutter zum letzten Male zu sehen war, auf das nächste Boot zu warten. Auf diesem seltsamen Gewässer kann ich doch nicht der einzige sein. Doch niemand kommt. Ich gebe auf und fahre nach Kompaß stundenlang quer über den ganzen See zurück zur Einmündung, zu den jungen Felsen. Dort sind Fischer.

»Einfach nur immer dort entlang!« weisen sie mir die Richtung zurück über den See.

Übereinstimmend zeigen sie nach zehn Grad Nordost. Wer hat recht, Eberhard oder die Fischer? Es ist wieder Mittag und ich weiß, wie schnell die Zeit am andern Ende des Sees mit Suchen verrinnt. Eine Übernachtung will ich noch riskieren und fahre nach Kompaß los. Die neue Richtung scheint belebter zu sein. Boote tauchen aus dem Dickicht auf und verschwinden hinter mir. Jetzt erreiche ich sogar einen breiten baumlosen Streifen. Kein Zweifel, das ist der Kanal, von dem der Fischer gestern abend sprach. Ein Kanal, mitten in einem See. Und ich hatte einen Kanal durch einen Wald und mit festen Ufern erwartet.

Der Kanal verliert sich im Gebüsch. Bin ich wieder falsch? Es sind noch zwei Stunden bis zum Sonnenuntergang. Nun schlängelt sich doch ein kleiner Kutter aus dem Gestrüpp. Ist dort die Ausfahrt versteckt, oder kommt nur ein Fischerboot aus einem weiteren Wasserstreifen heraus? Erst als aus derselben Richtung der nächste Kutter kommt, glaube ich daran, daß es hier weitergeht. Besorgt versuche ich, mir den Weg entlang markanter Bäume einzuprägen und paddle los. An der Einmündung spendiere ich mir erleichtert den letzten halben Liter Zitronenwasser. Geschafft!

Der nächste Ararisee soll eine Insel haben und die gesuchten Wasserlilien. Zusammen mit einem Gewitter erreiche ich den See und lasse mich vom Sturm zur Insel hinübertreiben. Zwar keine übliche Methode, aber vor den Blitzen kann ich mich auf dem offenen Gewässer sowieso nicht verstecken. Von der Insel ragt an ihrer höchsten Stelle nur das Dach eines Fischerunterstandes und einige Baumwipfel aus dem See. Der Rest steht unter Wasser. Hier kann ich keinen Stützpunkt aufschlagen, um die Lilien zu suchen.

Ein überdachtes Fischerboot liegt an einer windgeschützten Bucht vor Anker. Zwei zahnlose alte und ein junger Fischer freuen sich über meinen Besuch und laden mich zum Kaffee ein. Draußen stürmt und regnet es und unter dem mit Planen verhangenen Verdeck erzähle ich mein Mißgeschick mit der Übernachtung in den Bäumen. Verständnis, vermischt mit Schadenfreude, zeichnet sich auf den Gesichtern meiner Zuhörer ab. Von den Wasserlilien wissen sie nichts. Alle drei behaupten, daß sie hier nicht vorkämen. Ich will es lange nicht glauben und schiebe das Kopfschütteln auf meine Verständigungsschwierigkeiten. Sogar die Kaffeetasse wird mißbraucht. Ein kleines Blatt schwimmt darin und ich zeige mit meiner Armspanne, wie groß die Blätter sein sollen, die ich suche. Nein, die gibt es wirklich nicht.

Nun will ich nur noch zum Amazonas. Die drei Fischer streiten sich über die Richtung zur Ausfahrt. Entsetzt sehe ich mich erneut umherirren. Zuletzt steigt der eine in seinen Einbaum und fährt mit mir um die Insel, um mir die Richtung genau zu zeigen. Wie alle Einbaumfahrer seit der letzten Stromschnelle bei Porto Velho, sitzt auch dieser Fischer vorn in seinem Boot. Damit das Boot trotzdem geradeaus läuft, befindet sich hinten ein Stein als Gegengewicht. Andere setzen statt dessen ein Kind hinein, denn Steine sind selten.

Ganz weit am Horizont, wo das Ufer gerade hinter der Erdkrümmung verschwindet, soll die Ausfahrt sein. Ich peile die Richtung mit dem Kompaß und bedanke mich. Die Uferstrecke zwischen den unterschiedlichen Richtungen, die die drei mir zeigten, ist ungefähr zehn Kilometer lang. In dieser Strecke ist im unübersichtlichen Ufer mit Schilf und Büschen eine vielleicht acht Meter breite Ausfahrt versteckt. Besonders hoffnungsvoll bin ich nicht. Vielleicht beruhen die verschiedenen Richtungsangaben auf Fahrtrouten, die bei Niedrigwasser einzuhalten sind. Damit wäre auch Eberhards Angabe für den vorherigen See erklärbar.

Diesmal finde ich den Kanal sofort. Ein kleiner Kutter fährt vor mir her. Ich muß nur alles daran setzen, den Abstand nicht zu groß werden zu lassen, um die Fahrtrinne nicht zu verfehlen. Ab der Ausfahrt in den Abfluß des Sees kann ich mich treiben lassen. Endlich.

Mit wildwasserähnlicher Strömung verbindet der Graben den See mit dem Amazonas. Das Hochwasser von den Arariseen schießt bergab. Der kleine Wildbach fließt auf eine große Wasserfläche zu. Schon wieder ein See? Kurz vor der Mündung suche ich, wie gewohnt, nach dem Ausgang. Plötzlich ist die Bachmündung von einer kompakten, grauen, rostigen Wand verdeckt. Die Wand schließt mit einer gelben Reling ab, darüber ragen weiße Schiffsaufbauten. Ein Hochseeschiff auf dem Weg zum Atlantik. Ich bin am Amazonas!

Eine leichte, kühlende Brise weht über den Strom. Meine Bootsspitze durchstößt die Farbgrenze der unterschiedlichen Grautöne des Arariwassers und des Amazonas. Das Ziel einer monatelangen Fahrt ist erreicht. Ich bin angekommen.

Direkt an der Mündung steht eine Bretterhütte auf Stelzen. Meine Essenvorräte gehen zu Ende. Dafür habe ich noch jede Menge Angelhaken und Kaffeetüten bei mir, unsere gesamte Tauschreserve. Ein junges Paar, Monica und Manaceh, leben mit ihren beiden Töchtern hier. Als ich mich vorstelle und sie mich zum Essen einladen, passiert dasselbe, wie auch zu Hause, wenn unerwartete Gäste kommen. Das Essen reicht nicht. Wie überall schickt die Frau ihren Mann in den Keller zur Tiefkühltruhe. Am Amazonas ist der Keller am Strand, aber eine Tiefkühltruhe haben sie auch. Mit immer größer werdenden Augen verfolge ich, wie Manaceh ganz selbstverständlich zur Truhe geht und sie öffnet.

Wie funktioniert die Truhe ohne Stromgenerator? Wie kommt sie überhaupt hierher? Ich komme mir vor wie im falschen Film!

Manaceh greift in die Truhe und holt ein Wurfnetz zum Fischen hervor. Er fordert mich auf, sein Paddel zu nehmen und ihn mit dem Netz auf den Amazonas zu paddeln, als ob wir das alle Tage zusammen machen würden. Die Strömung zieht mächtig. Ich bin mir nicht sicher, ob die Idee gut war, mit Manacehs Einbaum auf den größten Strom der Erde zu fahren. Meine Paddelkünste lassen im Einbaum zu wünschen übrig und mein Wortschatz ist nicht auf genaue Fahrkommandos ausgerichtet.

Manaceh kennt seinen Fluß. An der Einmündung des kleinen Baches befindet sich ein großes Kehrwasser mit weiten, aber ungefährlichen Wirbeln, in denen man sich auch stromauf ziehen lassen kann. Es dauert keine Viertelstunde, bis wir eine Fischmahlzeit für die gesamte Familie und mich gefangen haben. Die Mündung ist das reinste Fischerparadies.

Zur Hütte führt eine kleine Stiege hoch, auf deren Stufen eine Wasserschüssel steht. Jeder hat seine vom Morast beschmierten Füße dort zu säubern. Die Wohnung ist in normalem Standard eingerichtet. In einem kleinen Regal lagern Blechteller und Plastiktassen. Auf der überdachten Veranda stehen ein Tisch und die dazugehörige Bank. Die beiden kleinen Mädchen spielen nur hier. Monatelang bleiben sie in der Hütte, in das Sumpfgestrüpp vor dem Haus dürfen sie nicht.

Während wir fischen waren, hat Monica schon das Feuer in dem offenen Lehmofen, der auf der Veranda der Hütte steht, entfacht. Die Fische werden schnell geschuppt, ausgenommen und auf dem Rost gebraten. Während wir auf das Essen warten, streiten sich die Urubus draußen vor der Hütte um die Fischreste.

In dem einzigen geschlossenen Raum sind die Wände notdürftig mit Planen abgedichtet. Drei Hängematten ohne Moskitonetz pendeln darin. Die Mutter schläft mit dem kleinen Kind zusammen. An ein paar Nägeln hängen die wenigen Bekleidungsstücke. Der Luxus ist ein Radio, das nur der Vater bedienen darf. Für die Nacht stehen in einer Ecke eine Thermoskanne mit Kaffee und eine Wasserflasche. Das Trinkwasser für die Kinder holt Manaceh aus dem eine Dreiviertelstunde stromauf gelegenen Dorf, in dem sie auch bei Hochwasser wohnen, wenn diese Hütte unter Wasser steht. Für die Eltern reicht das mit Chlor entkeimte Flußwasser.

Beim Schlafengehen frischt plötzlich der Wind auf. Eine drohend dunkle Wolke zieht sich wie eine Riesenschlange genau über die Windungen des Amazonas. So kann man kilometerweit sehen, wo sich der Fluß entlang windet. Meine Gastgeber fürchten sich davor.

»Der ›Furacão‹ kommt! Der Wirbelsturm hat schon zwei Häuser umgerissen. Gerade die erhöht gebauten Häuser direkt am Ufer, wie dieses hier, sind am gefährdetsten!« bedeutet mir Monica, bevor sie ihre Kinder schnappt, aus dem Fenster springt und in das Schilf landeinwärts rennt.

Ich bin nicht ganz so schnell. Wenn es hier schon einen Wirbelsturm gibt, dann will ich ihn unbedingt fotografieren und mache zuerst den Apparat und das Blitzlicht klar. Manaceh kommt ängstlich zurück und bittet händeringend, mich zu beeilen. Außer Moskitostichen passiert uns nichts. Große Abenteuer sind wie immer knapp.

Statt dessen kommen Verwandte aus dem Dorf zu Besuch, weil sie angeblich der Wirbelsturm verscheucht hat, aber wahrscheinlich mehr, weil sie den merkwürdigen Ausländer mit dem Paddelboot kennenlernen wollen. Wir unterhalten uns lange. Sie sind ganz aus dem Häuschen, als ich ihnen erkläre, wie weit die Reise stromabwärts noch gehen soll. Die Leute sind nett, mir gefällt der Amazonas.

Die Nacht verläuft nicht direkt idyllisch. Monica und Manaceh schlagen einige Male nach den Moskitos, bevor sie einschlafen. Die Gäste aus dem Dorf wälzen sich unruhig und schlagen um sich, stundenlang. Mitten in der Nacht verlassen sie die Hütte. Ihnen sind die Moskitos zuviel.

»Verweichlichte Typen aus dem Dorf!« ist alles, was Manaceh am nächsten Morgen verächtlich zu sagen hat.

Als ich mich am Morgen verabschiede und zu meinem Boot am Ufer komme, finde ich zwei große schillernde Fischschuppen. Deutlich sichtbar liegen sie auf dem Sitz. Manaceh und Monica haben mir heimlich jeder einen Talisman mitgegeben. Lange winke ich zurück, bis mich die Strömung des Amazonas ergreift und die kleine Fischerhütte mit steigender Entfernung in der grünen Wand des Ufers verschmilzt.

Der erste Abschnitt auf dem Amazonas macht mir die Weite dieses Stromes bewußt. Nach vorn und nach hinten gesehen, endet der Strom am Horizont. Stunden vergehen, bis eine Flußbiegung ausgefahren ist. Die Hochseeschiffe beeindrucken nicht nur. Wer in ihrer Fahrtrinne treibt, muß schnell sein. Diese Schiffe können nicht bremsen oder ausweichen. Als mir die Wellen wieder ungehemmt durch das immer weiter einreißende Verdeck ins Boot schlagen, beschließe ich, einen anderen Weg zu fahren. Auf einem Seitenarm, hinter Uricurituba, kann ich die Strecke bis Parintins parallel zum Hauptstrom fahren.

Diese Fahrt auf dem Seitenarm Rio Ramos ist eine Belastungsprobe für meine Verdauung. Eingezäunte Kuhweiden laden meist nicht zum Lagern ein. Deshalb schlafe ich bei den Farmern. Jeden Morgen bieten sie mir frische Milch an, stark gesüßt. Die Alternative ist lehmgraues Amazonaswasser. Wie könnte ich da ablehnen. Regelmäßig wehrt sich mein Darm dagegen. Allmählich werde ich immer schwächer.

Als ich eines Abends eine kleine Schlafstelle neben einem toten Flußarm entdecke, bin ich froh, nicht wieder der Versuchung frischer gesüßter Kuhmilch ausgesetzt zu sein. In dem stehenden Gewässer mit Teichrosen, Fröschen, vielen Vögeln und gut funktionierender Nahrungskette zirpt, quakt, schreit und planscht es ständig. Ein kleiner Delphin ist auch dabei. Er hat wohl Schnupfen. Er bläst so laut, daß ich regelmäßig aus dem Schlaf hochschrecke. Durch die Übernachtungen bei den Farmern bin ich sorglos geworden. Es kommt mir gar nicht in den Sinn, daß ich hier wieder im Urwald bin. Als beim Zusammenpacken zufällig eine Vogelspinne aus meinen Sachen fällt, bemerke ich meinen Fehler.

In Petras, einer kleinen Garnisonsstadt, liegen zur Mittagszeit viele Schiffe am Strand vor Anker. Bei meinem Bestreben, mich gelegentlich zu unterhalten und immer wieder nach dem Weg zu fragen, halte ich an einem Handelsschiff an. Der Mann kauft Trockenfisch auf. Er lädt mich zum Essen auf sein Schiff ein. Hier versuche ich, meinen Magen wieder an feste Nahrung zu gewöhnen. Es ist relativ risikolos, da sie auf dem Schiff eine funktionierende Toilette besitzen. Ich habe vor dem Essen extra nachgesehen.

Der Händler erzählt stolz von seinen zwölf Söhnen. Als seine Frau vom Einkaufen zurückkommt, stellt er sie mir vor. Irgendwie schalte ich zu langsam und frage sie nach ihren zwölf Jungen. Sie sieht unbegreiflich jung dafür aus. Da grinsen beide über meine Frage.

»Ich habe nur zwei Mädchen.« erklärt sie.

»Die Jungs habe ich mit anderen Frauen«, meint der Händler offen, »und die Mädchen zählen nicht!«

Wieder stelle ich fest, daß sich die übliche brasilianische Familie, zumindest im Amazonasgebiet, nicht mit unseren Maßstäben messen läßt. Einen Grund, warum es normal ist, daß die Frauen Kinder von unterschiedlichen Vätern haben, kann ich mir langsam vorstellen. Bei der hier herrschenden Unsicherheit im Broterwerb der Väter und erst bei der Unmöglichkeit, Alimente einzuklagen, ist es unbedingt notwendig, daß die Frauen auf mehrere Quellen zur Unterstützung zurückgreifen können. Wenn es schon viele Kinder sein müssen, dann gefälligst auch von mehreren Männern. Sicher sprechen auch weitere Vorzüge für diese Variante.

Nach dem kinderreichen Händler beginnen wieder die freundlichen Übernachtungen auf den Rinderfarmen einschließlich Verköstigung mit dem beliebten Abführmittel. Kurz vor der ersehnten Amazonasstadt Parintins führt mein Weg auf den großen Fluß zurück. Geradeaus, in weiter Ferne liegt der Ort. Bis dorthin ist das Ufer sumpfig oder mit einzelnen Hütten bebaut. Wenn mein Darm wieder verrückt spielt, kann ich nicht einfach aussteigen. Mit einer gewaltigen Willensanstrengung zwinge ich meinen schlaffen Körper, bis zu einem großen Schiff zu paddeln, das vor Parintins neben dem zweistöckigen Hafenponton am Strand liegt. Jetzt brauche ich nur noch ein Hotel. Vor dieser Aktion graut mir schon seit Tagen. Zu dritt war die Plackerei schon fürchterlich. Aber nun muß ich möglichst alles selber machen und komme nicht umhin, andere um Hilfe zu fragen.

Zuerst bitte ich die Besatzung des Schiffes auf mein Boot aufzupassen und binde es außen an. Mit einem Rucksack und einem Beutel schleppe ich mich die glühend heiße Hauptstraße entlang, auf der

Suche nach einer Unterkunft. Überall stehen verlockende Stände mit Eis, Bier und kalter Cola. Wenigstens eine Cola genehmige ich mir. Das muß der Magen einfach aushalten. Das erste Hotel läßt kein Boot zu. Bei der zweiten Verhandlung über eine Unterkunft setzt plötzlich mein Gehör aus. Mist, bloß keinen Hitzschlag! Nicht jetzt, eine Stunde brauche ich noch. Erstaunlich, wozu man seinen Körper gelegentlich zwingen kann. Langsam erreichen mich die Laute doch und ich höre die Frau feilschen und lamentieren. Verstehen kann ich sowieso kein Wort, auch in besserer Verfassung nicht. Um die Prozedur abzukürzen, sage ich meinen Preis und schiebe sie aus dem Hotelzimmer. Sie kommt nicht wieder und die Übernachtung ist geklärt. Zwar habe ich nur ein schlimmes fensterloses Loch, dessen einziger Komfort in einem sauberen Bett und einem funktionierenden Klimagerät besteht, aber meinem Portemonnaie geht es zum Ende der Fahrt nicht besser als mir.

Beim nächsten Gang zum Ufer muß das Boot hierher. Ich merke, daß ich kein weiteres Mal gehen könnte. Am Schiff bitte ich einen jungen Kerl, mir beim Tragen des Bootes auf die Uferböschung zu helfen. Gleich zwei hilfsbereite Männer kommen und eine junge Frau dazu. Ein merkwürdiges Gefühl beschleicht mich. So etwas ist noch nie passiert. Warum kommen gleich drei? Oben stehen sie um mich herum und kommen nicht mit der Sprache heraus. Zuletzt, beim Gehen, fragt die Frau nach Zigaretten. Aber das war nicht der Grund ihrer Hilfe. Ich fühle es.

Als mein Boot, noch auf dem Wagen gebunden, neben meinem Bett steht und ich die kalte Luft der Klimaanlage in maximaler Leistung über mich fließen lasse, ist das Schlimmste überstanden. Nie wieder! Beim Auspacken fehlen mein Taschenmesser und die Stirnlampe. Die Säcke sind durchwühlt. Mir ist klar, wer sich hier bedient hat.

Dies blieb der einzige Diebstahl auf der gesamten Reise. Im Grunde genommen kann ich es den Leuten auf dem Schiff nicht verdenken, daß sie aus Neugier mein Boot untersucht haben. Damit hatte ich gerechnet und die Wertsachen mitgenommen. Solange Axel, Peter und ich zusammen waren und auf unsere Sachen aufpassen konnten, entstand nie eine heikle Situation. Unsere anfänglichen Gedanken an Waffen wegen möglicher Raubüberfälle waren wirklich nicht nötig.

Mit viel Mühe beklebe ich meine Nummer ›1‹ von innen und außen mit Klebestreifen. Sie halten am besten, wo die Stockflecken im Gewebe schon einem Loch Platz gemacht haben. Wie Nieten kleben die Streifen dort aneinander und klemmen das restliche Gewebe zusammen. Ich bin skeptisch, wie lange mein Boot noch halten wird. Ihm entströmt ein intensiver Modergeruch, nicht nur aus dem Verdeck. Termiten haben sich im Gestänge eingenistet.

Aufgeben will ich aber auch nicht. Noch kann man mit diesem Kahn fahren. Mal sehen, wie weit. Aufhören ist viel schwerer als Abfahren.

Bei der Abfahrt zeigt mir ein graues Wolkenband den Verlauf des Flusses am Himmel an. Dieses Band sieht nicht wirbelsturmverdächtig aus, deshalb lege ich ab. Der Fluß zieht mich wie ein Magnet an. Ich muß weiterfahren.

Zwei Stunden später erreiche ich die nächste Landzunge und fahre in sicherem Abstand vor den Brandungswellen an violetten Felsen vorbei. In Óbidos verengt sich der gesamte Fluß letztmalig. In einer Breite von nur anderthalb Kilometern strömen die grauweißen Wassermassen dem noch über eintausend Kilometer entfernten Atlantik zu. Hier, im Bundesstaat Pará, der den Paranüssen ihren Namen gab, fahren die ersten Segelboote. Die Strandlandschaft ähnelt mehr einer Küste als einem Flußufer. Zusätzlich zu den kurzen Wellen des Passatwindes ist eine Grunddünung zu spüren. Ebbe und Flut beginnen sich durch die regelmäßig veränderte Strömungsgeschwindigkeit des Flusses bemerkbar zu machen. Bald ist der Amazonas aufgrund der vielen Flußinseln nicht mehr zu überblicken. Die Kunst ist, den günstigsten Arm auszusuchen. Für mich kommt leider nicht der Arm mit der besten Strömung in Frage, sondern der mit den geringsten Wellen. Der Schwamm zum Bootausschöpfen ist längst wichtiger geworden als das Paddel. Durch das löchrige Verdeck wird das Faltboot zum Cabriolet. Tagelang schleiche ich mich dicht am Ufer im Windschatten entlang und fahre dabei riesige Bögen aus.

Bei günstigem Wind versuche ich zu trampen, wenn eine große schwimmende Insel angetrieben kommt. Am windgeschützen Rand der Insel, die aus einer Menge zusammengewucherter Wasserpflanzen besteht, kann ich bequem anlegen und mich mittreiben lassen. Leider drehen sich diese Inseln ständig, man hat nie Ruhe. Außerdem besteht die Gefahr, daß das hohe Schilf entgegenkommende Dampfer verdeckt und sie mich einfach überfahren. An den Inseln kann ich verhältnismäßig leicht den Wasserstand im Boot mit dem Schwamm regulieren. Sobald ich sie jedoch wieder verlasse, sitze ich ruck, zuck in einer Badewanne. Die Wellen erreichen mitunter Höhen, wie wir sie vom Titicacasee kannten. Wenigstens ist jetzt das Wasser viel wärmer!

Die meisten Klebestreifen sind abgegangen und neue halten nicht mehr. Es findet sich einfach kein sicherer Fetzen Stoff. Mehrere Fischer haben mir bereits angeboten, mich mit ihren Schiffen zur nächsten Stadt zu fahren. Bisher habe ich abgelehnt. Vielleicht schaffe ich es aus eigener Kraft nach Santarém.

Bis dorthin ist es mindestens noch eine Stunde. Gestern stellte sich abends eine leichte Flaute ein. Wenn sich das heute wiederholen würde, könnte ich mein Ziel erreichen. Denn unmittelbar vor Santarém ist ein breites Stück offenen Wassers zu queren. Bei Wellengang schaffe ich das nie.

Mit meinem eingedrückten Verdeck traue ich mir nur noch eine Landung am Ufer zu. Die Brandungswellen werden das angerissene, löchrige Verdeck endgültig einschlagen. Egal wo ich anlege, weiterzufahren wird nicht mehr möglich sein.

Beim Paddeln aufzupassen, möglichst wenig Wasser aufzunehmen und gleichzeitig auszuschöpfen, haben mich äußerst nervös gemacht. Der Wind und die Wellen lassen nicht nach. Jetzt muß ich mich entscheiden.

Von einer Fazienda mit eigenem Motorboot sehen die Leute interessiert zu mir herüber. Dort könnte meine Chance sein! Ich drehe bei und fahre mit Schwung durch die Brandung auf den Sandstrand. Aus. Schluß. Das Bootsverdeck hängt in Fetzen zwischen dem termitenzerfressenen Gestänge. Das war einmal ein Faltboot.

Mit dem Bauern werde ich schnell einig. Er erhält die Reste meines Bootes, Machete, Angelhaken und fährt mich dafür morgen nach Santarém, von wo aus ich mit einem Linienschiff zu Axel und Peter nach Manaus zurückfahren kann.

Die Söhne des Bauern, zwei muskulöse, schwarzlockige Männer, kippen das Amazonaswasser aus dem Wrack. Aus großen Löchern tropft das Wasser. Dann schultern sie die Reste und tragen es weg. Sie tragen es wie die Trophäe eines Riesenfischs nach erfolgreicher Jagd davon. Das ist nicht mehr mein stolzes Faltboot Nummer ›1‹.

Ein kleines braungebranntes Mädchen schaut neugierig zu. Ihre dunklen langen Haare wehen im Wind. Sie trägt ein zu klein gewordenes T-Shirt und eine kurze Hose. Die Zehen der nackten Füße bohren im Ufersand. Mit zusammengekniffenen Augen betrachtet sie mich unschlüssig gegen die Abendsonne. In ihren Händen hält sie ein Ende des für sie viel zu langen Paddels.

Die Brüder rufen. Immer noch in Gedanken versunken spannen sich ihre Hände um das Holz. Sie wendet sich von mir ab und zerrt, eine Kratzspur hinterlassend, mein Paddel durch den Sand hinter sich her. Mit vielen kurzen Schritten eilt sie ihren Brüdern nach und läßt mich am Strand allein. Auf der Uferböschung dreht sie sich noch einmal um und will noch unbedingt wissen:

»Brauchst du dein Paddel wirklich nicht mehr?«

Epilog

Im folgenden Jahr sind Axel und Peter wieder nach Brasilien und Bolivien gereist.

Gleich zum Auftakt begleiteten sie eine Kinderreise zum Kinderheim ›Mano Amiga‹. Unter dem Motto ›Kinderhilfe Bolivien‹ haben sich in mehreren Jahren ungefähr dreißig Kinder aus ganz Deutschland, die sich besonders engagiert und einfallsreich für ihre fernen bolivianischen Altersgenossen eingesetzt hatten, gemeinsam mit Axel und Peter auf den Weg zur Übergabe der Spenden des Vereins Saalfeld - Samaipata e.V. gemacht.

Nachdem die Kinder wieder zurückgeflogen waren, besuchten Axel und Peter alte Freunde und versuchten, an einigen Orten der Reise des Vorjahres Einzelheiten auf den Grund zu gehen.

Wie beispielsweise Madeleines Wurm, der sich hinterhältig verdrückt hat.

In Guanay sind die luftsackschwimmenden Goldschürfer unverändert dabei, das Ufergeröll durchzuwühlen. Der Schwede hat allerdings aufgegeben. Sein Claim liegt verlassen. Die übrigen Goldgräber wissen nicht, wohin er vor seinen Schulden geflüchtet ist.

Heinz in Riberalta betreibt mittlerweile ein anderes, größeres Restaurant.

Das Dorf der Esse Esejjas ist trotz des letzten Hochwassers noch an der alten Stelle.

Die Yaminahua haben die Kirche im Stil eines Versammlungshauses fertiggestellt. Bei der Einweihungsfeier waren einhundertfünfzig Indianer anwesend.

Das zweigeschossige Haus im Indianerdorf ist wieder auf ein Geschoß zurückgebaut worden.

Die Wegnummer vierundsechzig ist eine reine Erfindung von Vanderlei. Jeder Indianer kümmert sich um seinen Weg zu seinen Fischgründen, die sich aber immer mal ändern. Mit der Wegnummer hat er sich einen Spaß gemacht. Auch hier ist das Vorbild eine Straßenbezeichnung aus der Stadt.

Der Missionar Friedhardt ist mit seiner Familie für ein Jahr in

Deutschland, um seine Arbeit bei den Indianern auszuwerten. Danach geht es wieder nach Südamerika.

Der bolivianisch- deutschen Felsbildforschungsorganisation SIARB, La Paz, ist die Fundstelle am Oberlauf des Rio Negro seit 1996 bekannt.

Die Fundstelle am möglichen Ort Manoa ließ wegen des zu Zeit herrschenden Hochwassers keine weiteren Nachforschungen zu. Das Museum in Porto Velho hat immer noch keine Auslagen über indianische Felsritzzeichnungen.

Axel und Peter sind den Spuren der Pacahuara-Indianer am Nebenfluß des kleinen Rio Negro gefolgt. Ohne Ergebnis. Die von den Kautschuksammlern dezimierten, vor Holzfällern, Drogenschmugglern und Missionaren flüchtenden Indianer sind zum Schluß zu einer Gruppe von siebzehn Personen zusammengeschmolzen, die jetzt angeblich in Riberalta leben sollen. Den Gerüchten über eine weitere, um ihre kulturelle Identität mit Pfeil und Bogen kämpfende Gruppe den Pacahuaras, sind in den letzten Jahren allein vierzehn Expeditionen ohne Erfolg in den Dschungel gefolgt. Axel und Peter waren die fünfzehnten.

Eberhard und Lourdes mußten nach unserer Abreise nicht mehr weiter den Regenwald bewässern. Die regelmäßigen tropischen Regenfälle hatten wieder eingesetzt. Das Naturschutzgebiet befindet sich weiterhin auf dem Dienstweg.

Während ihrer Reise zu den Yanomami hat Christina Havercamp zusammen mit den Indianern eine Wasserleitung von einem entlegenen schmalen Wasserlauf bis zum Dorf gebaut. Dies wurde besonders wegen der lang anhaltenden Dürre dringend erforderlich, da die umliegenden Flüsse trocken gefallen waren. Brasilianische Zeitungen machen für die Trockenheit das Klimaphänomen El Niño verantwortlich.

Die vor zwei Jahren aufgebaute Krankenstation wird mittlerweile von Yanomami-Indianern selbständig geleitet. Das laufende Schulprojekt konnte auf das Nachbardorf erweitert werden.

Zur Zeit hält die ausgebildete Lehrerin an deutschen Schulen wieder Vorträge, um auf das bedrohte Leben der Yanomami aufmerksam zu machen. Gleichzeitig finanziert und unterstützt sie damit die laufenden Hilfsprojekte.

Auch Axel und Peter trafen auf eine Gruppe Yanomami, die sich wesentliche Elemente ihrer ursprünglichen Kultur bewahrt hatten.

Im folgenden Monat paddelten Axel und Peter das Stückchen Amazonas von Manaus nach Belém an der Atlantikmündung in ihren Faltbooten. Bei Hochwasser, Gezeitenströmungen, Stürmen und Übernachtungen im Mangrovenwald erreichten sie die Atlantikmündung. Von den Resten meines Bootes fehlte jede Spur. Insgesamt sechs Fotoapparate und drei Faltboote hat der Urwald während der zwei Fahrten auf dem Gewissen.

Peters Sicht auf die Erlebnisse dieses zweiten Teils der Paddelreise:

Es gab nur ein Urteil, wenn in Paddlerkreisen über meine Idee gesprochen wurde, den unteren Amazonas mit dem Faltboot zu befahren: »Unendlich breit und unendlich langweilig.«

Doch von Anfang an war alles anders, als auf unserer Fahrt zu dritt. Die noch andauernde Regenzeit sorgte für Hochwasser, so daß keine gemütlichen Sandbänke, ja nicht einmal erreichbares Festland zu finden waren. Dort, wo wir eigentlich unser Nachtlager aufschlagen wollten, waren Sumpf oder gefluteter Regenwald. Wir konnten zwar lange Tagesetappen zurücklegen, hatten aber jeden Abend Probleme, einen Schlafplatz zu finden.

Jeder Tag wurde zur Fahrt ins Blaue bis zum Einbruch der Nacht, oft sogar ins Dunkel hinein. Einen dieser Abende werde ich so schnell nicht vergessen. Wieder einmal gab es keine Häuser mehr, dafür aber Gewitterwolken, die sich im auffrischenden Sturm bedrohlich schnell näherten. Selbst paddlerische Höchstleistungen ließen uns nicht entkommen. Schlagartig setzte das Gewitter ein. Der Regen nahm uns die Sicht. Wasserdicht verpackt paddelten wir ganz dicht am Ufer. So kamen wir zwar nur noch langsam voran, aber sicherer. Schnell auffrischende Gewitter und Frachter sind die häufigsten Todesursachen von Bootsfahrern auf diesem Strom. Beides sollte man nicht unterschätzen. Davon abgesehen, würden wir weiter draußen auf dem Fluß, wo kein Ufer mehr zu sehen ist, viel zu schnell die Orientierung verlieren. Doch als der Regen anhielt und die Nacht hereinbrach, hatten wir genau dieses Problem auch am Ufer. Wir befanden uns auf der Spitze einer Landzunge und hatten keine zweihundert Meter Sicht. Sich weiter am Ufer zu halten, könnte bedeuten, daß wir den Amazonas verlassen und auf einen großen See abbiegen. Da das Hochwasser stieg, konnten wir uns nicht auf die Strömung verlassen, die uns ebenfalls auf den See drücken konnte. Ohne Sicht das Ufer zu verlassen, welches wie immer aus überschwemmtem Urwald bestand, kam nicht in Frage.

Wir mußten also warten. Wegen der sternenlosen Regennacht war an das Aufspannen der Hängematten nicht zu denken. Also machten wir die Boote an Bäumen fest und räumten sie so um, daß wir zwar nicht liegen aber wenigstens bequemer sitzen konnten. Seit siebzehn Stunden im winzigen Boot eingequetscht, konnten wir uns noch immer nicht strecken. Jeder achtete darauf, daß möglichst wenig Wasser in die Jacken lief und die Arme möglichst weit vom Wasser entfernt waren. Wir hatten nämlich im Schein der Taschenlampen zwei riesige Augen gesehen, und es war mir nicht gelungen, Axel zu überzeugen, daß sie einem Wasserbüffel gehörten. Ich hatte zwar auch so meine Zweifel, aber als wir das für Krokodile typische »Ongk, Ongk« hörten, nahm ich meine Arme auch ins Boot. Die Augen waren wirklich groß!

Dabei hatten wir die Erholung während der Nächte dringend nötig. Kaum einen Tag saßen wir weniger als zwölf Stunden in unseren kleinen Booten. Pausen vom Paddeln erlaubten wir uns nur zum Essen: Farinha, Zwiebeln und Amazonaswasser.

Schulter-, Ellenbogen- und Handgelenke schmerzten nach zwei Wochen ständig, außerdem noch andere, vorher ganz unbekannte Muskelgruppen. Selbst die fast überflüssigen Füße fingen irgendwann, zu schmerzen an. Der Dreh, wie wir dennoch weiter paddeln konnten, lag ganz einfach darin, möglichst nie damit aufzuhören. Durchpaddeln, den Passatwind möglichst ignorieren, auch wenn er uns, je näher wir dem Atlantik kamen, immer heftiger ins Gesicht blies. Als wir schließlich das Delta erreichten, spielten für uns auch noch Ebbe und Flut eine Rolle. Zuerst bemerkten wir nur die unterschiedliche Fließgeschwindigkeit des Wassers, bald jedoch änderte sich auch die Strömungsrichtung. Dadurch und durch den Passat legten wir nur noch ein Drittel unserer früheren Tagesetappen zurück. Dennoch war das Paddeln im Delta wunderschön. Immer wieder wichen wir auf winzige Kanäle aus, die allerdings manchmal bei Ebbe trocken fielen.

Unser Ziel Belém - die große Stadt an der Amazonasmündung in den Atlantik - lag vor uns. Endlich!

Endlich? Ich weiß nicht. Sicher war Belém unser großes Ziel. Wir brauchten auch dringend ein paar Ruhetage. Doch irgendwie wußte ich, daß wir gar nicht ankommen wollten. Reisen kann süchtig machen. Der Regen, der Passat, die schmerzenden Schultern, die anstrengende Schlafplatzsuche und auch die Caboclos würden wir vermissen.

Dann die ersten unsicheren Schritte auf festem Boden. Unser Unterbewußtsein erwartete anscheinend jeden Augenblick eine unverhoffte Welle, die es auszubalancieren galt. In der Gaststätte mußten wir uns zwingen, nicht wie sonst nur Farinha, sondern auch das Steak zu essen.

Abends standen wir am Hafen und schauten sehnsüchtig aufs Wasser. Wir sahen beide das Ende des Stromes. Daß wir endgültig angekommen waren, traute sich keiner auszusprechen. Die Flut strömte uns entgegen. Sie wollte uns zurücktreiben, zurück in den Amazonas-Urwald.

Glossar

Adobehütte Eingeschossiges Haus aus luftgetrockneten, ungebrannten Lehmziegeln

Altiplano Hochebene in den Zentralanden, 3.600 - 4.000 m hoch, bis 200 km breit in Bolivien und Peru, Titicacasee und 2 weitere große Seen, Wiege verschiedener Indianerkulturen, heute wichtige Agrarregion

Arriero Spanisch; Esel- oder Maultiertreiber, stehen höher im Ansehen als Lamatreiber

Aymara Bedeutende Gruppe von Hochlandindianern im Andenraum, verschieden auch Kolla, Cholla genannt; dient ebenfalls als Sprachbezeichnung

Boofe Sächsisch; Übernachtungsgelegenheit unter Felsüberhängen

Camioneta Kleiner Lastwagen mit offener Pritsche, auch Pick-Up bezeichnet.

Castellano Lateinamerikanische Variante des Spanisch, Ursprung in der Sprache Kastiliens, Staatssprache in Bolivien, für viele Indianer eine Fremdsprache

Caipirinha Südamerikanische Variante eines Verschnitts aus Zuckerrohrbranntweins und Limonade

Chicha Bier aus Maniok oder Mais. Die Körner werden von den Frauen durchgekaut und in einen Behälter ausgespuckt. Der Speichel fördert die Gährung.

Farinha Portugiesisch Mehl, spanisch Fariña, Abkürzung für Farinha de mandioca; hergestellt aus den Wurzeln des bis zu 3 m hohen Maniokstrauches; gelbfarbiges, körniges Stärkemehl mit hohem Ballaststoffanteil, Grundnahrungsmittel der Caboclos und Indianer, in Europa auch als Sago bekannt.

Flutuante Auf Pontons oder Baumstämmen errichteter, schwimmender Laden

Goldseifen Durch Verwitterung und spätere Abtragung ursprünglicher Lagerstätten erneut entstandene Anreicherung des Erzes in Sand- und Geröllschichten von Flüssen.

Gringo Abwertend; Bezeichnung der US-Bürger und solcher, die dafür gehalten werden, in Lateinamerika

Guarani Indianisch; verbreitete Indianersprachgruppe im Amazonasgebiet

Hotschy	Indianische Bezeichnung für ein wohlschmeckendes und oft gejagtes Nagetier
Kolla	Spanisch, umgangssprachlich; auch Cholla, Bezeichnung aller Hochlandindianer aus Sicht des Amazonasgebietes, erkennbar an den langen schwarzen Zöpfen der Frauen
Manoa	Sagenhafte Goldstadt des El Dorado im Amazonasbecken, erste Berichte durch Orellana
Orellana	Capitano Francisco de Orellana, befuhr 1541/42 mit einigen spanischen Soldaten unfreiwillig vom Rio Napo aus den gesamten unteren Amazonas auf der Suche nach dem El Dorado, Niederschrift durch den Dominikanermönch Carvajal
Prallhang	Steile Uferseite der Flußaußenkurve; im Wildwasser u.U. gefährlich, da die Strömung das Boot an den P. drückt, davor meist Längswalzen; im ruhigen Fluß reizvolle Abwechslung der Uferansicht
Puna	Baumfreies Grasland oberhalb 3900 m
Piranha	Portugiesisch; bis zu 40 cm großer Raubfisch in mehreren Arten, kann bei Nahrungsmangel auch Menschen fressen
Schwall	Stromschnelle, Befahrungsschwierigkeiten bestehen durch Wellen, teilweise auch mit Steinen verblockt
Sente	Stabförmiges Teil des Faltbootgestänges, dient zur Aussteifung des Unterschiffs
Seringueiro	Portugiesisch; Latexzapfer, Grundlage der Kautschukgewinnung
Siphon	Pilzkappenartige Aufwölbung der Flußoberfläche im Wildwasser durch senkrecht nach oben strömendes Wasser, tritt meist fast lautlos und unregelmäßig auf.
Stromstrich	Im fließenden Gewässer Grenzlinie zwischen Strömungen gegensätzlicher Richtungen
Strudeltopf	Durch die gleichmäßig kreisende Bewegung in stationären Strudel reiben die in der Strömung mitgeführten Steine tiefe, runde Löcher in die Felsen des Flußbettes.
Süllrand	Kante einer Bootsluke
Tienda	Spanisch; einfache Lebensmittelverkaufsstelle mit Speisenangebot

Walze	Stationäre Widerwelle mit erheblicher Sogwirkung, vergleichbar mit einem horizontalen Strudel
Wehr	Eine sich glichmäßig über die gesamte Flußbreite erstreckende Gefällestufe. Das Wasser wird vor der Wehrkrone meist angestaut und fällt senkrecht öder schräg zum Ablauf hinab. Im Ablauf größere Wehre meist gefährliche Walzen.
Wurfnetz	Kreisförmiges Netz, Durchmesser bis 4 m, Rand mit Blei beschwert. Wird flach auf die Wasseroberfläche ausgeworfen, und mit der mittig angebrachten Zugschnur eingeholt. Der Fang bleibt in den Maschen hängen. Stationäre Reusen sind nicht üblich.
Zikaden	Pflanzensaugende Insekten, Männchen vieler Z. erzeugen mit Hilfe von Trommelorganen am Hinterleib weit hörbare Geräusche

Dank

Diese Reise wäre ohne die Unterstützung vieler Freunde und Bekannter zu Hause und in aller Welt nicht zustande gekommen.

Ebenso waren Gastfreundschaft, Offenheit und Interesse ungezählter Urwaldbauern, Indianer und Goldsucher als Gastgeber und Weggefährten während der gesamten Fahrt ein wesentlicher Teil tief empfundener Erlebnisse.

Wie ein Fluß von seinen Gletscherquellen bis zur Mündung im Ozean auf ein vermeintlich unendlich weit vorausliegendes Ziel zustrebt, ist das Verfassen dieser Erzählung eine uferlose Reise in Erinnerungen. Der Horizont versinkt im Dunst eines riesigen Flusses aus Worten, gerade gefunde Sätze versinken in Strudeln des Vergessens oder treiben wie schwimmende Inseln ohne Halt in der Strömung.

Die Ankunft im Hafen des Schreibens ist nur durch den selbstlosen Beistand vieler Ungenannter möglich gewesen. Wir danken allen, die mit großem zeitlichen Aufwand und ermunternden Worten die Fertigstellung des Buches ermöglichten und uns außerdem viele kleine Dinge des ›lästigen‹ Alltags fernhielten.

Literatur

	Amazonas, Apa Guides 1994
Bates, Henry Walter:	Am Amazonas, Nördlingen 1989
Bermann, R. A.:	Das Urwaldschiff - Ein Buch vom Amazonasstrom, Berlin 1927
Box:	South American Handbook, Chicago 1998
Brümmer & Glöckner:	Weltsichten, Saalfeld 1996
	Der Amazonas, Time-Life, Amsterdam 1995
Fawcett, P.H.:	Geheimnisse im brasilianischen Urwald - Menschen an der Pforte zur Urzeit, Tübingen 1961
George:	Regenwald, GEO 1994
Grabert, H.:	Eldorado und das Gold aus den Wäldern Amazoniens, Natur und Museum, 125 (1), Frankfurt 1.1.1995
Helfritz, Hans:	Im Land der weißen Cordillere, Safari-Verlag Berlin 1952
Heyerdahl, Thor:	Expedition Ra, Oslo 1970
Humboldt, A.v.:	Südamerikanische Reise, Berlin 1967
Kane, Joe:	Wir bezwangen den Amazonas, München 1990
Nehberg, Rüdiger:	Über den Atlantik und durch den Dschungel, München 1994
Neumann, Siegfried:	Quer durch ..., Kress & Hornung München ca. 1935
Rittlinger, Herbert:	Ich kam die reißenden Flüsse herab - Ganz allein zum Amazonas, Brockhaus 1938

Karten

ONC N26	1: 1.000.000, Riverdale, M.D.
Amazonia Legal	1: 3.000.000, IBGE, Rio de Jainero

Wir bedanken uns bei den Firmen:

Jack Wolfskin

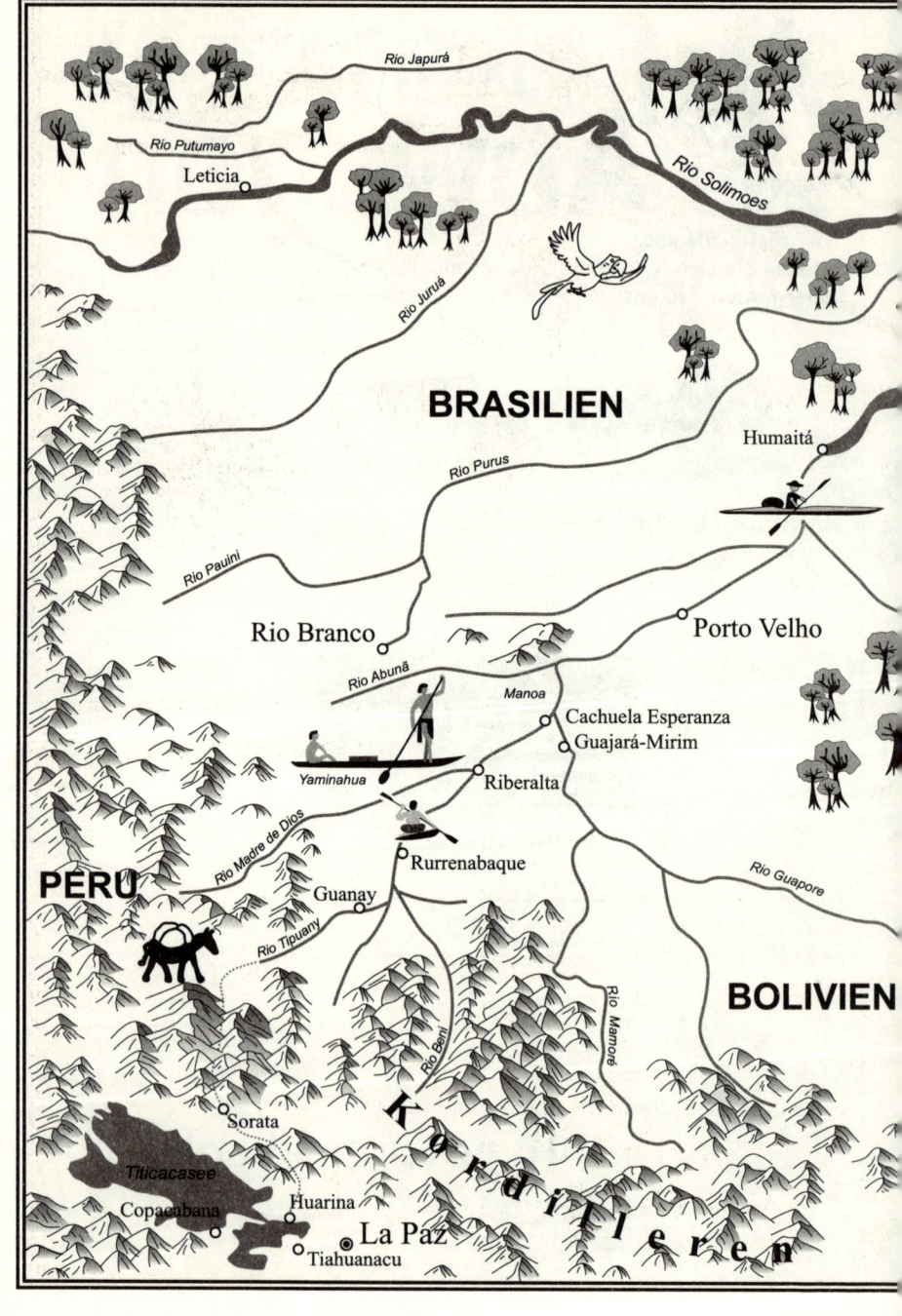

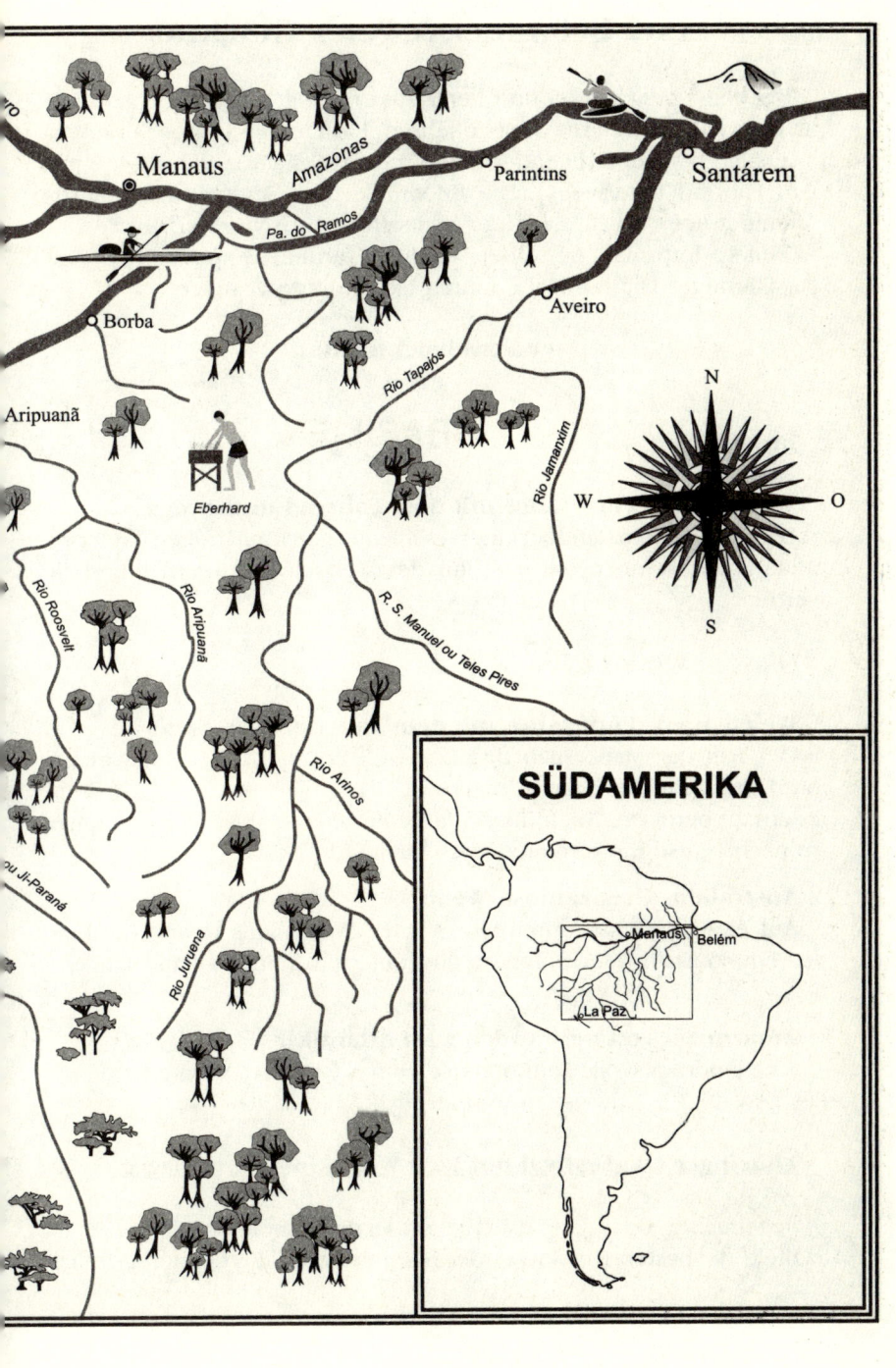

Axel Brümmer & Peter Glöckner

1990 haben sich Axel und Peter zusammengetan, um gemeinsam mit dem Fahrrad um die Welt zu fahren. Ein Ereignis dieser Reise war ihr erster aufsehenerregender Diavortrag „Weltsichten- Fünf Jahre mit dem Fahrrad unterwegs". Die Erlebnisse und Begegnungen dieser „Mammut-Reise" werden in der Weltsichten-Broschüre erzählt.

Weitere Informationen über Vorträge, Termine, Expeditionen und das Thüringer Dia-Festival erfahren Sie im Internet unter:

www.weltsichten.de

Broschüren

Weltsichten- Fünf Jahre mit dem Fahrrad unterwegs

Diese Broschüre enthält die Geschichte der fünfjährigen Weltumradlung und kann per e-mail auf der Webside im Internet bestellt werden.

Diavorträge

Weltsichten- Fünf Jahre mit dem Fahrrad unterwegs

Der Fall der Mauer gab den beiden Thüringern die Möglichkeit, ihren lang gehegten Traum zu verwirklichen, die ganze Welt mit Fahrrädern zu bereisen. Nach über 5 Jahren und 80.000 Kilometer kamen sie nach Hause ins vereinte Deutschland zurück.

Australien- Grenzenlose Weite

Auf einer Radreise durch alle Wüsten Australiens lernen die beiden Fotojournalisten das Innere des fünften Kontinents hautnah kennen.

Amazonas- Von den Anden zum Atlantik

Eine eindrucksvolle Faltbootreise führt die beiden Abenteuer durch das gewaltigste Flußsystem unserer Erde.

Thüringer Dia-Festival mit Jack Wolfskin - Winterlager

Regelmäßig jedes Jahr werden am letzten Januar-Wochenende in Saalfeld die besten Dia-Shows der renommiertesten Referenten gezeigt.